转业团干访谈系列研究（一）

Reflections after the Position Transfer
of the Ex-Cadres in the Communist Youth League

共青团岁月

——转业后的思考

李 伟 ◎ 编著

全国百佳出版社
中央编译出版社
CCTP　Central Compilation & Translation Press

目 录

序 ··· 1

前 言 ··· 1

一 总论篇 ·· 1

新中国 60 年与青年干部成长规律之我见 ······················ 3
青年干部成长规律研究——《转业团干部回头看》课题第一阶段研究报告 ··· 9
转业团干部对共青团岗位特质的基本描述 ······················ 42
转业团干部对团干部素质储备不足方面的描述 ················ 59
转业视角下的团干部胜任力研究 ································ 76
论共青团干部的发展性胜任力——基于转业团干部访谈的初步研究 ··· 85

二 专题篇 ·· 99

共青团干部成长研究——转业团干看共青团干部作风建设课题研究报告 ·· 101
从基层县处级党政领导核心特征看团干部作风构成 ·········· 117
基层青年女领导胜任力实证研究——转业团干视角 ·········· 126

共青团岗位特质与团干部核心素质 …………………… 131

简析共青团干部成长三段论——兼谈历届团代会上党对共青团

干部普遍性的要求 …………………………………… 143

三 地域篇 ……………………………………… 151

"转业团干回头看"西藏地区调研报告 ………………… 153

少数民族地区团干部队伍选拔与转岗的思考与建议 …… 173

四 层级篇 ……………………………………… 183

不同层级团干部综合素质储备与成长建议总报告 ……… 185

五 领域篇 ……………………………………… 271

论新时期企业团组织的工作定位 ………………………… 273

企业领域团干部优势与不足 ……………………………… 278

学校领域团干部优势与不足 ……………………………… 294

机关领域团干部优势与不足 ……………………………… 317

后 记 …………………………………………… 337

附录一：2010年关于青年干部成长研究文献综述 ……… 339

附录二：转业团干语录 …………………………… 346

附录三：岗位特质与共青团干部成长 ………………… 349

序

黄志坚

  我们党在干部队伍建设中，从承前启后继往开来的战略高度，历来十分重视年轻干部的健康成长。进入新的历史时期，党对新一代年轻干部的培养和选拔更是特别的关注。2009年3月召开的"全国培养选拔年轻干部座谈会"上，习近平同志指出："我们党要带领人民战胜当前严峻挑战、保持经济平稳较快发展。我国要在激烈的国际竞争中赢得主动、实现发展的目标，从根本上讲取决于各级领导班子和领导干部的素质与能力，归根到底取决于一批又一批年轻干部的健康成长。"李源潮同志提出："要认真研究新时期年轻干部成长规律，不同时期不同阶段的年轻干部具有不同的特点。各级党委组织要加强调查研究，深入了解培养选拔年轻干部面临的新情况新问题，认真研究把握新一代年轻干部的特点和成长规律。"

  共青团作为党的助手和后备军，其后备军作用体现于"两个输送"：一为源源不断地输送优秀团员入党，为党的组织增添新鲜血液；二为源源不断地输送年轻干部，为党的干部队伍补充新生力量。因此，共青团在党培养选拔年轻干部的工作中负有特殊的责任，研究新时期新一代年轻干部的特点和成长规律，理应成为共青团工作理论研究的重大课题。

  可喜的是，中国青年政治学院共青团工作理论研究所及时体察到这个时代的需要，几年前就已将共青团干部成长成才的研究列为重点课题。在吴庆所长的组织策划下，已在中国人才研究会指导下建立青年人才专业委员会，组织社会各界共同研究青年干部的健康成长，并多次召开了专题研讨会。李伟副所长于2008年立项的研究课题"转业团干部回头看"，就是从已经走上新的岗位的老团干的回望与反思中，研究共青团干部的特点和成长规律。她同课题组的吴军明等全体成员，历经两年多努力结出的硕果，即展现在读者面前的这本《回眸共青团岁月——转业后的思考》。

这项共青团干部成长规律的研究，选取了一个特定的角度和方法：在全国八个省、市采访近百位曾经奋斗在共青团岗位的年轻干部，倾听他们回顾自己亲身的经历和感悟，整理出45份访谈记录，进而在这些第一手资料的基础上，运用人才学、心理学、管理学、领导科学、青年学等学科理论，综合分析，探索规律。我十分赞赏这一研究课题所取得的成果。

共青团是锻炼培养年轻干部的大好课堂，正如一些老团干回眸中所说："共青团是大学校，大熔炉，大舞台。大学校使我们的思想更加成熟，大熔炉使我们的素质更加全面，大舞台使我们具有更强的组织协调能力。""团的干部虽然年龄不大，但发挥聪明才智的空间很大；团的组织虽然权力不多，但能锻炼整合资源的能力，团的岗位虽然工作时间不长，但能厚积来自实践的经验与智慧。"

请已经转业的老团干来谈自己在团的岗位上的成长经历，这是研究青年干部成长规律的绝好视角。从事过共青团工作的年轻干部，无论如今离开这一岗位已有多久，几乎都共同怀有一种深深的"共青情结"。什么是"情结"？心理学的定义是：由一些被意识压抑的意念（即无意识的感情、知觉、记忆等）所组成的具有类似核心作用的复杂的心理现象，是感情的一种自然流露。情结在潜移默化中影响人的思维和情感方式，可以使人形成特殊的偏好。团干部在团的岗位上形成的对共青团特别亲近和钟爱的感情，其深沉性与持久性如同许多老团干所说是"刻骨铭心"。他们关于自身成长的感悟，可以说是研究青年干部成长规律最为珍贵的第一手素材。《回眸共青团岁月——转业后的思考》中所总结的共青团干部的十大特质以及共青团干部的成长规律，恰是源于近百位转业老团干的追忆，因而他们的分析和结论，尽管不是没有仍须精确和深化之处，但都拥有很高的可信度和很强的感染力。现任的各级团干部可以从中获取健康成长收益，年轻干部的培养和选拔可以从中吸取成功的经验。

我祝贺这一研究课题的成功结项，我期望关于年轻干部成长规律的研究继续深化，为年轻干部的健康成长提供更多的思考和理论的引导，为党和团的组织培养和选拔年轻干部提供更多理性的认识和理论的支持！

2011年9月1日于常青斋

前　言

　　一个人成长的历史虽不能复制和改写的，但可以回顾和总结。每一个人都有动人的故事、刻骨铭心的经历，从故事和经历中个人常常会生发出关于人生和成长的感悟。将这些感悟与人分享是件非常愉悦的事，如果还能从中提炼出有价值的内核、规律，进而对后来者的成长有所帮助，那更是一件很美妙的事。

　　人生中有两次机会从事共青团工作对我来说既是一次巧合也是一种自然，冥冥之中也许注定后半生与共青团工作将难以割舍。这是一种团缘、团情，更是一种与自己生命相系的事业。

　　九十年代，在共青团中央中国青年企业家协会工作的经历，让我自然接触到非常多非常优秀的共青团干部，他们当时的那种做事的激情那种忘我的投入至今还深深刻印在我的脑海里，一想起来心中就充满无限的感慨。特别是当时团中央推出的跨世纪人才工程和跨世纪文明工程，在全国搞得轰轰烈烈，还有中青企协所在的青年工作部推行的"青年文明号"和"青年岗位能手"活动更是如火如荼，在社会产生的积极影响一直延续至今。十多年过去了，当时一起工作的团干部都已陆续转业，并在各级领导岗位担负着重要的职责。我也很想念他们，也一直和他们保持着联系。也许是命运的安排，2007年再次进入共青团工作领域，有幸从事共青团工作理论研究，而这项工作使我有机会再次接触到不同领域的优秀青年干部，这些优秀的青年干部曾经都是共青团干部，不自觉地就会去倾听他们的故事，与他们交流，以至关注他们的成长。

　　也许是生活经历的多折，也许是多年思考的习惯，让我不自觉将目光投向共青团干部成长规律这一问题上，从曾经的共青团干部这一特殊群体角度，如何看待共青团给予他们的成长带来的帮助？这段经历在他们以后的发展过程中到底发挥了怎样的作用？站在团外，他们是如何看团组织和团干部的，他们对当今的团组织和在岗的团干部有怎样的建议？这些问题都不断地激发促使我沉下心来去好好研究。

在我校领导和部门研究团队的大力帮助下，课题的名称即"转业团干回头看"终于在 2008 年 3 月份被确定下来，并列入中央团校共青团工作理论研究所的一项重要研究课题，同年被列入共青团中央 2008－2009 年度青少年和青少年工作规划研究课题之一。

以下是我们课题组三年研究的初步成果，主要是从总论、专题、地域、层级和领域视角，以研究报告方式呈现，期待各位专家学者和青年干部们提出批评意见。

《转业团干回头看》课题主持人　李 伟
2011 年 7 月 1 日

 总论篇

新中国 60 年与青年干部成长规律之我见

青年干部成长离不开其自身条件的因素,更离不开其成长的外部环境。每一个历史时期,青年干部成长历程都有时代的鲜明特征和历史的浓重印迹。新中国 60 年的实践证明:青年干部的成长必须植根于社会的大环境发展之中,必须与时代脉搏紧密联系在一起,才能超越其自身发展的限制。笔者认为青年干部成长规律必须放在 60 年新中国历程中考察研究、必须放在中国社会发展和进步的大环境中考察研究、必须放在党的事业中去考察研究。

一、青年干部成长环境和现状

新中国 60 年来,青年干部成长环境变化集中表现在三个方面:社会经济成分、组织形式、就业方式、利益关系和分配方式日益多样化;各种社会思潮相互激荡碰撞,人们思想活动的独立性、多变性、差异性明显增强;经济全球化得深入发展,互联网的迅猛推进促进了国际范围内经济、政治、文化的交流、交汇和交锋。青年干部的成长环境遇到了前所未有的挑战。而"我们党要带领人民战胜当前严峻挑战、保持经济平稳较快发展。我国要在激烈的国际竞争中赢得主动、实现发展的目标,从根本上讲取决于各级领导班子和领导干部的素质与能力,归根到底取决于一批又一批年轻干部的健康成长"[①]"要认真研究新时期年轻干部成长规律,不同时期不同阶段的年轻干部具有不同的特点。各级党委组织不要加强调查研究,深入了解培养选拔年轻干部面临的新情况新问题,认真研究把握新一代年轻干部的特点和成长规律"。[②]

那么青年干部,特别是 80 后和 90 后的青年干部有什么样的特征和表

---

① 习近平在《全国培养选拔年轻干部工作》座谈会上的讲话,2009 年 3 月 10 日
② 李源朝在《全国培养选拔年轻干部工作》座谈会上的讲话,2009 年 3 月 10 日

现呢？习近平同志在《全国培养选拔年轻干部工作》座谈会上对 60 后和 70 后的青年干部是这样分析的。"上个世纪六七十年代出生的年轻干部已经成为干部队伍的主体，他们中很多人缺乏基层和艰苦复杂环境的历练，工作经历比较单一。部分年轻干部品行和能力素质有缺陷，对国情、民情，对党的奋斗历史和优良传统缺乏深入了解，有的年轻干部理想信念不坚定，宗旨意识淡漠，对群众缺乏感情；部分年轻领导干部推动科学发展、统揽全局、应急处变和处理复杂矛盾的能力不强，有的经不起权力、地位的考验。优秀年轻干部的数量和素质还不能满足领导班子建设需要，特别是能够担任党政正职的优秀年轻干部数量偏少。年轻干部的选拔任用、培养锻炼和管理监督机制不够健全，有利于年轻干部健康成长的体制机制环境还没有完全形成。一些地方和部门对培养选拔年轻干部工作认识不到位"。① 上述分析不难看出：80 后和 90 后的青年干部同样存在这样的问题，他们虽然具有眼界开阔，思想活跃的特点，但社会对他们增强政治鉴别力、坚定的正确的理想信念提出了严峻的考验，他们不得不面对世界社会主义曲折发展、深化改革中利益关系的调整和腐朽思想、文化的侵蚀影响以及党内腐败现象社会丑恶现象的滋生蔓延等情况，也正是这些情况导致部分青年干部理想淡化、信念迷茫和价值功利化，并且出现重视个人理想设计，忽视社会责任义务的现象。

二、青年干部成长研究是一个系统工程

青年干部自身素质和外部环境都是制约成长的重要因素。青年干部自身条件的完备和外部环境的优化分属两个子系统的话，那么这两个小系统之间的互动形成的大系统就构成了青年干部成长的内核。

目前从大系统思路研究青年干部成长规律的学者中国司法警官学院的李爱先认为：青年干部成长是实践过程，是改造主客观世界的过程，是充满矛盾运动的过程；青年干部要面临志向远大与政治理论素养底蕴不足、重任与年轻资历浅、进取与负担较重的矛盾冲突；要处理主客观、学与干、接"班"与接"官"紧要关系。② 广东青年干部学院学校卓汉容谈青年干部成长的三要素：内在要素（政治素养、知识结构、创新意识、组织

---

① 习近平在《全国培养选拔年轻干部工作》座谈会上的讲话，2009 年 3 月 10 日
② 李爱先（中央司法警官学院）《从哲学角度把握青年干部成长的特点》，中共河北省委党校主办《领导之友》

能力、心理素质、形象设计、人格塑造），外部环境（社会关系、家庭关系、人际关系），管理与监督（培养、选拔、考评和监督）（内容、要求、方式、机制）①。阜阳师范学院夏莉同志认为：人的思想活动的基本规律是客观存在—思想—行为—客观存在，思想作为中间环节，既反映客观存在，又支配人的言论和行为，因此有产生的客观因素和主观因素。②刘福奎在1996年第10期《发展论坛》中对优秀领导干部成长规律课题协调会上指出：青年干部成长的普遍规律是前提（树立正确的人生观、世界观和价值观）、立身之本（修养德行）、坚实阶梯（写好历史）、根本途径（实践磨砺）、力量源泉（群众关系）、外部条件（组培培养）、重要保证（顺应时代需要）的统一。③卢冬冬提出：内外条件的优化组合和互动程度，决定干部成长的速度和质量；特定的历史背景、干部选拔制度设计、团干部的个性特征、共青团组织的独特优势、党组织的培养和管理师影响干部成长的主要因素。④从上述这些理论学者研究的成果可以看出青年干部的成长包含方方面面的因素，它们彼此有着必然和本质的联系，缺一不可，内外条件的优化组合和良性互动程度，决定干部成长的速度和质量。因此研究青年干部成长规律必须首先建立系统思维的方法。

三、关注青年干部的特征是研究青年干部成长规律的关键

唯物辩证法告诉我们，物质第一性，意识第二性，意识对物质有反作用；任何事物都是运动、变化和发展的，一切事物在运动、变化和发展的过程中总是遵循着它固有的规律向前发展的。人的思想作为中间环节，既是客观存在的反映，又是支配其行为的动因。因此，青年干部的成长离不开客观因素和主观因素，它们之间有着内在的、本质的和必然的联系，青年干部尽管阅历不同，环境不一，反映有别，但其思想行为产生、发展、变化无一不符合这一规律。然而，普遍性寓于特殊性之中，青年干部由于受特殊的生理、心理因素和利益需求的影响，在成长的过程中具有思想行

---

① 卓汉容，《研究青年干部成长规律的思考》，2001年第一期总43期
② 夏莉，《关于青年干部健康成长的哲学思考》，阜阳师范学报1996年第一期
③ 刘福奎，《对优秀领导干部成长规律》课题协调会的观点综述，《发展论坛》1996年第10期
④ 卢冬冬，《现阶段影响共青团干部成长的因素》，《中共太原市委党校学报》2008年第1期

为在许多方面又表现出自己固有的特点。比如：青年干部的心理特征有强烈的自我意识、敏锐的认识能力和丰富的情绪情感，在社会特征则表现为对人生进行积极探索、相互间有强烈的内聚力和多种多样的社会需求等等。依据国外胜任力理论学说，将理论运用于青年干部成长规律研究，结合"转业团干部视角看共青团干部成长"课题，就目前辽宁、山东、江西、安徽、陕西等地区37名转业团干部的访谈资料数据的整理情况，我们得出青年干部胜任特征模型：

青年干部胜任特征					
心理品质特征			胜任能力特征		
政治素质	群众意识	工作态度	认知能力	管理能力（服务力）	领导能力（影响力）
坚定正确的理想信念	有全心全意为人民服务宗旨意识	经常进行批评自我批评	对国情、民情的了解	有很强理论和实践结合能力	宏观判断的能力
有政治鉴别力和政治敏锐性	和群众有深厚感情	勇于担当重任承担责任	对党的奋斗历史和优良传统了解	有服务创新的能力	统揽全局的能力
有强烈的社会责任感	善于做群众工作和群众打成一片	积极主动到复杂，条件艰苦地方工作	善于学习，有终身学习学以致用理念	有沟通协调获取资源的能力	应急处变的能力
价值取向非功利性	有密切联系群众，不脱离群众的习惯	不敢落后，锐意进取，勇于创新	知识更新，接受新事物快	组织动员和社会化动员能力	处理复杂矛盾的能力
求真务实,敢讲真话实话,办实事。	不搞形象工程，摆花架子	用尊重和服从心态处理和上级领导的关系	有调查研究和学习的能力	有联系群众，做群众工作思想政治工作的能力	想大事抓重点的能力 全局谋化的能力
重要关头和关键时期经受住考验	为群众办实事办好事，求实效	用关心帮助支持和信任的心态处理和下级的关系	有国际眼光和战略思维	有一定的专业技术特长为群众服务的能力	有战略决策能力

续表

青年干部胜任特征					
心理品质特征			胜任能力特征		
政治素质	群众意识	工作态度	认知能力	管理能力（服务力）	领导能力（影响力）
经受住完成重大任务,应对重大事件的考验	有基层工作经验	用互相理解谅解,心平气和的心态与同级队员相处	理论知识功底深厚	有一定人事工作能力	知人善任的能力强
党性观念要强	办事公道,为人正派	吃苦耐劳,艰苦创业勇于奉献	善于进行知识结构的补充和完善	有宣传工作的经验,公关谈判的能力强	出思想出思路的能力
注重品行修养,自律意识强		工作敬业严谨细致			抵制诱惑抗挫折能力强
		朝气蓬勃,富有激情			从事经济工作能力强

目前,制约青年干部成长的三大瓶颈是:信仰危机、价值观异化、能力畸形①;缺少成长的支撑—执着,面对诱惑不能果断抵御;不能养成良好的作风,缺乏自审、自省、自警、自修。②

同时,要营造高素质青年干部脱颖而出的环境,必须要全社会合力共建一起联动。最根本的就是要统筹兼顾,资源整合。目前从资源的种类来说,有组织资源、环境资源、教育资源和实践资源,那么这些资源要服务于青年干部的成长,需要遵循"适宜性组织资源、顺势性环境资源、提升性教育资源、强化性实践资源③的原则。只有这样,才能加速青年干部的全面健康发展。

---

① 张武,《目前制约青年干部成长的三大瓶颈》,人民论坛,2008年第12期
② 王毅《领导干部成长支撑》领导科学2008年16期
③ 李伟萍,(长春师范学院管理学院),《前沿》2003年第6期

新中国60年，无数经验教训证明了这样一条规律：经历过基层工作考验的干部，做群众工作能力、处理实际问题能力、应对复杂局面的能力都相对较强，从他们中选拔干部进入党政机关，在制定政策、开展工作时能够更了解实情，更符合实际。越是重大任务，重要关头和关键时期，越能考验锻炼和识别干部，加速干部的健康成长。能经受住重大任务的，应对过重大事件考验的，才能成为领导各项事业发展的真正栋梁之材。正如《后备干部队伍建设规划》中胡锦涛提出的培养选拔年轻干部工作六个方面，即坚持德才兼备，以德为先的政治标准、坚持重在实践锻炼的培养方针、坚持重视基层的干部导向、坚持重在培养的工作思路、坚持从严管理的原则、遵循年轻干部的成长规律，这些都为我们做好青年干部的成长研究指明了前进的方向。

青年干部成长规律研究
——《转业团干部回头看》课题第一阶段研究报告

第一部分：引论

  青年干部成长离不开自身因素，更离不开成长的外部环境。每一个历史时期，青年干部成长都有鲜明的时代特征和浓重的历史印迹。历史实践证明：青年干部的成长必须植根于社会大环境的发展之中，必须与时代脉搏紧密联系在一起，这样才能超越其自身发展的限制，获得有质量有速度的成长。本人认为对当代青年干部成长的研究必须放在60年新中国历程中考察、必须放在中国社会发展和进步的大环境中考察、必须放在党的事业中去考察。

一、研究背景

（一）当代青年干部成长环境

  新中国成立60年来，青年干部成长环境变化集中表现在三个方面：国际上，信息通讯系统、国际金融体系的迅猛发展促进了国际范围内经济、政治、文化的交汇、交流和交锋，全球化得深入发展。国内，社会生产力水平提高，经济成分、分配方式和利益关系、日益多样化。社会各种思潮激烈地相互碰撞，人们思想活动的独立性、变动性、差异性明显增强，价值取向多元化。

  青年干部的成长环境发生了巨大变化，青年干部成长遇到了前所未有的挑战。"我们党要带领人民战胜当前严峻挑战、保持经济平稳较快发展。我国要在激烈的国际竞争中赢得主动、实现发展的目标，从根本上讲取决于各级领导班子和领导干部的素质与能力，归根到底取决于一批又一批年轻干部的健康成长"① "要认真研究新时期年轻干部成长规律，不同时期不同阶段的年轻干部具有不同的特点。各级党委组织不要加强调查研究，深入了解培养选拔年轻干部面临的新情况新问题，认真研究把握新一代年轻干部的特点和成长规律"。②

（二）当代青年干部存在的问题

国际社会学家在探讨社会发展问题的时候使用了 60、70、80、90 后这样的名词，这样的划分引来争议的同时又被广泛用来描述一代人的文化、心理特征。③

对于"60、70 后"的青年干部的特点，习近平同志在"全国培养选拔年轻干部工作"座谈会上这样分析的："上个世纪六七十年代出生的年轻干部已经成为干部队伍的主体，他们中很多人缺乏基层和艰苦复杂环境的历练，工作经历比较单一。部分年轻干部品行和能力素质有缺陷，对国情、民情，对党的奋斗历史和优良传统缺乏深入了解，有的年轻干部理想信念不坚定，宗旨意识淡漠，对群众缺乏感情；部分年轻领导干部推动科学发展、统揽全局、应急处变和处理复杂矛盾的能力不强，有的经不起权力、地位的考验。"。④

80 后和 90 后的青年干部同样存在这样的问题，他们虽然眼界开阔，思想活跃，但社会对他们增强政治鉴别力、坚定的正确的理想信念提出了高要求，他们面对着世界社会主义曲折发展、深化改革中利益关系调整和腐朽思想、文化侵蚀以及党内腐败现象社会丑恶现象滋生蔓延等情况，也正是这些情况诱使部分青年干部责任意识淡化、信念虚无化和价值功利化，并且出现重视个人理想设计实现，忽视社会义务的现象。

二、研究视角

研究青年干部的成长规律是一个庞大的系统工程，有多个研究的角度，如：历史背景、时代特征、自身素质、青年特质、环境营造、特殊群体和国际比较等等，本文主要从青年干部的自身素质和转业团干部这一特

---

① 习近平在"全国培养选拔年轻干部工作"座谈会上的讲话，2009 年 3 月 10 日
② 李源朝在"全国培养选拔年轻干部工作"座谈会上的讲话，2009 年 3 月 10 日
③ 参考百度百科 http://baike.baidu.com/view/4689.htm
④ 习近平在"全国培养选拔年轻干部工作"座谈会上的讲话，2009 年 3 月 10 日

殊群体切入，这里不涉及到其他角度。考虑到共青团干部是青年干部中的一个特殊组成部分，而转业团干部更是这一特殊组成部分的优秀代表，转业团干部作为"过来人"对自己曾经从事的共青团事业有很多的感悟，因此从转业团干部视角研究青年干部成长更具独特价值。

三、研究方法和目的

本研究基于两种研究方式：一是和转业团干部一对一的访谈，二是调查问卷。访谈中转业团干部回顾在共青团工作的经历，特别是一些刻骨铭心的事件，结合转业后的岗位胜任情况，总结优秀的青年干部需要哪些品质和能力，以及哪些品质和能力是在共青团岗位获得的和哪些品质和能力是缺失的。问卷调研围绕两组因子（获得和缺失的品质、能力）设计调查问卷，进行数据统计加以验证，得出最关键的心理品质特征和核心能力要素。

研究的最终目的：一是说明共青团干部作为青年干部的特殊群体，它所具有区别于其它青年干部的典型特征（关键心理品质和核心能力），进而阐述共青团岗位是培养优秀青年干部的一条重要的通道；二是通过分析共青团岗位给团干部带来的品质、能力缺失和不足的方面，找出影响青年干部成长制约因素，从而提出相应改进的对策和建议，比如开发培训课程、完善转岗机制、加强实践环节等等。

四、资料的说明和来源

鉴于研究意图是通过转业团干部回顾共青团岗位的经历和关键事件，梳理提炼他们对自己成长的体验和感悟，以展示他们对共青团事业的态度以及对未来成长的期待，因此资料的主要来源是转业团干部自己的个人经历。正如E. S. 博加德斯博士在他的《新社会研究》书中所说的："它们（经验）不仅是知识的主要来源、是个人意见因而也是公众意见的主要背景、是个人态度的主要创造者，而且它们也是一个人的感情、愿望、情感和情绪在它里面升华的主要媒介；一个人的第一印象的主要来源——这通常是一个人持续最久的印象和一个人的信仰和他对生活的解释主要制作者。"① "这经验包含事件和态度"② 只有通过个案访谈和问卷的形式，才

---

① E. S. 博加德斯：《新的社会研究》，第73页
② E. S. 博加德斯：《新的社会研究》，第73页

能展示他们的经验，才能发掘他们的潜能，也才能够清晰地分辨出"普通"和"优秀"间的差异；同时通过现场访谈，可以营造彼此真诚交流的氛围，更好地揭示他们的人生态度，从中挖掘关键的心理品质特征，将其内在、隐性和持久的成长要素浮上水面。

鉴于研究还处于初探和基础阶段，转业团干部的选取对象只是按照不同层级、不同领域和不同地区进行了分类，建立初步的访谈资料库。目前访谈已历经整整一年半的时间，虽然已在辽宁、山东、黑龙江、湖北、江西、陕西、安徽、北京等地区完成近45名转业团干部的访谈任务。访谈对象分布情况详见附件一：

以上的42份访谈资料可以根据团级团域分为两部分，根据层级分为团中央、团省委、团市委、团区委等层。根据团域大体可以分为：学校、机关、事业单位、企业四个领域。

所以，本文拟从上述42份访谈资料入手进行相关要素的描述，目前只是一个初浅的认识，下一阶段还需要认真修改访谈提纲和重新设计访谈问卷，对访谈对象的选择需要精细设定，以便使研究工作更加有效。

五、理论支撑

本文主要从青年干部的自身素质和转业团干部这一特殊群体切入。既然是研究团干部自身素质，撇开素质以外的环境因素，单就素质本身来说，也存在一个完整系统。系统内部是由若干要素组成，要素之间存在内在必然的联系，即内在的规律性。目前关于自身素质方面有很多理论阐述，相对而言，更有说服力的是"胜任力理论"，其中的冰山模型价值是重要的基础理论。

目前国内外关于胜任力的研究，大部分都是从模型构建和测量工具的角度进行理论阐述的。西方专家多是从管理学的视角分析和研究管理者和领导者胜任力的，他们将研究成果广泛运用于政府、企业等领域，取得了很好的效果。国内关于胜任力对研究，也是集中在管理者和领导者胜任力及其构成上。这些理论和模型是我们研究团干部胜任力的理论基础和依据，也是作者研究青年干部成长的理论支撑。

1973年美国心理学家戴维·麦克莱伦首先提出了胜任力概念，他把胜任力称作是把优秀者和一般者区分开的特性，包括知识、技能、社会角色、自我概念、人格特质和动机或需要。知识、技能属于表面的胜任特征，很容易被发现；社会角色、自我概念、人格特质和动机或需要，属于深层次的胜任特征,是决定人们的行为及表现的关键因素①。

中国领导科学研究学会副会长、国家行政学院政治学教研部主任、教授刘峰提到:"胜任力是领导者的基本素质,是衡量领导者的领导水平、领导绩效的主要指标体系。只要与成功有关的心理或行为特征都可以看作是胜任力。"②

胜任力理论更多的被运用于管理领域,用于分析和考察企业领导人的管理能力等。Don Hellriegel, John · W · Slocum, Jr Richard W · Woodman 等人在考察了全球化和信息化的时代背景下管理者的各种管理实践活动后提出著名的新能力因素模型.认为,21 世纪的高效管理者具有 7 种基本能力,即自我管理、管理沟通、管理差异、管理道德、跨文化管理、管理团队、管理变革能力③。

后来,胜任力被广泛运用于领导能力的研究。美国的斯蒂芬·柯维认为:如果人们心中没有一种信念,就不能进行改革。改革能力的关键就是一种不变的信念,即始终能够认清自己,并知道自己要做什么和珍视什么。所以领导者一是要有开放的思维和改变自己的愿望;二是要有灵活性,灵活地对待不断变化的环境,人们的观点和领导别人的方式;三是能够激励他人,需要有正义感,热情乐观,有时还要有激情。四是能够影响他人,通过树立榜样引导他人,通过倾听他人的想法和互换立场考虑得失,以及接受意见等,建立自己与团队成员和干系人之间的信任关系;五是毅力,即使在矛盾重重,无路可走的艰难时刻,仍要继续坚持;六是给予支持的力量,能够预见人们不同反应并了解人们应对改革的周期,帮助人们顺利度过改革时期;七是交流技能,及时、清晰、时常、真诚、倾听,提出问题;八是处理困难局面能力;九是终身学习,广泛接受新思想、新办法、并愿意进行学习。

美国军方也把胜任力的概念引入后备军官选拔,认为军官的胜任力结构由指导监督下属、训练他人、团队领导、关心士兵生活、文化差异容忍

---

① David Mclellan (Testing for Competence Rather than for Intelligence) "测试胜任力而非智力" 1973 《American Psychologist》 杂志

② 胡月星等著,《基层党政领导干部胜任力实证研究》,国家行政学院出版社,2009 年 5 月,第 1 页

③ Don Hellriegel; John W. Slocum, JR; Richard W. Woodman Organizational Behavior (Ninth Edition), [M]. 2000: 6-31

力、激励领导、支持下属、联系支持同僚、解决问题与决策技巧等方面组成。

另外，刘峰还提到："胜任特征通常用漂浮水面上的一座冰山来描述。知识和技能属于表面的胜任特征，漂浮在水面上，很容易发现；、社会角色、自我概念、人格特质和动机/需要，属于深层次的胜任特征，隐藏在水面下，且越往水下，越难发现。深层特征是决定人们的行为及表现的关键因素。"① 根据不同文化背景、不同行业、不同职位的胜任力模型是不同的。研究发现，能预测大部分行业工作成功的最常用胜任特征有20个，分为六大类：②

通用胜任力模型					
成就特征	助人/服务特征	影响特征	管理特征	认知特征	个人特征
成就欲	人际洞察力	个人影响力	指挥	技术专长	自信
主动性	服务意识	权限意识	协作	判断推理	自我控制
关注秩序	公关能力		培养下属	信息获取	灵活性
质量			团队领导		组织承诺

该模型是在冰山模型的基础上具体展示。对于共青团干部这一特殊群体也同样适用。通过转业团干部访谈，进一步将这些特征具体鲜明化，可以更加证明共青团干部这六类特征的具体内容的真实意义和理论研究的实证价值。

为了研究的方便，我们将社会角色、自我概念、人格特质和动机四部分统称心理品质，知识和技能两部分统称为能力。其中心理品质和能力又渗透在成就、助人/服务、影响、管理、认知和个人六大特征即20个具体胜任特征中，通过一定数量的转业团干部个案访谈和问卷调研数据统计，就能提炼出共青团干部关键心理品质特征和核心能力，进而说明青年干部成长的核心要素。

---

① 胡月星等著，《基层党政领导干部胜任力实证研究》，国家行政学院出版社，2009年5月，第1页
② 胡月星等著，《基层党政领导干部胜任力实证研究》，国家行政学院出版社，2009年5月，第3页

第二部分 正论

国外的胜任力研究目前聚集在个体层面和群体、组织层面。在群体和组织中，胜任力首先是一种能力，其次是一个系统，更是一种战略，"所以对组织来说，维持、发展、利用和保护个人和工作团队作为竞争优势的胜任力资源是迫切的，特别借助于他们独特的个性创造竞争优势。"①

党的助手和后备军是中国共产主义青年团的本质职能之一，为党政机关和社会各界培养输送年轻干部是共青团的神圣使命。正是通过共青团的工作，团干部经受了实际工作和各种环境的考验，其胜任力得到了培养和锻炼。转业，从共青团岗位转向党政机关、企事业单位从事新的工作，是每一个共青团干部都要面临的课题。共青团工作毕竟不同于社会各行业的具体工作，因此，从共青团组织这一层面上看，共青团干部的胜任力及其构成应该会与其他组织的青年干部有很大的不同，它有着怎样的差异性呢？其优势和竞争力表现在哪些方面？这些都需要做进一步的研究证实。

根据通用胜任力模型，我们假设共青团岗位普遍可以获得的心理品质包含政治素质、群众意识和工作态度三个部分，获得的核心能力包含认知能力、管理能力和领导能力三个部分，由于团干部所处的团级、团域不同，共青团岗位所需要的心理素质和核心能力既有相似处又有不同侧重，将访谈资料加以整理和分类，找出与这六个部分相关的描述内容，看能否支持这一假设，从而得出一定的结论。

一、转业团干部关于关键心理品质的描述

（一）关于政治素质

共青团是党的后备军和助手，这种与党天然的联系是共青团干部的政治定位，也是共青团干部成长的优势，更是从事共青团事业所承担的社会角色。共青团干部作为领导服务青年的政治群体，正直的信仰理念，为人民服务的公仆意识，成为团干部立言、立身、立命根本的支柱，是共青团

---

① 胡月星等著，《基层党政领导干部胜任力实证研究》，国家行政学院出版社，2009年5月，第5页

干部不竭的奋斗动力。在转业团干部访谈中普遍涉及的政治素质包含以下几个方面：

1. 坚定的理想信念、政治敏锐性、社会责任感和大局意识

陕西某市委常委、宣传部部长认为：共青团干部比同龄人更早在政治上成熟，原因在于较早就承担起某一个部门的领导责任，因而不可避免地要有大局观，要驾驭全局就需要有政治敏锐性，而政治敏锐性又是建立在坚定的理想信念基础之上，在任何时候你用这个基础来衡量，在大是大非面前坚定自己的立场。①

辽宁某机关工委的副书记讲述了曾在共青团工作期间让她刻骨铭心的活动经历。她说："当那些白内障患者复明的那一刻，感受到他们的那种感激之情，能让我们体会到那种意愿，那种充实，就是说能为社会做点事情的那种责任感"。之后她又说道"有一个妇女做这个手术的时候是27岁，家里特别的困难，当她复明的时候能看见自己的孩子和丈夫长什么样了，她当时一下子就跪下了，那情景到现在都时不时萦绕着我的脑海里，激发我奋进"。②

所谓"士为怀居，则不足为士矣。"是说整日想的都是自己的小家，自己的小日子，这样的人是不足以为君子、为仕的。辽宁省这位老团干心怀的是青年，不忘的是黎民，这正是高尚政治素质的体现。政治素质还表现在大局观上。

陕西某市市委常委、宣传部部长说：我把人生最美好的那段年华给了共青团了，而且从最基层的企业团支部书记做起的。我觉得是享受不尽的，在工作中培养了我那种顾全大局的意识，这方面真是觉得内心挺高尚的，当个人利益和集体利益搅在一起，不会患得患失，这种习惯，自觉不自觉的反应非常明确的，就是这种大局意识，这个事就想干好，就想有追求。③。

陕西某县县委书记说：在共青团这里，人生最重要的经历是共青团给予的，这十五年对自己来讲经历了很多，感受了很多，特别对自己的人生成长，工作转折，包括对未来做好工作，事业进步，实际上共青团十五年

---

① 陕西转业团干部访谈资料 001 号
② 辽宁转业团干部访谈资料 003 号
③ 陕西转业团干部访谈资料 001 号

给我打下了牢固基础,这十五年受益终生,要说共青团给予自己最多的我觉得首先是一个把握大局能力,因为共青团决定了作为党的后备军,作为一个先进青年的群众组织,同时共青团的群体是一个有追求,有作为,有激情,有创新这样一个群体一个组织,所以我想对自己工作来讲实际上首先是干好每一件事儿,做好每一项工作,首先要着眼于大局,着眼于全局,所以共青团对自己提高了一个把握大局把握全局的能力,一个视野,工作的一个出发角度,所以这个对自己来讲是最重要的一个工作基础,给自己一个锻炼提高。①

共青团干部在很年轻的时候就可能担任一个部门领导,面临着规划与决策问题,所以大局意识是重要的,只有在宏观处把握了时代发展之脉、共青团工作方向,才能明确所要领导的团组织的目标,目标确立之后才能真正沉下心来开展工作。这一点在来自陕西某区区委书记访谈中再次谈及。

西安市某区区委书记是从区委宣传部门被选到共青团岗位上的,回忆共青团工作的经历,她感慨万分。"我现在回顾共青团工作,确实感到人一生如果不从事点共青团工作是个遗憾,真是这么种感觉,在共青团这十几年,我觉得对于我自己,应该说从几个方面提高比较大,一个是从把握大局,在培养你的政治素质这方面,影响很大,宣传部你是一般干事,自从进了团以后等于你大大小小当了个领导,你身份角色也不一样了,所以在共青团以后就一直觉得共青团是党的后备军,你始终要坚定共产主义信念,要跟党走,在大是大非面前一定要坚定跟党中央站在一起,这个不是说大话,这个就是服务大局,你共青团是党的社会重要支柱,党的中心工作一定要掌握,一定要围绕中心发挥青年的作用,所以围绕大局,服务大局,坚定政治信念就是共青团对一个青年干部最重要的要求。但是在宣传部这个方面就不是很突出,你就当好一般干部,当好就行了,你在共青团这儿不行。②

2. 积极进取、思想活跃、富有创造并领时代风气之先

由于共青团是共产主义的大学校,在这个大学校里,活动的空间超乎想象,要比较快地适应这一环境,并领时代风气之先就成为共青团干部的

---

① 陕西转业谈干部访谈资料006号
② 陕西转业团干部访谈资料004号

凸显特征。

江西某国资监管文员会副主任谈到：其实共青团既没有田，也没有地，反过来说就是所有的田和所有的地都是我们的。我们整个社会，不管是政治、经济、文化和社会各个方面，都是共青团的舞台。共青团没有你的自留地，共青团干部在任何一个时候，他都要靠他那股激情、那股钻劲，那股创新力，才能够在所有都不是我们的田我们的地，但又都是我们的田都是我们的地的这个领域当中去找到自己的位置，所以你要进入这个领域里面要领时代风气之先。为什么？这是共青团的性质决定的，你是生力军，你是助手，你是共产主义的学校，你是社会最有活力的一股力量，是最有思想的一股力量，是渗透在我们社会各个方面的力量。你都要去适应这个环境，站在这个时代的前面，并要成为这个领域的弄潮儿，成为时代的先锋。①

3. 拥有博大的胸怀和包容的品德

有些女性领导还谈到了胸怀和大气。在共青团岗位，很多事是逼着自己去想，还要想怎么去实践，虽然这个环节浪费很多的精力，但培养了自己不拘泥一些枝节问题上过多的纠缠的作风，那种胸怀，还有男同志那种大气是共青团带给我的，正是这种作风让我很受益，应该说凡是走过的地方都和大家合作得非常好。②

不拘泥于细枝末节，坦荡而不骄横，拥有一颗坦荡的胸怀。这样的心是敞亮、仁厚的，能够从容而包容别人的；这样的干部是青年乐于也能够与之交流的；这样的共青团干部与青年是鱼水相容的。

4. 核心价值观是政治素质的集中表现

在访谈中，转业团干部都谈及核心价值取向问题的重要性，它是一切行为的根本出发点。树立正确科学的人生观、价值观和世界观是青年干部成长的关键。

安徽某县县长说：你是为了自己的名还是为了权？为了提拔还是为了社会去做贡献？如果你想的是为社会做贡献，为群众做事的话，你肯定要想办法学习；如果你想的是名，想的是更高的职位的话，你就必然要搞一些形象工程，你就会天天琢磨这些问题，怎么搞一些空架子来引起上面领

---

① 江西转业团干部访谈资料 002 号
② 陕西转业团干部访谈资料 001 号

导的关注，这是根上的问题。

该同志在访谈中还提到责任心如何培养的问题，认为：一个人的责任心、事业心归根到底还是当官是为了什么的问题。这个根上的问题没有解决，一个人如果想把这件事做好是不可能的。如果他没有想把这个事做好的动机和愿望，你再给他多好的条件他肯定也做不好。我一直琢磨这个责任心怎么培养出来的，有时候觉得责任心是天生的，就像我这个人，你叫我去糊弄一件事情，我会糊弄，你叫我骗我也会骗，但是如果那样去做的话，自我感觉非常痛苦，我自己感觉很痛苦我就肯定不干，我要么不讲要么不做，要做肯定也是实打实的去做。这也许是共青团岗位培养出来的政治素质。①

就像这位县长提到的选择做团干部的根本原因可以看出个人的价值观，而价值观是青年干部成长的原动力，干部一切的行为都是基于它的价值取向的，如果价值观出现偏离，就会出现急功近利、做表面文章的浮华之风，难以真正经得住名利、权力、人情考验。

5. 围绕中心、服务大局、独立工作

在访谈中，转业团干部反复强调共青团干部要始终围绕党的中心工作独立开展活动。

安徽某县县长说：共青团的工作怎么能干好？实际上我们党已经给我们共青团的干部讲得很明确了，一定要紧紧围绕党的工作中心来开展共青团的工作，这是我们共青团干部成长的最重要的途径，你离开了党的工作中心和重心，独立搞活动，你这种活动很难有效果，对自身的成长也无用。要只争朝夕，不能急功近利，一定要盯住一个目标，要有头有尾，做出个结果，把握住团员青年的兴奋点和党委工作的关键点，两个点结合起来，你们要找到一个手段，找到一个方法一个途径，把这两个点结合起来，这就是我们团县委应该思考应该干的事情②

6. 扎实做事、干净做人

在涉及共青团干部作风问题，陕西某县县委书记谈到：共青团岗位让人挺受益是共青团让我们养成良好作风，共青团这个工作实际上因为它的清贫，因为它的扎实做事，因为它的不懈进取，共青团这些人始终保持一

---

① 安徽转业团干部访谈资料 001 号
② 安徽转业团干部访谈资料 001 号

种非常好的心态，保持一种良好作风，保持一种勤俭办事，干净做事的作风，共青团实际上相对于有很多有权、有钱这样一些群体来讲，共青团是一块净土，共青团没有给人一个腐败的温床，享乐的温床，在这里大家甘于清贫，要能够吃苦，要能够忍受许多环境或者工作上的实际困难，还要把事儿做成，所以共青团人给大家提高一种免疫力，给大家实际上锤炼了一种良好作风，给大家一个自律要求，使大家在后面还是能够保持形成一种习惯，你要说共青团有没有个别原因或者腐败现象，极少，整个上这个群体是一种积极向上的，是能够严格自律的，能够树立一种良好的社会形象，工作过程中这种作风对形象的塑造实际上起了保护作用。①

在谈及共青团作风养成时，陕西某县县委书记谈到：作风很重要，作风是一种形象，我在工作岗位上实际上我是树立一种形象，我怎么让群众信服，让这些班子干部信服你，实际上是一种作风的外在体现，我的作风我是体现出来，我在工作上，在工作之余体会到，前面我说一个是发展，一个是稳定，第三个是带队伍，带队伍很重要，县里这么多事儿，不是靠我一个人本事就能干好的，而是靠大家力量，靠班子力量，靠整个队伍力量，靠广大党员群众的力量，这种力量靠群体力量实际上看带头人能否把握住让群众跟你一条心，能够给你干事，能够听你指挥，实际上带队伍是一个很重要职责，带队伍过程中需要自己有一个良好作风，良好形象，至少我能理直气壮的批评一些不正常现象，干部作风问题，事业心不强，很多事儿得过且过，不思进取，精神萎靡，应付了事，在基层方式方法简单粗暴，在工作中没有形成良好形象，工作之余吃吃喝喝，打牌，勾心斗角，然后有私心，一个班子一个队伍里面老想着个人私利，就会有腐败现象，下一步我说通过纪委，要有严查到底，现在感觉到机关干部，党政干部是有风险的，这个风险在于你不能伸手，一伸手必被抓，我说检察院、纪委就是悬在每个人头上的一把利剑，自己把握不住自己，这把利剑就掉下来，一旦发生问题没有不后悔的，这种情况源自于我在共青团干干净净，我理直气壮，我没有哪些拉拉扯扯的事儿，我没有个人私利在里面，我就可以很硬气有底气说话，去办事，去树立良好形象，我觉得这主要还是个人得自律，廉洁这种作风。②

优秀的团干部首先是政治素质过硬的：有坚定的共产主义信仰，强烈

---

① 陕西转业团干部访谈资料 006 号
② 陕西转业团干部访谈资料 006 号

的社会责任感；不畏困难，积极进取，敢开时代之先河；博大的胸怀和包容的品德；践行核心价值观；有大局意识，围绕中心、服务大局、独立工作；扎实做事、干净做人。政治素质过硬是选拔共青团干部的首要因素，这一点没有团级、团域的区分。

（二）关于群众意识

1. 到群众中去，打实基础

在转业团干部访谈中，不少人谈到，共青团干部应尽早进入基层，才能锻炼成长。

南昌市某区区长谈到：共青团岗位上培养与人打交道这种能力更强一点，但是我觉得共青团干部更应该早的到一线面对复杂局面，了解社情民意，了解国情。我觉得可以采取多种方式，比如说通过挂职锻炼，或者尽早转业到基层。要耐得住寂寞，不要光去跟别人比，谁进步快了，一定要沉下去，切切实实为老百姓做点实事，要切切实实打基础，多做有长远意义的事。要把这种机会看成是对自己的磨砺，要始终看到自己的不足，共青团干部最大的问题是缺少怎么样跟群众打交道。包括我们转业的这些团干部，群众工作的经验明显缺乏，你过去面对的都是青年，都是会讲普通话的，你现在碰到的都是各种各样的群众，讲土话的江西老表，你怎么跟他交流？像过去我是很时尚的，但是你现在必须很朴素，从外表，你觉得想变了一个人，这个时候你要真正的从内心到外在都要把自己紧紧融入到群众中去。①

2. 相互协调，共同合作

在访谈中，不少转业团干部还谈到了与人合作协作和欣赏包容心态的重要意义。

陕西某市委常委宣传部部长谈到：共青团岗位没钱没权，但还要去干事，就会没有条件要去创造条件。很容易养成相互协作，相互团结，共同合作的那种意识，也能够让你内心学会包容，我时常会放大别人的优点，群众的意见自有他们的道理，因为我要站在他们的角度上反思我自己，像那些扫地的工人，我觉得他们就很了不起，他们为了节省扫把，拿绳子把散掉地上的布条又缠起来，这样会把地扫的干净还能节省扫把，他们值得让我学习的。用放大的眼光去看待别人的优点的时候，别人对你的一些缺

---

① 江西转业团干部访谈资料 003 号

点就不会放在心里，因为你已经习惯了以这个心态去看待包括工作当中的挫折，这样的话在你合作的时候也会甘为人下，只要他是正确的。①

3. 一切以人民的利益为工作的出发点

在访谈中，转业团干部普遍提出要关注群众的需求、利益和兴趣点。

安徽某县县长说到：我们做任何工作都是为了人民群众的幸福，这种幸福体现在很多方面，一个满足人民群众的要求，近期的要求、文化的要求、工作的要求、生活的要求，共青团都要关注。按照我们共青团的特点，能够比较好的做到满足群众娱乐方面的，文化方面的要求，但是人民群众要求是很多的，更根本的还不是文化娱乐的要求，人的需求最根本的是生存的需求，要解决吃饭的问题，但是我们共青团很难解决吃饭的问题是吧？但是我们要在工作中学会去把这个视野拓展开来，打开我们的思维，围绕我们党的中心来开展工作，要研究我们党的中心，党为什么安排这样一系列的工作，提出这样一系列的要求，实际上党提出来这样一系列的工作要求从根本上还是离不开人民群众，你研究党的工作安排，实际上就在研究人民群众的需求。所以这样一来你在开展活动的时候就有针对性，有作用，而且这种作用与人民群众要求是紧密相连的，与党组织的愿望也是紧密相连的，因此你组织的活动才会受到人民群众的欢迎，受到党的支持。这一点极为关键。就要研究团员青年最兴奋的点在什么地方，要创新工作模式，要搞一些政治类的学习，还是要研究一些现代科技知识，市场经济知识，青年对实用的东西比较关注，青年喜闻乐见的形式多了，就不能用传统的方法对团员青年进行教育，这样要求就更高了，你抓不住他的兴奋点，你组织的活动他来参加不是很快乐，你想组织他来是比较困难的。②

在涉及群众意识方面，陕西某县县委书记说到：在共青团岗位，我们还要体现一种务实精神，能够深入基层深入一线的态度，我们要事事从群众利益，从群众角度出发，实际上讲起来意识到我们一些过去工作中可能不注意的问题，在一些工作经验上难免欠缺，但是我们通过努力，通过思考，通过能够深入一线，深入群众，扎实敬业来弥补了这种不适应，来弥

---

① 陕西转业团干部访谈资料 001 号
② 安徽转业团干部访谈资料 001 号

补这种经验不足。① 在政府工作岗位上，这几年大家都一直强调关注民生，改善民生，那么这个时候想到共青团的理念，我们立足青年的需求，以青年为本，以人为本，青年需求是我们要做得到的，道理是一样的，政府工作你就想，群众要我们做什么，群众希望政府为他提供什么服务，他们讲服务青年，政府这块就服务群众，服务基层，道理都是一样，开展一些活动，政府工作还说实际上是一种事业化、社会化方式推进，过去工作实际上让你有一种面向基层以人为本这种理念，过去工作实际上是一个群众组织，做的是群众工作，你现在做得工作说白了还是群众组织，不论是党委还是政府做得还是群众工作，你说发展为了谁，发展还是为了群众，做的所有事儿实际上归根到底还是为了社会和谐，为了提高群众生活水平，实际上还是为了群众工作，还是面向群众工作的根本性质，所以说这个事儿从我的角度我的体会还是很深的。②

4. 全心全意为人民服务

访谈中提到全心全意为人民服务的宗旨的重要意义，以及如何做人的道理。

安徽某县县长说到：我曾经讲过六个字，第一是做人，第二是做事，第三是做官，做官不是问题，如果做人做好做事做好的话自然就是一个好官，我首先讲做人，做人至少要有同情心、怜悯心，这是做人最基本的要求，我只是举个例子，为什么讲同情心和怜悯心，去农村贫困户老百姓家一看，家里那么穷，到过年过节，连买肉的钱都没有，那么你如果是一个正派的人，肯定是想办法怎么样帮助老百姓致富，绝对不会想怎么样从老百姓头上擦点油下来，我们不要讲廉洁纪律的各项规定，不要讲党的全心全意为人民服务的宗旨，就讲你做一个自然人，一定应该有同情心，你看他们那么穷，你还忍心在老百姓头上谋私利吗？你肯定要想办法为他们谋利益啊，这是做事，那么你领导干部就是要做事，你践行党的宗旨也好，落实党的方针政策也好，都是通过一件一件事情去落实的，如果事情做得很好的话，那么加上你做人好你肯定就是一个好领导，所以第一步的选择就是做人，如果那个事情你做不了，好事你做不了至少不能做坏事，这是做人最基本的底线，你手里面有点权力了你就去做事啊，当官就是要为人

---

① 陕西转业团干部访谈资料006号
② 陕西转业团干部访谈资料006号

民群众做事,你做好事也做好人了自然而然就是一个好的领导干部。①

由于层级的不同,团干部的工作对象,工作内容有很大差别,群众意识表现的方面不尽相同。

在团区县委、街道、学校、分公司这样基层团组织中,团干部的日常工作中很大部分是要跟群众直接打交道的,"以民为天"的群众意识成为做好基层工作的重中之重。基层团干部是共青团共青团与广大青年接触的一线人物,是共青团的形象代言人,共青团对青年的凝聚力、向心力都要靠基层团干部来维系促进。全心全意为人民服务,不让权力拉开了团干部与群众的距离,"贪""骄""霸""浮"都是不可取的。

团市委以上的团干部工作的直接对象是团干部,直接接触团员青年的机会有限,他们的群众意识是隐性的,内在的,不容易觉察的,他们的群众意识大多是从组织实施有利于解决青年困难的决策中体现,从重大转折点上的重大事件的表现体现。

(三) 关于工作态度

在转业团干部访谈中,普遍都提到了从事共青团工作,让自己懂得了奉献和牺牲的意义,养成了热情开朗大方的个性。在访谈中,被多次提到的主要方面有:奉献精神和服务意识、勇敢、忠诚、热情积极,还有坚强的意志、毅力、意志品质等。

1. 吃苦耐劳,无私奉献

一位辽宁某公安厅离退休干部工作处处长深情地这样总结道:在共青团岗位热情高涨、充满朝气、精神饱满。不知道什么叫累;还有冲劲儿、敢想敢作敢为,不停给领导提建议;还能吃苦,肯吃苦,并且主动找苦吃。②

陕西某区区委书记在访谈中谈到:共青团岗位培养了吃苦耐劳,无私奉献的精神。共青团没有钱也没有权,如果没有奉献的思想,没有吃苦的精神,在共青团是干不成事的。现在社会可能功利心更强一点,特别是在现在我觉得要当好共青团干部一定要具备奉献精神,你要有一种青年人积极向上的这种状态,要真的在社会上体现你的人生价值。③

---

① 安徽转业团干部访谈资料 001 号
② 辽宁转业团干部访谈资料 001 号
③ 陕西转业团干部访谈资料 004 号

在访谈中，特别是女性转业团干部谈到了女性领导要付出更多，比如处理家庭关系、同事关系、朋友关系等，更需要智慧。

江西某区女区长谈到：我爱人常开玩笑说找老婆真不要找女干部当老婆。因为男人的成功他只有一个标准，那就是社会标准。你只有符合社会的标准，就是一个成功人士。但是女人有双重的标准，他不仅是社会人，还是自然人，还要承担妻子、母亲这种责任，有时候就会面临家庭和事业的矛盾，事业中我们很要强，工作还是要做得好，不能让别人认为我是共青团的干部好象就不行，但是当我的孩子马上进入高中三年级，我跟爱人还处于两地分居的时候，我真得很难去处理，有时候不得不牺牲一头。①

2. 不言放弃，无所畏惧

女性领导的心理压力也是访谈中多次提到的，更多的转业团干部认为转业后女性领导更多要比男性领导承受各方面的心理压力。

陕西某市市委常委、宣传部部长谈到：共青团岗位培养了自己那种不言放弃，无所畏惧的态度，这种态度渗透到骨子里了，但是转业当了县委书记以后，面对常委分工负责制压力还是比较大的，要直接对书记负责，遇到事没有人跟你商量，也没有跟你提出什么具体的工作要求，领导的指示是很宏观的，你来给你工作定位，提要求，带领你这个团队，那个时候身体透支的很厉害，遇到心里难受的时候我就在河堤边上去散散步，放松一下自己的心情再回家，可是男同志可以通过其他的方式去排泄，比如跟朋友喝喝酒，但是女同志往往在这个时候朋友越来越少，传统就把你约束住了，你不能随便和什么人吃个饭，聊心事，弄得不好，就会在一些小地方产生很多非议，你没有那种机会，没有和男同志单独相处交流的机会，其实我们非常需要和异性的交流，因为你和你的同性往往不在一个层面上，在一个层面的大都是异性。②

作为女性干部成长过程会更艰难一些，陕西某区女区委书记也有同感。她说：男同志见面，递根烟，肩膀上一拍，马上感觉距离就近了，女同志就不能做这个动作吧，你总不能跟他们在一块喝的酩酊大醉吧，这种交往的手段在女性身上是不能用的，而且对女性要求很高，你要是在公开场合哈哈大笑，人家说你看她，作风飘浮，你男同志喝醉了，大家也觉得

---

① 江西转业团干部访谈资料 003 号
② 陕西转业团干部访谈资料 001 号

无所谓，女同志你再喝醉了，那就成了全市的笑话，所以对女性很多时候人的眼光是非常苛刻的，这种时候一个要自信，第二个确实自己要自尊自强。①

涉及工作态度方面，她还谈到：如果在团市委我觉得这个青年如果不上进，没有自己一个奋斗的目标，没有追求，就没出息。现在转岗从区长到区委书记以后，在这方面我没有大的改变，我还是觉得对工作敷衍了事不积极主动的人，我是最不愿意接触的人，这个人哪怕他干了，他出错了，我都愿意替他承担责任，但是你起码态度是积极的，咱们老说态度决定一切，因为你这个人推又推不动，工作给你撂到那儿，遇到矛盾你就绕着走，那种得过且过的人，这种人是令人最反感的。比如说他能力差一点，但是他态度很端正很积极，很努力，这种人就会有希望。现在的团干部确实还是应该珍视青春，热爱生活，大胆探索，大胆创新，敬业奉献，确实要实现自己的人生价值。想起来也过得快的很，一晃二三十年就过去了，从工作到现在，确实人生如梦，抓住这种青春，青春都是有限的，是人生最精华的阶段，一定不要错过，把你这种人生最美丽的阶段发挥到极致。②

3. 不懈追求，永往直前

关于工作态度，陕西某县县委书记说到：做共青团工作最大的收获是给大家一种不懈的追求，这个挺重要，共青团实际上是一个年轻人聚集的机关，或者是年轻人的工作，看的是未来，共青团工作需要大家不断去实现对自我的超越，去对未来一个追求，那么这种追求实际上是体现了一种工作的事业心，一种进取精神，共青团岗位虽然责任不是那么重大，但是让大家感到我干的这个事儿，我干的每一件事儿都是一个积累，我走的每一步都奠定一个基础，我时刻看到对工作的追求和未来的发展方向，实际上共青团这些人始终有一种追求的动力，有一种进取精神，这个我想共青团工作也确实是终生需要的，一个人没有事业心，没有责任感，没有进取精神，还谈干什么事儿。③

共青团岗位一定意义上说比不得有些企业、事业、机关岗位拥有实

---

① 陕西转业团干部访谈资料 004 号
② 陕西转业团干部访谈资料 004 号
③ 陕西转业团干部访谈资料 006 号

权、财权,团干部开展工作是要靠团干部自己去争取人员与资源的,没有硬性的指标衡量要开展多少活动才能算是一名优秀的团干部,也没有太多万众瞩目的光鲜时刻,团干部干工作靠的是青年人的那股激情、那股钻劲,靠的是自力更生,艰苦奋斗,百折不挠,勇往直前的精神。

层级由高到低,团干部占有的资源逐渐变少,需要团干部吃苦耐劳、无私奉献、不要放弃、无所畏惧、不懈追求、勇往直前的工作态度愈发强烈。(如下图所示)

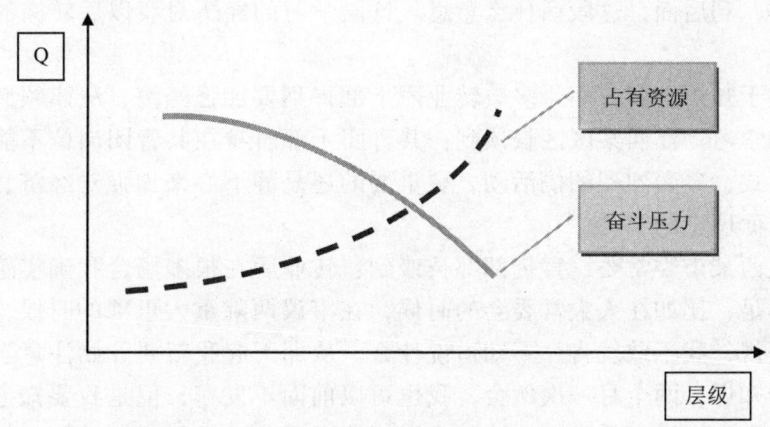

二、转业团干部关于核心能力特征的描述

(一)关于认知能力

在转业团干部访谈中,提到在共青团岗位获得最多的能力还是学习能力。主要表现在:

1. 勤奋学习和用心学习的习惯

江西某国资监管委员会副主任谈到:共青团我觉得影响最大的应该是塑造了自己勤奋学习的一种习惯和能力,提升自己的学习能力,这是共青团给的,这种学习能力不是在书本上学习,在学校里面学习,而是怎么样在实践当中学习?怎么样能够密切联系实际的去学习?怎么样迎接新挑战的学习?因为在共青团,我们总是面临全新的领域,面临全方位的挑战,你不能不学习。[①]

---

① 江西转业团干部访谈资料 002 号

共青团岗位对学习能力的要求以及对未来转岗都是必需的。陕西某市财政局的局长说到：在共青团，我后期做副书记以后，有更充裕的时间学习，大学毕业后，我不是学文史的，是学理科的，在这里好好的补习一下，学习历史。可以说是在这个阶段把二十四史自学了，资治通鉴，这个时期在办公室学习，学习了很多，下去以后做区长以后学以致用，在工作中学政策，学习这个政策怎么样执行，现学现卖，学习先进管理经验。没有一本好读的，我搬着中华大辞典，读的时候再翻，拿笔批，看这个字怎么理解，到后面，这段话什么意思。这段学习的经历对我以后转岗的帮助极大。①

关于知识内容方面，多数转业团干部提到要加强经济、法律领域方面知识的学习。江西某区区长谈到：共青团干部自身在共青团岗位不能完全满足形式，轰轰烈烈的搞活动，更重要的还是静下心来加强对经济、科技这些方面理论的学习。②

陕西某市委常委、宣传部部长谈到：转业后在很多场合我确实感到知识的不足，比如在人大常委会的时候，在审议两院重大事项的时候，一些法律法规，我不敢发言，不知道说什么。从那天起我就要开始注意学习这方面的知识，两个月一次例会，我也可以前面不发言，但是我要知道我该怎么发言，如果是我发言我该怎么讲，我觉得这种信号不断给我，就逼着我要用心去听，别人很烦开会，我开会注意力很集中，所以共青团办事认真也从这里看出来了，听课的时候我都会很愉悦，因为你需要知识，就像一个海绵如饥似渴的在积蓄，还要创新，创造新的经验，超越自己；另外你在共青团尽管是个小助手，但是你也要阅读各种相关的文件，文件当中你也有机会看见领导的批示，我就把批示内容一遍遍揣摩，特别是对一些群体事件的上访的批示，领导为什么会这样指示？现在遇到群体性事件我没有发怵，先看领导批示，以人为本，不要激化矛盾，这是基本的原则，尽管你以前没有碰到这样的突发事件，但是长期在脑子里积累的知识在关键的时候就梳理出来了，是管用的。所以共青团岗位是一个学习的岗位，不只是学习共青团的知识，你要学习与党的中心工作相关的方方面面的知识。③

---

① 陕西转业团干部访谈资料 005 号
② 江西转业团干部访谈资料 003 号
③ 陕西转业团干部访谈资料 001 号

2. 做学习型青年的目标驱动

在访谈中，转业团干部都谈到静下心来自学，成为学习型青年，可以少些名利追求上的浮躁。

安徽某县县长说到：共青团岗位上的学习不是学校的学习，是自学，能不能成为一种学习型的青年这个问题很重要。我感觉到我们现在人都太浮了，我们讲人很小的时候他的心灵是非常单纯的，走入社会以后接触了很多的信息，受到名利等方面的一些诱惑，导致心里乱七八糟，平静不下来，没办法学习。没办法学习，个人就没办法成长，而是学会了一些我认为对社会没什么用的东西，学会一些势利的东西，学会追求金钱名利这些东西。人什么时候都要学习，特别在共青团岗位上更要学习，为什么在这个地方特别讲到学习，因为我认为团员青年特别是团干部是有时间学习的。我希望共青团干部能够让自己更好更快的成长起来，一定要多看书，要看各方面的书，特别是对自己的世界观有正面影响的这些书，其次要看一些学本事的书，这个本事也可能是经济类的，也可以是法律类的，包括文学类的，但是最根本的还是对培养自己正确的世界观有帮助的书。我们现在有些青年干部，都是蜻蜓点水听一下汇报，根本不到第一线去了解情况，很浮，都是浮在面上，所以我们现在学习也好工作也好，都要紧密结合实际，空对空的不解决任何问题，这就是跟一个人的世界观紧密联系起来，你到底想干什么？到底为了给社会多做贡献还是为了自己的名利，如果为自己的名利，为了自己的职务升迁，可能很多人都会搞空对空的东西，如果你想真正为社会的进步做贡献，你肯定是要研究世界，要不断学习的。①

3. 学以致用、常干常新、不懈追求

关于学习能力方面，陕西某区区委书记也谈到自己的体会：培养自己的学习能力，思考问题和处理复杂问题的能力，这也是共青团岗位培养出来的，因为共青团干部面对的都是年轻人，你就得跟上时代的步伐，不断的学习，掌握青年的特点，逼着你不断的学习，青年永远是领导社会潮流的，不可能是老年人，不管哪方面他都走在社会的最前头，所以那个时候培养自己的这种善于学习善于思考的习惯和作风。这个多少年养成的习惯，一直保持到现在，遇到问题我们先要学习，甚至我们还要谋划在前，

---

① 安徽转业团干部访谈资料 001 号

思考问题，这方面锻炼也很受益。①

在学习能力方面，陕西某县县委书记提到：共青团岗位让自己有一种学习能力，共青团工作是常干常新的，在共青团工作过程中，实际上也不断面临一些新的事物，面临一些创新创造需要，在这个过程中需要你不断学习，不断去研究青年的需求，研究青年的思想，研究工作的创新方向，研究很多不断出现的新生事物，这个过程中也需要不断去学习去提高自己去胜任共青团工作，所以共青团工作也是不断提高标准，伴随共青团工作标准提高，也需要从事共青团工作的这些人去不断加强学习，所以共青团人始终把学习当成一种追求，把学习当成一个思想境界，把学习当成一种能力，所以这个对自己来讲也是受益，因为后面的工作也需要不断学习，在挂职期间我实际上是在边干边学，边学边干，转业之后还是如此，到新的岗位上，我觉得这是最大受益，共青团工作教给我需要自己去体会，去感悟，去学习，有一种学习能力。②

应急危机处理方面学习更为重要，他谈到：在共青团岗位日常危机可能遇到过，但是至少不常遇到，但是转业之后，我看过很多问题，不管是在市政府工作，还是到县委做一把手工作过程中，我觉得从共青团能够受益的还是把握大局，着眼全局这种学习能力，领悟能力，干这个工作得有悟性，这个悟性来自于学习，有时候我也是现学习，现学现卖，比如说今天上午看防汛防滑，过两天我可能看教育工作，过两天我可能看安全生产，我来这段时间除了基层我跑一个遍之后，防汛、防滑、防灾，比方说安全生产，比方说交通、城建教育，有些工作别人怎么说的，别人怎么做，那个时候比方说明天我去看工作，今天晚上我从网上看看，同样一个岗位人家有什么要求，防汛这个事儿，防滑、防灾这个事儿并没有涉及到，但是这对我本身也是学习，我学习别的县委书记，别的省委书记，别的市委书记，网上信息很多，你看看别人怎么说的，别人怎么要求的，那我综合一下我想清楚了，无非这几个要求，你做好防汛防灾这段时间，从源头抓起，矿山的安全，河道的安全，交通的安全，油库的安全，化学企业的安全，这些事儿可能在我们县里是我们实际情况，这些事儿在西部很多工作并不是我们创造的，而是这些区好多事儿走在前面就已经做了，我们说学习能力也是一个能力，我要不去学习，凭自己去想，很难想这么周

---

① 陕西转业团干部访谈资料 004 号
② 陕西转业团干部访谈资料 006 号

全，或者我想的还不一定符合实际，但是你继续学，看看书，看看材料。建议共青团干部学习无止境，在宣传岗位上常干常新，也需要你常学习，转业之后更需要不断学习，而且共青团学的东西越多，转业时候越有条件，越能得心应手，越能很快适应，共青团时候不管大家多忙，还是有一些学习时间，在这个过程中除了学团的业务，实际上要视野开阔，涉及面广泛，多一些积累，多学一学经济、金融、管理、法律，后面不管干什么都用得着，现在到县里来之后，要懂一些经济的指标，金融的一些数字，要懂农民收入组成，财政是靠什么来的，要能看国税、地税报表，这些事儿如果是共青团岗位本身来的哪个行业都有，共青团机关有一些房地产的，有一些气象的，有一些考古的，当然不是说每个人都懂经济，但是到了新的岗位之后，要求你必须懂经济，不懂经济工作咱说又好又快发展，我说没有经济工作哪来的又好又快，懂经济工作就要懂经济工作内在规律，企业发展的客观要求，经济工作的核心是什么，什么是核心所在，所以要学习，包括对付上访，上访这些人拿着文件，拿着这些法律东西，他们比我们还清楚呢，你不给他们搞几条法律依据，说不过他，这些老上访户来了之后，说的头头是道的，宪法怎么规定的，刑法怎么规定的，什么什么条例，什么什么政策，什么什么时候文件怎么写的，他们说的都是一套一套的，但是你要跟他们讲清楚，我的依据是什么，我这个说法是什么根据，是哪里来得，所以这个东西需要学习，学习无止境，需要不断的学习。[1]

"要学习、学习、再学习"是当代共青团干部的共识。现代社会知识更新换代的速度是空前的，要跟上时代步伐就要不断更新自己。共青团干部要领导青年就要想在青年前面，走在青年前面。比普通青年更多了解，了解得更全、更新、更深，这样才能在青年心中树立青年领袖的权威，青年才能发自内心的敬佩你、追随你。优秀团干部素质上的共性就是知道"要学习"，不断的鞭策自己"再学习"。

由于工作环境、工作性质不同，各个领域团干部的学习压力、认知能力是有强弱之分的。在学校，共青团干部工作的直接对象是非常快速吸收新知识、新科技、新观念的学生与青年教师。要走在这部分人前面，就需要更快的更新升级自身，所以这一领域的团干部学习压力比较大。企业、

---

[1] 陕西转业团干部访谈资料006号

机关、事业单位工作很多是程序化的,工作的领域也比较固定,虽然这些领域的团干部也要"终身学习",但学习的压力没有学校团干部强大。

认知能力在各个团域上内容也是有差异的。企业上,就会侧重于提高业务素质;机关则要对国情、民情的了解,对党的奋斗历史和优良传统的了解;学校以教书育人为核心,如何科学培养学生和青年教师成才成功、如何有效解决学生和青年教师问题成为团干的侧重点;其他事业单位,就要结合自身工作特点、工作需要来有针对性的提高自身认知能力。

(二)、关于管理能力

1. 组织协调执行能力

组织能力、协作能力及执行力也是被访谈者十分重视的部分。安徽某县县长说:从现在我们的工作运行情况来看,执行力倒是最主要的,为什么这么讲?现在我们从中央到省市,我讲任何工作都跟你讲的非常仔细,你要干什么事,从什么时候到什么时候干完,程序上面怎么干,钱怎么出都跟你讲的非常具体,现在当我这个县长也好干,就把上面交给我的事情办了就行了,上面怎么讲,而且给你讲得很具体,但是到下面就难了,落实不下去,县里人讲话叫浮在水上面,就像几根木头一样,飘在水面,落实不到最基层去,不能实实在在的落实下去。我们基层干部第一位的问题就是抓落实,执行力。其它能力也需要,但是目前最迫切的,上面交代的事情你都做不好,就谈不上创造新的成绩。①

陕西某县县委书记说:共青团岗位给了自己一个努力做事,在做事过程中去增强组织协调能力,锻炼提高自己的工作水平这样机会,因为共青团性质无权、无钱,但是还要做事,要想把事儿做好就要争取各方面的支持,整合各方面的资源,这本身就是一个锻炼,所以我说共青团这个岗位恰恰因为他清贫的性质,让共青团这些人实际上是克服许多的实际困难,要把事儿做成,这个对我来讲是一个很大的收获,锻炼自己组织能力、协调能力,与人沟通能力。②

他认为:这些能力我们都可以用上去,比如发展旅游,我们办节庆活动,这个过程最拿手的,怎么样能够宣传造势,怎么样整合资源,怎么样扩大影响,这个都是共青团锻炼的优势,科技工作也是这样,科技工作跟

---

① 安徽转业团干部访谈资料 001 号
② 陕西转业团干部访谈资料 006 号

参加共青团常搞的工作有很多相似地方，所以我说实际上说起来后来做党政工作，不管做政府工作，还是我现在做党委工作，我想在这个过程中不知不觉会去联系到过去的经历，过去的经验，过去的体会，包括有一些过去的思考，原来没有地方实施的，现在有了用武之地，有了这个架构空间，所以这个问题实际上是联系在一起的，这种情况下也就决定了像我前面说的，像我们干这个工作还是努力的从实际出发，努力的深入思考，努力去提高自己的悟性，进而有一种把握能力，科学决策能力，使最后这个事儿在我们手里做出来时候，虽然可能在最后我们还要费一番思考和心血，但是做出来的时候总体上会让大家感觉到，共青团这些人也不白给，从上级机关来的人，思路比我们开阔，共青团来的这些人干工作也一样务实，而且也给周围或多或少带来一些清新气息，通过这些一定程度上弥补了我们不足。①

2. 应对复杂局面的能力

面对复杂局面处理问题的能力，很多转业团干部都提到了，共青团岗位实际给了团干部锻炼这方面能力的机会。我们在访谈中，尽可能让转业团干部回忆一件刻骨铭心的事件。陕西某区常委和组织部部长谈到了这样一件事。他在做团市委副书记前，曾在区县综合组当组长，该职位专门为区县领导写材料，是出思路、出决策的关键部门，这种经历为他能快速进入团的工作打下了坚实的基础。让我们吃惊的是，他上任是先从收团费开始的，而且很有收效，下面是他的自述。

"我当时到团委时候，我感觉岗位还是有很多需要改进的地方，我来的时候机关六十名团员，每年收团费两百块钱，我问管理员：为什么收这么一点团费？他们说现在市场机制环境不好，如果团费收的太严，额度也比较大，好多团员对咱们有意见，甚至有些团员要退团。我对这个问题想了一阵时间，最后作出决定，我这个书记就从收团费做起，我不说健全团的组织，健全团的活动，我就收团费，收团费同时要建立一个团员台帐，对团支部，团工委，团委，你有多少团支部，每一个支部都有多少团员？什么年龄？什么文化程度？干什么工作？工资收入是多少？应该交多少团费？我把基层的情况一下子就弄清楚了，如果说所有团员为收团费这个事情大家不愿意做团员，我说可以全部退出，共青团区委开始转入地下工

---

① 陕西转业团干部访谈资料006号

作，我到每一个单位挨个去演讲发展团员，原来的团员统统不要，不交团费全部就开除了,,最后我开了第一次全区大会，就是以整顿团的基层组织，收团费开始做第一件事情，这个事情很奇怪，尽然没有一个人不愿意交团费，第一年团费是二百块钱，到九八年底三万五千块钱，我记得很清楚，没有一个人说我愿意退团，愿意受这个处分。我做团委工作是按政府做项目一样来做团委工作，我不做赔本买卖，加强团的基层组织建设不是空话，做实在的，我就是收团费，建立台帐机制，健全基层组织，哪些单位没有团的组织，哪些单位有团的组织，但是疏于管理，团员发展不正常，团员组织生活、开展活动和收团费不正常，我按这个开始抓，打牢了各地团组织建设，而且各单位团委书记书记身上的压力很大，他要收团费，收团费不开展活动，他就要挨骂，收了这个团费就应该开展工作，你工作开展的没有水平，没有吸引力，领导和群众都会不满意。因此团委书记们的潜能一下子被激发出来。当年团区委就获得全区岗位目标责任考核先进单位，区委院子里头组织部、纪检委一直是先进单位，共青团很少当选，那年我谁也没找，就是通过收团费，加强基层组织建设，加强社区组织建设，加大宣传力度，创造良好工作氛围，要边干边喊，边干边说，"说"也是一种宣传自我，争取支持，赢得同情，营造人文环境的一个重要方面，我通过这一系列工作，然后在九九年开始抓城市社区，成为国家加强基层党的影响力，扩大共产党的执政基础，争取广大群众对党的支持，重视社区工作，我们及时把团的工作带进社区，我们当时设立了办事处，社区团建工作受到了团省委的充分肯定，我用三年的时间，把团委过去的从弱势部门干成区里强势部门，让更多人关注共青团工作。①

3. 创新能力

部分转业团干部还谈到了创新能力。陕西某区区委书记说到：勇于探索大胆创新的精神，这个共青团也很能培养，我现在很多时候讲话，不管你多大的场合，我即兴讲话都比他们拿稿子讲话讲得好，这真是在共青团锻炼的，因为确实共青团给你了一个很广阔的舞台，没有人跟你说你今天干什么，在共青团不可能安排你说今天搞什么具体活动去，全靠动脑子创新，设计，你现在在政府就不行了，政府给你有经济指标，给你有任务，你就得按照上面这个安排，你拆多少路，你修多少桥，你就得干这个事

---

① 陕西转业团干部访谈资料 003 号

情，很明确，共青团没有，确实给你很大的舞台，然后你自己去创造去设计，根据青年特点，根据时代需要，你去创造去，所以这个，我觉得确实发挥了想象力，创造力。①

4. 与人合作的能力

访谈中，关于共青团岗位培养了一种与人合作的能力，陕西某受访者指出：共青团岗位是一个奉献的岗位，要尽量让周围的人感觉比较开心和快乐。我是希望给大家创造一种宽松的工作环境，快乐工作，在工作中去享受快乐，我不认为我是个区委书记，你是个区长，咱们有等级，我觉得有些场合就是同志之间的关系，最后上升到朋友的关系，我老跟我部门的人讲，我说大家在一块工作就是同事，不在一起工作了关系好的就是朋友，关系不好的可能就各奔东西，连面都见不着。咱们不说全国多少人，也不说陕西多少人，西安七百多万人，你说你认识几个？在你认识的这些人当中，有几个人能朝夕跟你相处在一起工作？真没有几个，实际上能真正跟你工作的人，一天24个小时里面黄金时间跟你在一起的人就是咱们这些人，剩下你回家就睡觉了，都是亲情关系相处的时间，都是睡觉的时间，吃饭的时间，真正黄金时间就是咱们几个在一起，所以确实很难得，一定要珍惜在一起共事的时光，咱们现在首先是工作关系，首先把这个关系要摆正，要搞好工作关系，必须咱们之间要共同完成咱们的工作任务，这个工作关系才能搞好，不然的话我区委书记给副区委书记的任务没有完成，我给市委书记就交不了差啊，对不对？所以这个关系就肯定处理不好，所以肯定首先是工作关系，工作要干好，这是最基本的，然后呢，咱们的关系再上升发展，就是再好上升为朋友关系，超越同事关系了，但是同事关系是基础，工作关系是基础，搞不好工作不可能当朋友。到了朋友这个层次，若干年后咱们可能还坐着摇椅在一块聊一聊，不然的话可能谁都不理谁，上班都不想见你，别说最后分手了，所以希望咱们都成为朋友，把关系都处理好，政府要换届，党委要换届，都是五年一届。你说大家在一起是不是都高高兴兴的把工作干好多好，对吧！咱们是民主集中制，党委作风是广泛征求意见，把大家的积极性都调动起来，把工作干好，一定是坚持党的领导，必须在党委领导之下，形成一个核心，所以必须坚持党的领导，这都没有啥说的，最后都得听党的，常委会上最后书记

---

① 陕西转业团干部访谈资料004号

说了算,那你就是书记最后决策,是不是,大家都把这种关系摆正,没有规矩不成方圆嘛,最后破坏这个规矩肯定就破坏关系了,所以这种事情,不同的场合跟大家也都灌输。①

(三)关于领导能力

通用管理学中比较强调领导和管理的差别,就在于管理者将任务驱动视为最终目标,而领导者除了任务驱动外,更多的精力要放在团队建设和培养下属方面,如果说,管理者需要执行力,那么领导者更多需要影响力,即以先进的思想和心中的愿景引领队员一起前进,并胜利到达目的地。

访谈中可以看到团干部工作及其对转业后工作仍有重要的意义的领导能力集中体现在组织实施能力、选择和决策能力、协调应变能力、协同引领能力、联系沟通获取资源的能力等特征上。正如他们所说的:"团的工作经历给了我综合分析,宏观把握事务的这种能力;给了我独立组织、策划、实施一项活动并由自己掌握节奏,最后运作成功的能力;给了我做事、谋事、成事的这么一种空间尽情展示的能力;让我学会了讲政治;给了我宏观的眼界和创新的思维;给了我研究问题思考问题和解决问题的能力;给了我组织协调,调动社会资源的能力;给了我书面和口头沟通的能力;给了我接触大量不同类型优秀青年的机会;给了我尽情展示自己的工作平台"。②

有很多的转业团干部普遍感受到共青团岗位给他们提供了施展和超能力发挥的自由平台和广阔的空间,让他们难以忘怀。

1. 做事、谋事、成事的能力

辽宁省某市机关工委副书记、市委副秘书长在谈到青少年文化宫建设的经历时说:"我们可以说是随心所欲的做这个事情了,我们动员社会的力量做这个事情,只争取到财政 100 万元经费,充分发挥团组织的协调能力,主要依靠各方面的资助和团员义务劳动竟然就成功了。粉刷,我们自己的一个团员他承接了过去,他有涂料,于是他带领团员把教学楼教室等刷的很漂亮,这个少年宫在建设的时候当地政府可以说没有投资,是靠市场机制引入的。如果在政府岗位上的话,做这个事情可能就不能用这种方

---

① 陕西转业团干部访谈资料 004 号

② 辽宁转业团干部访谈资料 001-010 号

式了,或者说会有很多的顾虑,也许是最开始的时候就根本不敢做。但在共青团岗位上就觉得有方方面面的力量来帮助你做这个事情,什么都敢想什么都敢做。就是说在共青团岗位上让我们得到了很大的锻炼,这也是其它岗位上所不具备的,一种自由工作的平台。"①

某市国资委党建处的处长,曾在共青团岗位上发动一场"通用共享,扶助贫困大学生行动",非常成功。他总结说:"这就是我组织资源做出一些学问出来了,我一下募集到好几十万元,最后我资助了五十名大学生上了大学,圆了大学梦。这个行动去年被我们机关工委评了第三机构最佳实事。"② 这其中充分反映了团干部工作的特点和胜任力特质,就是协调、动员、沟通等获取支持的能力很强,同时没有顾虑,敢想敢干。

访谈中很多转业团干部都提到了共青团干部获取资源的前提是处理好围绕中心和独立开展工作的关系。

2. 独立开展工作的能力

一位安徽某县县长提到:共青团岗位有它特别的地方,特别的地方就是什么都没有,只有满腔的热情,既然没有你就要想办法,没有钱你怎么办,想办法找钱,你可以找组织,也可以找其他的一些单位,在县里面包括乡镇,包括政府的各个组织部门。这里要有一定的说服能力,你到我这里要钱,如果你安排的活动很对路,我肯定会支持你,你和其他单位联合组织一些活动,如果抓住这些抓住的兴趣点,能够结合我们共青团独有的特点,别的单位也愿意给你钱,因为你形式上是团组织的活动,实际上是在帮助有关部门开展工作。这就看你看问题、抓问题能不能抓住?协调能力怎么样?还有你们没有人怎么办?要想办法找人,这里面就有一个人格的力量带动大家。你靠权力,你没有权,你不能提拔他又不能给他发奖金,怎么办?就靠你人格的力量,应该看到我们团员青年都有一个为社会做贡献的愿望,应该看到这样一种愿望这样一种热情。你安排的工作顺应了他的愿望他就会主动的靠近你,加上你人格的力量再能够感染大家、吸引大家、凝聚大家,大家就更愿意跟你一块工作。所以共青团岗位是对一个人最全面的锻炼,所以我讲人这辈子一定要干共青团工作,不干共青团

---

① 辽宁转业团干部访谈资料 003 号
② 辽宁转业团干部访谈资料 002 号

工作就是自己成长中的极大的遗憾。①

3. 人格魅力的影响能力

在领导能力方面，还有的转业团干部提到了做人的问题。一位陕西某区区委书记感触到：关于做人原则从我做共青团工作以后才确立下来的，刚开始还懵懵懂懂，没有真正自己的思想，当我到共青团当了部长当了副书记以后，慢慢的意识到人做不好事肯定做不好，我常说两句话，第一我说先做人后做事，第二个，既简单又复杂，简单的就是把人做好，对不对？人都是感情动物，都是要要交流的，相信大部分人都是这样。这是第一个简单，第二个简单就是按原则办事，不复杂，一点都不复杂。一个领导要让群众信服，包括让青年信服也是一样，必须是人格的魅力加上你的智慧。②

4. 良好的适应和领悟能力

在谈到领导力方面，很多转业团干部都谈到了适应能力和领悟能力的重要性。来自陕西某县县委书记说到：我感觉共青团的工作让我们具备一种事业心，共青团有什么专业，实际上共青团是万金油，说句不好听，但是实际上共青团工作涉及了很多方面，很多领域，但是恰恰缺少了很强的专业性，共青团让我们学会了经济工作，学会了法律工作，学会了管理工作都谈不上，但是恰恰因为共青团这个特殊性质，共青团所涉及领域之丰富，接触面之广泛，干工作这种灵活性，创造性，使共青团这些人有一种良好适应能力，大家都有一种悟性，很多人后来干的工作跟共青团不沾边，共青团有人去干了经济工作，有人去当了企业老总，有人去转业到地方的党政工作，这些工作说起来从性质上还是反差挺大的，但是说起来共青团的工作还是让我们有一种悟性，有一种领悟能力，有一种对接受新生事物能够很快理解他，把握他，对这项新的工作能很快适应，所以我说很好的适应能力，共青团给予的，后来这些人后来的发展，很多人还是吃这些老本，吃共青团的作风老本干事真可以，但是共青团给予我们知识的老本，对我们专业的老本这个恐怕讲起来并没有很强的针对性，但是后来这些人发展还很好，干得还很好，实际上还是一个综合人，共青团给予我们这些能力，让这些人能够越来越适应这个岗位，越来越适应这个工作，才

---

① 安徽转业团干部访谈资料 001 号
② 陕西转业团干部访谈资料 004 号

能不断发展过程。①

领导与管理是不同的两个概念，约翰·科特对此的界定是领导是一种变革的力量，领导者主要处理变化的问题，而管理则是一种程序化的控制工作，管理者处理复杂的问题。中山大学的王乐夫教授也有相似的表述从狭义角度看，两者有本质差别，领导就是决策，管理就是对决策的执行。

随着团级的上升，团干部由执行工作的管理者逐渐变化为做出决策的领导者，二者的素质要求也有不同。对于基层团干主要的工作就是抓落实，相对上级各级团委而言，基层团组织不是"设计师"，而是"施工员"，有沟通协调获取资源的能力，组织动员和社会化动员能力，有一定人事工作能力，有宣传工作的经验，公关谈判的能力强等素质就显得格外重要。对于团市委以上级的团干部就处于领导决策的位置，宏观判断的能力，统揽全局的能力，应急处变的能力，处理复杂矛盾的能力，全局谋划的能力，有战略决策能力等能力在工作中较为突出。

对于不同团域在纵向上也有以上特点，但不同领域表现出不同的管理领导素质要求。由于研究处于初步阶段，本文只对企业这一领域团干部领导和管理突出特点加以说明。（说明数据来源）如图示：

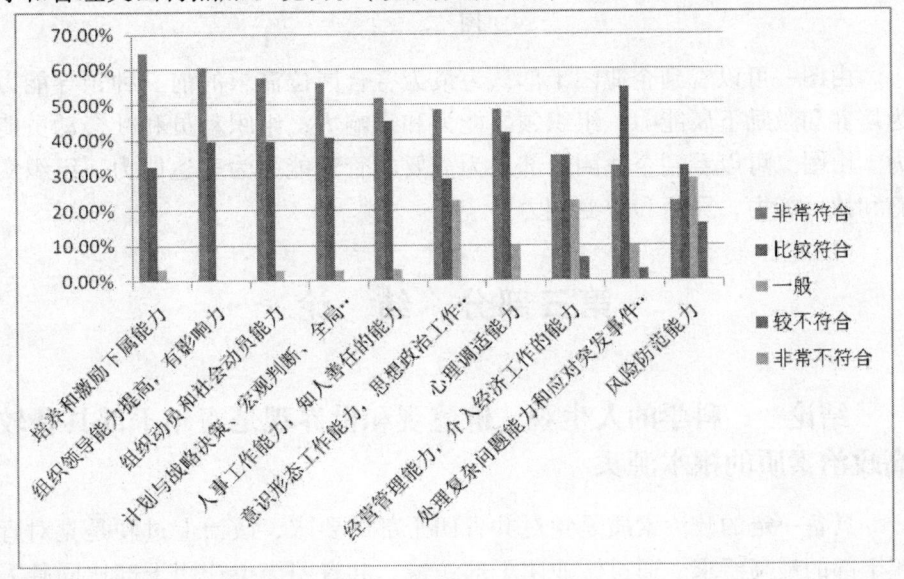

图一

---

① 陕西转业团干部访谈资料006号

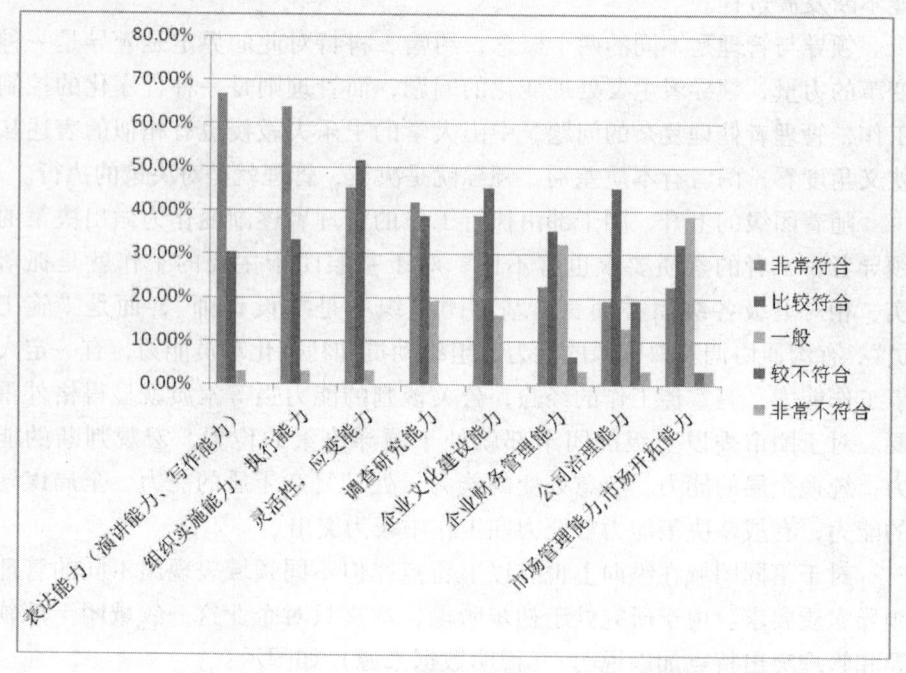

图 二

由图一可以看到企业团干部认为最为符合岗位需求的前三种领导能力为培养和激励下属能力，组织领导能力和影响力，组织动员和社会动员能力。由图二可以看到企业团干部最为需要的管理能力为表达能力，组织实施和执行能力，灵活和应变能力。

第三部分　结　论

结论一：科学的人生观、价值观和世界观是青年干部具备较高政治素质的根本源头

具备一定的政治素质是党对共青团干部的要求，政治上过硬是党对青年干部的最高要求。通过转业团干部访谈，共青团岗位让团干部比同龄人更早学会了懂政治，懂大局，学会了围绕党的中心工作独立开展活动的规则，这些都不难做到，但是难得是根上的问题不容易解决。如何在青年时期确立科学正确的人生观、价值观和世界观，它是青年干部能否具备较高

政治素质的根本源头，很多转业团干部提到的一些共青团干部的不良行为都是从根上出了问题，应引起关注。

结论二：全心全意为人民服务是青年干部成长的原动力

关于群众意识，实际是解决青年干部重心下移的问题，眼睛向下，就能贴近百姓，就能够为基层办实事。实践证明，基层的经验是最鲜活的，基层的活力是最旺盛的，不尊重基层，不尊重人民群众的创造性，青年干部的成长就会失去力量的源泉，就会中途夭折。共青团岗位是一个实践的平台，能锻炼培养一种以人为本的意识，理论联系实际的作风，批评与自我批评的作风，密切联系群众的作风。

结论三：奉献精神是共青团岗位要求的显著特征

关于工作态度，共青团岗位是一个奉献的岗位，没职没权但还要做事，没有一种自我牺牲的精神和理想主义信念是坚持不下来的，因为没有资源，就容易向外界和他人求助，因此，共青团干部会解下好的人缘，亲和、宽容、勤奋、廉洁、进取等特征就会凸显。

结论四：认知能力是共青团干部成长不可或缺的营养来源

关于认知能力，共青团干部的知识、知识结构和认知能力是成长中不可或缺的营养来源，建立终身学习的理念是非常重要的。但是，共青团干部往往重视轰轰烈烈的活动而容易忽视学习能力的提升，这是需要引起关注和提醒。

结论五：基层的共青团干部重在执行力

关于管理能力，在一定较低层级的团干部，要求较强的执行力，当然执行过程中包含协调、组织、沟通、谈判等多项技能，目前情况不尽如意，还是需要再落实政策和任务驱动方面的技能上下功夫。

结论六：高层级共青团干部重在人格影响力

关于领导能力，主要涉及较高层级的团干部，要求一定的影响力，特别在社会化动员的能力、处理复杂矛盾的能力、应急突发事件的能力、宏观决策能力和激励下属能力等等，要求依靠自身的人格魅力，淡化行政命令，带动大家一起前进。

回眸共青团岁月——转业后的思考

转业团干部对共青团岗位特质的基本描述

共青团岗位特质之一——政治组织的特殊性

团的十六届四中全会,王兆国同志再次重申了共青团的重大历史使命:就是巩固和扩大执政党的青年群众阶级基础。为了完成好这一使命就需要履行好共青团的四大职能,即组织青年、服务青年、引导青年和维护青少年的合法权益。团与党的这种特殊关系在我们与65名转业团干访谈中得到了很好的描述。他们普遍感到这种政治组织的特殊性让他们比同龄人更早成熟和快速成长。

在访谈中发现,越是转业前层级越高的团干部,在描述这种关系越深刻。比如来自共青团中央的转业团干和共青团省委或区委书记层级的转业团干,在访谈中你会始终被他们的政治大局观所折服,政治的成熟度和敏锐感要远远高于普通层级的转业团干。其中比较有特点的一名浙江转业团干,曾担任共青团浙江省委书记,现任浙江某市委副书记和纪委书记。言谈举止都透着一种政治家的气度,她在描述这种政治组织的特殊性,用了"组织网络体系的覆盖面"和"政治活动的影响性"。她在进入共青团领域前只是一个国营企业的团支部书记,通过双基双考被安排为企业团委书记,后通过考试进入共青团浙江省委青工部,从一个部长到副书记,再到书记。她说在进企业的时候不知道什么是共青团,更不清楚团与党是怎样的关系。到了共青团岗位,才学会了懂政治,在青工部工作期间,要搞活动,要请最高层领导参加,必须了解党政领导和政府部门他们的关注点,活动的开展必须紧紧围绕党的中心工作进行系统化的设计和有步骤地实施。之外还要去说服领导,该项活动的意义和价值,所有这些都需要她有敏锐的政治观察力和换位思考的沟通本领。

江西某转业团干部自豪地说到：是共青团让他政治上比同龄人更早成熟，当他开始领导一个部门的时候，他的朋友正在开始谈婚论嫁。想的问题做得事情都很不一样，事实证明正是这种政治意识加速了他的成长和发展。

我们在陕西调研期间访谈了一位曾经是共青团某市委副书记，一干就是五年，后转为书记，转业直接去一个区任区长，之后又被安排到另一个地区的财政局局长。他没有财务方面的专业知识和学历背景。当我们追问起为什么上级领导安排到他到这样的业务部门时，他回答说：共青团让他知道党性原则的不可抗拒性，在金钱和利益面前牢牢守住做人的底线，无论制度制定和监督措施怎样，犯不犯糊涂全在自己，也许上级领导正是看重了他这一点。完全是基于对他的信赖和托付。后来我们了解到在他上任前有两个人在这个位置上摔了跟头。

在我们到辽宁调研期间，一名转业团干部曾经是团市委书记，现任某市机关工委副书记。她在共青团期间，做了一件让她刻骨铭心的事件就是募集几万元，救治了一名患有白内障的妇女，那天在医院拆线的情景让她至今难以忘怀：医生当去掉蒙在这个妇女眼睛的最后一层纱布时，那个妇女第一时间看到了自己的孩子，就在人们还没有反应过来时，这个妇女抱起自己的孩子一下子跪倒了她和同伴的面前，泪水泪流满面，在场的人都被这一幕惊呆了，大家随后就抱成了一团。这一事件让她深深受到震撼和鼓舞，让她懂得了共青团的神圣和伟大，这种伟大就来自为人民谋幸福，这与共产党的宗旨是一致的。之后她的政治责任意识得到不断的强化，正是这种政治责任感让她快速成长。

还有一个个案引起我们的关注。这名转业团干部是来自宁夏某市长，曾经担任过共青团某市委书记。她反复强调共青团最大的优势就是从事思想政治教育工作。她反对共青团干部参与经济领域的工作，经济领域战线不缺人手，很缺意识形态领域的高手，你共青团不去发挥你的优势，不去占领你的空间，很容易失去你存在的价值，做文化永远是共青团的主业，要定好自己的位置。

某受访者曾经担任过企业团工委书记现已转业到企业任党组书记，他在接受我们的访谈时谈得最多的两个关键词就是"主力军"和"思想渗透"。他认为共青团在企业中的定位要搞清楚，你的工作对象是青年，青年是企业的主力军，你的价值就在于带领主力军为企业的经济建设做贡献。既然主力军是分布在不同部门和战线，你与各部门的关联性不是串联关系,而是并联关系,要同步对他们进行思想渗透和实施重大影响,只有这样才能完成党组织交给的艰巨任务。这种围绕中心找准政治定位的意识是在共青团获得的。

在安徽调研期间,一位来自安徽的县长,曾经做过当地教育局团委书记,他的一番话引起了我的思考。在如何选人用人上,他多次提到当官的动机是看一个干部能不能顺利健康成长的关键,不解决这个根子,其他问题都无法判定。当官如果是为了一方百姓谋利益,他的行为就会扑下身子干事,如果当官是为了捞取好处,他的行为就会在形式上做文章,搞形象工程,摆空架子,就会糊弄。而一个有所发展有所作为的人搞糊弄,他自己都不会快乐。这种识别一个人政治前途的本领就是在共青团工作中获得的。在对他访谈的现场中,共青团凤台县委书记也在场,交流期间他不时问团县委书记几个数据,比如农村青年小额贷款的人数和总金额数。他语重心长地谈到,团的工作要紧扣县委的中心工作,团的书记要知道县委书记在想什么,只要你切中工作重心,县委就会对团的工作全力支持。

以上所涉及到的赢得党政领导的支持,围绕党政工作中心开展活动;守住道德的底线,抵制金钱利益诱惑;为人民谋幸福,政治责任感;发挥优势,做好思想政治教育;造福一方百姓,端正当官动机等等,都无疑是懂政治讲党性顾大局的具体体现,从转业团干部的视角中,这些都是从共青团这个岗位中获得的,并帮助他们快速成长起来。

在中国共产党党章中明确规定:共青团是党的助手和后备军,党有号召团有行动,正是这种政治组织的特殊性,使共青团干部在这一特殊的组织体系中,学会了讲政治,学会了怎样跟党走,怎样结合党的中心工作开展青年喜闻乐见的各类活动,将青年这个群体紧紧团结在党的周围,最终要达到巩固和扩大执政党的青年群众阶级基础,完成实现中华民族伟大复兴的历史重任。

共青团岗位特质之二——优秀青年的聚集性

一次到辽宁盘锦给两区两县的团干部授课,利用空档我专访了一名企业转业团干部。她曾经是某油田的团委书记,现转业到工会当主席。2004年她带领近30人的青年团队来北京学习通用管理能力。当时全国参加培训的有70人左右。我是班主任,在第一次班会上她的自我介绍让我眼前一亮，因为无论从语言的表达，还是神态的自信，都引起大家的关注。我记得她的结束语用的是李开复的格言：有能力去改变可以改变的事情，有勇气面对不可以改变的事情，有智慧分别两者的不同。我把这句话记在我的笔记本上，也是这段自我介绍让我牢牢地记住了她，最后经大家推选，她被选为班长，我们一起合作近一个月。事过四年，在一天的晚上她来到我所住的宾馆。那天晚上我们聊了2个多小时，最多的话题就是转岗后的不适应。其中对她最不适应的就是与优秀青年接触的机会少了，特别是那些有着共同的理想追求的人少了，在工会接触不到这样的优秀青年群体，她曾很长一段心里扭转不过来。每当她满怀欣喜地设计一个活动方案，一讨论就被否决了，一次次的打击过后她不得不面对残酷的现实，现在的人员构成已不是当年共青团的情况了。一谈到共青团，她的眼睛一下子亮了起来，神情也比刚才振奋了许多。她回顾在共青团的日子里，每天都是朝气蓬勃积极向上，一样的青春年华，一样的不甘落后，每一次的活动，大家都是那么的投入，好像总有使不完的力气。每次从上面开完会，就像被打了兴奋剂一样，倍受鼓舞。特别获得上级领导的表扬后更是如虎添翼，工作更加努力。她还记得团委组织星级好青年评选活动的场景，获得五星级青年由企业最高领导亲自颁奖，那些青年被推向领奖台都很激动，也正是这些活动让企业领导记住了他们，并为他们日后的成长和发展发挥了重要作用，直到现在，这些好青年还是很感激团委给予他们的帮助。那时候活动经费少的可怜，但人们的干劲很足，现在的情况是手里的经费很多，但每个人追求不一样了，只要把经费拨下去就可以，不用做太多的事，更不需要创新，过去在共青团干事的激情现在已慢慢消耗殆尽，因为没有呼应，没有比学赶超，没有创先争优。现在她特别留恋在共青团的那段经历。

我们在陕西调研期间，我访问了一名曾经的团省委副书记。一谈到共青团，她就很激动，兴奋不已。她说人生中最宝贵的青春年华都奉献给共青团了，政治抱负理想信念就是在共青团岗位中建立的。共青团教会了她一个人要有理想追求，这个社会永远是青年人引领时代潮流，不可能是老年人，领时代之风骚，创时代之先河永远都是青年人的责任。

辽宁的转业团干部告诉我们她的成长与在共青团接触一位特别优秀的人物有关系。她如果不是在共青团，根本无法接触到最优秀的人，比如某团省委书记，正是该书记的人格魅力感染并影响她不断努力奋进。还有很多的转业团干部在回顾共青团这段经历中都会涉及到他们欣赏并追随的优秀榜样,甚至当问起他们的理想信条和价值取向等深层次的问题时,很多都谈到这与他们身边优秀分子的价值观和理想相一致,他们的举止言谈都和这些优秀人物相仿。可以说这些优秀人物的人格力量支持他们不断成长。

在浙江调研时,一位曾经任共青团浙江省委某部部长,去年通过公选,正式到当地的华侨办任职。我们采访他主要从组织部用人的角度,让他谈谈如何把住共青团的入口关?目前的共青团人员构成比较复杂,先进性的作用凸显不够。他提到两点,一是要有理想要有追求;二是要有强烈的责任感和事业心。如果达不到这两条,共青团的先进性将无法体现,更难以完成党交付的使命。他说:你都不是先进和优秀,怎么可能会带领广大青年跟党走,不跟党走,你存在还有什么价值。话语严肃中透着一股忠诚。

在65名转业团干部的访谈中,普遍感到在共青团结下的友谊是最纯洁和最真诚的,为他们以后的事业发展积累一批优秀的人力资源,这些朋友的相互影响和彼此激励也很大程度上帮助了他们成长,所以他们发自内心地感谢共青团,没有共青团,就不会接触这些优秀的朋友,是共青团提供了这样大的平台,让他们一生受益。转业以后虽然也交往一些朋友,但已参杂各种利益关系,不像在共青团交往的朋友是事业凝聚,干干净净,什么时候见面都会接续团缘,传递团情。有一位浙江企业转业团干部,在转岗的当天晚上向团友们发送这样的一条短信:让我们永远牢记团徽上的光荣,永远铭记团旗下的辉煌。

在中央团校里也流传这样的一句话:聚是一团火,散是满天星。他们就像天上的星星,无论走到那里都会闪闪发亮,一旦聚在一起,就会一团燃烧的火炬发出夺目的光芒,这就是共青团独有的特性。

共青团岗位特质之三——群众工作的广泛性

共青团十六届四中全会将青年群众工作研究列入今年的重大课题之一,这与当今社会的复杂变迁和国际人才争夺的大环境和大背景是是分不开的。在共青团领域常说的一句话就是让党放心,让青年满意,实际上如果青年能跟你共青团走,你能在党最需要的时候能把青年组织动员起来,让党放心才能落地,目前的问题是青年是不是听你的,不听你的,怎么可

总论篇

能让党放心呢？因此从逻辑关系上讲，让青年满意是根，让党放心才是果。

一名浙江转业团干部，现任浙江某市委副书记纪委书记，给我们讲述她转业后处理的一件事，引起我们的注意：那是她刚去不长时间，很多周边的同事都带着怀疑的目光看着她，这么年轻，又不懂法律就承担这样重的责任。当时流传这样的话，说纪委书记有三怕，一怕群体上访事件；二怕网络媒体热炒；三怕紧急突发事件发生。她接受的第一件事就是有个地区自行车丢失情况严重，让当地的警察很是烦恼不堪，当地居民怨声哉到，纷纷告到纪委。她听说偷自行车的都是些九岁不到的孩子，这些孩子为什么要偷自行车呢？带着疑问她直接到偷自行车的孩子家中探视，没有带一个警察，怕引起周围人的议论。她见到孩子，就和孩子亲切地聊起来，孩子见到她没有一丝的紧张感和拘束感，老老实实向这个亲切的阿姨袒露一切，有大哥哥让他偷自行车，每偷一辆，大哥哥就给他一百元，还告诉阿姨怎样撬锁并展示他撬锁的特技，撬完锁推到什么地方由大哥哥接手。而且还告诉这个阿姨九岁孩子偷自行车不算犯罪以及他不喜欢上学的原因等等情况。当她了解到这些情况时就采取了三项措施：一是打电话给孩子所在学校的负责人，则其让孩子回到学校上学，不能在社会游荡；二是给当地的警察进行指示迅速在指定地方派人盘查自行车窝点，一举攻破；三是将黑网吧查获工作与青少年的教育工作加以结合，凡举报黑网吧的青少年，每人奖励一千元，这些偷自行车的孩子不再偷了，他们转向举报黑网吧。孩子变化了，地区的环境得到了治理，一举两得。她总结说：自己之所以能成功地处理这个案件，得益于在共青团做过少年部工作，与青少年沟通是很擅长的。这件事也让她在同事们中建立了威信。访谈快要结束时，她告诉我们在共青团工作真得太有意思了，什么人都可以见，什么地方都可以去，可以说纵向到底横向到边，跨行业跨领域，无边无际，只要你想做，你就可以去做。兴奋之余她又给我们讲述了一个令人感动的小故事。在转业后的第二个年头，她听说一个小区有一个老太太特别擅长处理小区居民间发生的矛盾，她便找来老人，一谈就两个多小时，单位的很多人都不能理解，和一个老太太有那么多话可聊吗？两个小时中老人给她讲了20多个故事，详详细细告诉是如何如何把难题一个一个解决的。她听完越加兴奋，很有收获。并从老人那知道老人有学习和得到社会认同的愿望。之后她就做出两点指示：一是每个小区都推荐这样调节矛盾有方的老人，并集中进行培训；二是给她们中的贡献突出的老人授予优秀调节员称号。结果形成了一支独特的老人队伍,她们在促进社区和谐创建文明社区方面发挥了重大作用。能与老人沟通技巧也是在共青团工作期间获得的。实际她在共青团省委青工部工作期间与企业厂长经理打交道最多。为了青年岗位能手和青年文明号活动品牌的推广,她到处到企业拉赞助,想方设法与企业家的需求找准切入口,比如她安排活动仪式上讲话,与领导见面合影。为了企业老板的形象,她请来电视播音员进行演讲培训,请来服装设计师进行形象包装,结果活动仪式上情况大不一样,这些企业老板很兴奋很有成就感,都说和共青团合作太有意思了,很能改变自己。在企业做团支部书记期间,她还学会了与落后青年打交道的本领,现在与社会上满身长刺的青年也能进行交往。更有特点的是她与当地的 BBS 网络论坛版主进行交流,将过去的僵持关系变成现在的和谐交往,往往人们将这些版主视为敌人,不敢接近,实际情况是你越是这样,一旦网上发生问题,就难以控制局面,因为你不能让版主第一时间了解真实情况,结果不实的信息就会蔓延开来,难以阻挡。而与新闻媒体的交往技巧也是在共青团中获得的。这些做群众工作的理念和经验在她转业后发挥了很大的作用。

一位江西国资委的转业团干部是这样描述共青团岗位的,他说:共青团没有自己的一亩三分地,但所有的田和地都可以供我们使用,只要你想种什么就能种什么,一份耕耘一份收获。这里谈到的也是工作面的广泛性。这种特性是其他岗位所没有的。共青团干部正是在这样横向到边纵向到底的广阔无垠的田地里进行着无偿的实验,用心耕种,几年后必能结出丰厚的果实,向党和人民交上一份满意的答卷。

共青团岗位特质之四——转业机制的必然性

共青团是"铁打的营盘流水的兵",人员必将要进行流动,其工作性质具有阶段性和过渡性。在我们访谈 65 名转业团干部中,大家普遍感到转业是必然的,但是每个人对待转岗的态度以及价值取向是大不一样。

我们访谈一名转业到浙江政协做调研员,曾在共青团浙江省委工作,在岗时间长达 22 年。当我们问到从事共青团工作的时间多长为宜这样的问题时,他的回答让我很受感动。他说:转岗时间多少不应该是个学术问题,要应将研究的重点放在转岗背后的动机上。如果你只是为了升迁,当然在共青团的时间越少越好;如果你是为了增长才干蓄积能量,无论在岗时间的长短,你都会沉下心来,转岗只是一个很自然的事情。他很平静谈到自己在共青团工作的22年中,每一天都很快乐都很幸福,每一天都有新的变化,让他去学习和思考,如果能让他继续留在共青团,他也无怨无悔,他认为转岗是组织的安排,他只能服从。他还提出共青团工作职业化的问题,还是需要一部分人永久留下来,做基础建设性的工作,比如人事、档案等等,现在的人员变更太快,不利于共青团事业的持久和长远发展。

在我们访谈65名转业团干部中,我一直在思考这样一个问题:一个人在共青团收获的多少和他在岗时间有无必然联系?我将所有访谈对象的资料又查阅和整理了一遍,发现真正能谈出深刻体会并进行理论思考的转业团干,他们在岗时间都是超出5年甚至更长的时间,在岗时间过短往往体会感受不深。当然也许还存在着其它变量,需要再认真研究才能最后做出结论。有一点可以确定,对待转岗的态度的确与团干部的价值取向有直接的关联度,而这种态度就会直接放映在团干部的做事行为上,并带来社会一些负面影响,比如心情浮躁,急功近利,作风漂浮等等。应该看到这些负面的影响与转岗机制间存在着一定的联系,但不必然,这在于团干部自身的修炼,特别是对自己人生观价值观和世界观重新审视和调整上。目前确实存在加速度转业的团干部数量不断增加。还是一名浙江转业团干,她对这个问题也有自己的想法,她认为真正的转岗是时间+经验+能力,不能单以时间定论,加速度转业带来的结果是没有积累沉淀,没有在共青团这个大舞台发挥到极致,自己受损失,对组织没有帮助。当她看到乡镇一级的一名小科长一干就是十几年时,很想对在岗的团干部说:大家要好好珍惜这个平台,千方百计发挥好这个平台,只有这样才能上到更高的平台。

我们在宁夏调研期间,宁夏机关工委的转业团干部认为:转业机制的必然性一定程度带来情绪的影响,但不会影响做共青团工作的激情。曾经他也颇受干扰。他从事共青团工作也有10多年了,他很感谢上级领导及时安排他做另外一项工作,那项工作对改变自己沉闷的心情非常有帮助,通过一番思考,他后来的心态平稳很多。

浙江某大学宣传部部长,曾任该校的团委书记,在与她的交流中,她认为现在的团干部在一起谈工作少了,谈谁谁转业多了,带来的弊病就是攀比现象加重,团干部的心情更加浮躁,不利于团干部的成长。

从转业访谈中我们也发现另一个有趣的情况,因为工作是过渡,只是阶段进行，终究要离开这个岗位，不少的团干部的创新潜质得到了极大的挖掘。因为要离开，就想留下点什么，因此不能重复前人做过的事，就必须有创新。辽宁某大学研究生院党委副书记，曾在该校团委担任书记，在他当团委书记的几年里，将大学生挑战杯的活动做到了极致，从以前的后几名提升到了第一名，说道这一段经历时，他很兴奋，从活动策划到实施整个过程都是他一手进行的，特别是整合校内资源，他打报告都要和别人有所不同，通过答辩和公证，尽然获得通过，争取到50万元的经费。直到今天他特别得意那次成功的活动，因为转业后再没有这样的机会可以完全由自己自主的做一件事啦！

从上可以看出，转业机制的必然性的确是一把双刃剑，既可以带来负向的作用，也可激发创新的潜质。只是看你价值的取向，如果是为了升迁，你就会将心思用于捕捉任何转岗的机会上；如果是为了成长发展，你就会用心磨练自己，抓住任何能提升自己能力和素质的机会上。

共青团岗位特质之五——活动空间的广阔性

共青团的服务对象是青年，青年是早上八九点钟的太阳，富有青春的朝气，青年的特质就是活动，在活动中增长才干，在活动中凝聚青年。

从转业团干部的访谈中，大家通过回顾在共青团工作中一件刻骨铭心的事件时，都无疑例外地说到了一次活动让他们难以忘怀。转业后一个共同的感受就是能够自由活动的空间少了。陕西某区区委书记，曾任共青团陕西省委副书记，她就说道：共青团的最大优势是组织活动，活动从主题确定、载体运用、组织实施等全过程都可以自由发挥，发挥的余地相对其它岗位来说是比较大的。

浙江某大学宣传部部长在回忆一次让她终身难忘的一件事时说的就是亲自组织校庆一次大型晚会，当时现场出现意外，就是假票的出现，导致进入人员数量大增，严重失控。当时社会刚刚发生过踩踏事件，因此学院保卫处提出该活动应立即停止，防止不测发生。此时现场已拥挤不堪，情形非常可怕，在她脑子里出现一片空白，不知该怎么办，当时所有工作都准备好啦，开场就是给校友切蛋糕，只要一切蛋糕，现场还会出现拥挤情况，此时她顾不了许多了，拿着话筒跑上台去，边跑边向同学们问好，很多现场的同学们都被她的举动感染，人群中有一丝安静，这时候她智慧地指挥大家一步一步向后撤，终于同学们按照她的要求撤到了指定的位置，晚会正式开场，这期间她始终不敢放松神经，知道同学们都被分散到其余五个演出小场地，她才松了一口气。晚会举办的很成功，再没有出现意外情况。这次晚会的举办让她获得了几个收获，一是举办活动主题内容要与学院的中心工作紧紧相扣，不是为搞活动而搞活动，活动的主线不能离开学院的发展建设，这是灵魂和理念；二是举办活动要关注到每个细节，细节体现活动的品质，要在准备工作上下功夫，为了这次活动不出纰漏，她与同伴们连续作战，不怕吃苦；三是处置应急事件要冷静，要在关键时刻敢于挺身而出，不怕担责任，只要敢于面对困难，就能有机会战胜困难，这是她总结出的一条最宝贵的经验。转业后很难再有这样的机会，亲自组织这样一场大型的活动，这么磨砺只有在共青团才能有，她很感激共青团给予她的一切，因为这些活动所提升的各种能力帮助了她的成长。

共青团岗位特质之六——权力来源的魅力性

共青团岗位确实不同于一般的行政岗位，有一定明确职责和相应的行政命令，共青团相对既没有权也没有职的岗位。正是这种岗位特性注定共青团干部开展工作的手段一定不是行政命令。

在65名转岗团干部访谈中，几乎所有的访谈者都认为共青团岗位是无权无职的岗位，要做事情一靠先进的思想引领；二靠人格魅力带动；三靠对青年的服务本领吸引；四靠组织化的社会动员等手段。其中唯独没有行政命令，因为工作对象是青年，对青年只能是组织引导服务和维权，你服务得好，青年才能跟你走，现在的服务更是不容易，这是转业团干部普遍的同感，比如他们在从事农村实用青年人才培训项目时，政府提供一定的经费，对农村在城市务工的人员进行实用技术免费培训，也不是所有的青年农民都愿意过来受训，如何把青年农民组织起来，如何用培训课程的内容和形式吸引他们，如何解决好他们受训以后的就业问题等等都会让我们的团干部绞尽脑汁。

辽宁某油田勘测集团公司的工会主席给我讲过转岗前后的比较，在共青团没有权只有怎么想着为青年成长成才提供帮助，没有钱创造条件也要办，比如评选青年希望之星活动就是一个例子，青年看重的正是共青团给他们提供的成长平台和发展机会才来参加这项活动的，没有一个人会参加对他没有利也没有益的组织活动,哪怕你强迫都不行,你又没有钱给他,也没有决定他命运的职权,你只能提供比其它组织更好的服务和文化,让他在精神上获益,觉得能提升自己的价值,他才会跟你走。可是在工会不同,虽然工会和共青团都是群团组织,但工会有经费。她说:我在工会一年光活动经费60多万元,在共青团能筹集10多万元就不容易啦!在工会有钱,只要把钱拨下去,就可以开展活动了,共青团不行,没有钱不说,还要将大部分的精力用于策划组织活动上。没有什么制度保障,完全是共青团处于有为必有位的一种做法,自找苦吃,没有其它办法,总之要做事,要不断想事、干事和成事。

这两年全团有一项重大的活动内容就是为青年的创业和就业服务。主攻点依然打在"服务"上。最有亮点的地方就是农村青年创业小额贷款项目,在我们调研这方面的工作时,听说山东德州的武城县团委这方面做得非常突出,我们调研组和摄制组下到武城县驻点一周,我们全程跟踪几位农村创业青年与县团委和农村信用社以及村企业三家合作办手续的全过程。其中大为惊叹的是贷款手续办理的时间之短,文本合同之全,小额款项到位之快。其中几位青年分别从事婚纱摄影、绿色压面、养猪、特色糖葫芦等项目,最少可以贷到三万元,在后续跟踪的时候,我们发现这些青年农民在不到还款的时间就把钱还了,并扩大了经营范围,又二次贷款,很让城市务工的青年羡慕,有的纷纷从城市回到了家乡,选好项目安心扎寨。原担任共青团德州市委书记,现转业到德州的高秀鹏说道:服务农村青年创业就业,小额贷款可以说是共青团在服务青年职能方面的实地拓延和创造,也是从根本上为农村青年做了一件实实在在的事,深得青年好评,同时也为我们个人的成长和发展提供的广阔的舞台和空间。

共青团岗位特质之七——资源整合的无限性

共青团岗位没有太多可以掌控的资源,这是所有转业团干部共同的看法。事物往往就是辩证的关系,越是没有就意味着以后会有,越是没有就会想法设法地拥有的从无到有无处不在无时不有,这里充满着无数的变数和可能性,真是在这样无数个不可确定性中,共青团干部获得了无穷多的智慧,从中也收获了成长的快乐。

很多转业团干部在回过头来看共青团工作这段经历带给他们的帮助,

有80%的转业团干部谈到"资源的整合"过程带来的快乐。一位曾经担任过宁夏某大学团委书记的采访者在共青团岗位期间接过一项很艰难的文化工程项目,名称是"月上荷兰",这是自治区文化厅打造的特有民族文化特色产品,之前已交付一个文化企业策划公司运作,但没有成功,还亏欠200多万元,文化产品半路夭折。就是在此时文化厅领导将这一项目授命于他继续完成。也正时他要转业的时机,他接下了这样一个烂摊子。他没有时间去想困难,只有全力已赴迎接挑战。他的第一件工作就是整合资源,他一个人无论如何吞咽不了这块难啃得骨头,只能组建班底,筹集经费。凭借着在共青团积累良好的人脉基础,很快从各个部门招兵买马,班子搭建起来,就是没黑没夜的革命加拼命。排练班子赶排"月上荷兰",能在区里文化厅规定的时间里推向社会和世界,成为区里的文化品牌,一炮打响。这些人员和物品都是他到处求助,以他个人的人格魅力和对事业的执着精神感染激励的力量获得的。最终经过千难万苦,在上级领导的支持帮扶下完成了任务,并还清了欠款。他在访谈结束时说道:很感谢共青团给了他很多的帮助,其中最重要的资源整合能力就是在共青团领域获得的,这个能力为他转岗后的成长奠定了坚实的基础。

在资源相对不足的情况下,有一个很重要的资源就是赢得领导的支持,是所有转业团干部都提到的。曾经在浙江某大学担任团委书记的转业团干就说道:现在回忆共青团组织活动的情景,依然感觉那么的亲切,其中有一个极特别的地方,每一次活动,大小领导都要被共青团干部请出来不是说几句话,就是发表个讲话,有时还要摆个姿态,目的都是要振奋一下青年,激励一下青年,如果有哪次活动没有请到大领导,就认为领导不支持共青团工作,活动就不成功,现在想起来自己当初在活动现场开会时。自己拿着话筒在前面讲,后面站着那么多领导,觉得很得意也很怪异,因为转业后才发现这种场景没有了,自己虽然在院宣传部工作,但学院团委请自己出席相关会议,也很少参加,一是共青团其重要程度相对教学科研的中心工作太小了,排不到前卫;二是自己的精力有限,有时候真得忙不过来。那时候在团岗位上把共青团看得比天还要大,现在想想实在有些井里之蛙啊!

还有部分团干部转业后有一个不适应的地方就是见到领导的机会少了,工作程序复杂了,那种见到领导时的激动,听到领导指示的振奋之情现在少了,现在更多的只是与主管领导的沟通,信息渠道相对狭窄了很多,有时候只有下到基层才能感觉到自己真实的存在价值。

共青团干部的资源整合能力还体现在调动社会各界的力量。一场需要调动方方面面的力量,官产学等不同力量,特别是企业的力量。曾担任共青团某省委书记,现任某市委副书记的转业团干就说过:共青团让她学会了与企业老板打交道的能力,怎么能企业乐意拿钱办事,就需要共青团干部敏锐的观察力,了解企业家的所思所想,能积极创造条件满足他们的要求,比如一次现场公益活动,她安排一个企业家现场发言,之前她请最好的形象设计师给这位企业家设计,请最好的播音员给他指导发言,第二天连他自己都很惊讶,他的表现是如此的优秀,从精神状态到言谈举止都如同换了个人一样,自己都和不相信这一切,最大的意外见到了一直盼望要见到的领导同志,并合影留念,领导同志对他慷慨的举动赞扬有佳更是让他激动了好几天,他见人就说共青团的好,说共青团干部打交道太有意思了,以后他真成了共青团的好朋友,什么事抢在头里,按他的说法,他的人生价值被共青团开发出来了。

总之,资源的整合的例子还有很多,就是从没有到有,充满神奇,无论是哪一方都达到了多赢,按共青团干部常说得一句话:痛并快乐着。

共青团岗位特质之八——任务目标考核的可弹性

一位曾在共青团中央某部担任副部长的采访者说道:在共青团岗位上你可以做事业可以不做事,你不做事没有人对你考核,没有硬指标和硬任务,你多干了,也没有人给你发奖金鼓励你。在这种情况下,你要首先弄明白你是进来是干什么的,价值取向和动机非常关键,不然你一定会虚度这段在共青团岗位的光阴。

我们访谈企业转业团干部时,他们都谈到兼职团干部的问题,尽管兼职团干部做团的工作精力有限,更为重要的是上面对这些兼职团干部更没有考核机制,因此做团的工作更是凭借一份对团工作的热爱和志趣,他们中很多兼职团干部还用其它工作的资源来为共青团事业服务,以有形带动无形,以硬带软,反过来利用在共青团岗位提升的通用能力和政治大局观念更好地拓展自己的专业工作领域,相得益彰,彼此共建。

曾经在某中学担任过团委书记的某县县委书记说道:因为没有目标的任务的硬性安排,你共青团干部就不能盲目和极端,必须围绕党的中心工作和任务以及青年的需要来开展工作,不然就会失去方向。你如果是团县委书记，你必须知道县委书记在想些什么问题，要解决什么重大问题，你找准了，就能在很弹性的岗位中找到自己的位置，并切入主题很自如地作为，那么你发展的前景就很乐观，如果再把活动的形式靠近青年能接受的程度，那你无疑又赢得了青年的支持，上下这么一对接，没有干不成的事情。从另一角度看，党的中心工作最终要达到的目的就是造福一方百姓，让百姓的日子过好，因此你围绕中心最终一定回归青年群众那里，殊途同归，如果你结合的好，县委就会全力支持共青团工作，因为我们的目的是一致的。各部门也会支持工作，说直接一点，共青团也在为他们干活和服务，哪有不支持的道理。

我们每次在和团干部交流的过程中，发现很多团干部发泄牢骚，其一就是党政领导对团工作的重视程度不够，认为团组织处于边缘地带。而转业团干部是怎么看这一问题的呢？来自某自治区团区委担任书记，现转岗到某自治区商务厅担任厅长，他很理智地告诉我们：共青团岗位属性就就决定它不是处于中心地位，要接受它的边缘特性，正是这样边缘特性才使得共青团干部做事的成本最小，你可以犯各种各样非原则性的错误，还有改正错误的机会，哪一个岗位有这样的待遇？因为是边缘部门，你就必须去拓展自己的领域，拓展了就是你的，不拓展永远都是别人的；因为边缘，你要生存，就要发出声音，求助他人，只有不断的造势，你才有存在的价值。他期待现在岗的团干部一定不要虚度光阴，用于奋发图强，多做事。关于提到党政领导不重视共青团工作的话题时，他说道：原来在共青团岗位时也是这么认为的，转岗后发现自己的理解有偏差，不是不重视而是各项工作所占去的精力过大，有些顾不过来，那怎么办呢？只有一个办法就是多汇报多宣传，多提好的方案，以你的工作状态和突出业绩让他关注共青团工作，这里大有施展能力的机会和舞台。

共青团岗位特质之九——具有大学校的特性

在中国共产党党章上规定：共青团是学习共产主义的大学校。从众多的转业团干部访谈中，不难发现，善于学习和思考是他们成长的动力源泉。很有启发的是：他们在共青团养成的好的学习习惯和学习方法为他们顺利渡过转业不适期带来了极大的益处。

在陕西调研期，现任某市委常委市委宣传部部长，曾经在共青团某市委书记在接受我们专访时,心情很激动,对共青团给予她的帮助充满感激。她谈到一件事情引起我的关注,她曾经在一个区里碰到一个重大应急事件的发生,当时需要她立即做出批示,没有太多的时间供她思考,她只好拿出原来在共青团积攒的学习笔记翻阅,其中部分笔记都是领导批复复印件和学习思考体会。她是个特别留心的人,很善于琢磨上级领导对重大事件的批复,领导对这件事是如何批复的,对那件事又是怎样批复的,为什么这样批复,为什么不那样批示,想不明白后她还会上门找领导请教并认真记下,事后作出学习笔记留存,结果没有想到这些学习笔记可帮了她大忙,转业后几次遇到的重大事件她都用上了,这种学习方法一直保持至今,她认为是共青团这个大学校让她养成这种好的学习习惯。

还有一位是某县县委书记,曾在共青团中央机关党委任书记,他在县里经常会遇到群体上访事件,他发现这些老百姓对国家的法律了解的非常透,要解决上访者的问题,没有一定量的知识量很难面对。他大量上网收集和群集上访事件相关的案例,看看别人是如何处理的,有什么普遍性的规律,又有那些特殊不一样的情况,再找一些富有经验的干部一同商议,在时间紧任务重的情况下,这招也帮了他的忙,最终的解决效果也得到多方面的认可。这种爱动脑筋从网上收集信息的学习习惯也是在共青团工作期间获得的。

还有一位浙江转业团干部,她有个很好的调研习惯,这个习惯也让她转业后应对特殊事件中发挥了功效。她当纪委书记期间,碰到很多难事,她在第一时间不是呆在办公室想办法,而是到现场调研实地观察,当问题搞清楚后她就回到办公室立即开会做出批示,让那些还被问题矛盾困扰不知怎么办的同事们目瞪口呆,当矛盾得到妥善解决后又让大家从心底里着实的对她敬佩。这个调研的习惯就是在共青团工作中培养的,她很受益。比如在她转业后的一个月中她接到一个村民鱼池被污染的事件,电话是当地的村民打来的,她第一时间就跑到现场,没有人知道她是谁,当她看到村民越围越多,知道事件在不断扩延和升级,了解完情况后赶回办公室速召集相关部门紧急会议,做出六项指示:一是环保部门立即赶到现场查清污染源,是什么工厂什么情况引起的,要给村民一个说法;二是安排公安警力保护现场,防止发生坏人从中利用扩大事端,避免引起人员争斗伤亡;三宣传部门要将真实情况第一时间在媒体公布,防止任何不实信息提前散发和扩延;四是领导干部要感到现场进行说服动员工作,将人员分散,将尽快制定补偿村民的经济损失政策,平息事端;六纪检部门迅速查清事件的缘由，该处罚处罚，将处理结果公布示众。所有指示做出后就立刻行动，结果正想她预料的一样，事情扩延趋势得到了抑制，由于处理及时，工作由被动转向主动，事态的控制权完全能掌握在自己的手里。而这些得益于在共青团获得的学习调研习惯和政治大局意识的培养。

共青团岗位特质之十——个体区分的文化性

我曾想试图能从外表上区分一个人是否做过共青团还是没有做过，发现还是成功的情况多些。虽然这种方法不一定很科学，但还是能从中能提炼出一些特点的，比如共青团人给人一种朝气蓬勃勇于创新的特点，给人一种积极进取不甘落后的特点，给人一种做人低调做事激情的特点，当然没有做过共青团的人也有这些特点，但没有共青团人这么普遍。

现任西安某大学校长助理认为共青团干部和一般的人不太一样，他们学校就喜欢用共青团出来的年轻人，因为好用好使。与社会的其他岗位的年轻人不一样，好学又勤快，处理问题又有新招，做起事来富有激情。共青团干部有理想有追求，要求条件少，干事不惜力等等。富有朝气很有活力，能感染人说服人。有一次他看到一推年轻人在谈股票，他看看里面没有共青团干部，回来后他找了一位团干部问问对股票的了解情况，他发现这个干部对股票没有太大兴趣，相反给他谈了很多工作上的事，事业心责任心情况相对都要好于一般的年轻人。这和共青团岗位的特性有很大关联。

福建某大学团委书记，转业任某校党委书记，在一个相对人员构成复杂，遗留矛盾较多、利益诱惑很大的地方，他首先将任何物质利益与自己切割开，把自己搞干净了，之后他就开始治理整顿校风学风，树立正气，从公平、公证和公开做起，因为自己很干净，他说话就很有底气，处理事情又很有公信度，结果不到一年，学校的正气压倒了邪气，提升了学校的声誉。这种清新正气严格自律就是在共青团岗位中培养出来的。

当然也有相反的方面。江西的一位转业团干部在访谈中，提到转业后不适应的地方是：共青团出来的干部缺少霸气，没有果断决策的特点。这与当地土生土长的乡镇等基层干部有着很大的区别。过于谦虚就会给人以自卑的感觉，过于民主就会给人以软弱的感觉。她在转业后的头半年里，因为不敢在会上轻易表态，曾经让别人瞧不起，有时候说话没分量，她很苦闷，也很想改变，但不知道如何才能改变。还有一次下乡，她的装束受到了质疑，从那以后她开始谨小慎微，生怕别人议论。还有一位曾经在共青团福建省委权益部工作，转岗至福建红十字会工作，她也谈到转岗后的不适应问题。红十字会的工作内容她很有兴趣，与共青团工作领域很相似，都是做群团工作的，要求服务本领和组织能力很强，但有一点不太相同，组织的文化氛围和人的精神状态很不一样，共青团干部是凭借一股子热情和激情在开展工作的，而红字会的人员年龄都偏大，很多都是复员军人转业过来的，他们平时工作很沉闷，没有朝气，完全是在履行人道主义的义务在被动执行着任务。她的到来给这一组织带来了生机和活力，但也让主要领导很不能接受，还受到批评。

　　有朝气有闯劲，有激情有追求的确是共青团干部的标示特征，也是共青团组织特有的一种文化现象，更是一笔宝贵的精神财富。如何在转岗后发扬这一传统并与时俱进是每一位共青团干部认真考虑的问题。

转业团干部对团干部素质储备不足方面的描述

素质储备不足之———环境适应能力

不少转业团干部都提到：转到一个新岗位，存在很多的不适应，特别转到政府行政部门，这种不适应程度比较严重。

首先，是政府工作方式的不适应。政府行政岗位和团岗位相比，有更多程序化的工作模式和工作要求，这与以前团岗位上的活跃气氛形成鲜明的对比，可能这一点让很多转岗团干部很不适应。除了环境的氛围不同以外，还有思维方式和行为方式的转变，政府工作可能要求职责分明，各司其职，每个人管理好自己的职责内的事情就好，每一样考核都是量化的，落实的程度都是要用明确的数字来说明的。这种不同，就需要团干部在团工作岗位时，训练自我的责任心和岗位意识，提前为转岗后的政府工作做好心理上的准备。

有一位曾在团中央任职的受访干部说："政府部门的工作环境工作要求，有它特有的思维方式和行为方式，按中国目前政府的状态阶段就处于既要改革创新，又要依法行政，禁止不作为和乱作为，就是这么一个工作性质，要求是这样的，处在的阶段是这样一个阶段。作为团干部，因为以前大量的时间大量的锻炼，干的事情都是共青团那种思维，都是它的组织活动那样一种方式。他觉得如果是转业到政府部门，不同之处还是比较明显的，它的思维方式它的工作，它的组织性质就决定它的思维方式和行为方式是不一样的，这需要转换"。①

在这种转换角色的过程中，要首先了解到差别的所在，然后才能做出

---

① 转业团干部访谈资料 TZY002

行动，就像下面这位团省委层级的转业干部所说的，"现在两个单位的差别还是有很多的，团委主要是为了党和政府的方针政策，要主动去争取干你的活，不要等领导的安排。如果真的等领导安排的话，你没什么事可干，你主动去政府、党委想事、做事的话，你事情多的很。曾经我跟我们一些领导开玩笑说，咱们除了不管人，不管财其他都要管。没什么财务权，这块不管，其他基本都要管，管政府的事情，农民征收的，我们青年致富的，市场经济的培训都是团课的事情，如果你主动承担那就是你的事情，如果你不想做事，政府的其他部门可以承担，如果你把那个事情拿过来之后，你的事就多得很，干不完。要主动承担事和责任，你要主动去把握政府的方针政策，怎么去把握这个度。既不越其他部门的职权，又可以为党和政府分忧。"①

当然这种对于政府工作方式的不适应中，有一些团干部将以前在团岗位上的好的作风用于新的岗位，但是由于行政工作的程序化模式，导致这种好的工作思维方式不能凑效。有位团干就遇到了这样的情况，"因为我们共青团特别注重创新，咱们叫领风气之先，走在时代前列，但是呢，来了工会之后，比如说看工会的工作就老想，这个地方能不能这样一下，那个地方能不能这样一下，但是呢，你的同伴们都不这样想，比如说我管我们油田员工出去疗学养，我就老想说开一个新线路吧，叫快乐老家游，因为我们油田有很多员工是来自湖南什么的，他们来到这了之后不常回老家，那么我们给他开个快乐老家游，或者红色之旅，或者全国十城企业游，比如对青年员工，游山玩水对他的吸引力不如到各个企业去看人家的管理这些，但是我的这个想法跟我的同僚聊的时候，汇报的时候，他们就说，咱们能把目前的线路整好就行了，不出事就非常非常好了，你就不要再瞎折腾了，他们跟我说话都特别直接。当然我想说一点，肯定有能实现的，不是所有的创新想法都实现不了，但是肯定也有不好交流的方面，在别人眼里看起来就是老瞎折腾。"② 这种创新的工作模式是应当继承和发扬的，无论是团岗位还是政府行政岗位，所以对于转岗团干部来说，什么是该坚持的，什么是该改进的，这个是在新的工作环境中首先要辨别清楚的，对于好的先进的工作方式要坚持和发扬，对于不适合的落后的要及时加以学习和改进。

---

① 转业团干部访谈资料 TXW002
② 转业团干部访谈资料 TQY002

其次，是对于基层复杂环境的不适应。转岗到政府部门后，与基层打交道的机会也就更多，以前没有接触到的复杂环境局势和问题，转岗后可能都会碰到，这就需要团干部在团工作期间，要有贴近基层的意识，坚持从基层来，到基层中去的工作方法。只有把问题从下到上都疏通了，才能对问题的症结了如指掌，才会容易的展开工作。一位曾在团中央任职，现在陕西省某县任县委书记的干部说，"把下面工作谈的很通的时候他们蒙不倒你了，他就发现在你面前非得讲真话不可，一定要讲真可。另外他的办法行不通，你把他否决掉了他觉得心服口服，摆平了他发现你有这样的性格脾气以后，他就不管蒙你了，蒙了你以后被你察觉了，有的人磨老半天我就不断问他这个问题，问到他一身冷汗出来他猜不出来了，最后发现不能骗，骗不倒的，就这样。尽管说没有教育复杂问题的处理，但是经过那么一两次的处理我们马上会提炼出规律来，会提炼出方法来，所以后来我们看重大问题的时候，不再惊慌。"①

所以基层的复杂问题需要用了解基层的办法去解决，将基层了解通透，才是面对复杂环境的根本。除了基层的一些矛盾外，政府部门还要求用发展解决问题，这种发展经济的思路当然是正确的，但是在这个过程当中，所面临的很多困难也是很多转岗团干部所没有估计到的，"发展是解决基层问题的一个基础和根本，只有发展了，其他问题才能迎刃而解，特别是在宝鸡这样一个西部地区，发展是一个重要基础，在发展过程中难度很大，问题很多，很不容易，比如说我来之后，在新加坡搞了一个汽车工业园，在东北搞了一个建材工业园，当前的工作推进了很多，征地费用比较低，群众不能接受，而且在工程推进过程中群众希望参与，群众和企业有很多直接的矛盾，所以实际情况遇到问题很多，在这个过程中项目的推进随时都面临着许多的实际问题和来自各方面的障碍，在招商引资在西部地区你有什么样的优势去能够很见效的招商引资，区位不具备优势，交通部具备优势，发展基础不具备条件，很多方面实际问题让你的发展实际阻力很多。"② 这种实际发展的阻力需要团干部在工作重善于总结和思考，从当地当时的实际出发，在平时多学习先进的经验和理论，多走向基层。

最后，是对人际关系的不适应。共青团领域的人际关系相对单纯，没有更多的恩恩怨怨，即使有一些也随着转岗而带走，而转业后的新岗位，

---

① 转业团干部访谈资料 TZY001
② 转业团干部访谈资料 TZY001

人际关系相对复杂，利益矛盾交织情况比较多，因此不可避免会陷入一种无奈和纠结之中。"团委从动态上来讲是处于流动状态，这个队伍因为年轻他比较有朝气，整个队伍充满阳光，因为流动这个队伍又会少了很多的，我们讲的那个是是非非，恩恩怨怨随着人的流转哪怕有一点不愉快他也带走了。但是在别的机关因为他这个流动相对比较慢，除了要处理好工作上的，做好本职以外，确实需要更多的来处理好人际关系，这个人际关系并不是说庸俗的关系群。而且你要围绕着工作目标的实现需要建立起一定的人脉资源来推动工作，来完成我们的工作目标，需要方方面面的配合，这个关系要把它处理好。"①

正是因为政府部门的不流动性，使得利益群体容易集合，对于转岗团干来说，融入新集体的过程，就必然会牵扯到很多利益的纠纷，所以交朋友变得很困难。"到现在联系比较多的还是共青团的朋友，在这个地方要想交个朋友可不容易，人家想找我交朋友，他可能有所图，很多人愿意跟我交朋友，交朋友我要给他办事。在共青团我说句实话青联委员们请我吃饭，我可以随便去，在这个地方人家请我吃饭我有时候还不敢去，因为我吃完人家的饭我还得给人家办事。"②

不过，对于牵扯利益的应酬，有些干部选择不去，对于应酬方面无法适应，这从表面上看来反映了团干适应能力的不足，但是从另外的角度来说，这正是共青团干部政治性纯粹，思想觉悟较高的地方，他们这种"出淤泥而不染"的形象，无疑为政府行政环境注入了一股清新空气。

在政府工作环境中，面对纷繁复杂的利益冲突，其实，保持一颗平常心"得之泰然，失之淡然"，也许是最好的适应心态。"我认为该属于你的，你再推还是属于你的，不该属于你的你去争它干什么，所以我在这方面确实从来不会去计较，所以在团委除了团省委团中央给我的荣誉之外，学校里所有的荣誉我全部是推给其他人，包括获奖什么的，机会很多。"③

当然，在任何地方工作，人际关系都是至关重要的，需要团干部去好好把握和处理的，就想一位团区委的干部说的，到了新的岗位上，如果你要是不喜欢这些人，你就没法带着他们开展工作，所以从工作的角度去考虑，必须得喜欢他们，因为你是要做好这个工作，去被动的喜欢他们的时

---

① 转业团干部访谈资料 TSW008
② 转业团干部访谈资料 TQW004
③ 转业团干部访谈资料 TXX006

候，就会发现其实他们并没有你想的那么不招你喜欢，是你自己隔离了，是你自己把自己跟他们隔离了，不是他们的问题，是你自己的问题，所以说一旦这个人跟你连接起来了，你就觉得这个世界对你打开了。①

要打开新的人际脉络，处理这些竞争性的人际关系，更多的并不是将对手当做敌人，有人选择"独善其身"，在能力上来用提升自己、证明自己，无形中也就打败了对方，脱离了纷扰，也就成为最大的赢家。"你就是超越他，远远地超越他，让他觉得根本赶不上你的时候，自然他就没有想法了。他说我相信你一定是选择后者，我说是的，所以我从来不跟他们，是是非非的事我不去干的，没有意思，我们没有时间，这一点也是比较棘手的，但是我现在处理的应该好了一些。"②

所以对于新环境中的人际关系，团干部首先要做到的是认识到它的重要性，然后再扎扎实实工作，用能力证明自己的实力，自然，"实力超越一切非议"，人际脉络也就会在你的魅力感召下自然建立。

素质储备不足之二——自我认知能力

团干部在转到新的岗位后，会听到关于共青团干部各种各样的评价，而这些评价都是带有对团的固定印象的，无论是"青年才俊"、"青年领袖"，还是因为一些工作作风问题导致评价的以偏概全。转岗团干都需要时刻保持清醒头脑，不能对美丽的夸辞所迷惑，更不能被批评的言词所击退。所以转岗前后角色的转化其实比较快，马上接手后就可以展开工作，但是不适应的方面恰恰是人家对你的要求和评价。

有位曾在团省委任职，现任某市市委副书记干部说："有时候人家看共青团干部转业的时候眼光是什么眼光，这个是团干部，是年轻人，括号约等于他没有十分丰厚的社会阅历，他会跟这个划等号。"③

除了团经历所带来对新岗位的不适应以外，这种自我认知的能力也很重要。对自我的改变与调整，在别人的或褒或贬的评价中，能够坚持对自我的反省和把握，保持一份清醒的头脑至关重要。这些对自我的重新定位

---

① 转业团干部访谈资料 TQY002
② 转业团干部访谈资料 TXX006
③ 转业团干部访谈资料 TSW007

回眸共青团岁月——转业后的思考

关键就在与团干部能不能把握住自己,自己的优势在哪里劣势在哪里应该要非常的清楚,头脑一定要清醒,否则的话,就会被别人的评价推着走,最终在新岗位上站不住脚跟,没有自己的一片天地。

一位曾在浙江某大学担任过团委书记,现任这个大学宣传部部长说:"我到宣传部当部长以后,什么时候该张扬,张扬的是谁,张扬的不是我个人,张扬的是为学校提高知名度,在外面我跟各大媒体,现在中央媒体很多都感觉怎么这个小姑娘当部长,在高校最年轻了,他们从来没有说哪个部长跟他们这样打交道,他们就很认可你,说以后你的事情只要说,不用亲自来了,只要说就好了,我们会帮你做好。所以今天我们有全国50多家知名主流媒体到我们学校来,我在想自己的定位一定要准确,不管是当部长还是转到其它的岗位,都要对自己有个清晰的认识和把握。"①

当然,转岗团干首先做到的应该是接受别人的评论,然后改变自己。从自我出发,用自己的实际行动来说服他人,尤其是对于领导的成见,转岗团干更应该从改变自我开始。"因为人无完人,我想我可能就是要,我们无法改变领导,就可能要改变我们自己,领导我们没办法选择,因为他们都是组织任命的,既然是我们的领导,所以我可能还要克服这些有时候对领导的这种期望,降低期望,然后还有可能要更好的开发领导,与领导沟通,转变他们的一些观念,尽管很难,说实在话,的确是有点难度。"②

这种自我认识的能力在转岗前后至关重要,尤其是对于一直处于单纯环境中的团干部,所以,团干部应当注意加强自我认知能力的培养,做到有意识的去训练自己的这种能力,做到对外界的评价公正客观的看待,在众说纷纭中,把握好自己,最终提升自己。

素质储备不足之三——危机事件的处理能力

受访干部都谈到了危机处理在新岗位上所带来的困难,这是在以前团里所遇不到的,对于转岗干部来说,是个很大的考验,同时也是很好的磨练。就像一位曾在团中央任过职的干部经历那样,"至少在危机处理上,共青团遇不到。但是在县里头这种危机事件很多,并要很快做出决策,三

---

① 转业团干部访谈资料 TXX006
② 转业团干部访谈资料 TSW003

百多人把县委围了，你怎么办，要做出措施来，把这个问题解决了，而这个问题稍有不慎，就可能升级转化，三百多人好多是老头，六七十岁，给你闹一上午，如果这个时候有人犯心脏病了，有人中暑了，有人饿晕了，外面人一围观，一起哄，在有一些仇官仇富这些人一捣乱，一些人参与，这种事儿就很危险很棘手。"①

虽然团岗位的工作经验没有给他们处理危机事件的能力，但是却给了他们善于学习的能力，通过这种的能力，他们能够又好又快的学会处理各种危机事件。一位团省委层级的转业干部说，共青团的干部还是务实的，善于学习，团干部有学习能力，这种能力是最需要的，有了这种能力，加上政府行政岗位的平台，那么这种能力转化为现实的处理危机的能力是很快的，很多团干善于学习，第一时间去调查，摸清楚规律这些都是共青团的优势，又是这一基础，就能够学会掌握应对复杂事件的本领。②

转岗后遇到危机事件的情况是在所难免的，首先，团干部需要的是积极的去应对，去接受考验，有一位干部就是选择主动出击，主动去了解群众需求，去寻找途径，离得群众越近，这个窗口就越容易打开，才能越懂得群众的需求。"前段时间我安排了一个工作，从县里抽调五百七十六人，组成144个工作组，一组四个人，分布到全县所有的行政村里面去，144个村，一个村一个工作组，变成他上访，变成我们下访，让这些工作前置，让信访下游，去化解矛盾。"③

在这种那个不适应中，经得起考验的不仅能过了这些关卡，而且还从中学到了很多经验，学习到了很多，这些为以后的路铺下了很好的基础。有的干部就经得住考验，顺利的摸索过了危机事件的河流，并且得到了很多自己的体会，在这里也跟大家分享交流一下。"这个问题没有成功经验，但是至少在体会中我应该有这么几个措施，首先大家来了不可怕，首先是一个正常现象，群众合理上访才能知道这个事实，来了之后怎么办，像群体性事件，首先在第一时间我们的分管领导，我们的有关责任人亲临现场，亲临第一线和群众对话，比方这个事儿，社区上访可能涉及到政法委书记的责任，涉及到政府这块分管民政副县长是你分管工作，那么这两个人要到现场去，民政局到现场去，信访局到现场去，公安局代表着便装也

---

① 转业团干部访谈资料 TZY001
② 转业团干部访谈资料 YSW007
③ 转业团干部访谈资料 ZZY001

到现场去,有关这些人到现场去,对群众直接进行一个联系,对话沟通,这么多人迅速带离这种县委大门口,这么多人闹哄哄,这么多人,就算什么事儿也没有,外面人就会觉得怎么回事,就会奇怪,都会围观,最后形成不好的影响,对面就是招待所,拉到那去,我说实际上咱们看到虽然群众上访不愿意看到,我们不欢迎他们来,但是实际上也给我们提供了一个跟群众解释政策,做好教育,做好工作,正面引导这样一个机会,有这么一个机会给我们解释,然后来了之后给他讲清楚几条,我们的基本原则,县里没有落实好中央政策,我们做好落实,没有政策的我们及时研究。"①

所以,转岗团干部在危机处理上的不足,明显原因在于与群众交流不够,上下不贯通,信息不流畅,这就要求在岗团干在今后的工作中需要深入一线,多与群众交流。保持信息的通畅。

危机事件的处理是内地转业团干部谈到最多的一个问题,但西藏转业团干部没有涉及这方面,原因与西藏特有的民族地区特点有直接关系。政治稳定和民族团结是藏区的两大任务,共青团干部不可避免地要经受很多重大事件的考验,他们比内地在这方面既有经验又有从容处置能力的优势。

素质储备不足之四——宏观把握驾驭能力

这里主要涉及青少年教育和引导方面的内容。共青团一项重要职能就是引导青年,即探索党的意识形态在青年的传播路径。目前青少年的思想道德建设亟待加强,西藏地区的转业团干部在这方面有很强的危机感,因为藏佛教对青年特别是青少年的影响非常大。然而内地这些年由于都在抓经济工作,关注GDP的增长,思想政治工作被边缘化的现象比较严重,而这恰恰是共青团本质工作,因此转业团干部强烈呼吁社会要重视共青团工作,共青团要牢牢守住青少年思想道德建设这块阵地,把青年丢掉了,共青团的优势也就没有办法发挥,会产生本末倒置的后果。丢掉了青年这块阵地,就等于失去了共青团存在的价值。

有一位团市委层级的转业干部在这一点上,有着自己的看法和见解,他认为引导青年工作虽然是务虚的,但是也要把虚功做实。在共产党的执

---

① 转业团干部访谈资料 TZY001

政领导下，共青团需要一个务虚的团队，紧抓青年工作，他说这种想法并不是不主张经济工作，只是实践证明，经济搞上去了，人的思想却下来了，虽然在短期内经济可以带来很大的收益，但是人的思想是长久的财富，没有一种可以凝聚人心的东西，大家视金钱为主流，也就没有持久发展可言。她还说，青少年的思想道德教育是共青团最本质的东西。如果三分之二的人在抓经济，那么剩下的三分之一一定要把青年思想工作抓住，这种长期的工作必须有人坚持做。这就是宏观把握驾驭能力，不偏于经济，让青年工作搁浅，也不要只抓青年建设，置发展于不顾。只有将二者很好的分配结合起来，才能将共青团的工作变成一棵常青树。①

尤其是近几年来，随着互联网迅速的普及，很多青年沉迷网络不能自拔，各种与青年有关的社会问题日益突出，特殊青年群体的队伍日益增大，青年工作显得更为重要。就像一位团市委层级的转岗干部说的，"在共青团里面自己的精神享受很多，精神世界很丰富，做的大部分都是先进青年的工作，接触的一些负面的，就是弱势群体方面的比较少，特殊青少年群体的帮教帮扶而这个在全国共青团领域发展不平衡，有的地方根本就没有开始做，我们在解决一些比较复杂的，矛盾问题方面的能力不够，还是缺乏锻炼"。②

所以，紧抓青年工作的时候，也要对症下药，重点去关注急需关注的群体，近些年来，在社会上的青年犯罪层出不穷，校园里的自杀事件也是屡见不鲜。这些都需要共青团干部在树立先进青年模范的同时，需要给予青年弱势群体更多关注度的。

对于团岗位上的青年工作，还需要增进了解和认识，尤其是现在八零九零后的出现，个性的张扬，这些都会导致青年工作特点的变化，就像一位团学校的转业干部说，以前就做团结带领青年，现在不仅要团结引导，还要加上了解并服务青年。只有用变化发展的眼光去了解青年了，才能总结出他们身上的特征，才能更好的展开具体的工作。

针对青年工作变化发展的新特点，有一位干部总结出工作的要领。"我觉得对80后90后，我们就以90后为例，可能更强调的就是新颖，要亲民。比如60年代的人，年轻的时候人际交往的关系是这样的，跳个交谊舞啊什么什么，现在跳交谊舞没人去的，所以还是要很新颖的方式，另外

---

① 转业团干部访谈资料 TSW014
② 转业团干部访谈资料 TSW017A

回眸共青团岁月——转业后的思考

一个还是要亲民，我们举办一些活动，做一些工作不是给谁看的，首先要所有的人都能参与进去最好，不是说我有一个什么经验讲给你，是要你通过参加我们的活动体验，把别人讲经验变成让每个人有体验这才是亲民的做法，所以更多还是要有新颖的活动形式，增加青年群体体验我们共青团活动的比例。"①

综上所述，就会发现青年工作是十分必要的，青年工作领域是大有作为的，对于团干部来说，抓住青年工作这一个核心关键，是在强调开展经济工作的同时必不可少的，是需要共青团干部统筹兼顾的。

素质储备不足之五——工作韧劲耐力

转岗团干部在回顾共青团工作的经历时，都会不自觉的反省自己所走过的路，很多干部首先提到的就是工作韧劲和耐力方面的不足。他们都感到当初在团岗位上没有很好的扎扎实实干事，尤其很长一个阶段都是在期盼转岗的心理中，由于这种团岗位上转岗制度的设计，团干部不愿意做打基础、管长远的工作，这种情况也会使得很多好的长期的活动项目没有得到关注和坚持。

一位曾在团中央任职的转业干部，在回顾团工作经历时，就谈到了自己所遇到的没有坚持下来的，觉得遗憾的事情。"我们追求的是常干常新，不断创新，推陈出新，这种情况下，实际上咱们干工作，在工作发展上有时候没有当成一个长远事业去干。比如说青年文明社区里面可能涉及到社区党的工作，涉及到社区的社会劳务保障工作，涉及到社区的基础建设工作，把这些揉进来，这些人都要向你靠拢，争取搞一个青年文明社区，把这个事儿能落实好，你就有一个统筹，其他很多方面的一个品牌，一个抓手，但是后来我们放弃了。"②

这种好的活动品牌因为有些团干部没有重视，或者说是缺乏足够的韧劲和持久的耐力而被放弃，这种做法从长远看来，当然是对共青团组织的生命力是不利的。没有一定时期的积累和一种长期的工作的心态，共青团的工作是形成不了系统的，没有一定的基础的。根深才能叶茂，必须牢牢

---

① 转业团干部访谈资料 TXX002
② 转业团干部访谈资料 TZY001

抓基础建设，组织发展才会有后劲。

但是，在转岗团干部中，我们也了解到很多正面的例子，有些干部在团岗位上还是勤勤恳恳的，不浮躁，不功利的模范还是很多的。团省委层级的一位转业干部就为我们讲述了这么一位任劳任怨的好干部，"我们有个县委副书记十年前他就是县委副书记，跟他同批的人都提为县长县委书记了，他说其实当副厅跟当副处长只是一个符号上的区别，觉得副厅的活儿管的是一条线，因为他们的副市长管的是一条线，他现在是一个市的县委副书记，统筹协调的面非常广，每天都能够在纷繁复杂的事务当中找到我的成就感，这么多年下来，他被人尊重，又很有充实感，能力又得到不断的提升，人家都很看得起他，叫我去开座谈会，他说他在这个地方都成了别人的香馍馍了，说不定给他放到哪个局里当个局长或者放在哪个区里去管就不香了，他反而觉得这样的感觉更好。"①

与那么多的功利性很明显的团干部相比较，这位受访者所说到的老干部，正是工作定力强，真真切切热爱基层工作，将工作踏踏实实做好的代表，正如他自己说的那样，岗位的升迁不一定对于个人发展是好事，最重要的是内心的充实，和能力的切实提升。

在工作上没有将团岗位作为一个长期的热爱的岗位，必然会导致团干部心里的不踏实，继而将会导致在工作上责任心的缺乏，工作的不出色。有位曾在团中央任职的转业干介绍说，一定要给自己压力，将压力转化为动力来强迫自己有工作上的责任心。"怎么样把这个事儿弄好，这种事儿一定带来压力，所以工作中有事业心，有责任心，高标准、严要求也带来一定压力，自己给自己施加压力，我是渴望不管我在县委干多长时间，我要把这个县的事儿干好，让大家感觉我不是白混了这段时间，我不是在镀镀金，而是想踏踏实实干点事儿，希望带来一些变化，推动一些发展，解决一些问题，所以这种情况压力责任都很大。"②

工作上的韧劲，好比汽车的马达，没有了这份韧劲，动力自然不足，工作上的成绩也就没有办法提高。虽然这种韧劲的缺失，有着团岗位自身的转岗制度的客观原因，但是在转岗制度逐渐完善的情况下，共青团干部应该更加保持一种持久的耐力去做好团口的每一项工作，坚持一股韧劲去开创每一个活动品牌。这样，共青团才有稳固的基础，才能形成一条长期

---

① 转业团干部访谈资料 TSW007
② 转业团干部访谈资料 TZY001

回眸共青团岁月——转业后的思考

发展的链条,经久不衰。

素质储备不足之六——具体领域的专门知识

很多团干部在转岗后都遇到了知识广博度欠缺的问题,都会感慨道"书到用时方恨少",深感知识储备的不足。这种不足主要涉及经济学、法律学、金融学和社会学等相关知识;社会保障、高科技产业、城市建设等专业方面具体内容。而这些具体的知识在转岗后的实际工作中有经常会碰到,甚至成为他们能否顺利展开工作的关键。

感到知识匮乏的原因在于,工作涉及到的范围是从点到面了,以前只是需要懂本专业的东西,现在需要懂整个行业方面的知识。有位团区委层级的转业干部讲到自己转岗后,第一感觉就是两眼一抹黑啥都不懂,他之前根本没有接触到医疗保险,但是转岗后首先被分配的就是做城镇居民医疗保险,对于他来说是一项新的工作,他不得不从头开始当起学生来。

这种具体专业知识的匮乏,在转岗后的工作中日益显现,并且极大的限制了新岗位工作的顺利开展。有位团机关领域的转业干部讲到,在团机关中如果你对管理没有专业的了解,在一块交流的时候,很难融入到这个集体当中,你没法发言,你一张口不懂这个专业,不敢张口,所以感觉到有点力不从心。虽然有管理经验,但是还是缺乏专业上的知识。到这个岗位上,你不入团队里去,你就没法开口,你作为管理权,首先融入团队,然后才能开展好你自己的工作。还有一位团中央层级的转业干部感慨道,团中央的干部尤其需要知识的广博度和专业度,因为很多时候都会碰到内行人士,如果不懂得专业知识的话,根本没有办法在威信和能力上占领上风。"到了新的岗位之后,要求你必须懂经济,不懂经济工作咱说又好又快发展,我说没有经济工作哪来的又好又快,懂经济工作就要懂经济工作内在规律,企业发展的客观要求,经济工作的核心是什么,怎么样围绕核心,所以要学习,包括应对上访,上访这些人拿着文件,拿着这些法律东西,他们比我们还清楚呢,你不给他们搞几条法律依据,说不过他,这些老上访户来了之后,说的头头是道的,宪法怎么规定的,刑法怎么规定的,什么什么条例,什么什么政策,什么什么时候文件怎么写的,他们说的都是一套一套的,但是你要跟他们讲清楚,我的依据是什么,我这个说法是什么根据，是哪里来得。"

针对这种具体知识领域的缺乏，绝大多数转岗团干部都选择了再学习这条路。这种缺乏使得很多干部也能够很快的懂得学习的重要性和紧迫性，他们当中很多的人还是选择了积极应对。有的人选择向上级学习，有的选择向书本恶补，有的则重新走进了校园当起了学生。所以，也就有很多人将"书到用时方恨少"转变为"书山有路勤为径"了。

就像一位团区委层级的转业干部讲到的，"你不知道人家企业的经营模式，用人机制根本没法解决。包括城市建设、城市管理，企业经营等等一些方面，应该说是全是主力，你要问要跟那些厂长和经理需要了解，企业改革遇到一些什么麻烦，解决什么困难，按照政策能给人家支招也罢，给人家交代也罢，都得有点东西，还有一些出版、报纸、杂志了解那个社会整个宣传这方面也比较多了。再一个就是虚心踏踏实实地干，不懂就问，了解情况，刚去固原糜子、谷子农作物都分不清。我在川区，稻子、麦子、玉米我能看出来，那边我根本不分清。那小杂粮作物，那土豆长在地上我都不认识。因为过去在这方面涉及也不多，学的也不多，摸的也不多。"① 这种虚心向他人求教的方式，在工作中是最直接的，也是最快捷的。

除了向单位前辈请教以外，有的团干部选择拿起课本，或者干脆回到校园当起学生。有一位团机关的转业干部说，他这两年读的书比过去七年要多得多，但是还是感到脑袋空、知识不足，因为他发现在变化发展中的时代，知识也是进步的，不学习，就会落后，以前学的东西就过时了。还有一位干部在深感到自己理论不足，无法支撑实践工作后，报了北大MBA班，利用周末时间恶补经济知识。

上面说到的这些干部的讲述告诉我们在岗的团干一个事情，就是及早准备，一位团市委的转岗干部就感慨道，在共青团的时候虽然知道一些专业领域，但是从来没有真正进入里面去熟悉，根本没有意识到专业方面的知识这么重要，所以，各方面的专业知识，共青团干部都应该提早准备。在共青团工作的岗位上就要多关注政府的工作，多学习经济、法律知识，拓宽知识面，为以后的转岗顺利早日做下铺垫。

---

① 转业团干部访谈资料 TQW003

素质储备不足之七——对相关政策内容的了解

转岗团干部在受访时,谈到了对政府政策内容不了解所带来的不适应。因为政府行政部门的转换,政府政策显得很重要,甚至与工作紧密相关。这些政策包括科技政策、土地政策、环保政策和税收政策等方面的知识,还有少数民族地区方面的政策。转业团干部,特别是少数民族地区的转业团干部对政策方面有很强的敏感度,他们认为某个特殊地区和某个相关产业方面的政策,是一定时期开展工作的导向。

一位西藏地区的团干部讲道,很多时候他在做决策前都会先看一遍相关的党和政府政策,来保证活动大方向的正确,而且了解了政府政策后就会更好的制定符合党和人民需要的计划和措施,这在一定程度上也会得到群众的支持和拥护。党和政府的政策导向,在团岗位和转岗后的政府工作中,就好比一艘船的帆,它是方向正确的保证。

所以,在岗团干部需要多多研读政策内容,认真发现政策中的可变和不可变部分,要对整个国家和重要领域方面的政策有一定的熟悉度。这不仅有利于团口活动的展开,尤其是少数民族地区项目的顺利实施,而且对于转岗后的政府工作提前做好了准备。

素质储备不足之八——对岗位特性认识

由于转岗制度安排的设计,团干部都不愿意做打基础管长远的工作,这一点应引起警惕,因为会影响到团组织的生命力。根深才能叶茂,必须牢牢抓基础建设,组织发展才会有后劲。转业团干部以自己的切身体会谈到:应关注要转岗这一群体的浮躁现象,它带来的负面影响就像"瘟疫",处理不好,就会浸蚀整个团组织健康的机体,应及早防治。

就像一位团省委层级的转业干部讲的,共青团干部有年龄的限制,可是确实存在的客观条件,迫使你团干部去思考,我几年以后干什么,这是个制度安排,每个人都要考虑的,连我自己都要考虑,不考虑不现实,我总不能干到50岁才走吧,把人家也耽误掉了,事业耽误掉了,暮气沉沉,你再怎么领导年轻人干活,但是因为这样的制度事先安排,你必须要形成一种制度文化,也就是说我什么时候该被提拔,我什么时候该转业,因为制度安排你要考虑这个问题，变成了无形当中团干部要加快考虑这个问题，加速度地考虑这个问题，那你就浮躁起来了，你这一浮躁起来会带来个什么问题呢，给你这个平台你不可能静下心来去思考，充分地去锻炼。除了转岗制度本身所带来的客观原因除外，现在很多干部选择到共青团来的目的也就不一样了，过去很多人将共青团作为一种理想，一种激情的阵地，而现在很多人只是因为共青团的社会地位高，升迁的快。这种情况也给很多干部带来了烦躁情绪和不安定的心理。

这种浮躁情绪的背后还是对团岗位属性认识不清晰，只是把团的岗位当成升官的"跳板"，政绩观和业绩观都不正确。正确的团干心态应当是平和的，"在其位必谋政"在什么样的岗位，想着什么样的方法，做着与之相匹配的工作。等到真正到了要转岗的时候，组织上自然会给你一样符合你成绩的答复。一位转业团干部说道，团干部不应该把自己的眼光看到自己的工作之外，首先应当在自己的岗位上研究怎么做贡献，不应该想怎样向上，那是组织应当考虑的问题。

认识到团岗位的特性，然后切实的去热爱团岗位，踏踏实实的干事情，这样做出来的成绩才是向上的，充实的，这样的团干部才是成长的。这种"来了就想成长，成长就想走"的浮躁情绪和功利的心理，必然导致很多团干部无法认真对待团岗位，不能去仔细的体会团工作的过程。踏踏实实的在共青团岗位上，把团工作切切实实做好，形成一个积累的过程，一个锻炼的过程，一个学习的过程。

所以说，团岗位并不是一个升职或成长的跳板，而是真真切切的有着自己的独特魅力和价值。只有团干认识到了这一点，才能真正的热爱团工作，从思想层面上端正工作态度，做出自己的一番功绩。

素质储备不足之九——主动贴近群众的意识

从共青团岗位转岗到政府部门，这种转变所带来的变化，还有与群众的距离更近了，政府部门为百姓服务的职责定位，决定了转岗团干要紧密联系群众，与群众站在一起，为群众谋福利。转岗团干在这方面认识上存在不足。很多干部没有主动下基层的意识，他们面对基层复杂的环境患得患失，而这种心态也在后来的工作中影响了他们的前进的脚步。

一位曾在团中央任职的转业干部讲到，身在基层，就是一个上下贯通的渠道，是一个连接领导和群众的一座桥梁，这种信息通达的中间位置决定了团干部要负起责任。当然，身处基层面对很多方面的压力，下对群众，上对领导。但是作为基层干部，最重要的还是贴近基层，做好连接上面领导和下层群众的桥梁，让上与下互通有无，及时沟通，这样矛盾才不会积压，问题才能得到很好的解决。

在与基层群众打交道方面，虽然共青团没有给予团干部这样的机会，但是团岗位赋予了团干部一种善于沟通的能力，这种能力让转岗干部在与群众沟通的时候可以更加容易和轻松。正如一位团县委的转岗干部说的那样，"我觉得从团岗这块的话，特别是跟年轻人接触这一块，可以说是历练了很多，主要是在亲和力这块我觉得团干部可能比其他人有这方面的优势，所以一到群众做思想工作，因为我们团干部本身他有一种团的岗位上压低自己这块很重要，我们可以说是没有把自己当成一种干部或者无论在团地委还是团县委，把自己压低以后，老百姓真正认可你，而不说做什么领导。"① 就是这种压低自己的态度，才会让群众更容易接受，把自己的姿态放低了，与群众的距离也就更近了，干部与百姓的关系也就更融洽了。

除了团干部自身主动贴近群众的意识不够外，这种贴近群众工作的展开，需要社会各方面的理解和支持。有一位西藏转业团干部曾向组织主动要求转业到一个县，一段时间还被当地误解因犯错误被派到基层，感到很委屈。推动团干部下基层需要团干部自身的重视和实践，也需要社会给予一个友好的理解的氛围。

素质储备不足之十——群众工作实战经验

共青团领域本身具有学校的性质，是一个很好的练兵的平台。在这个平台上可以尝试各种模拟训练，错了还可以重来，但一旦转岗后就进入实战。这种工作形式的不同，也使得很多转岗团干很不适应，这种真枪实战的阅历对于他们来说是匮乏的。一位团省委层级的转业干部说，"你没有十分丰厚的社会阅历，所谓十分丰厚的阅历就是你没有经过重特大艰难问题的磨炼，没有经过冲刷，被大量挤压过，你就感到你的韧性，你的实战经验上他会认为你缺乏。"这种实战经验的不足，使得很多工作没有实践

---

① 转业团干部访谈资料 TXW003

作为基础，面对群众工作也就更有难度，工作的结果也就有更大的风险。

对于这种不足，自然而然的办法是增加实战经验，这就需要融入群众中，多调查研究，多想前辈学习。有一位团市委的干部在遇到群众性事件时，正是到各个层面去搞调查研究，向老前辈学习，虚心询问经验。

虽然团岗位上很少真枪实战，但是以往的各种模拟经验也是有其价值的，所以有的团干部在面对很紧张的局面时，还能够迅速解决。"就通过晚上问，白天开座谈会，在省里各个层面搞调查研究，全部搞清楚了以后再开会的时候他觉得你已经是老干部了，刚开始我处理群众性事件也不知道怎么处理，没碰过，没碰过咋办呢，刚好我一去的时候给我一个下马威，几千人围攻省道，把那个路给堵掉了，垃圾成堆地堆在那个上面，这个事情怎么办呢，省里规定两小时以上不清除干净马上把你停职，考核证拿掉。"①

像上述那位团干部那样，能够最后将局面化险为夷的能力，就是与群众深入打交道所提升出来的能力，也就是要求转岗团干要深入基层，站在群众中间，有了调查才有发言权，才有处理好群众工作的实战经验。

总之，对于转岗后的不适应情况，从大的方面来讲，可以将上述内容归为三大部分，能力、知识和心理三方面的素质储备。对于能力方面，需要团干的积极摸索和实践积累；知识方面，则需要及时通过学习去弥补；而在心理储备的不足上，团干则需要向优秀的老干部看齐，端正思想认识。

---

① 转业团干部访谈资料 TSW007

回眸共青团岁月——转业后的思考

转业视角下的团干部胜任力研究

党的助手和后备军是中国共产主义青年团的本质职能之一,为党政机关和社会各界培养输送年轻干部是共青团的神圣使命。正是通过共青团的工作,团干部经受了实际工作和各种环境的考验,其胜任力得到了培养和锻炼。转业,从共青团岗位转向党政机关、企事业单位从事新的工作,是每一个共青团干部都要面临的课题。共青团工作毕竟不同于社会各行业的具体工作,因此,从转业需要来看,共青团干部的胜任力及其构成应该会有很大的不同,需要做进一步的研究。

一、"核心能力"是共青团干部胜任力研究的基础

研究探讨共青团干部胜任力,有必要首先搞清楚人的能力的基本结构。1998年国家劳动和社会保障部门都设课题《国家技能振兴战略》,首次把人的能力分成三个层次,即职业特定能力、行业通用能力以及核心能力①。

每一个具体的职业、工种和岗位上,都会存在着一定数量的特定能力,从总量上看,它们是最大的,但是从适用范围看,他们又是最狭窄的。对每一个领域或行业来说,存在着一定数量的通用能力,从数量上看,他们比职业特定技能显然少得多,但是他们的试用范围涵盖整个行业领域。而就更大范围而言,还存在着少量从事任何职业或行业工作都需要的、具有普遍适用性的技能,这就是核心能力。核心能力往往是人们职业生涯中最重要、最基本的技能,也就有更加普遍的适用性和更广泛的迁移

---

① 【英】Karen Holems Corinne Leech 等著,《个人与团队管理》序一(谈谈通用管理能力),又见原劳动和社会保障部职业技能鉴定中心主任陈宇教授《走向世界技能强国》(中国长城出版社,2001年)

性。人的三个层次能力的关系如图所示：

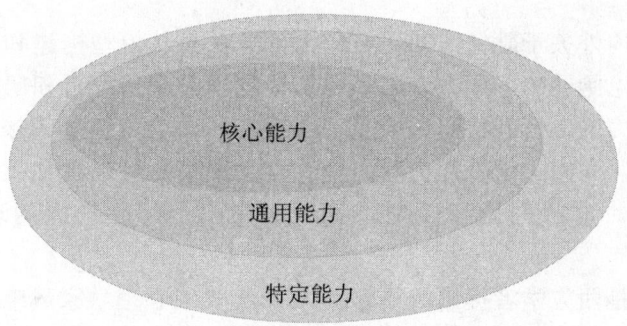

共青团干部的胜任力要在核心能力中寻找。数量虽少，但应用范围很大，符合共青团工作的特点。共青团干部是在一种动态的工作环境中成长起来的，因此迁移性强；其工作绩效是在成长过程中发生不断变化，因此预测性强；同时又是与普通者不同，因此区分性强。

通常人们所指的核心能力即通识部分不外乎有三部分组成：知识、技能和态度，前两部分是显性的，而态度是隐性的，它由社会角色、自我概念、人格特质和动机或需要等因素组成，是决定人们的行为及表现的关键因素，即我们通常所谈到的态度决定一切。构成核心能力模型如图所示：

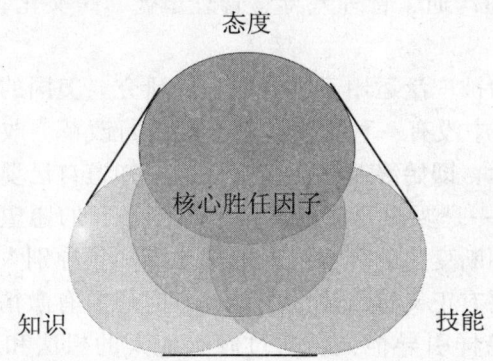

在核心能力模型中，知识、技能和态度分别为三个圆，它们彼此交叉，互相粘连，位于它们之间的中间圆就是核心胜任力，其中与三圆重叠部分是分别从知识、技能和态度三部分中提炼出的核心胜任因子，由三部分胜任因子组成了核心胜任力圈。团干部的核心胜任因子应该包含在这个胜任力圈中。

二、团干部胜任力研究的理论依据

目前国内外关于胜任力的研究,大部分都是从模型构建和测量工具的角度进行理论阐述的。西方专家多是从管理学的视角分析和研究管理者和领导者胜任力的,他们将研究成果广泛运用于政府、企业等领域,取得了很好的效果。国内关于胜任力对研究,也是集中在管理者和领导者胜任力及其构成上。这些理论和模型是我们研究团干部胜任力的理论基础和依据。

胜任力是西方学者提出的概念。1973年美国心理学家戴维·麦克莱伦首先提出了胜任力概念,他把胜任力称作是把优秀者和一般者区分开的特性,包括知识、技能、社会角色、自我概念、人格特质和动机或需要。知识、技能属于表面的胜任特征,很容易被发现;社会角色、自我概念、人格特质和动机或需要,属于深层次的胜任特征,是决定人们的行为及表现的关键因素①。

胜任力更多的被运用于管理领域,用于分析和考察企业领导人的管理能力等。Don Hellriegel, John W。Slocum, Jr, Richard W. Woodman 等人在考察了全球化和信息化的时代背景下管理者的各种管理实践活动后提出著名的新能力因素模型. 认为, 21世纪的高效管理者具有7种基本能力,即自我管理、管理沟通、管理差异、管理道德、跨文化管理、管理团队、管理变革能力②。

后来,胜任力被广泛运用于领导能力的研究。美国的斯蒂芬·柯维认为:"如果人们心中没有一种信念,就不能进行改革。改革能力的关键就是一种不变的信念,即始终能够认清自己,并知道自己要做什么和珍视什么"。所以领导者一是要有开放的思维和改变自己的愿望;二是要有灵活性,灵活地对待不断变化的环境,人们的观点和领导别人的方式;三是能够激励他人,需要有正义感,热情乐观,有时还要有激情。四是能够影响他人,通过树立榜样引导他人,通过倾听他人的想法和互换立场考虑得失,以及接受意见等,建立自己与团队成员和干系人之间的信任关系;五

---

① David Mclellan, Testing for Competence Rather than for Intelligence,"测试胜任力而非智力",1973, American Psychologist

② Don Hellriegel; John W. Slocum, JR; Richard W. Woodman Organizational Behavior (Ninth Edition), [M]. 2000: 6 – 31

是毅力，即使在矛盾重重，无路可走的艰难时刻，仍要继续坚持；六是给予支持的力量，能够预见人们不同反应并了解人们应对改革的周期，帮助人们顺利度过改革时期；七是交流技能，及时、清晰、时常、真诚、倾听，提出问题；八是处理困难局面能力；九是终身学习，广泛接受新思想、新办法、并愿意进行学习①。

美国军方也把胜任力的概念引入后备军官选拔，认为军官的胜任力结构由指导监督下属、训练他人、团队领导、关心士兵生活、文化差异容忍力、激励领导、支持下属、联系支持同僚、解决问题与决策技巧等方面组成。

国内关于胜任力及其结构的研究也是从管理学特别是企业管理角度开始的。中国社会科学院时勘教授提出，企业高层管理者胜任力结构模型由10个因素构成：即影响力、组织承诺、信息寻求、团队领导、人际洞察力、主动性、客户服务意识、发展他人、成就欲、自信。浙江大学王重鸣教授提出，企业高层领导者的胜任力结构有8个因素：即价值取向、诚信正直、责任意识、权力取向、协调监控、战略决策、激励指挥、开拓创新。而江西师范大学漆书青教授则主张：在胜任力结构中，专业技能与知识不应过分侧重，应在社会技能与管理能力，自我认知、控制与发展能力，逻辑思维能力，责任、诚信、创新等四个方面九个研究点上展开研究②。

一些学者把胜任力研究管理学领域引入领导学领域，在党政领导干部胜任力及其结构的研究上，提出了许多新观点。浙江工商大学肖余春教授提出，我国党政领导干部胜任力结构应从三方面组成即基本思想能力（廉洁奉公、遵章守纪、责任诚信、尊重同事、关心下属、自我调控、组织忠诚）；基本管理能力（计划、组织、用人、指挥、控制、协调、沟通）；创新能力（远见卓识、战略思维、管理变革）③。

国家行政管理学院胡月星教授构建的党政领导干部胜任力模型，通过对宁波市25名科级党政干部"最满意的事情"和"最不满意的事情"的

---

① 《要事第一》，（美）史蒂芬．柯维著，中国青年出版社，2003年
② 漆书青，戴海崎．情景判断测验的性质、功能与开发编制【J】．心理学探新，2003，（4）：42-46
③ 肖余春，孙兰《基于胜任力的党政领导干部情景判断测验维度的理论探讨》，企业经济，2004年第8期 总第288期

访谈，概括出"在成功完成任务、胜任本职工作"的过程中体现出来的胜任特征要素共 37 个。其中，重要心理品质 21 个，分别是进取心、务实精神、前瞻性、事业心、自律、主动精神、坚韧、责任心、成就动机、独立性、自信心、宽容、灵活性、果断性、幽默感、公仆意识、敬业乐群、诚信、廉洁、大局意识、勤奋。核心能力要素 16 个，分别是创新能力、言语表达能力、组织实施能力、学习能力、依法行政能力、联系群众的能力、业务才干、协作沟通能力、解决实际问题能力、调查研究能力、应变能力、心理调试能力、抓经济工作的能力、岗位适应能力、时间管理、政策贯彻能力①。

基于转业的需要，做好共青团工作的同时，团干部们实际上也在为未来的工作做能力上的储备。而改革开放和社会主义现代化建设的新形势以及共青团在我国的特殊地位，决定了团干部转业大的方向必然是两个：党政国家机关和企事业单位。这就使得我们对共青团干部胜任力及其结构的研究可以直接依据上述胜任力研究的已有成果。

三、团干部核心胜任力因子理论假设和初步访谈验证

团干部胜任力（Competency）应该是指能够区分在团组织这一特定工作岗位和组织环境中绩效水平的个人特征，是指在这一特殊组织中绩效优异的团干部所具备的能够胜任工作岗位要求的知识、技能和态度。态度由自我概念、价值观等特质组成，是团干部的核心胜任力更加重要、更为基本的方面。如果把团干部从事共青团工作所需要的能力素质和转业后所从事工作所需要的能力素质结合起来进行研究，所谓的团干部胜任力，是指既能适应共青团工作需要，也能适应团干部转业后所从事工作需要的最基本能力和素质，以构建共青团干部核心胜任力基本框架。

1. 基于上述理论的研究假设

从核心能力的理论中，我们可以假定，团干部核心胜任力在知识方面应有：

马克思主义基本理论和科学的世界观、方法论，社会主义现代化建设所必需的政治、经济、法律等方面的知识和民主意识、法治意识，科学文化知识和素养等；在基本技能方面应该有：良好的选择和决策能力、组织

---

① 胡月星等著《领导胜任力》电子工业出版社，2007 年 9 月，第 234 - 235

协调能力、组织实施能力、协同引领能力、联系沟通获取支持的能力等；而在态度方面则应该有：勇敢、忠诚、积极热情、乐于奉献以及正确的人生观和价值观、坚强的意志、强烈的社会责任感和使命感等等。

2. 基于访谈的理论验证

今年5月初我们开始以转业团干部为对象的胜任力访谈，得到许多第一手材料，现依据访谈初步分析，印证上述理论假设，并提出团干部核心胜任诸因子。第一、马克思主义理论以及正确的人生观和价值观是最重要的能力之一。

转业团干部普遍感到："理论知识的系统学习还缺乏，一个人只有理论上的成熟才能有政治上的成熟，才有政治上的可靠性。理论上的过硬才能有作风上的过硬，理论是能干事的一种本事，尤其是现在我们强调的马克思主义中国化的学习，对青年的发展是非常重要的。有什么样的发展观就有什么样的政绩观，有什么样的政绩观就有什么样的发展观，所以理论学习很重要。"①

第二、要全面掌握现代科学知识，如法律、经济、文化等知识。"要普法，首先应当培训领导干部。领导干部懂法，才能进行依法行政。""某些领导干部和一些行政机关的部门，法律意识还不是很强，"② 我们的团干部不管中层干部也好还是转业以后做领导干部也好，要方方面面的知识都要了解，就是所谓的复合人才，要做复合型人才。第一是政策理论，导向要有。第二应知应会的作为从业人员依法行政的理念要有。第三就是经济知识也要有③。

第三、多方面的技能。在访谈中，涉及到团干部最重要的技能有：（1）组织实施能力（2）选择、决策能力（3）协调应变能力（4）协同引领能力（5）联系沟通获取支持的能力。

有很多的转业团干部普遍感受到共青团岗位给他们提供了施展和超能力发挥的自由平台和广阔的空间，让他们难以忘怀。

一位来自某市机关工委副书记、市委副秘书长在谈到她们有关青少年文化宫建设的经历。"我们可以说是随心所欲的做这个事情了，我们动员

---

① 转业团干部访谈录音资料编号003
② 转业团干部访谈录音资料编号001
③ 转业团干部访谈录音资料编号001

社会的力量做这个事情，只争取到财政 100 万元经费，充分发挥团组织的协调能力，主要依靠各方面的资助和团员义务劳动竟然就成功了。粉刷，我们自己的一个团员他承接了过去，他有涂料，于是他带领团员把教学楼教室等刷的很漂亮，这个少年宫在建设的时候当地政府可以说没有投资，是靠市场机制引入的。如果在政府岗位上的话，做这个事情可能就不能用这种方式了，或者说会有很多的顾虑，也许是最开始的时候就根本不敢做。但是在共青团岗位上就觉得有方方面面的力量来帮助你做这个事情，什么都敢想什么都敢做。就是说在共青团岗位上让我们得到了很大的锻炼，这也是其它岗位上所不具备的，一种自由工作的平台。"① 一位国资委党建处的处长，曾在共青团岗位上发动一场"通用共享，扶助贫困大学生行动"，非常成功。他总结说："这就是我组织资源做出来的了，我一下募集到好几十万元，最后我资助了五十名大学生上了大学，圆了大学梦。这个行动去年被我们机关工委评了第三机构最佳实事。"② 这其中充分反映了团干部工作的特点和胜任力特质，就是协调、动员、沟通等获取支持的能力很强，同时没有顾虑，敢想敢干。

选择、决策能力和组织能力及执行力也是被访谈者十分重视的部分。③

一位来自高校的党政干部谈到曾在共青团岗位做了一件很出彩的事。学校的挑战杯知识竞赛。他们学校在前六届比赛中，到第七届的时候，也就是他当团委书记了，他就想一定是要闯进挑战杯的。因为他计划写的也比较好，目标定的也是比较大，给五十万。那时团委的经费一年才七万多块钱，就为这个项目给了五十万，他们专门成立了专家选题指导委员会，进行选题，同时开展项目的的中期检查，项目资助，组织培训。然后确定了老师的课题组，把他们学校整体的科研优势就都发挥出来了。结果在辽宁省排名，他们拿了第三。后来挑战杯也确实是成了他们校内团委的一个品牌活动。④

访谈中可以看到团干部工作及其对转业后工作仍有重要的意义的技能集中体现在组织实施能力、选择和决策能力、协调应变能力、协同引领能

---

① 转业团干部访谈录音资料编号 003
② 转业团干部访谈录音资料编号 002
③ 转业团干部访谈录音资料编号 002
④ 转业团干部访谈录音资料编号 005

力、联系沟通获取资源的能力等特征上。正如他们所说的:"团的工作经历给了我综合分析,宏观把握事务的这种能力;给了我独立组织、策划、实施一项活动并由自己掌握节奏,最后运作成功的能力;给了我做事、谋事、成事的这么一种空间尽情展示的能力;让我学会了讲政治;给了我宏观的眼界和创新的思维;给了我研究问题思考问题和解决问题的能力;给了我组织协调,调动社会资源的能力;给了我书面和口头沟通的能力;给了我接触大量不同类型优秀青年的机会;给了我尽情展示自己的工作平台"。①

第四、从态度上看,团干部核心胜任因子内容非常丰富,而且在更多的层面上得到受访者的呼应和验证。在访谈中,被多次提到的主要方面有:(1)奉献精神和服务意识(2)勇敢、忠诚、热情积极(3)坚强的意志、毅力、意志品质(4)强烈的社会责任感和使命感(5)善于学习、敢于创造和创新精神。

一位来自公安厅离退休干部工作处处长深情地这样总结自己:一呢,热情高、充满朝气、精神很饱满。二呢,有冲劲儿、敢想敢作敢为,不停给领导提建议。第三呢,能吃苦,肯吃苦。"② 一位来自机关工委的副书记讲述了曾在共青团工作期间让她刻骨铭心的活动经历。她说:"当那些白内障患者复明的那一刻,感受到他们的那种感激之情,能让我们体会到那种意愿,那种充实,就是说能为社会做点事情的那种责任感。""有一个妇女做这个手术的时候是27岁,家里特别的困难,当她复明的时候能看见自己的孩子和丈夫长什么样了,她当时一下子就跪下了,那情景到现在都时不时萦绕着我的脑海里,激发我奋进"。③ 一位来自某高等院校研究生院党总支书记认为:"首要应该忠诚党的精神,第二个就是有这个朝气蓬勃的精神面貌,第三他应该有非常强烈的责任感和使命感。就是像胡锦涛书记说的团员青年要善于学习,敢于创造,甘于奉献。"④

综上所述,团干部核心胜任因子如表所示:

---

① 转业团干部访谈录音资料编号 001-010
② 转业团干部访谈录音资料编号 001
③ 转业团干部访谈录音资料编号 003
④ 转业团干部访谈录音资料编号 005

知识	技能	态度
(1)马克思主义基本理论	选择、决策能力	奉献精神和服务意识
(2)科学的世界观、方法论	组织实施能力	勇敢、忠诚、热情积极
(3)社会主义现代化建设所必需的政治、经济、法律等方面的知识	协调应变能力	坚强的意志、毅力、意志品质
(4)民主意识、法治意识	协同引领能力	强烈的社会责任感和使命感
(5)科学文化知识和素养等	联系沟通获取支持能力	善于学习、敢于创造和创新精神

参考文献

1. 《领导胜任力》胡月星等著，电子工业出版社，2007年
2. 《高效能经理人的8个思维原则》，（美）史蒂夫. 史密斯（Steve Smith）等著，机械工业出版社，2003年
3. 《要事第一》，（美）史蒂芬. 柯维著，中国青年出版社，2003年
4. 《党校教育规律研究》陆沪根主编，华东师范大学出版社，2007年
5. 《让思想冲破牢笼》王健著，北京大学出版社，2007年
6. 《个人与团队》上下册，（英）Karen Corinne Leech）等著，青华大学出版社，2004年
7. 《基于胜任力的党政领导干部培训——北京市某区处级后备干部培训案例》，宇长春，中国人才杂志，2006年4月
8. 《党政领导干部胜任力模型的构建》，赵辉等，科学管理研究第24卷第2期，2006年4月
9. 《共青团干部的影响力浅析》，谢诞生等，中国青年政治学院学报，1992年第4期

论共青团干部的发展性胜任力
——基于转业团干部访谈的初步研究

胡锦涛总书记指出,"团干部队伍是共青团工作的骨干力量。要推动共青团工作再上新台阶,关键是要按照"让党放心、让青年满意"的要求,建设一支高素质的团干部队伍。"[1] 建设一支高素质的团干部队伍是共青团在新阶段发展必须面对和必须解决的重大问题。什么样的团干部才是高素质的团干部?在新形势下,团干部的自身建设需要新的思路和办法。

一、发展性胜任力:研究共青团干部职业发展的新视角

流动快是共青团干部队伍的一个突出特点。"铁打的营盘,流水的兵。"这句老话可以用来形象形容共青团干部的流动性。共青团干部的岗位不像其他各界的干部岗位,可以作为终身的工作方向,而是一个不断由新团干取代老团干的流动岗位。从年龄特征看,团的机关"留小不留老",到龄转业是不成文的制度。尽管组织部门和《团章》对此没有明文规定,但团干部年龄一般不超过45岁。在此以前,要按照干部交流和任期等规定,转任到其他部门工作。到龄转业的机制,客观上促进了团干部队伍的流动。

在65名转岗团干部访谈中,几乎所有的访谈者都认为共青团岗位是无权无职的岗位,要做事情一靠先进的思想引领;二靠人格魅力带动;三靠对青年的服务本领吸引;四靠组织化的社会动员等手段。其中唯独没有行政命令,因为工作对象是青年,对青年只能是组织引导服务和维权,你服务得好,青年才能跟你走,现在的服务更是不容易,这是转业团干部普遍

---

[1] 胡锦涛,《在同团中央新一届领导班子成员和团十六大部分代表座谈时的讲话》,2008年6月14日,中国青年报。

的同感。

可以说,共青团干部来源多样化,成长多样化,与转业多样化,越来越是当前共青团干部队伍建设的突出现象。这关涉到团干部的选拔、成长与转业等一系列的问题。我们需要辩证地看待团干部的转业制度,它既可以带来负向的作用,也可激发创新的潜质。如果只是为了升迁,你就会将心思用于捕捉任何转岗的机会上;如果是为了成长发展,你就会用心磨练自己,抓住任何能提升自己能力和素质的机会上。

胜任力研究为这个重大问题提供了有益的理论视角。对胜任力的研究可以为建立选拔、培养或输送优秀共青团干部提供科学有效的基础,也可以为党政等部门的鉴别、培训和评价团干部提供具体的新思路和方法。

胜任力来自拉丁语 Competere(适当),其研究与应用最早可追溯到泰罗的时间—动作研究。从研究溯源看,20 世纪初"管理科学之父"泰勒的"时间动作分析"(time and motion study)被誉为"管理胜任特征运动"(Management Competeneies Movement),后来被普遍承认为胜任特征研究的发端。但是,真正被列为胜任特征模型构建方法的创始人的还是心理学家麦克米兰,他在上世纪 70 年代,受美国新闻署(USIA)委托,首次采用了行为事件访谈(Behavioral Events Interview,BEI)方法调查了 USIA 官员。此后,其学生和资深同事鲍耶兹通过大量的文献检索和实证研究,归纳出优秀管理者的胜任特征,其代表作《胜任的经理人》的出版在很大程度上促进了胜任特征研究从学术背景中转移出来,进人直线管理者、咨询顾问和 HR 从业者的世界。

胜任特征有多种定义的解释,比较受赞同的是 Spencer 夫妇的概念。他们认为,胜任特征指"能将某一工作(或组织、文化)中有卓越成就者与表现平平者区分开来的个人的潜在特征,它可以是动机、特质、自我形象、态度或价值观、某领域知识、认知或行为技能—任何可以被可靠测量或计数的并能显著区分优秀与一般绩效的个体特征。"这一概念可以从三方面来考虑:深层次特征、引起或预测优劣绩效的因果关联和参照效标。深层次特征指胜任特征是人格中深层和持久的部分,它显示了行为和思维方式,具有跨情境和跨时间的稳定性,能够预测多种情景或工作中人的行为。因果关联指胜任特征能引起或预测行为和绩效,只有能引发和预测某岗位的工作绩效和工作行为的深层才能说它是该职位的胜任特征。如果一种行为不包括意图,就不能称之为胜任特征。参照效标即衡量某特征品质预测现实情境中工作优劣的效度标准,它是胜任特征定义中最为关键的方面。一个特征品质如果不能预测什么有意义的差异（如工作绩效方面的差异），则不能称之为胜任特征。①

胜任能力可以归为两个层面：深层特征及浅层特征。深层的特征包括动机、特质、自我形象、态度或价值观，浅层特征包括知识和技能。深层特征决定了一个人的思考方式和思维定式等个人特质，结合个体所具备的知识、技能等浅层因素共同作用，决定了个体在实际工作和生活上的行为表现。浅层能力特征除了易于观察外，还比较容易开发和培养。如专业知识或专业技能，通过学校教育或专业培训是可以掌握的。相反，不那么直观的深层能力特征就是另外一回事了。由于都是个体内隐的特征和特点，难以确定，同时也难以准确量化。但这些恰恰是决定一个人是否适应职位的关键因素。因此，对深层特征的评价和测量是胜任能力体系仍然需要探讨的重点。

经过十多年的研究和实践检验，美国著名心理学家 Spencer 等人提出用于判断和评价能否担任某些特定职位的胜任力理论，称为通用胜任力 TDL 模型。通用胜任力 TDL 模型由三个独立的维度构成：基础胜任力（Threshold Competency）、鉴别胜任力（Differentiating Competency）、潜在胜任力（Latent Competency）。

基础胜任力：比较容易通过培训和学习获得的、符合某一职位的基本能力，例如，沟通能力。

鉴别胜任力：短时间内较难改变和发展的、能在某个职位上获得优秀绩效的关键能力，例如，分析判断能力。

潜在胜任力：短期内难以改变和发展的、帮助向更高职位晋升的发展能力，例如，成就动机。

华东理工大学陈万思博士在此基础上提出了发展性胜任力（Development Competency）的概念，并将其界定为：特质、动机、自我概念、社会角色、态度、价值观、知识、技能等有助于特定职位/工作的高绩效者向上发展为其更高层级职位/工作的高绩效者所必须具备的发展条件（即人们通常所说的"潜力"）。② 在共青团岗位上锻炼成长，并向其它领域转业，是共青团干部发展模式的特点所在。用"发展性胜任力"的视角研究共青

---

① 时勘，胜任特征模型、领导行为研究在人力资源生涯开发中的应用，2007年第6期，首都经济贸易大学学报。

② 陈万思，2004

团干部的职业发展,不仅能引导团干部积极做好当前的本职工作,更利于团干部形成可持续发展的职业发展思路和方法,为转业乃至终身职业可持续发展打下扎实的基础。

二、共青团干部的发展性胜任力是团干部职业可持续发展的关键性条件

1. 团干部要以成为通才为成才目标,而较高的综合素质是团干部形成发展性胜任力的基础

共青团干部没有明显的专业特点,不像社会其他行业的干部,专业性较强,工作方向比较稳定,共青团干部的工作性质非常复杂,涵盖内容非常广大,涉及整个社会的方方面面。因此,要求团干部具有较高的综合素质和适应能力。

从共青团服务大局的职能来看,中心问题是当好党的助手,紧紧围绕党的工作中心开展工作,服务于党的中心这个最根本的大局,这就使共青团的工作像党的工作一样具有时代性特点。党的各个历史时期,有不同的中心工作,共青团工作也随着党的中心工作的改变而改变。紧跟时代发展和党的需要开展工作,这决定了团干部工作目标的变化性、时效性。一位已转业的龚姓团干说到"觉得还是我在共青团长期以来,我把人生最美好的那段年华给了共青团了,而且从最基层的企业团支部书记做起。我觉得这是享受不尽的,在工作中培养了我那种顾全大局的意识,这方面真是觉得内心挺高尚的,个人和集体混合在一起,不会患得患失,这种习惯,自觉不自觉是反应非常明确的,就是这大局意识,这个事就想干好,想追求。"①

共青团从服务社会的职能来看,服务于社会各层人群广泛的生产生活需要,衣食住行、文化娱乐、环境保护、卫国抗灾,无所不包;服务的社会组织有工厂、农村、机关、学校、商店等等各行各业,五花八门。总之,共青团的社会服务,涉及整个社会物质文明和精神文明协调发展的各个方面,就是在这种全方位服务中带领青年推动社会文明进步,没有固定的专业方向和限定的领域。一位已转业的李姓团干部谈到,"共青团工作让我真正认识到要想把这份工作做好,必须和青年朋友们贴心、交心、用

---

① 访谈录音整理资料编号:团市委 TSW007 SXZYT20090001

真心换真情，所以这七年给我印象非常深刻。给我最宝贵的经验就是锻炼了我的口才、锻炼了我的协调能力、锻炼了我的处事能力，为我走上领导岗位打下了一定的领导基础。因为咱们共青团要大量的通过活动作为载体来开展工作，所以在每次搞活动的过程中对我们都是一种锻炼，一方面因为我们又没钱又没权，搞一次大型的活动得去协调各部门来配合进去，得去协调领导来参加会议，得要组织青年按照我们的思路把工作做下去，所以说每次搞活动对我们来说都是一种历练。"① 另一位已转业的龚团干说到"我在共青团工作还有一个，学会了微笑着从别人口袋里掏钱，这一点非常得意，市委书记我也处得很好，当需要这种资源的时候，再出手的时候，绝对是你以前储备的资源，毫不犹豫的来支持我的工作，当然我轻易不会用的，用的时候他也是觉得好不容易才找我帮一回忙，这种资源，我现在当了市委领导了，可以说我还在储蓄，他们还在说，当初在共青团的时候最容易建立这种友谊，在其他岗位上没有，没有永远的敌人也没有永远的朋友，这也是在共青团学习到的，而且包括离岗以后，我们曾经各种学习工作关系建立起来的，是工作当中非常好的帮手，工作当中外地的一些也在这种岗位上，这种友谊是存在的，其他岗位上还真是没有，共青团他很单纯。"②

共青团干部的工作性质有时代性、全局性、社会性、广泛性、青年性的复杂属性，没有明确的专业特点，这就要求共青团干部必须具备综合型的知识结构和综合型的能力素质，同时具有良好的品德修养，工作、生活、学习的良好作风，具有很强的灵活性、创造性、开拓性能力，才能适应共青团的工作。③ 一位已转业的史姓团干谈到，"我感觉到共青团的干部他基本的素质比其他一些部门出来的干部基本素质，比如说口头表达能力，一般共青团出来的干部口才都特别的好，那种交际的能力都特别的强，而且共青团出来的干部文笔也相当的好，因为你别看到共青团这个领导岗位上去，前面这个关把得很好，进门的这个关把得很好，都是相对来讲这些青年里面的精英，优秀分子才能进入这个队伍，甚至是高校里面本身就经过锻炼的才能够进入共青团这个队伍里面，所以说他的基本素质，他的口头表达能力，一些交际能力，组织能力等等都比较强，而且他以后

---

① 访谈录音整理资料编号：团市委 TSW011 NXZYT2010001
② 访谈录音整理资料编号：团市委 TSW007 SXZYT20090001
③ 任庆文，《论共青团干部的四大特点》，《北京青年政治学院学报》，1999 年第 4 期

适应新的岗位能力，对先进的事物的这种接受能力，而且共青团干部的创新能力，这种面对困难的破解难题的能力都会比较强，我们有这种体会，还有的共青团干部不懈的追求，他永远有一种向上的强烈的意识和精神，共青团干部永远有一种永无止境的追求意识，这是共青团干部的特点，不会满足，相对来讲共青团干部还比较低调比较谦虚，共青团干部还有一点，自我认知的能力比较强，他能够比较好的对自己一个判断，能够知己，人家说知人者智，知己者明，共青团干部是既能知人又能知己。"① 团干部的综合素质如何形成？实际访谈的经历让我们更深刻地认识到，在强调能力为本的时代里，团干部的能力是一个永恒发展变化的动态过程，团干部应认识到，活动是团干部成才的载体，团干部只有积极投入，不断反思和总结，才能在实践中锻炼成长，在这过程中，团干部要牢固树立成才的主体意识，增强个体主动性，主动成才，而不能陷入"等、靠、要"的计划经济时代的落后的思维定势之中，可以说，机遇偏爱有效准备的头脑。

2. 共青团岗位的特性要求要求团干部具备创造性实践的能力

共青团工作要求团干部要具备很好的悟性。悟性，就是领悟能力，就是一种深刻的理解能力和洞察力。共青团干部的悟性，主要应该包括三个方面：一是对党的方针、政策的悟性；二是对共青团工作的悟性；三是对领导意图的悟性。这三个方面是一个有机联系的统一体。准确地理解和把握党的方针、政策，就能在工作中发挥超前意识，增强工作的主动性，并更准确地把握共青团工作的走向；准确地理解和掌握共青团工作的目的、性质、内容和方式方法，就能够更好地发挥主观能动性和创造性，提高工作效率，做出较大的成绩；准确地理解和把握领导的意图，就能更多地取得领导的信任和支持，减少矛盾和冲突，及时地解决各种困难。把这三方面有机地结合起来，就能够充分发挥自身在工作中的积极性、主动性，为工作的开展创造更多的有利条件，做到驾轻就熟、游刃有余。悟性不是天生的，而是在实践中逐步培养出来的。悟性的培养取决于五个方面：一是个人素质的高低；二是要勤于实践，并虚心听取他人的意见；三是养成科学的思维方法，特别是辩证思维、统筹思维和系统思维方法；四是要善于观察和分析，努力培养敏锐的观察和见微知著的洞悉力；五是要善于借鉴

---

① 访谈录音整理资料编号：团市委 TSW003 JXZYT20090005

和总结经验，不断提高。①

团干部要养成主动参与竞争的习惯和能力。要建设社会主义市场经济体制，就是要改革过去那种传统的计划经济体制，使市场在国家宏观调控下对资源配置起基础性作用。这种市场经济体制，必然要求人们以平等的主体地位，去参与市场的竞争，最大限度地发挥人们的积极性，实现生产力的最大发展和社会的快速进步。为此，各级共青团干部必须真正确立积极竞争的观念。要坚决克服过去那种等、靠、要的落后观念，要以健康的、充满生机和活力的主体形象去参与市场的竞争。不仅在共青团的工作中要确立竞争观念，通过竞争去开拓共青团工作的新领域或新的业绩；不仅自己要带头确立竞争观念，使自己的思想方法、工作方法适应社会主义市场经济的要求；而且，要引导和带领广大团员青年从整体上确立竞争观念，推动我国改革开放和现代化建设事业的快速发展，促进社会主义市场经济体制的全面建立。我们要建设有中国特色的社会主义，这是前无古人的事业，没有现成的经验可搬。邓小平同志多次指出，要"大胆地试，大胆地闯"。他说："不冒点风险，办什么事情都有百分之百的把握，万无一失．谁敢说这样的话。一开始就自以为是，认为百分之百正确，没那么回事，我就从来没有那么认为。"这种新的形势客观上需要共青团干部具备的发展性胜任力，实践型智力是发展性胜任力的核心。

Stenberg（1985）认为，智力是由个体适应、塑造和选择环境所必须的心理能力所构成，他的智力三元理论提出了智力的三个基本方面：分析型智力、创造型智力和实践型智力。他认为传统的标准化测验可以较好地测量分析性智力，但是很少能测量综合能力，也不能很好地测量学生最大地运用其潜能以及将这些能力运用到日常生活中去的能力。他提出不但要注重分析型智力而且也应重视创造型智力，特别是实践型智力（practical intelligence）。

实践问题明显缺乏解决问题所必须的信息，并且与每天的日常经验相关，相比之下，学术问题却呈现了解决问题所必须的信息，并且也明显地与个人的日常经验无关。因此，使用传统认知能力测验的分数去预测现实世界中的绩效将存在很大的问题，用 Stenberg（1987）的语言就是，"测验或书本上的智慧"（test - smarter - book）不如"街头智慧"（street -

---

① 甘霖 1999

smart）对实际生活中的问题解决有预测力。

Stenberg 在 1986 年主编出版了一本著作,他将其定名为《实践智力:日常世界中胜任力的性质和起源》。不难看出,Stenberg 的实践智力与 MCcelllnad 的胜任力概念有异曲同工之妙。Stenberg 更抓住实践智力的核心——内隐知识,对实践智力或胜任力的理论和实证研究做出了贡献。

内隐知识在区分了学术性智力和实践性智力后,同样要区分两种类型的知识:一种是个体所具有的规范性的学术知识,这种知识被大量的智力测验所抽取;另一种则是内隐知识,获得内隐知识是实践智力的一个标志。

内隐知识的概念是由哲学家 Polnayi 在 1946 年首先提出。后来 Stenberg（1985）用它来描述不能明确教授,或者甚至不能言语表达,但是对个体在环境中适应却必须的知识。内隐知识被 Stenberg 定义为"行为定向的知识;在没有其他人直接帮助的情况下获得,它允许个体达到他们个人所认为是具有价值的目标"。具体来讲,内隐知识具有三个特征:a、内隐知识本质上是程序性的,采取一种"知道怎么做"的形式,而非"知道是什么"的形式,它与行为密切相关。b、内隐知识在实践上是有用的,它指向个人有价值目标的达成,目标的价值越高,这种知识支持获得目标也直接,这种知识就越有用。c、内隐知识是在低环境支持下获得的,不能够从其他人那里获得直接的帮助,个体通常通过自己获得它,没有多少直接的指导。例如,知道如何去使他人相信自己的观点或产品就不是那种能够被教的知识,而是通过经验获得的知识。一般而言,内隐知识是一种不能言传的知识,是"知而不能言者众"的知识,是实践中的"诀窍"。内隐知识的概念可以应用在各种情境中,例如,内隐知识的水平是管理绩效的非常好的预测指标①。

共青团是实践的学校,共青团干部在积极参与实践的过程中才能形成并发展自己的发展性胜任力,实践能力至关重要。这种发展性胜任力不仅体现为团干部取得当前工作绩效的综合能力,更需要预测其在未来取得事业的成功,这需要团干部拥有带来独特竞争优势是的新的思路和行为方式、行动策略等。一位已转业的黄姓团干部谈到,"一个年轻干部的成长到底能走多远,这个东西我认为还是几个因素决定的,第一个首先是这个

---

① Stenberg,1985,1986

干部的自身综合素质，包括你的能力、水平、智商、情商，甚至包括你的硬件条件，比如目前注重你的第一学历，注重211这种学校出身啊，所以综合素质，第二还是机遇，机遇的把握也是两个方面，第一方面比如像我这种考试的机会，能够把握这种机会脱颖而出，另外你自己是不是善于创造这种机会，能够让领导认可你赏识你，给你这种机会。"①

共青团岗位没有太多可以掌控的资源，这是所有转业团干部共同的看法。事物往往就是辩证的关系，越是没有就意味着以后会有，越是没有就会想法设法地拥有的从无到有无处不在无时不有，这里充满着无数的变数和可能性，正是在这样无数个不可确定性中，共青团干部获得了无穷多的智慧，从中也收获了成长的快乐。很多转业团干部在回过头来看共青团工作这段经历带给他们的帮助，有80%的转业团干部谈到"资源的整合"过程带来的快乐。这种资源整合的能力就是创造性实践能力的主要体现。

3. 探索共青团干部的发展性胜任力模型是为团干部提供长期职业发展指引的重要方向。

胜任力模型是指达成某一绩效目标的一系列不同胜任力要素的组合，是一个胜任力结构。对胜任力模型的研究起源于20世纪70年代，现在已经成为人力资源中的主流实践活动。第一个胜任力模型是McClelland在1970年和McBer咨询公司为甄选美国的国外服务信息官开发出来的。② 采用何种方法构建胜任力模型以保证模型的科学性和有效性是一个非常重要的问题。学者们提出了许多的构建方法，比如焦点访谈法、团体多层次水平考察法、专家调查、专家会议法等。但是学者们一致认为行为事件访谈法在胜任力要素的揭示上非常有效。McClelland和Boyatzis开发了一个以行为事件访谈法为基础的胜任力模型的开发程序。作为心理与行为测量领域的一个热点，胜任力模型的研究与开发在国内外学术界已经取得了很多的成果。国外的学者已经形成了一套科学系统的研究体系来建立完整的管理者胜任力模型。但是他们的研究大多是以西方文化和管理模式为基础的，所得到的结果是西方管理情境下的胜任力特征。这些研究成果并不能照搬于中国，我国学者对此已有清醒的认识。中国共青团干部的发展环境有特殊性，这也提出了创建中国情景下的共青团干部胜任力模型提出了特殊要

---

① 访谈录音整理资料编号：团市委 TSW012 HBZYT2010002
② p138，转引自：许庆瑞，王勇. 知识员工的能力及其测度 [A]. 赵曙明. 人力资源管理研究新进展 [C]. 南京：南京大学出版社，2002.

求。这项研究，有其复杂性、动态性，需要长期努力才能形成突破，我们正在加紧努力。

三、形成共青团干部发展性胜任力的具体途径

在我们前期研究的基础上，我们初步提出促进团干部发展性胜任力的一些途径。

1. 设计并采用基于能力的共青团干部公平竞争的人才选拔制度。公平竞争能激发竞争，竞争推动人才脱颖而出。岗位竞争为团干部创建了展示自我价值和才能的舞台，团干部在岗竞争过程中，既要实现自我控制和自我调节，又要产生围绕组织目标而不懈努力的激情。组织实施竞争上岗激励机制的主要动因就是为了激发大多数团干部产生工作激情，并以此促进共青团工作的水平的提高。当然，实施好竞争上岗激励机制的前提是规范竞争行为，只有规范的竞争行为才可能持续激发团干部参与竞争、奋发工作的激情。为此，要坚持民主竞争原则，把好任用关，同时在完善竞争激励机制时，还要支持团干部通过多岗位的锻炼不断提高业务能力。在这种制度环境下，团干部才能发展他的胜任力。有效的激励机制是团干部形成团干部发展性胜任力的助推器。美国哈佛大学教授威廉·詹姆士研究发现，在缺乏激励的环境中，人的潜力只能发挥出20%—30%，如果受到充分的激励，他们的能力可发挥80%—90%。由此可见，激励是挖掘潜力的重要途径。以调动团干部的积极性为主旨的激励是建设高素质团干部的基本途径和重要手段。有效激励能为团干部形成发展性胜任力提供源源不断的动力。

2. 系统化、针对性强的教育培训是发展团干部发展性胜任力的基础。即适应干部队伍建设的需要，定期从团干部中和中青年干部中，选调优秀后备干部，分别参加党校的"中青班"和团校培训，根据对干部知识、专业、能力结构的针对性分析，按照"缺什么，补什么"的原则，进行系统的强化培训。为适应特定政治形势和特殊任务的需要，还不定期地组织专题研讨班。如中央党校自2003年以来已举办省部级后备干部"哈佛班"6批（次），举办构建社会主义和谐社会、建设社会主义新农村、落实科学发展观等专题研讨班19次。十六大以来，中央党校一年制中青班培训近千人；各省（市、区）委党校中青班培训1.5万多人。这些措施对改善干部的素质结构，提高执政能力，发挥了积极作用。

3. 经常化的锻炼提高，和创造创新的平台与机会，是发展团干部发

展性胜任力的关键。干中学,实践出真知,实践长本事。明确自己的职责,要敢于代表青年利益,维护青年合法权益,把团的岗位当作锻炼自己党性、原则性,工作能力的一个舞台,以扎实的工作业绩赢得青年、赢得领导的器重,才能健康成长。团干部注重的应该是综合能力的培养,主要包括政治导向能力、组织协调能力、宣传鼓动能力、调查研究能力、策划创意能力等。这些都要通过向书本、实践、同行、青年的学习来完成。

锻炼方式主要有平级轮岗、到上级机关挂职锻炼、到基层任职锻炼、到艰苦地区锻炼、到西部地区和东北老工业基地锻炼、协助处理重大突发事件、参与专项重大活动、参与信访督察和依托重点建设工程等方式。如团中央第一书记胡春华曾两次到西藏工作,时间累计达19年。中组部2006年和2007年连续两年选拔76名中央和国家直属机关干部到三峡建设工程指挥部挂职锻炼。团中央也有类似措施。如2007年5月启动的"青年马克思主义者培养工程",工作任务之一就是"推动优秀团干部挂职锻炼"。

4. 科学的绩效评价机制是发展团干部发展性胜任力的重要条件。科学的考核是奖惩的主要依据。传统的人事管理,主要凭直觉、印象、随意的观察以及凭简单的成绩记录对工作情况做出评定,因而缺乏严格、系统、科学的评定手段,容易造成评定上的失误。现代人力资源管理要求运用正式的评价系统,准确、公正、积极地对团干部做出考核和评定。考核方法应该有科学性,应该将定性与定量相结合,应该使考核制度化、规范化。在这样的考核机制下,才可能准确地不带个人感情色彩地判断每个人的功与过。绩效考核的核心是以素质论人才,重实绩用干部,注重团干部的能力发挥与提高。实施团干部绩效考核,不仅能够激发团干部比业绩、论贡献的积极性,还能为发现人才、培养人才、使用人才提供可靠的依据,从而有效促进团干部队伍整体素质的提升。在实绩考核中着重做好四项工作:一是完善目标考核体系,健全科学的多重绩效评估系统。二是始终强调公正原则,对被考核人的工作表现、业绩的测评设计要简洁明了,尽可能用现代化技术对被考核人的信息作科学处理,自动生成考核结果,避免人为因素。三是将考核结果作为选拔任用的依据,也要与物质待遇紧密挂钩。四是借鉴经验,提高考核工作的透明度,使考核与被考核双方都有一把衡量工作程度、业绩水平的尺度,避免考核的无序性和盲动性。

5. 韧性水平是影响乃至决定团干部形成发展性胜任力的分水岭。韧性不仅包括从困境中,还包括从非常积极、挑战性事情恢复过来的能力以及超越平凡的意志力。① 党的十七大报告提出,加强和改进思想政治工作,注重人文关怀和心理疏导,用正确方式处理人际关系,主要强调了采取科学的方式去引导、帮助人们面对和疏导心理问题的重要性。团干部如何挖掘自身的心理资源,将是一个具有重大实践价值,也有重大理论价值的问题。对团干部来说,进步源于挑战,挑战的出现实际上是为成长与自我实现提供了必需而宝贵的机会,韧性使人能够利用自己潜在的才能,否则这些才能将不会被发现。"跳起来摘桃子"这句话形象而深刻地说明了团干部在寻求职业发展的过程中,要努力主动走出自己的"舒适区",要主动出击,敢闯新领域,在攻坚克难,创造性地解决复杂问题的过程中实现"功力增长",将自己的终身职业发展建立在自己可持续发展的内生性优势之中,同时,要善于营造利于自身可持续发展的小环境,永远做人生的"攀登者",通过内心的磨练,升华自身的人格与境界,走向人性一个又一个的高度。在此基础上,实现"自强强人"的人生目标,服务于组织、社会和世界。

  共青团干部的发展性胜任力,是一种以人为本,立足现实,面向未来,开创未来的动态的胜任力,是一种综合性、整合性和结构化的胜任力。胜任力是可以学习、发展和提高的。共青团干部的流动性岗位,是共青团干部的职责,也是团干部的舞台,也是团干部锻炼成才的立足点和支撑点。团干部成才,是自我培养和组织培养相结合,当前发展和长期发展相结合的有机过程。团中央第一书记陆昊在团十六大报告中指出,"广大团干部要按照忠诚党的事业、热爱团的岗位、竭诚服务青年的要求,树立强烈的政治意识、责任意识、学习意识,把全部精力放在工作上,在全身心的工作投入中提高做好工作的本领。要把工作激情、科学精神和务实作风结合起来,艰苦奋斗,开拓创新,谦虚谨慎,廉洁自律;密切联系青年,深入了解青年,与青年交朋友,为青年办实事。"管理大师彼得·德鲁克在20世纪50年代提出"目标管理"的思想,他讲过三个石匠的故事。有人问三个忙碌的石匠他们正在干什么。第一个回答道:"我在挣钱谋生。"第二个回答道:"我在做全国数一数二的石匠活儿。"第三个石匠目光炯炯有神地说道:"我在建造一座雄伟的大教堂。"这个故事最早出现在管理大师彼得·德鲁克于1954年出版的《管理实践》一书中,几十年来

---

① (美)路桑斯(Luthans, F., 心理资本, 等著, 李超平译, 中国轻工业出版社, 2008, 第106页;

一直为管理界所津津乐道。彼得·德鲁克在书中写道："自然，只有第三个石匠才是真正的管理者。"德鲁克提醒管理者永远不要忘记组织存在的理由和为之奋斗的目标，不要因为沉湎于日常事务而忘记了要实现的目的，更不能将手段等同于目的。提高共青团干部的发展性胜任力，是新条件下建设能胜任根本职责的团干部的重要方向，更是为了实现共青团组织存在的"不断巩固和扩大党执政的青年群众基础"的根本使命这个总目标而努力。

 专题篇

共青团干部成长研究

——转业团干看共青团干部作风建设

课题研究报告

第一部分 研究目的、研究思路和研究方法

青年干部成长离不开其自身因素,更离不开其成长的外部环境。在不同的历史时期,青年干部成长都带有鲜明的时代特征和浓重的历史印迹。历史实践证明:青年干部的成长只有植根于社会大环境的发展之中,与时代脉搏紧密联系在一起,才能超越其自身发展的限制,获得有质量有速度的成长。本人认为对当代青年干部成长的研究必须放在新中国60年历程中考察、必须放在中国社会发展和进步的大环境中考察、必须放在党的事业中去考察。

一、研究目的

习近平同志在"全国培养选拔年轻干部工作"座谈会上说:"上个世纪六七十年代出生的年轻干部已经成为干部队伍的主体,他们中很多人缺乏基层和艰苦复杂环境的历练,工作经历比较单一。部分年轻干部品行和能力素质有缺陷,对国情、民情,对党的奋斗历史和优良传统缺乏深入了解,有的年轻干部理想信念不坚定,宗旨意识淡漠,对群众缺乏感情;部分年轻领导干部推动科学发展、统揽全局、应急处变和处理复杂矛盾的能力不强,有的经不起权力、地位的考验。"[①] 上述问题在很大程度上表现为

---

① 习近平在"全国培养选拔年轻干部工作"座谈会上的讲话,2009年3月10日

共青团干部的能力、素质和作风问题。加强共青团干部作风建设有重大现实意义。

本课题研究旨在从一个新的视角——转业以后共青团干部在新的岗位上对于共青团工作的回顾和反思——探讨共青团干部作风成长的规律性，为共青团干部作风建设尽微薄之力。

二、研究思路

研究青年干部的成长规律是一个庞大的系统工程，有多个研究角度，如：历史背景、时代特征、自身素质、青年特质、环境营造、特殊群体和国际比较等等，本课题希望能够从转业团干部这一特殊群体切入，利用他们对自己曾经从事的共青团事业的很多感悟，特别是他们在新的岗位上对自己的各方面素质成长与共青团工作经历之间的关系的相关思考，寻找更具独特实用价值的理论思考。

党的助手和后备军是中国共产主义青年团的本质职能之一，为党政机关和社会各界培养输送年轻干部是共青团的神圣使命。正是通过共青团的工作，团干部经受了实际工作和各种环境的考验，其胜任力得到了培养和锻炼。转业，从共青团岗位转向党政机关、企事业单位从事新的工作，是每一个共青团干部都要面临的课题。

从作风建设层面上看，共青团干部的胜任力及其构成有着怎样的差异性？其优势和主要特点表现在哪些方面？这些是我们研究的起点之一。再进一步看，共青团干部的优良作风的形成主要依靠哪些素质来支撑？这是我们研究的落脚点。

三、研究方法

本课题采用实证性研究方法。基于两种研究方式：一是同转业团干部一对一的深度访谈，二是调查问卷。访谈中先由转业团干部回顾在共青团工作的经历，特别是一些刻骨铭心的事件，再结合他们转业后的岗位胜任情况，寻找和总结其作风特点的形成规律，探讨其优良作风的关键支撑力量。问卷调研围绕两组作风因子（获得和缺失的品质、能力）设计调查问卷，进行数据统计并加以验证，得出最关键的作风要素和支撑力量。

四、研究过程和资料来源

资料的主要来源是转业团干部的个人经历。目前访谈已历经一年半的时间，在辽宁、山东、黑龙江、湖北、江西、陕西、安徽、北京等地区完成 42 名转业团干部的访谈工作。访谈对象来自学校、机关、事业单位、企业四个领域。

第二部分　正　论

一、转业团干部对共青团干部优良作风及其特点的描述

在对转业团干部的访谈中，几乎所有的被访者都谈到，从事共青团工作使自己懂得了奉献的意义，养成了良好的思想作风和工作作风。具体而言，普遍提及有以下四个方面：

（一）积极向上、充满朝气、敢想敢为

积极向上，朝气蓬勃，富有热情，勇敢乐观，是几乎所有被访者高度评价的共青团工作经历所带来的作风特点。他们都认为在这一点上受益非浅，可以说这是共青团干部的"特殊气质"和"特殊标识"。

一位来自辽宁的采访者深情地总结说：在共青团岗位热情高涨、充满朝气、精神饱满。不知道什么叫累；还有冲劲儿、敢想敢作敢为，不停给领导提建议；还能吃苦，肯吃苦，并且主动找苦吃。①

一位陕西的采访者谈道：共青团岗位培养了吃苦耐劳、无私奉献的精神。共青团没有钱也没有权，如果没有奉献的思想，没有吃苦的精神，在共青团是干不成事的。现在社会可能功利心更强一点，特别是现在，我觉得要当好共青团干部一定要具备奉献精神，你要有一种青年人积极向上的状态，要真的在社会上体现你的人生价值。②

相当数量的被访对象都有受挫折的痛苦经历，而他们在经历了挫折和一定程度的磨难之后，仍然非常认同上述作风和风格对他们工作的价值，这更加说明，上述描述可以称为共青团干部优良作风的第一个典型特征。

（二）思想活跃、勇于创新、领时代风气之先

由于共青团是青年学习共产主义的大学校，在这个大学校里，活动的舞台十分广阔，要比较快地适应这一环境，求新创新，并领时代风气之

---

① 辽宁转业团干部访谈资料 001 号
② 陕西转业团干部访谈资料 004 号

先,就成为共青团干部的又一个显著特征。

一位来自江西的同志谈道:其实共青团既没有田也没有地,反过来说就是所有的田和所有的地都是我们的。我们整个社会,不管是政治、经济、文化和社会各个方面,都是共青团的舞台。共青团没有你的自留地,共青团干部在任何一个时候,他都要靠他那股激情、那股钻劲,那股创新力,才能够在所有都不是我们的田我们的地,但又都是我们的田都是我们的地的这个领域当中去找到自己的位置,所以你要进入这个领域里面要领时代风气之先。为什么?这是共青团的性质决定的,你是生力军,你是助手,你是共产主义的学校,你是社会最有活力的一股力量,是最有思想的一股力量,是渗透在我们社会各个方面的力量。你要去适应这个环境,站在这个时代的前面,并要成为这个领域的弄潮儿,成为时代的先锋。①

陕西某区区委书记说:勇于探索、大胆创新的精神,这个共青团也很能培养。我现在很多时候讲话,不管你多大的场合,我即兴讲话都比他们拿稿子讲话讲得好,这真是在共青团锻炼的,因为确实共青团给了你一个很广阔的舞台,没有人跟你说你今天干什么,在共青团不可能安排你说今天搞什么具体活动去,全靠动脑子创新、设计,你现在在政府就不行了,政府给你有经济指标,给你有任务,你就得按照上面这个安排,你拆多少路,你修多少桥,你就得干这个事情,很明确,共青团没有,确实给你很大的舞台,然后你自己去创造去设计,根据青年特点,根据时代需要,你去创造去,所以这个,我觉得确实发挥了想象力、创造力。②

(三)勤于学习、善于思考、有良好的学习习惯

学习是青年最重要的任务,不断学习善于学习,学以致用敢于创新,是共青团干部成长的不竭动力,也是共青团干部作风最重要的特点之一。共青团作为党的后备军和助手,作为党政干部的摇篮,其工作本身就带有学习性,实际上我们可以把它看成转业后工作的"实习和训练",然而,共青团工作本身又绝对不同于任何一个转业后的具体工作。因此,在共青团岗位上学会学习,养成谦虚谨慎、善于学习和敢于创新的精神,对于共青团干部转业后的工作极其重要。

"共青团工作使我养成了勤奋学习和用心学习的习惯"。一位现任江西

---

① 江西转业团干部访谈资料 002 号
② 陕西转业团干部访谈资料 004 号

某国资监管委员会副主任还谈道：共青团，我觉得影响最大的应该是塑造了自己勤奋学习的一种习惯和能力，提升自己的学习能力，这是共青团给的，这种学习能力不是在书本上学习，在学校里面学习，而是怎么样在实践当中学习？怎么样能够密切联系实际的去学习？怎么样迎接新挑战的学习？因为在共青团，我们总是面临全新的领域，面临全方位的挑战，你不能不学习。①

"作团市委书记时的读书学习，对我帮助极大"。陕西某市财政局局长说：在共青团，我后期做副书记以后，有更充裕的时间学习，大学毕业后不是学文史的，是学理科的，在这里好好的补习一下，学习历史。可以说是在这个阶段把二十四史自学了，资治通鉴，……没有一本好读的，我搬着中华大辞典，读的时候再翻，拿笔批，看这个字怎么理解，这段话什么意思。这段学习的经历对我以后转岗的帮助极大。② 一位现任江西某区区长，曾担任过共青团鹰潭市委书记谈道：共青团干部自身在共青团岗位不能完全满足形式，轰轰烈烈的搞活动，更重要的还是静下心来加强对经济、科技这些方面理论的学习。③

"我很喜欢去开会、听报告，也喜欢读文件，因为你可以学到很多东西"。一位现任陕西某市委常委宣传部部长，曾担任过共青团宝鸡市委宣传部部长，他谈道：转业后在很多场合我确实感到知识的不足，比如在人大常委会的时候，在审议两院重大事项的时候，一些法律法规，我不敢发言，不知道说什么。从那天起我就要开始注意学习这方面的知识，两个月一次例会，我也可以前面不发言，但是我要知道我该怎么发言，如果是我发言我该怎么讲，我觉得这种信号不断给我，就逼着我要用心去听，别人很烦开会，我开会注意力很集中，所以共青团办事认真也从这里看出来了，听课的时候我都会很愉悦，因为你需要知识，就像一个海绵如饥似渴的在积蓄，还要创新，创造新的经验，超越自己；另外，你在共青团尽管是个小助手，但是你也要阅读各种相关的文件，文件当中你也有机会看见领导的批示，我就把批示内容一遍遍揣摩，特别是对一些群体事件的上访的批示，领导为什么会这样指示？现在遇到群体性事件我没有发怵，先看领导批示，以人为本，不要激化矛盾，这是基本的原则，尽管你以前没有

---

① 江西转业团干部访谈资料002号
② 陕西转业团干部访谈资料005号
③ 江西转业团干部访谈资料003号

碰到这样的突发事件,但是长期在脑子里积累的知识在关键的时候就梳理出来了,是管用的。所以共青团岗位是一个学习的岗位,不只是学习共青团的知识,你要学习与党的中心工作相关的方方面面的知识。①

"共青团岗位上更需要学习"。在访谈中,转业团干部都谈到静下心来自学,成为学习型青年,可以少些名利追求上的浮躁。一位曾担任过县教育局团委书记的受访者说:共青团岗位上的学习不是学校的学习,是自学,能不能成为一种学习型的青年这个问题很重要。我感觉到我们现在人都太浮了,我们讲人很小的时候他的心灵是非常单纯的,走入社会以后接触了很多的信息,受到名利等方面的一些诱惑,导致心里乱七八糟,平静不下来,没办法学习。……人什么时候都要学习,特别是在共青团岗位上更要学习,为什么在这个地方特别讲到学习,因为我认为团员青年特别是团干部是有时间学习的。②

"学习无止境,需要不断的学习"。陕西某区区委书记还这样总结自己的体会:培养自己的学习能力,思考问题和处理复杂问题的能力,这也是共青团岗位培养出来的,因为共青团干部面对的都是年轻人,你就得跟上时代的步伐,不断的学习,掌握青年的特点,逼着你不断的学习,青年永远是领导社会潮流的,不可能是老年人,不管哪方面他都走在社会的最前头,所以那个时候培养这种善于学习善于思考的习惯和作风,这个多少年养成的习惯,一直保持到现在,遇到问题我们先要学习,甚至我们还要谋划在前,思考问题,这方面锻炼也很受益。③

共青团岗位让自己有一种学习能力,共青团工作是常干常新的,在共青团工作过程中,实际上也不断面临一些新的事物,面临一些创新创造的需要,在这个过程中需要你不断学习,不断去研究青年的需求,研究青年的思想,研究工作的创新方向,研究很多不断出现的新生事物,这个过程中也需要不断去学习去提高自己去胜任共青团工作,所以共青团工作也是不断提高标准,伴随共青团工作标准提高,也需要从事共青团这些人去不断加强学习,所以共青团人始终把学习当成一种追求,把学习当成一个思想境界,把学习当成一种能力。这个对自己来讲也是受益,因为后面的工作也需要不断学习,在挂职期间我实际上是在边干边学,边学边干,转业

---

① 陕西转业团干部访谈资料 001 号
② 安徽转业团干部访谈资料 001 号
③ 陕西转业团干部访谈资料 004 号

之后还是如此，到新的岗位上，我觉得这是最大受益，共青团工作教给我需要自己去体会，去感悟，去学习，有一种学习能力。①

转业之后，不管是在市政府工作，还是到县委做一把手工作过程中，我觉得从共青团能够受益的还是把握大局，着眼全局这种学习能力，领悟能力，……今天上午看防汛防滑，过两天我可能看教育工作，过两天我可能看安全生产，我来这段时间除了基层我跑一个遍之后，防汛、防滑、防灾，比方说安全生产，比方说交通、城建教育，有些工作别人怎么说的，别人怎么做，那个时候比方说明天我去看工作，今天晚上我从网上看看，同样一个岗位人家有什么要求，……我学习别的县委书记，别的省委书记，别的市委书记，网上信息很多，你看看别人怎么说的，别人怎么要求的，……共青团学的东西越多，转业时候越有条件，越能得心应手，越能很快适应，共青团时候不管大家多忙，还是有一些学习时间，在这个过程中除了学团的业务，实际上要视野开阔，涉及面广泛，多一些积累，多学一学经济、金融、管理、法律，后面不管干什么都用得着，现在到县里来之后，要懂一些经济的指标，金融的一些数字，要懂农民收入组成，财政是靠什么来的，要能看国税、地税报表，……所以要学习，包括对付上访，上访这些人拿着文件，拿着这些法律东西，他们比我们还清楚呢，你不给他们搞几条法律依据，说不过他，这些老上访户来了之后，说的头头是道的，宪法怎么规定的，刑法怎么规定的，什么什么条例，什么什么政策，什么什么时候文件怎么写的，他们说的都是一套一套的，但是你要跟他们讲清楚，我的依据是什么，我这个说法是什么根据，是哪里来得，所以这个东西需要学习，学习无止境，需要不断的学习。②

"要学习、学习、再学习"是当代共青团干部的共识。现代社会知识更新换代的速度是空前的，要跟上时代步伐就要不断更新自己。共青团干部要领导青年就要想在青年前面，走在青年前面，比普通青年了解的更多、更全、更新、更深，这样才能在青年心中树立青年领袖的权威，青年才能发自内心的敬佩你、追随你。优秀团干部素质上的共性就是知道"要学习"，不断的鞭策自己"再学习"。

由于工作环境、工作性质不同，不同领域的团干部在学习压力、认知能力上是有强弱之分的。在学校，共青团干部工作的直接对象是非常快速

---

① 陕西转业团干部访谈资料 006 号
② 陕西转业团干部访谈资料 006 号

吸收新知识、新科技、新观念的学生与青年教师。要走在这部分人前面，就需要更快地更新升级自身，所以这一领域的团干部学习压力比较大。企业、机关、事业单位，其工作很多是程序化的，工作的领域也比较固定，虽然这些领域的团干部也要"终身学习"，但学习的压力没有学校团干部大。然而一旦转业，新的工作岗位和新的工作要求就必然迫使每一个转业团干部努力学习，如果在共青团工作过程中不善于学习，没有养成虚心学习，努力学习的好习惯，就会表现出对新工作比较严重的不适应。

（四）敬业奉献、不懈追求、有很强的事业心

勇敢进取，敢于承担，不懈追求，勇往直前，是共青团干部作风的又一突出特点。陕西某市市委常委、宣传部部长认为，共青团岗位培养了自己那种不言放弃，无所畏惧的态度，这种态度渗透到骨子里了。①

陕西某县县委书记深有感触地说：做共青团工作最大的收获是给大家一种不懈的追求，这个挺重要，共青团实际上是一个年轻人聚集的机关，做的是年轻人的工作，看的是未来，共青团工作需要大家不断去实现对自我的超越，对未来的追求，那么这种追求实际上是体现了一种工作的事业心，一种进取精神，共青团岗位虽然责任不是那么重大，但是让大家感到我干的这个事儿，我干的每一件事儿都是一个积累，我走的每一步都奠定一个基础，我时刻看到对工作的追求和未来的发展方向，实际上共青团这些人始终有一种追求的动力，有一种进取精神，这个我想共青团工作也确实是终生需要的，一个人没有事业心，没有责任感，没有进取精神，还谈干什么事儿。②

女性干部需要承受的方面的更大的心理压力，因此他们更需要坚韧不拔的精神和作风。陕西某市的一位采访者说：遇到事没有人跟你商量，……身体透支的很厉害，遇到心里难受的时候我就在河堤边上去散散步，放松一下自己的心情再回家，可是男同志可以通过其他的方式去排泄，比如跟朋友喝喝酒，但是女同志往往在这个时候朋友越来越少，传统就把你约束住了，你不能随便和什么人吃个饭，聊心事，弄得不好，就会在一些小地方产生很多非议。③

---

① 陕西转业团干部访谈资料001号
② 陕西转业团干部访谈资料006号
③ 陕西转业团干部访谈资料001号

女性会更艰难一些，陕西某区女区委书记也有同感。她说：男同志见面，递根烟，肩膀上一拍，马上感觉距离就近了，女同志就不能做这个动作吧，你总不能跟他们在一块喝酩酊大醉吧，这种交往的手段在女性身上是不能用的，而且对女性要求很高，你要是在公开场合哈哈大笑，人家说你看她，作风飘浮，男同志喝醉了，大家也觉得无所谓，女同志你再喝醉了，那就成了全市的笑话，所以对女性很多时候人的眼光是非常苛刻的，这种时候一个要自信，第二个确实自己要自尊自强。①

遇到矛盾你就绕着走，那种得过且过的人，这种人是令人最反感的。比如说他能力差一点，但是他态度很端正，很积极，很努力，这种人就会有希望。现在的团干部确实还是应该珍视青春，热爱生活，大胆探索，大胆创新，敬业奉献，确实要实现自己的人生价值。②

二、良好政治思想素质和道德水平是共青团干部作风建设的基石

共青团是党的后备军和助手，这种与党天然的联系是共青团干部的政治定位，也是共青团干部成长的优势，更是从事共青团事业所承担的社会角色。共青团干部作为领导服务青年的政治群体，正直的信仰理念，为人民服务的公仆意识，成为团干部立言、立身、立命根本的支柱，是共青团干部不竭的奋斗动力。在转业团干部访谈中普遍涉及的政治素质包含以下五个方面：

（一）坚定的理想信念和大局意识是共青团干部作风建设的政治基石

"共青团干部不可避免地要有大局观"。一位来自陕西某市的采访者说道：共青团干部比同龄人过早在政治上成熟，其原因在于过早就承担起某一个部门的领导责任，因而不可避免地要有大局观，要驾驭全局就需要有政治敏锐性，而政治敏锐性又是建立在坚定的理想信念基础之上，在任何时候你用这个基础来衡量，在大是大非面前坚定自己的立场。③

所谓"士为怀居，则不足为士矣"，是说整日想的都是自己的小家，自己的小日子，这样的人是不足以为君子、为仕的。陕西省这位曾经的共

---

① 陕西转业团干部访谈资料 004 号
② 陕西转业团干部访谈资料 004 号
③ 陕西转业团干部访谈资料 001 号

回眸共青团岁月——转业后的思考

青团干部心怀的是青年，不忘的是黎民，这正是高尚政治素质的体现。她说：我把人生最美好的那段年华给了共青团了，而且是从最基层的企业团支部书记做起的。我觉得是享受不尽的，在工作中培养了我那种顾全大局的意识，这方面真是觉得内心挺高尚的，当个人利益和集体利益搅在一起，不会患得患失，这种习惯，自觉不自觉的反应，非常明确的就是这种大局意识，这个事就想干好，就想有追求。①

陕西某县县委书记还说道：在共青团这块，人生最重要经历是共青团给予的，这十五年对自己来讲经历了很多，感受了很多，特别对自己的人生成长，工作转折，包括对未来做好工作，事业进步，实际上共青团十五年给我打下了牢固基础，这十五年受益终生，要说共青团给予自己最多的，我觉得首先是一个把握大局能力，……首先要着眼于大局，着眼于全局，所以共青团对自己提高了一个把握大局的能力，一个视野，工作的一个出发角度，所以这个对自己来讲是最重要的一个工作基础，给自己一个锻炼提高。②

"你始终要坚定共产主义信念，要跟党走，在大是大非面前一定要坚定跟党中央站在一起，这个不是说大话，这个就是服务大局"。陕西某区区委书记在回忆自己的共青团工作经历时，感慨万分。"我现在回顾共青团工作，确实感到人一生如果不从事点共青团工作是个遗憾，真是这么种感觉，在共青团这十几年，我觉得对于我自己，应该说从几个方面提高比较大，一个是从把握大局，在培养你的政治素质这方面，影响很大，宣传部你是一般干事，自从进了团以后等于你大大小小当了个领导，你身份角色也不一样了，所以在共青团以后就一直觉得共青团是党的后备军，你始终要坚定共产主义信念，要跟党走，在大是大非面前一定要坚定跟党中央站在一起，这个不是说大话，这个就是服务大局，你共青团是党的社会重要支柱，党的中心工作一定要掌握，一定要围绕中心发挥青年的作用，所以围绕大局，服务大局，坚定政治信念就是共青团对一个青年干部最重要的要求。③

"那一刻，我明白了什么叫社会责任感"。一位现任辽宁某机关工委的副书记，曾担任过共青团本溪市委书记，讲述了共青团工作期间两段刻骨

---

① 陕西转业团干部访谈资料001号
② 陕西转业谈干部访谈资料006号
③ 陕西转业团干部访谈资料004号

— 110 —

铭心的经历。她说:"当那些白内障患者复明的那一刻,感受到他们的那种感激之情,能让我们体会到那种意愿,那种充实,就是说能为社会做点事情的那种责任感"。之后她又言:"有一个妇女做这个手术的时候是27岁,家里特别的困难,当她复明的时候能看见自己的孩子和丈夫长什么样了,她当时一下子就跪下了,那情景到现在都时不时萦绕在我的脑海里,激发我奋进"。①

(二) 树立社会主义核心价值观是共青团干部作风建设的思想基石

在访谈中,转业团干部都涉及到核心价值取向问题的重要性,他们认为树立正确科学的人生观、价值观和世界观是一切行为的根本出发点,是养成良好作风的关键。

"这是根儿上的问题"。一位现任安徽某县县长说:你是为了自己的名还是为了权?为了提拔还是为了社会去做贡献?如果你想的是为社会做贡献,为群众做事的话,你肯定要想办法学习;如果你想的是名,想的是更高的职位的话,你就必然要搞一些形象工程,你就会天天琢磨这些问题,怎么搞一些空架子来引起上面领导的关注,这是根上的问题。

一个人的责任心、事业心归根到底还是当官是为了什么的问题。这个根上的问题没有解决,一个人如果想把这件事做好是不可能的。如果他没有想把这个事做好的动机和愿望,你再给他多好的条件他肯定也做不好。我一直琢磨这个责任心怎么培养出来的?有时候觉得责任心是天生的,就像我这个人,你叫我去糊弄一件事情,我会糊弄,你叫我骗我也会骗,但是如果那样去做的话,自我感觉非常痛苦,我自己感觉很痛苦我就肯定不干,我要么不讲要么不做,要做肯定也是实打实的去做。这也许是共青团岗位培养出来的政治素质。

一定要多看书,要看各方面的书,特别是对自己的世界观有正面影响的这些书,……最根本的还是对培养自己正确的世界观有帮助的书。……你到底想干什么?到底为了给社会多做贡献还是为了自己的名利,如果为自己的名利,为了自己的职务升迁,可能很多人都会搞空对空的东西,如果你想真正为社会的进步做贡献,你肯定是要研究世界,要不断学习的。②

正如这位县长提到的从选择做团干部的根本原因中可以看出一个人的

---

① 辽宁转业团干部访谈资料 003 号
② 安徽转业团干部访谈资料 001 号

价值观,而价值观是青年干部成长的源动力,干部一切的行为都是基于他的价值取向的,如果价值观出现偏离,就会出现急功近利、做表面文章的浮华之风,难以真正经得住名利、权力、人情的考验。

(三)加强个人道德修养,拥有博大的胸怀和包容的品德是共青团干部作风建设的自律基石

不拘泥于细枝末节,坦荡而不骄横,拥有一颗坦荡的胸怀。这样的心是敞亮、仁厚的,能够包容别人的;这样的干部是青年乐于也能够与之交流的;这样的共青团干部与青年是鱼水相容的。

有些女性领导还谈到了胸怀和大气。在共青团岗位,很多事是逼着自己去想,还要想怎么去实践,虽然这个环节浪费很多的精力,但培养了自己不拘泥一些枝节问题上过多的纠缠的作风,那种胸怀,还有男同志那种大气是共青团带给我的,正是这种作风让我很受益,应该来说凡是走过的地方都和大家合作的非常好。①

"共青团是一块净土,让我扎实做事、干净做人"。陕西某县县委书记认为:共青团岗位让人挺受益是共青团让我们养成良好作风,共青团这个工作实际上因为它的清贫,因为它的扎实做事,因为它的不懈进取,共青团这些人始终保持一种非常好的心态,保持一种良好作风,保持一种勤俭办事,干净做事的教育,共青团实际上相对于有很多有权、有钱这样一些群体来讲,共青团是一块净土,共青团没有给人一个腐败的温床,享乐的温床,在这里大家甘于清贫,要能够吃苦,要能够忍受许多环境或者工作上的实际困难,还要把事儿做成,所以共青团这些人给大家提高一种免疫力,给大家实际上锤炼了一种良好作风,给大家一个自律要求,使大家在后面还是能够保持形成一种习惯,你要说共青团有没有个别原因或者腐败现象,极少,整个上这个群体是一种积极向上的,是能够严格自律的,能够树立一种良好的社会形象,工作过程中这种作风对形象的塑造实际上起了保护作用。②

"我就可以很硬气有底气说话,这主要还是个人得自律"。现任陕西某县县委书记谈道:作风很重要,作风是一种形象,我在工作岗位上实际上我是树立一种形象,我怎么让群众信服,让这些班子干部信服你,实际上

---

① 陕西转业团干部访谈资料 001 号
② 陕西转业团干部访谈资料 006 号

是一种作风的外在体现，我的作风我是体现出来，……实际上带队伍是一个很重要职责，带队伍过程中需要自己有一个良好作风，良好形象，至少我能理直气壮的批评一些不正常现象，干部作风问题，事业心不强，很多事儿得过且过，不思进取，精神萎靡，应付了事，在基层方式方法简单粗暴，在工作中没有形成良好形象，工作之余吃吃喝喝，打牌，勾心斗角，然后有私心，一个班子一个队伍里面老想着个人私利，就会有腐败现象，……现在感觉到机关干部，党政干部是有风险的，这个风险在于你不能伸手，一伸手必被抓，我说检察院、纪委就是悬在每个人头上的一把利剑，自己把握不住自己，这把利剑就掉下来，一旦发生问题没有不后悔的，这种情况源自于我在共青团干干净净，我理直气壮，我没有那些拉拉扯扯的事儿，我没有个人私利在里面，我就可以很硬气有底气说话，去办事，去树立良好形象，我觉得这主要还是个人得自律，廉洁这种作风。①

（四）密切联系群众是共青团干部作风建设的群众基石

密切联系青年群众，同青年人做朋友，在服务青年中教育引导青年，是共青团干部基本的工作方法，又是共青团干部作风建设的群众基石。

江西某区区长还谈道：共青团岗位上培养与人打交道这种能力更强一点，但是我觉得共青团干部更应该早的到一线面对复杂局面，了解社情民意，了解国情。我觉得可以采取多种方式，比如说通过挂职锻炼，或者尽早转业到基层。要耐得住寂寞，不要光去跟别人比，谁进步快了，一定要沉下去，切切实实为老百姓做点实事，要切切实实打基础，多做有长远意义的事。要把这种机会看成是对自己的磨砺，要始终看到自己的不足，共青团干部最大的问题是缺少怎么样跟群众打交道。包括我们转业的这些团干部，群众工作的经验明显缺乏，你过去面对的都是青年，都是会讲普通话的，你现在碰到的都是各种各样的群众，讲土话的江西老表，你怎么跟他交流？像过去我是很时尚的，但是你现在必须很朴素，从外表，你觉得像变了一个人，这个时候你要真正的从内心到外在都要把自己紧紧融入到群众中去。②

（五）养成善于合作的团队精神是共青团干部作风建设的人脉基石

在访谈中，许多转业团干部还谈道了与人合作和欣赏包容心态对于共

---

① 陕西转业团干部访谈资料006号
② 江西转业团干部访谈资料003号

青团干部作风建设的的重要意义。

陕西某市委常委宣传部部长谈道：共青团岗位没钱没权，但还要去干事，就会没有条件要去创造条件。很容易养成相互协作，相互团结，共同合作的那种意识，也能够让你内心学会包容，我时常会放大别人的优点，群众的意见自有他们的道理，因为我要站在他们的角度上反思我自己，像那些扫地的工人，我觉得他们就很了不起，他们为了节省扫把，拿绳子把散掉地上的布条又缠起来，这样会把地扫的干净还能节省扫把，他们值得让我学习。用放大的眼光去看待别人的优点的时候，别人对你的一些缺点就不会放在心里，因为你已经习惯了以这个心态去看待包括工作当中的挫折，这样的话在你合作的时候也会甘为人下，只要他是正确的。①

"共青团岗位培养了一种与人合作的能力"。她说：共青团岗位是一个奉献的岗位，要尽量让周围的人感觉比较开心和快乐。我是希望给大家创造一种宽松的工作环境，快乐工作，在工作中去享受快乐，我不认为我是个区委书记，你是个区长，咱们有等级，我觉得有些场合就是同志之间的关系，最后上升到朋友的关系，我老跟我部门的人讲，我说大家在一块工作就是同事，不在一起工作了关系好的就是朋友，……有几个人能朝夕跟你相处在一起工作？真没有几个，实际上能真正跟你工作的人，一天24个小时里面黄金时间跟你在一起的人就是咱们这些人，……所以确实很难得，一定要珍惜在一起共事的时光，咱们现在首先是工作关系，首先把这个关系要摆正，要搞好工作关系，必须咱们之间要共同完成咱们的工作任务，这个工作关系才能搞好，……工作要干好，这是最基本的，然后呢，咱们的关系再上升发展，就是最好上升为朋友关系，超越同事关系了，但是同事关系是基础，工作关系是基础，搞不好工作不可能当朋友。②

---

① 陕西转业团干部访谈资料001号
② 陕西转业团干部访谈资料004号

第三部分 结 论

结论一：正确人生观、价值观和世界观是共青团干部良好作风的根本源泉，良好的政治素质和大局意识是共青团干部作风建设的根本。

具备一定的政治素质是党对共青团干部的要求，政治上过硬是党对青年干部的最高要求。通过转业团干部访谈，共青团岗位让团干部比同龄人学会了懂政治，懂大局，学会了围绕党的中心工作独立开展活动的规则，这些都不难做到，难的是根上的问题不容易解决。在青年时期确立科学正确的人生观、价值观和世界观，是青年干部具备较高政治素质的根本源头，很多转业团干部提到的一些共青团干部的不良行为都是在根上出了问题，应引起关注。

结论二：有群众观念和群众意识，密切联系群众，扎扎实实，勤奋务实，是共青团干部必须努力建设的优良作风。

培养群众意识，实际是解决青年干部重心下移的问题，眼睛向下，就能贴近百姓，就能够为基层办实事。实践证明，基层的经验是最鲜活的，基层的活力是最旺盛的，不尊重基层，不尊重人民群众的创造性，青年干部的成长就会失去力量源泉，就会中途夭折。共青团岗位是一个实践的平台，能锻炼和培养以人为本的意识，理论联系实际的作风，批评与自我批评的作风，密切联系群众的作风。

结论三：奉献精神和责任意识是共青团岗位要求的基本道德素质，是共青团干部作风建设的重要基础。

共青团岗位是一个奉献的岗位，没职没权但还要做事，没有一种自我牺牲的精神和理想主义信念是坚持不下来的。没有资源，就容易向外界和他人求助，因此，共青团干部通常都会结下良好的人缘，亲和、宽容、勤奋、廉洁、进取优良品质就会凸显。

结论四：热情高涨、积极向上、充满朝气，敢想敢做敢为，善于学习、改革创新，敢为天下先等一系列共青团的品牌性作风特点，是共青团最有价值的文化财富，需要努力维护和加强。

建立终身学习的理念是非常重要的。共青团干部往往容易重视轰轰烈烈的活动而忽视学习能力的提升，这个问题需要引起关注。共青团工作本身以及转业后的工作都既需要保持共青团干部的优良作风传统，又需要在新的工作岗位上加强学习，不断进取，开拓创新。

结论五：加强自身修养和学习，努力使自己在理想、信念、人生观、价值观以及个人道德品质方面不断提高，是共青团干部建立崇高人格和良好作风不可缺少的功课。

领导能力，根本上讲是个人人格魅力和各方面能力素质的有机结合。离开了崇高人格和良好作风，共青团干部比较缺乏的特别是社会化动员的能力、处理复杂矛盾的能力、应急突发事件的能力就无从获得，作风层面上的干部自身建设也就难以完善。

从基层县处级党政领导核心特征
看团干部作风构成

　　胜任力理论模型是由美国心理学家戴维·麦克莱伦（David McClelland）在1973年第一次提出的。他认为：只要与成功有关的心理或行为特征都可以看作是胜任力。他把胜任力模型划分为知识、技能、社会角色、自我概念、人格特质和动机需要等六个层次。如果用漂浮在水面上的一座冰山来描述，知识和技能属于水面上浅层次部分，而社会角色、自我概念、人格特质和动机需要是深层次部分，这些深层特征是决定人们行为及表现的关键因素。

　　国家行政管理学院教授、领导人员考评中心专家胡月星等课题组成员用了三年的时间完成了《基层党政领导干部胜任力实证研究》，其研究最大的价值在于"打开了一个如何运用科学理论工具来解决现实问题的新思路"[1]。笔者想就《基层党政领导干部胜任力实证研究》成果的启示、"核心胜任特征"与"作风"的关联性、转业视角下团干部作风的影响因素、新时期团干部作风构建模型等四方面的内容进行阐述。

一、《基层党政领导干部胜任力实证研究》成果的启示

　　胡月星教授主持完成的《基层党政领导干部胜任力实证研究》这部学术成果由七个子项目构成，分别是：核心胜任特征、成就动机、心理需求、价值取向、情绪智力、工作满意度、心理健康等。[2]

---

[1] 胡月星等著《基层党政领导干部胜任力实证研究》，国家行政管理学院出版社，2009年5月，第4页

[2] 胡月星等著《基层党政领导干部胜任力实证研究》，国家行政管理学院出版社，2009年5月，第4页

研究报告提出：基层县处级党政领导干部的核心胜任特征和心理能力，是衡量领导干部执政能力的基本内容；激发基层党政干部的积极性，提高党政领导干部岗位胜任能力，首先要了解党政干部的成就动机；领导干部的需要影响而且决定着领导干部的从政行为，一个干部之所以能够胜任岗位和组织要求，在很大程度上在于具有自我发展需求和社会心理需求的满足；价值取向是把握党政干部思想意识及行为选择的最直接切入点；情绪智力是衡量领导干部心理成熟水平的重要指标，直接影响并决定着人的行为取向，是个人成功的基本条件；工作满意度指个人对于其工作的感觉或对工作中各个层面的相关态度；成功的领导者，除了有组织保障、工作环境条件、社会力量支持外，个人的心理品质更加重要。①

研究成果显示：责任心、大局意识、务实精神、公仆意识、事业心这五项心理品质是基层县处级党政领导干部胜任本职工作所必须具备的关键心理品质要素；创新能力、解决实际问题能力、组织实施能力、合作共事能力、联系群众能力是基层县处级党政领导干部最需要的五项核心能力；成就动机，是领导胜任力的核心要素之一，领导者的成就动机，激励着领导者在不断的追求中感受自我价值实现的愉悦，体验创造和追求的价值，使其心理素质和领导技能在动态的锤炼中不断提高，臻于成熟；基层党政干部的人际需要和安全需要最为强烈，其次是尊重需要，同时人际激励和安全激励对基层党政领导干部来说最为重要，其次是物质激励和工作激励；价值取向是影响和制约党政领导干部行为活动的重要因素，基层党政领导干部价值取向选择顺序是生命取向、知识取向、社会取向、人际取向、成就取向和金钱取向；基层党政领导干部的情绪智力呈现的顺序是自我调控的能力、情绪激励能力、协调关系能力、情绪识别能力。基层领导干部的工作满意度首先呈现出个人发展方面的满意度，其次是工作待遇，而工作环境、社会认可和人际氛围排在后面。②

二、什么是"作风"，它与核心胜任特征的内在关系

作风是指人们在工作、学习和生活中表现出来的稳定的态度和行为。包括思想作风、工作作风、生活作风等。它的形成主要取决于个人的自觉

---

① 同上，第 13 – 15 页
② 胡月星等著《基层党政领导干部胜任力实证研究》，国家行政管理学院出版社，第 18 – 51 页

培养和一定的组织纪律约束。良好的作风有认真仔细、严谨踏实、任劳任怨、一丝不苟等。本文将重点研究从个人角度来讲如何自觉培养优良的"作风"。

　　作风既然是一种稳定的态度和行为，就不能不涉及到深层次的胜任特征，即社会角色、自我概念、人格特质和动机需要四个主要部分。所谓核心胜任特征是指能将基层领导岗位上表现优异者与表现平平者区分开来的诸如动机、特质、自我形象、态度、价值观、学识、认知和行为技能等所有潜在的深层次的个体特征结构。目前国内外著名资深专家如博雅提斯、格林、斯宾塞和桑德博格对核心胜任特征的定义的理解角度虽有不同，但都对"核心胜任特征"定义的不断完善做出了积极的贡献。其中最有价值的研究成果是："核心胜任特征"是一种潜在的特征，具有通用性；是有助于实现任务目标，可以测量的工作习惯和个人技能；工作中的"核心胜任特征"并不是指所有的知识和技能，而是能力素质，是基于具体工作情景的知识和技能，一个工作者特殊的工作类型决定了他将发展哪些胜任特征。① 而《基层县处级党政领导干部核心胜任特征实证研究》的成果已在上述专家的研究基础上拓宽和深化了"核心胜任特征"的定义。研究报告提出：基层党政领导干部的"核心胜任特征"具有四个主要特点，即绩效关联（优秀和一般区分）、动态性（与任务情景相关联）、综合性（稳定特征的组合）和习得性（习得和迁移并存）。同时提出"核心胜任特征"由心理品质和核心能力两部分组成。另外研究数据还显示：基层县处级党政领导干部最重要的五项心理品质和最需要的五项核心能力有：务实精神、事业心、责任心、公仆意识和大局意识；创新能力、解决实际问题能力、组织实施能力、合作共事能力、联系群众的能力。

　　尽管价值取向、情绪智力、成就动机、需要结构、激励方式、工作满意度、心理健康等因素也会直接影响一个领导干部的态度和行为，但"核心胜任特征"即心理品质和核心能力最终决定着领导干部的态度和行为，有什么样的心理品质、核心能力，就有什么样的作风。比如：务实精神是评价干部说话和办事态度的指标。优秀的领导干部能实事求是，不搞形式主义，不唯上，不唯书，坚持真理。而绩效差的领导干部则喜欢说大话，说空话，喜欢搞表面文章，形式主义严重。还比如：大局意识是指评价领

---

① 上同，第57页

导干部做工作、办事情是否具有大局的眼光和意识的指标。优秀的领导干部在立足本部门工作的同时,能考虑到别的地区和部门,有时为了保全整体的利益,会主动牺牲个人利益,而绩效差的领导干部则目光短浅,只能站在本部门利益上考虑问题,对个人利益斤斤计较,注重眼前利益,不顾长远利益。另外联系群众能力,是指评价干部深入基层,与群众联系的能力指标。优秀的领导干部能经常到基层了解群众的所思所想坚持群众第一,把服务最广大的群众作为工作的出发点,而绩效差的领导干部则始终站在领导的位子上,不愿意了解群众的想法,固执己见,不能够深入到基层中去,工作不是为了服务群众,而是为了自己。还有创新能力是指评价干部是否具有多维的思考能力,丰富的想像力,是否善于更新观念的能力指标。优秀的领导干部能在决策的时候引入新的方法,擅长在多种观点和概念间寻找联系,能将表面上不相关的事实放在一起,从而形成新的看法。而绩效差的领导干部缺乏想像力,不能提出新思想、新方案,按部就班、墨守成规。

三、转业视角下团干部作风的影响因素

前面我们谈到的是基层县处级党政领导核心胜任特征,但对于曾经从事过共青团工作,目前转业到党政领导岗位上的干部,其核心胜任特征又有哪些呢?经过对山东、辽宁、黑龙江和湖北等地区25名转业团干部的深度访谈,我们发现:转业团干部在回答共青团岗位的经历给了你什么样的帮助以及转业后感到缺失的方面等问题时,都涉及到务实精神等五种心理品质和联系群众能力等五种核心能力。

一位来自机关工委的副书记讲述了共青团工作期间让她刻骨铭心的活动经历。她说:"当那些白内障患者复明的那一刻,感受到他们的那种感激之情,能让我们体会到那种意愿,那种充实,就是说能为社会做点事情的那种责任感"。"有一个妇女做这个手术的时候是27岁,家里特别的困难,当她复明的时候能看见自己的孩子和丈夫长什么样了,她当时一下子就跪下了,那情景到现在都时不时萦绕在我的脑海里,激发我奋进"。[①] 一位来自某高等院校研究生院党总支书记认为:"首要应该有忠诚党的精神,第二个就是有朝气蓬勃的精神面貌,第三他应该有非常强烈的责任感和使

---

① 转业团干部访谈编号001

命感。就像胡锦涛书记说的'团员青年要善于学习'"。① 还有一位国资委党建处的处长，曾在共青团岗位上发动了一场"通用共享，扶助贫困大学生行动"，非常成功。他总结说："这就是我组织资源做出一些学问出来了，我一下募集到好几十万元，最后我资助了五十名大学生上了大学，圆了大学梦。这个行动去年被我们机关工委评了第三机构最佳实事。"② 这其中充分反映了团干部工作的特点和胜任力特质，就是协调、动员、沟通等获取支持的能力很强，同时没有顾虑，敢想敢干，勇于创造，甘于奉献的意识很强。

访谈中可以看到团干部工作及其对转业后工作仍有重要的意义的心理品质有：责任心、大局意识、主动奉献精神、灵活性、事业心等；核心能力方面有：创新能力、沟通协调能力、组织实施能力、信息整合能力等。正如他们所说的："团的工作经历给了我综合分析：宏观把握大局的这种能力；给了我独立组织、策划、实施一项活动并由自己掌握节奏，最后运作成功的组织实施能力；给了我做事、谋事、成事的这么一种空间尽情展示的创新能力；让我学会了讲政治；给了我宏观的眼界和创新的思维；给了我研究问题、思考问题和解决实际问题的能力；给了我组织协调，调动社会资源的能力；给了我善于沟通，联系群众的能力；给了我接触大量不同类型优秀青年的机会；给了我尽情展示自己的工作平台"。③

需要特别关注的是，在共青团岗位工作的经历也给转业后带来一些不适应的方面。比如：湖北地区某县委副书记说到："面对复杂的工作环境不知如何应对，有时候很无奈，但对我来说的确是个很好的磨练机会。特别是抓经济工作的能力严重不足，比如遇到拆迁、就业等经济上的问题很棘手"。"从共青团转业过来的人大都满腔热情，没有任何私心杂念，不考虑周围的复杂环境，出发点很好，过程控制的也很好，以为可以收到很好的结果。其实不是这样的。在每一个环节中，都有很多杂音很多陷阱，挺需要智慧的。这就是共青团没有教给我们的。要适应转岗后需要，必须积极鼓励团干部到复杂的环境中磨砺。在共青团工作的岗位上要多关注政府的工作，多学习经济、法律知识，这些特别重要，而且要从宏观的角度思

---

① 转业团干部访谈编号 003
② 转业团干部访谈编号 008
③ 转业团干部访谈编号 010－020

考微观的问题。每一件事情的情况都不一样,只有碰多了才知道该如何处理。"①

另外在访谈中,转业团干部普遍感到共青团岗位搞活动多于学习,不能静下来思考问题,形成了总想在一个新的工作岗位上轰轰烈烈开展活动,做出一番惊人成就的习惯,不愿意将时间和精力投放在部门的基础建设方面,因而不可避免地出现一些团干部急功近利、心气浮躁、好大喜功、不愿下基层、官僚习气严重,并且追求短期效应的现象,严重影响了团干部的整体形象。

要从根本上解决团干部作风问题,笔者认为需要从社会支持系统建立和团干部自身建设两个方面抓起。社会支持系统包含团干部转业机制的建立和顺畅,它是彻底铲除团干部急功近利等不良作风的关键因素,但不是最根本的因素,因此这不是本文研究的重点,本文关注点仍然放在与团干部作风系系相关的核心胜任特征上。只有内因问题解决,通过外因渠道的建立,才能使团干部的作风真正得到改善。

四、共青团干部作风构成模型初建

共青团干部是党的助手和后备军,在新时期承担着组织青年、引导青年、服务青年和维护青年合法权益的重任,从根本上要为执政党扩大和巩固青年群众基础做出实实在在的贡献。这里包含三个关键词:执政党、青年和自身,第一方面要了解、熟知和领会党的路线、方针和政策,要始终围绕党的中心开展工作,党有号召,团有行动,有政治头脑,还要有大局意识;第二方面要了解、服务和贴近青年,青年的需求、兴趣和诉求要满足,要和青年打成一片,做青年友,不做青年官,有联系青年的特殊本领;第三方面要磨砺自身心理品质,提升核心胜任力,积极展示独特的人格魅力。

从执政党对青年干部的四点要求中,我们不难看出这些要求也同样对团干部实用:第一要加强道德修养即自觉加强主观世界的改造。常修为政之德,常思贪欲之害、常怀律己之心;珍重自己的人格、真爱自己的声誉、珍惜自己的形象,注重保持严肃的生活作风、培养健康的生活情趣,追求高尚的道德品质和情操;减少浮躁、砥砺意志,真正做到"任你红尘

---

① 转业团干部访谈录音资料编号 022

滚滚，我自清风明月"；抵制油滑、增强正气，真正做到"堂堂正正做人，牢牢实实为民"；廉洁自律，培养"定力"，真正做到"心不动于微利之诱，目不眩于五色之惑"；绷紧拒腐防变这根弦，把组织的纪律和要求内化为自觉的意志和信念，警钟长鸣，慎独、慎微、慎权、慎友，积小德养大德，不断增强是非面前的辨别能力、诱惑面前的自控能力；要有强烈的道德责任感，做高尚道德的表率，努力成为思想纯洁、品行端庄的示范者，爱岗敬业、敢于负责的力行者，明礼诚信、遵纪守法的先行者，生活正派、情趣健康的引领者。第二要必须牢固树立全心全意为人民服务的宗旨意识。年轻干部要加强思想作风、学风、工作作风、领导作风、生活作风的修养，要像每天洗脸一样勤加修炼，养成习惯；坚持马克思主义的群众观点和党的群众路线；自觉摆正与人民群众的关系，不断增进对人民群众的真挚感情，调动人民群众的积极性、主动性和创造性；正确对待权力、地位和利益，正确对待组织、群众和自己，始终把为人民服务作为最高的行动准则，在服务祖国、人民、科学发展中建功立业、实现自身价值；大力弘扬求真务实作风，带头讲真话、敢于讲真话，不讲忽悠话，少讲客套话；要脚踏实地干事。努力把实事办好，把好事办实，坚决克服浮躁情绪和急功近利心理，反对追求虚假指标和轰动效应等错误做法，防止搞不切实际、违背科学的瞎折腾和劳命伤财的"形象工程"、"政绩工程"。第三要加强纪律修养。党的纪律是维护党的团结统一的重要保障。年轻干部要把纪律的外在约束力转化为内在的自制力，严格遵守政治纪律、组织纪律、廉政纪律、群众工作纪律。特别要自觉在思想上、政治上、行动上同以胡锦涛同志为总书记的党中央保持高度的一致。确保政令畅通，防止克服地方和部门保护主义；反对上有政策，下有对策；反对极端个人主义，反自由主义；反对只要组织照顾，不要组织监督。第四要依靠自身努力，组织做好工作。对苗头性的问题，早发现、早提醒、早制止、早纠正；拒腐防变的关口前移；严格要求和教育，做到未雨绸缪，防患于未然。①

上述四点要求简单地用三句话概括就是：首先政治上过硬，坚决同以胡锦涛为核心的党中央保持高度一致；其次作风上扎实，牢固树立全心全意为人民服务的宗旨意识；再次自律上严格，在心理品质培植、核心能力

---

① 习近平在全国培养选拔青年干部座谈会议上的讲话（2009年3月30日）

提升方面狠下功夫。结合《基层党政领导干部胜任力实证研究》的成果和目前团干部的真实现状，我们提出基于胜任特征下团干部作风内在核心因素构成模型是：

心理品质	行为特征	核心能力	行为特征	独特风格	行为特征
务实精神	心态平和 行为稳健	联系群众能力	以人为本 基础扎实	果断性	自信自强 机会成本
公仆意识	平易近人 服务到位	做经济工作能力	发展首位 围绕中心	勤奋	事业成功的基石
责任心	成就动机 目标清晰	处理复杂问题能力	经验丰富 承受力强	幽默	联系群众的润滑剂
大局意识	目光长远 脚踏实地	组织实施能力	落实到位 不搞虚假	进取心	精力充沛 积极乐观
灵活性	思维多向 处事弹性	开拓创新能力	不甘落后 善于冒险	宽容	合作氛围 舍身处地

如果说把团干部作风比作一颗成长中的大树的话，心理品质是大树最深层次的根基，核心能力则是大树的主干，那么独特风格就是繁茂的树叶。心理品质的优差是决定团干部作风好坏最隐性最深层的原因。

当前共青团干部面临着从未有过的机遇和挑战，所处的成长环境也极为复杂，经受的诱惑和考验也是最多的，自身还存在短板问题，比如作风构建模型中务实精神、公仆意识、联系群众能力和做经济工作能力还很缺失，这就对团干部的作风建设提出了严峻的课题，即如何实现用团的活动影响广大青年，团的组织覆盖广大青年？如何眼睛向内、重心下移，遇到复杂矛盾不退让不放弃？所有这些落在根上就是一实即抓基层，二靠即懂大局，三展示即独特价值。所谓抓基层，就是要扑下身子扎扎实实做事，时刻与广大青年同呼吸共命运，这是共青团安身立命的法宝，脱离了广大青年，就等于断了根，也就等于失去团应有的存在价值；所谓懂大局，就是要不折不扣地围绕党的中心工作开展工作，不但不能偏离党的路线、方针和政策，而且要弄懂、领会并始终惯之；所谓独特价值就是要善展示。创造可以展示的空间和平台，要抓住青年群众工作的特殊性，发挥的应有独特作用。

需要说明的是：心理品质在前，核心能力其次，独特风格再次，不能前后颠倒。先有精神意识，心中要有青年，其用力方向才能是向下，没有"青年第一"的想法，就不会重心下移，重心不下移，就不可能和青年接触，更谈不上走近青年，青年也不会搭理你，从根本上也就无法完成党交付的组织青年、引导青年、服务青年和维护青年合法权益的历史重任，更谈不上完成执政党交付的扩大和巩固青年群众基础的历史使命。同时有了贴近青年的意愿，才能扑下身子干事，才能有务实的工作作风，才能触及到各种复杂的矛盾，民情、国情、区情才能看得清，了解得透，通过解决实际问题才能与青年建立深厚的感情，各种能力比如联系群众的能力、做经济工作的能力和解决复杂矛盾的能力也会自然而然得到提升。先有树根，才有树干，先有向下的功力，才有向上的伸展力量，反之不行。有了良好的心理品质，核心能力才能得到提升，有了核心能力的不断增长，才有个人独特魅力施展的空间，这一规律就要求我们的团干部一定把功夫下到基层，打牢打实，不能眼睛向上，身体漂浮。正如团中央汪鸿雁书记在全国团县委书记培训班上说过的，"要防止官僚的陷阱，要大胆地试和闯。如果是怕犯错误，四平八稳，捞取一个大官，不如尽可能多尝试多犯错，通过做事挖掘潜力、积累经验、发挥作用。共青团的岗位是成长的最佳积累时期和黄金鼎盛时期，要珍惜和作为，等到了重要岗位就会减少犯错误的机会并从容地释放能量。要知道，级别越高，哪怕是一点小错误都会带来无可估量的代价，因为没有给你犯错误的补救机会。因此，共青团干部要勇于面对各种矛盾，不退让不回避，要将其视为一次难得的练兵机遇，每处理一件棘手的问题，就意味着你的能力增长一点，慢慢累积就会从容应对所有的矛盾，到转业之后，将迎接你的是更大的展示舞台"。① 有了培养良好心理品质和提升核心能力的激励措施，在全社会营造良好的成长环境，建立顺畅的转岗机制，这样广大团干部就能顺利健康全面地发展。

---

① 汪鸿雁书记在中央团校举办的第一届全国团县委书记培训班上的讲话摘要

基层青年女领导胜任力实证研究
——转业团干视角

人类历史上的三次技术革命极大地推动了技能、知识、智慧对体力的取代,由于女性体力上的差别无法表现为劳动能力上的差别,故在"能力本位"的竞争时代女性应该取得更有利的竞争环境[①]。女性解放运动以来,女性的人生价值取向由以婚姻家庭为中心逐渐向社会化、职业化发展,女性开始对自我有了新的定位——追求经济、精神的独立以及自我价值在事业上的实现。工作环境、岗位特征、工作经历、教育水平、国家政策、个人胜任力等因素都对女性新定位的实现有重要影响,本文从转业团干的角度围绕个人胜任力因素探讨基层女性政治干部胜任岗位的心理要素和能力要素特征。

一、课题实证研究的背景和目的

2009年12月在由中国人才研究会妇女人才专业委员会举办的"新中国60年优秀女性人才社会影响力论坛"的开幕式上,全国人大常委会副委员长、全国妇联主席陈至立的讲话引起与会人员的高度关注。她提出:女性要成长、女性能成长是全社会的共识,是时代的强音。同时她还要我们清晰地看到中国的优秀女性人才,特别是高级女性人才的成长发展与世界强国间的距离,我国全国人大会的女性人数始终在21%左右波动,这个指标在国际的排位由1995年的第12位落到2009年的第52位。2008年四套班子中女性只占6.5%,地厅级13.3%,女性领导发展面临环境、舆论、体制方面以及自身素质的困扰,女性的成长、成才、成功问题成为社会关注的热点。

---

① 参考 杨凤,《当代中国女性发展研究》,中国人民出版社,2007年8月,第35页

在对女性成长问题研究时发现"强烈的成就动机,健康的心理品质,优良严谨的职业态度,良好的人格,自信自尊,宽容大气,强烈的进取心和较高的管理领导水平"① 成为区分女性人才与大众女性的特征,而政治女性在政治信仰、大局意识、政治敏锐度上又区别于其他女性人才,女性共青团干部是众多优秀政治女性中的一支,她们在拥有优秀女性共有特点的同时,在胜任力上又有区别于其他领域女性的独特之处。本文是基于"转业团干回头看之女性共青团干部研究"成果而立文。课题研究从女转业团干部这一特殊群体切入,利用她们对曾经从事的共青团事业的感悟,以及共青团工作经历与她们胜任新岗位的素质关联的思考,探讨女性共青团干部的核心胜任力,为女性青年干部的成长尽绵薄之力。

二、胜任力学说对课题实证研究的理论支撑

1973 年美国心理学家戴维·麦克莱伦首先提出了胜任力概念,他把胜任力称作是把优秀者和一般者区分开来的特性,包括知识、技能、社会角色、自我概念、人格特质和动机或需要。知识、技能属于表面的胜任特征,很容易被发现;社会角色、自我概念、人格特质和动机或需要,属于深层次的胜任特征,是决定人们的行为及表现的关键因素②。胜任特征通常用漂浮水面上的一座冰山来描述(即"冰山模型")。知识和技能属于表面的胜任特征,漂浮在水面上,很容易发现;社会角色、自我概念、人格特质和动机/需要属于深层次的胜任特征,隐藏在水面下,且越往深处,越难发现。深层特征是决定人们行为表现的关键因素。③

不同文化背景、不同行业、不同职位的胜任力模型是不同的。中国共青团是党的助手和后备军,是联系党与青年的纽带,肩负为社会各界培养、输送优秀青年的神圣使命,是全方位整合资源来凝聚青年、组织青年、引导青年的组织。根据共青团干部的政治定位、社会使命、组织特点,共青团干部核心胜任力可分为心理层面的政治素质、群众意识和工作态度,能力层面的认知能力、管理服务能力、领导影响能力,这六方面的特征又有具体的表现形式。

---

① 《女性领导干部顺利晋升的关键因素分析》,《领导科学》2009 年 11 月上
② David Mclellan "测试胜任力而非智力" 1973 《American Psychologist》杂志
③ 胡月星等著,《基层党政领导干部胜任力实证研究》,国家行政学院出版社,2009 年 5 月,第 1 页

课题研究结果显示：有坚定的理想信念、政治敏锐性、社会责任感和大局意识，能积极进取、思想活跃、富有创造性并领时代风气之先河，具备博大的胸怀、包容的品德和社会主义核心价值观是共青团干部政治素质的集中表现；能围绕中心、服务大局、独立工作、扎实做事、干净做人是共青团干部的政治标识；能深入群众，打实基础，相互协调、共同合作，一切以人民的利益为工作的出发点，全心全意为人民服务是共青团干部群众意识的表现；吃苦耐劳、无私奉献、不言放弃、无所畏惧、不懈追求、勇往直前是共青团干部工作态度的特点；勤奋学习、用心学习、学以致用、常干常新、不懈追求显示了共青团干部的学习能力；拥有组织协调执行能力、应对复杂局面的能力、创新能力、与人合作的能力是优秀共青团干部享有的管理能力；有做事、谋事、成事的能力，独立开展工作的能力，拥有人格魅力和非权力影响力，良好的适应和领悟能力是优秀共青团干部的领导能力的体现。

共青团团干在一个没有多少人力财力、没有多少实权的岗位上肩负着组织青年、引导青年、服务青年、维护青年合法权益的重任，这样的反差向共青团干部提出了更高的要求，也练就了共青团干的部以上胜任力特征。这是共青团岗位的要求，也是共青团干部的标识，区别了共青团干部与其他领域干部。无论男女共青团干部想要做好共青团工作都是必须具备这样的能力素质与心理品质的。

三、课题实证研究成果初步结论和启示

（一）行为性格上男女有别，心理品质与能力水平男女趋同

在行为方式方面，男团干与女团干由于性别的差异表现出很大的不同。江西省某区区长，曾担任共青团某市委女副书记说："男同志见面时，可以递根烟，在肩膀拍一拍，女同志就不能做这个动作，女同志也不能同男同志一样喝得酩酊大醉，男同志喝醉了，大家可能觉得无所谓，女同志喝醉了，就会成了全市的笑话。有些交往的手段在女性身上是不能用的，因为很多时候社会对女性的眼光是非常苛刻的。"女性干部有女性的气质，在形态、衣着乃至一颦一笑都有区别于男性的特征。有些女干部会在外表、行为上"男性化"，但女性的特质不会被完全剔除。

在性格上面，女性团干有不同于男性团干的温柔、细致、周到的一面，陕西某区区委女书记，曾经担任共青团某市委书记，她说："女性都

有她的优势,比如说女性比较细腻,想工作想得比较周到,又善于关心同志。"还有现任福建省红十字会某部女副部长,曾在共青团福建省委权益部任过职,她说:"我的下属常说我是红十字里最具有亲和力的领导,最有人情味的领导。"

中国传统的以性别来实现社会分工的标准过于单一化、绝对化。诚然,在行为方式、性格特征、体力、外表形象等方面男女有甚大差异,但这些差异并不是决定是否胜任岗位的核心因素,核心因素为是否拥有正确的工作态度、坚定政治信仰以及是否具备岗位所需要的其他能力。用冰山模型来说,外在的行为是最为浅层的表象,有时是具有伪装性的,是不足以用来全面判定一个人的;再深入一步是能力,它决定能否干好工作;最核心的部分是内在的心理品质,对于团干来说就是政治素质、群众意识和工作态度,它决定能否赋予共青团干部以历史使命和社会责任。就像陕西省某市党委女常委、宣传部长,曾在共青团陕西省某市委做副书记所言:"我推动工作是以情感人,我不怕别人说我表面上看着比较柔弱,我之所以胜任这个岗位是因为内心有党的原则、党的纪律。"

(二) 行为上的区别未必是女干部发展的短板

男女团干的差别是最为表层的行为、形象、个性的差别,而这些差别也未必都构成女团干发展的障碍。陕西省某市女宣传部长谈到:"越往高层女性朋友就越少,男同志可以跟朋友喝喝酒,女性这种机会就少了;有时吃个饭、聊聊天,可能会引发有一些争议,应酬的机会少了争议也就少了。"往往女性干部在行为上更加谨慎,这也减少了其犯错误的机会。

(三) 女干部要成功需要更多付出

就业晋升的"性别偏好",家庭与事业的矛盾,与男性竞争的生理劣势使得女性干部要想获得认可必须付出比同等层次的男性更多的努力,必须忍受更多的辛酸。现任江西省某区区长,曾任共青团干部,也谈到:"男人的成功只有社会标准,但是女人却有双重标准,不仅要在事业上有所成就,还得是一个好妻子、好母亲。"家庭与事业的矛盾需要女干部奉献更多。

在男性世界里打拼,需要更高的责任心、敬业精神以及更多的实干。现任陕西省某区区长就这个问题还谈到:"我做工作敬业精神是第一位的,具体来说就是做工作不能马虎,不能降低标准,不能敷衍了事,要有把工作干得很出色,并要有争创工作一流的追求。"在心理品质上坚定升华自己，在能力上磨练提升自己，再加上日常工作与生活中更多的付出，女性干部是会获得令人瞩目的成绩，进而通过成就获得他人认可和自身发展的。

四、提高女性胜任力的对策

女性要走出困境，打破"玻璃天花板"，实现成长、成才、成功，提高岗位胜任力，需要制度、环境、社会舆论的支持和自身素质的培养。国家和社会应积极地将性别意识纳入政治文明中，增加妇女参政议政的机会，为女性提供平等的进入机会，弱化性格敏感政策，以增强女性政治意识，激发女性参政议政的动机；扶植中等或欠发达地区女性学校教育以及社会教育，在成年女青年的再教育上适当侧重，并在学校教育上突出性别差异而因材施教，以提高女性教育水平，推动女性在知识技能上向高层次发展；宣传成功女性经历，尽量带动社会对女性的认同也带动女性自身求发展、求成长的愿望。此外，女性应注意自身素质的培养，有意识的尽量克服依赖性、自卑性、感情用事等情感不足，树立坚定的政治信仰，根据具体岗位特征培养岗位所需的胜任力因素。

共青团岗位特质与团干部核心素质

共青团作为党的助手和后备军,担负着组织青年、宣传青年、教育青年、带领青年为党和国家事业奋斗的重任。共青团以不断巩固和扩大党执政的青年群众基础为根本宗旨,以发挥三种作用(党的助手和后备军作用、国家政权的重要社会支柱作用、党和政府联系青年群众的桥梁和纽带作用)为根本方向,以四项职能(组织青年、引导青年、服务青年和维护青少年合法权益)为根本任务,以"两下两全"(眼睛向下、重心下移,力争使团的基层组织网络覆盖全体青年,使团的各项工作和活动影响全体青年)为核心工作路径,以形成"三力"组织(创造力、凝聚力、战斗力)为奋斗目标构成了团十六大以来共青团发展方向的全部内涵。

共青团的岗位特质对塑造团干部的核心素质有重要作用。但是,青年干部成长离不开其自身因素,更离不开其成长的外部环境。在每一个历史时期,青年干部的成长历程都有其鲜明的时代特征和浓重的历史印迹。实践证明:青年干部的成长只有植根于社会的大环境之中,只有与时代脉搏紧密联系在一起,才能超越其自身发展的限制。笔者认为青年干部成长研究必须放在60年新中国历程中、必须放在中国社会发展和进步的大环境中、必须放在党的事业中。

研究青年干部的成长规律是一个庞大的系统工程,有多个研究的角度,如:历史背景、时代特征、自身素质、青年特质、环境营造、特殊群体和国际比较等等,作者主要从青年干部的自身素质和特殊群体两个角度切入,因此这里不涉及到其他方面。考虑到共青团干部是青年干部中的一个特殊组成部分,而转业团干部更是这一特殊组成部分的优秀代表,因此从转业团干部视角研究青年干部成长更具独特价值。

我们这项研究是从青年干部的特殊群体和自身素质视角切入的。既然是研究团干部自身素质,撇开素质以外的环境因素,单就自身素质本身来说,也存在一个完整的系统问题。既然是系统,其内部就有若干要素,要素之间就存在内在必然的联系,即内在的规律性。尽管目前关于自身素质方面有很多理论阐述,但相对而言,更有说服力的还是"胜任力理论",其中的冰山模型更具价值。

胜任特征通常用漂浮水面上的一座冰山来描述。知识和技能属于表面的胜任特征,漂浮在水面上,很容易发现;社会角色、自我概念、人格特质和动机需要,属于深层次的胜任特征,隐藏在水面下,且越往深处,越难发现。深层特征是决定人们的行为及表现的关键因素。领导干部的胜任特征通常包括了以下几方面:政治素质、法律素质、道德素质、科学知识素质、能力素质、身体和心理素质以及领导素质。

本研究主要是通过对转业团干部一对一的访谈,配合问卷调查;通过转业团干部回顾曾经的共青团工作的经历,特别是一些刻骨铭心的事件,再结合转业后的岗位胜任情况,总结哪些品质和能力是在共青团岗位获得的,哪些品质和能力是缺失的;通过假设的两组因子(获得和缺失),设计调查问卷,再进行数据统计加以验证,最后得出最关键的心理品质特征和核心能力要素。目前,总结的共青团岗位特质与团干部核心素质如下:

  政治组织的特殊性——懂得政治 顾全大局
  优秀青年的聚集性——积极进取 追求理想
  群众工作的广泛性——了解青年 服务青年
  转业机制的必然性——沉稳心态 适应变化
  活动空间的广阔性——把握中心 纵横拓展
  权利来源的魅力性——青年朋友 善于沟通
  资源整合的无限性——组织协调 珍惜资源
  考核指标的弹力性——自主发展 有为有位
  具有大学校的特性——终身学习 积累经验
  个体区分的文化性——朝气蓬勃 勇于创新

一、政治组织的特殊性——懂得政治 顾全大局

在团的十六届四中全会上,王兆国同志再次重申了共青团的重大历史使命:巩固和扩大执政党的青年群众阶级基础。为了完成好这一使命就需要履行好共青团的四大职能,即组织青年、服务青年、引导青年和维护青少年的合法权益。共青团作为党的后备军,团干的政治素质是必备条件。

王兆国强调,团干部要不断加强党性修养。忠诚党的事业、践行党的

宗旨、发扬党的传统、遵守党的纪律，是对团干部最基本的政治要求。广大团干部要切实增强政治敏锐性和政治鉴别力，自觉地在思想上、政治上、行动上同党中央保持高度一致，始终从党和国家工作全局出发去谋划、部署和推进工作。要按照建设学习型团组织的要求，坚持不懈地用马克思主义中国化的最新成果武装头脑，深入学习实践科学发展观，不断提高自己的理论素养。要倡导艰苦奋斗、清正廉洁的作风，坚持讲原则、讲纪律，勇于开展批评与自我批评，防止政治生活庸俗化倾向。

陆昊同志在共青团十六届三中全会第三次全体会议上讲话时谈到，团的各级领导同志都要有为党培养优秀年轻干部的意识，使他们不断强化和提高政治素质，增强党性和认知水平，提高对重大社会问题的思考能力，努力使他们能够脱颖而出，这才能成为党的后备军。我们不能泛化工作标准、泛化工作要求，不要只讲工作安排，还要讲工作理念、工作思路、工作素质和工作水平，要揉在全局性工作要求当中、揉在党的工作大局当中来讲我们的工作。

团与党的这种特殊关系在我们与 75 名转业团干的访谈中得到了很好的描述。他们普遍感到这种政治组织的特殊性让他们比同龄人更早成熟、更快成长。访谈发现，转业前层级越高的团干部，在描述这种关系时越深刻。比如在对共青团中央的转业团干和共青团省委或区委书记层级的转业团干访谈中你始终会被他们的政治大局观折服，他们的政治成熟度和敏锐感要远远高于普通层级的转业团干。

赢得党政领导的支持，围绕党政工作中心开展活动；守住道德的底线，抵制金钱利益诱惑；为人民谋幸福，树立政治责任感；发挥优势，做好思想政治教育；造福一方百姓，端正当官动机等等，都无疑是懂政治讲党性顾大局的具体体现，在转业团干部看来，这些都是共青团岗位给予的，并帮助他们快速成长起来。

中国共产党党章明确规定：共青团是党的助手和后备军，党有号召，团有行动，正是这种政治组织的特殊性，使共青团干部在这一特殊的组织体系中，学会了讲政治，学会了怎样跟党走，怎样结合党的中心工作开展青年喜闻乐见的各类活动，将青年这个群体紧紧团结在党的周围，巩固和扩大执政党的青年群众阶级基础，完成实现中华民族伟大复兴的历史重任。

回眸共青团岁月——转业后的思考

二、优秀青年的聚集性——积极进取 追求理想

胡锦涛总书记在同中国农业大学师生代表座谈时的讲话中指出，五四运动以来90年的历史、新中国成立以来60年的历史、改革开放以来30年的历史都充分表明，青年确实是我国社会中最积极、最活跃、最有生气的一支力量，确实是值得信赖、堪当重任、大有希望的。共青团是青年人聚集的地方，优秀的青年在共青团岗位上，相互鼓励，相互学习，形成了一种积极进取，追求理想的目标和理念。

访谈的75名转业团干部，普遍感到在共青团结下的友谊是最纯洁和最真诚的，为他们以后的事业发展积累了优秀的人力资源，这些朋友的影响和激励也在很大程度上帮助了他们成长，所以他们发自心地感谢共青团，没有共青团，就不会接触到这些优秀的朋友，是共青团提供了这样一个平台，让他们一生受益。转业以后虽然也交往一些朋友，但已参杂各种利益关系，不像在共青团交往的朋友是事业的凝聚，干干净净，什么时候见面都会接续团缘，传递团情。

在共青团岗位上工作的，都是在同一时代成长起来的青年人，而且团组织内的利益相对简单，人际关系不复杂，做事也容易达成共识。团组织获得的资源并不多，所以在团的岗位上追求金钱和权力的情况不多，大多数人都希望不断进步，实现理想。

在中央团校里也流传这样的一句话：聚是一团火，散是满天星。他们就像天上的星星，无论走到那里都会闪闪发亮，一旦聚在一起，就会是一团燃烧的火炬发出夺目的光芒，这就是共青团独有的特性。

三、群众工作的广泛性——了解青年 服务青年

在共青团领域常说的一句话就是让党放心，让青年满意，实际上如果青年能跟你走，你能在党最需要的时候能把青年组织动员起来，让党放心才能落地。目前的问题是青年是不是听你的，不听你的，怎么可能让党放心呢？因此从逻辑关系上讲，让青年满意是根，让党放心才是果。

《关于认真学习贯彻党的十七届四中全会精神全面加强团的自身建设的决议》指出，要教育广大团干部切实增强政权意识、责任意识和忧患意识，深刻认识到党与共青团的特殊政治关系，在当前党的建设面临许多前所未有的新课题新考验的情况下，全团必须从巩固党执政的青年群众基础的战略高度，切实增强为党做好青年群众工作的责任感和使命感。要树立

正确的成长观，充分认识到共青团工作是党的群众工作的重要组成部分，跨度较大、涉及社会领域较多，政治性、思想性很强，富于挑战，是一个大有可为的岗位，必须全身心投入工作，把工作激情、科学精神和务实作风结合起来，善于抓本质、抓主要矛盾，敢于迎着困难上，在遇到问题、挑战和矛盾不回避、不退让的过程中锻炼本领、增长才干、作出贡献。要教育团干部进一步密切与广大普通青年的关系，深入基层，深入青年。

针对共青团工作的群众性和其工作对象的特点，要求共青团干部应该了解青年、服务青年。

团十六大提出当代青年成长发展的环境发生了深刻变化，青年的需求更加广泛、具体。要全面把握青年身心健康、个人成长、事业发展、社会参与和权利表达的不同需求，深入研究政府、市场和社会组织服务青年的总体供给机制，找准共青团的工作切入点，实施工作项目，把服务青年的工作进一步做深做实。要重点服务迫切需求，优先服务困难群众，努力增强服务能力。

二中全会提出科技进步特别是信息技术发展对青年的生活方式、行为方式、交流方式和聚集方式带来了深刻影响，过去传统的空间聚集方式、行政化组织体系中的聚集方式受到了严峻挑战。三中全会在二中全会提出的深化和探索进行社会化动员的新方式的基础上进一步提出：面对科学技术特别是信息技术发展和工业化、城镇化进程带来的社会变革对当代青年的深刻影响，由过去传统的空间聚集方式和行政化格局确定的组织建设方式遇到了新的挑战，我们不能局限于现有的行政化格局，要善于用青年喜欢的新的沟通、交流、聚集和联络的方式作为新的组织建设和工作载体。从近两年来的共青团的发展过程中我们也可以看到对这些问题的把握和对规律的认识也是在实践中不断深化。

随着时代的变化，青年的诉求和喜好也在不断变化，如何能够把握青年诉求，真正服务青年，从而能够组织青年，是一个重要的课题。要了解、服务和贴近青年，青年的需求、兴趣和诉求要满足，要和青年打成一片，做青年友，不做青年官，要有联系青年的特殊本领。

四、转业机制的必然性——沉稳心态 适应变化

共青团是铁打的营盘流水的兵，人员必将要进行流动，其工作性质具有阶段性和过渡性。我们访谈的 75 名转业团干部普遍感到转岗是必然的，但是每个人对待转岗的态度以及价值取向又大不一样。

回眸共青团岁月——转业后的思考

在访谈过程中,我一直在思考这样一个问题:一个人在共青团收获的多少和他在岗时间的长短有无必然联系?我将所有访谈对象的资料又查阅和整理了一遍,发现真正能谈出深刻体会并进行理论思考的转业团干,在岗时间都超出5年甚至更长,在岗时间过短往往体会不深。当然也许还存在着其它变量,需要再认真研究才能最后做出结论。但有一点可以确定,对待转岗的态度的确与团干部的价值取向有直接关联,而这种态度又会直接反映在团干部的行为上,并给社会带来一定影响。应该看到消极态度的存在与转岗机制间存在着一定的联系,但不必然,这在于团干部自身的修炼,特别是对自己人生观价值观和世界观的重新审视和调整上。目前确实存在加速度转业的团干部数量不断增加。一名浙江转业团干对这个问题有着自己的看法,她认为真正的转岗是时间+经验+能力,不能单以时间定论,加速度转业带来的结果是没有积累沉淀,没有在共青团这个大舞台发挥到极致,自己受损失,对组织没有帮助。当她看到乡镇一级的一名小科长一干就是十几年时,很想对在岗的团干部说:大家要好好珍惜这个平台,千方百计发挥好这个平台,只有这样才能上到更高的平台。

陆昊同志在共青团十六届三中全会第三次全体会议上的讲话中指出,干部在不在工作状态上,对于贯彻中央精神、推进团的工作至关重要。团干部要善于处理好可能出现的工作变动与扎扎实实的工作状态之间的关系。要服从组织安排、组织判断、组织考虑,不能因为任职时间问题而不愿碰难题。归根结底是要有定力,不能稍微有点风吹草动,稍微听到点议论,工作心思就全没了、全跑了,更不能刚到这里没几天,自己就主动找转岗机会,拿工作岗位当"跳板"。团干部要经得住这种考验。

从上可以看出,转岗机制的必然性的确是一把双刃剑,既可以带来负面的作用,也可激发创新的潜质。只是看你价值的取向,如果是为了升迁,你就会将心思用于捕捉任何转岗的机会上;如果是为了成长发展,你就会用心磨练自己,抓住任何能提升自己能力和素质的机会上。

五、活动空间的广阔性——把握中心 纵横拓展

共青团的服务对象是青年,青年是早上八九点钟的太阳,富有青春的朝气,青年的特质就是活动,在活动中增长才干,在活动中凝聚青年。

王兆国在共青团十六届三中全会上的讲话中谈到,协助党委和政府落实好维护稳定这一硬任务和第一责任,是共青团组织围绕中心、服务大局的重要工作内容。各级团组织要深入了解青年的思想动态,准确把握青年

中带有倾向性、苗头性的思想问题，及时向党委和政府反映情况、报送信息。要发挥思想政治工作优势，理顺青年情绪，疏导青年困惑，努力把矛盾和问题化解在萌芽状态、解决在基层。要关注青年普遍性的利益诉求，畅通青年利益表达渠道，完善青年利益反映机制，使青年的合法权益得到有效保障。要引导青年正确看待改革发展中出现的矛盾和问题，倍加珍惜来之不易的和谐稳定局面，自觉成为维护社会稳定的积极力量。

陆昊书记在2010年全国城市共青团工作会议上的讲话中指出，党的历史方位发生了变化，从革命党向执政党转变，由计划经济条件下的执政党向市场经济条件下的执政党转变。伴随这种变化，党团过去紧密而特殊的政治关系就会遇到新挑战。党为人民服务的宗旨，很大程度上通过执政路径来实现，而共青团缺乏适应这个转变的渠道和路径。共青团作为执政党的青年组织，应对这个挑战的重要路径，就是要紧紧围绕党的中心任务，牢牢抓住市场经济条件下每一类组织的根本任务和功能，找准工作切入点。

陆昊书记在共青团十六届三中全会第二次全体会议上的讲话中指出，面对党的历史方位发生的变化，共青团作为执政党的青年组织，要紧紧围绕党的中心任务，牢牢抓住市场经济条件下每一类社会组织的根本任务和功能，找准工作切入点，探索在社会生活中发挥作用的路径。比如，在农村，要以农村青年不甘于现状、渴望致富发展为根本动力，围绕新农村建设的任务来开展工作；在企业，要以服务企业生产经营为前提，找准服务企业与服务青年的结合点，开展好思想性、技能培养性、娱乐性工作；在社区，要围绕社区需要的安全性、便利性、健康性、娱乐性、互助性功能开展工作。

共青团的活动空间是广泛的，这就要求团干部要有把握中心的能力，围绕中心，服务大局，把工作纵横拓展，开展得有声有色。

六、权力来源的魅力性——青年朋友 善于沟通

共青团岗位确实不同于一般的行政岗位，有一定明确职责和相应的行政命令，共青团是相对既没有权也没有职的岗位。正是这种岗位特性注定共青团干部开展工作的手段一定不是行政命令。所以，团干部要组织青年、引导青年、服务青年、维护青年的合法权益，要做青年友，而不是当青年官，自身要有魅力，要善于与青年沟通。

在如何组织动员青年方面，三中全会提出应对：要广泛有效地组织动

员青年，当前必须特别强调对青年的吸引和凝聚。面对青年政治意识表达方式的新变化，共青团要靠先进思想、靠对青年合理利益诉求的尊重和服务、靠对青年特有兴趣的满足、靠对青年未来职业生涯发展过程中所需要的社会化技能的培养、靠广大团干部对青年的感情，切实增强对青年的吸引和凝聚，把广大青年团结凝聚在党的周围。

在如何加强团与青年人之间的感情方面，《关于认真学习贯彻党的十七届四中全会精神全面加强团的自身建设的决议》中提到，要靠先进思想、靠对青年合理利益诉求的尊重和服务、靠对青年特有兴趣的满足、靠对青年未来职业生涯发展过程中所需要的社会化技能的培养、靠广大团干部的人格魅力和对青年的感情，切实增强对广大普通青年的吸引和凝聚；要善于用青年喜欢的沟通、交流、聚集和联络方式，探索新的组织载体。

青年人接受思想有自己的特点。陆昊同志在共青团十六届三中全会第二次全体会议上的讲话中指出，要善于找到有效的方式来传播思想准则。不要以为掌握了真理，真理就自然会被所有人接受，必须要有一个有效的传播方式。我们既要看到真理本身的魅力，又要看到感情、信任、友谊在真理传播中的重要力量，还要注意艺术、时尚、情感元素在传播重要思想准则中的作用，充分运用动漫、音乐、歌曲、视频、网络、手机等新媒体手段，使我们的核心思想内容真正在青少年中入脑入心。当前，特别要高度重视新媒体的重要作用，注重在网上舆论引导中发挥积极作用，团中央将建立新媒体传播中心。

在75名转岗团干部访谈中，几乎所有的访谈者都认为共青团岗位是无权无职的岗位，做事情一靠先进思想引领；二靠人格魅力带动；三靠对青年的服务本领吸引；四靠组织化的社会动员等手段。其中唯独没有行政命令，因为工作对象是青年，对青年只能是组织引导服务和维权，你服务得好，青年才能跟你走，现在的服务更是不容易，这是转业团干部的同感。比如他们在从事农村实用青年人才培训项目时，政府提供一定的经费，对农村在城市务工的人员进行实用技术免费培训，也不是所有的青年农民都愿意过来受训，如何把青年农民组织起来，如何用培训课程的内容和形式吸引他们，如何解决好他们受训以后的就业问题等等都会让我们的团干部绞尽脑汁。

不能用行政命令，而团干部直面青年的机会又多，就要求团干部们有一定的人格魅力和沟通能力。沟通能力包括了倾听理解能力、说服能力、谈话技巧和表达能力等。共青团的岗位特质要求共青团干部具有与青年做朋友，善于沟通的能力。

七、资源整合的无限性——组织协调 珍惜资源

共青团不同于政府部门，是没实权也没钱的部门。要开展丰富多彩的活动，不仅需要团干部自身的努力，还需要获得多方支持，整合各种资源。事物之间往往就是辩证的关系，越是没有就意味着以后会有，越是没有就会想法设法地拥有，从无到有，无处不在、无时不有，这里充满着变数和可能性，正是在这样无数个不可确定性中，共青团干部获得了无穷多的智慧，从中也收获了成长的快乐。很多转业团干部在回过头来看共青团工作这段经历带给他们的帮助的时候，80%都谈到"资源的整合"过程带来的快乐。

陆昊指出，我们必须看到目前共青团工作面临的各种困难和挑战，这是对团干部最基本的政治判断力和客观分析能力的检验。团的干部有着勇于面对挑战和困难的传统。目前，党为我们指引了鲜明的工作方向，对年轻干部有很多期待和正面鼓励。但是，我们自身要有责任感，不能只是依靠领导的关心、爱护、支持和帮助，必须从自身做起，主动面对挑战、勇于克服困难。

共青团岗位给了这样一个努力做事，在做事过程中去增强组织协调能力，锻炼提高自己的工作水平的机会。因为共青团无权、无钱，但是还要做事，要想把事儿做好就要争取各方面的支持，整合各方面的资源，这本身就是一个锻炼，所以共青团这个岗位恰恰因为它清贫的性质，让共青团这些人要克服许多的实际困难，把事儿做成，这对于团干部来讲是一个很大的收获，可以锻炼自己组织能力、协调能力，与人沟通能力。

从没有到有，充满神奇，无论是哪一方都达到了多赢，按共青团干部常说得一句话：痛并快乐着。

八、考核指标的弹力性——自主发展 有为有位

共青团岗位与政府部门岗位不同，共青团的考核指标通常是弹性的，没有多少必须完成的硬性任务。在共青团岗位上事情做得不多，不会不断有人施加压力，不做事就没有人对你考核，没有硬指标和硬任务；你多干了，也没有人给你发奖金鼓励你。在这种情况下，团干部的价值取向和动机非常关键，不然会虚度光阴。

但是，共青团要发挥作用，有一席之地，让别人感觉到你不可替代，

让人感觉可有可无。很多团干部发牢骚，认为党政领导对团工作的重视程度不够，认为团组织处于边缘地带。但是有的转业团干不这么想。他们认为，共青团岗位的属性决定它不是处于中心地位，正因为如此，可以犯各种各样非原则性的错误，还有改正错误的机会。党政领导各项工作所占去的精力过大，共青团此时要多汇报多宣传，多提好的方案，以良好工作状态和突出业绩让党政领导关注共青团工作，这里大有施展能力的机会和舞台。

我们访谈企业转业团干部时，他们都谈到兼职团干部的问题。尽管兼职团干部做团的工作精力有限，更为重要的是上面对这些兼职团干部没有考核机制，因此做团的工作更是凭借一份对团工作的热爱和志趣，他们中很多兼职团干部还用其它的工作资源来为共青团事业服务，以有形带动无形，以硬带软，反过来利用在共青团岗位提升的通用能力和政治大局观念更好地拓展自己的专业工作领域，相得益彰，彼此共建。

可见，考核指标的弹力性，不是团组织不重要的表现。相反，团干部可以在比较宽松的范围内整合资源，自主发展，从而做出一番成绩，得到各方认可和支持。

九、具有大学校的特性——终身学习 积累经验

中国共产党党章规定：共青团是学习共产主义的大学校。从众多的转业团干部访谈中，不难发现，善于学习和思考是他们成长的动力源泉。很有启发的是：他们在共青团养成的好的学习习惯和学习方法为他们顺利度过转业不适应期带来了极大益处。

胡锦涛总书记说，"立身百行，以学为基。"一个人能有多大发展，能为社会作出多大贡献，很大程度上取决于这个人学习抓得紧不紧、知识基础打得牢不牢。当今世界，科技进步日新月异，知识更新步伐加快，我国现代化建设呼唤大批高素质人才。因此，学习比以往任何时候都显得重要而紧迫。

陆昊同志在共青团十六届三中全会第三次全体会议上的讲话中指出，关于团干部的学习，首先，要明确学什么。一是要认真学习领会好中央的精神，特别是党中央关于全局性工作的重要工作指示。要下功夫认真学习领会中央全会以及中央各种重要工作会议的精神。这些会议的文件都需要我们逐字逐句地学习。二是要认真学习团中央书记处关于全团工作一系列重要工作思考和工作部署。中央的要求有一个转化成团的工作的过程，这

个转化过程，主要是通过全团一系列工作思考和部署体现出来的。在认真学习团中央工作思考和部署的基础上，要和不同层级的党政领导同志进行交流，把全团工作讲全、讲深、讲透。并且要根据这些思考和部署，结合工作实际找到不同地区和领域共青团工作的切入点。

中央团校共青团工作理论研究所吴庆所长指出，学习制度建设很重要。团十六大后，团中央书记处每月开展一次集体学习，结合党和政府的重大方针政策，深入研究共青团事业发展中的重大理论和实践问题。全团各级组织广泛开展了各种学习交流活动。三中全会提出要要抓好团干部的学习，明确提出团干部队伍相对比较年轻，加强学习是一项重要而紧迫的任务。要充分认识到，学习能力是年轻干部能力结构中非常重要的能力，也是判断干部潜力的重要标志。团的工作涉及面广，如果没有合理的知识结构，很难开展好工作。同时还要清醒看到，目前团干部队伍中忙于应酬、疏于学习的现象是比较普遍的。因此，各级团组织要按照建设成用马克思主义中国化最新成果武装的学习型团组织的要求，通过团的领导班子集体学习、团干部学习交流活动、教育培训、调查研究等方式，特别是团干部要注意结合工作实际、利用业余时间主动自学，补充必要知识，深入研究问题。必须指出的是，由于学习原因导致年轻干部素质上存在的差异，短期内并不明显，但长期来看就会非常明显。

当今世界，各个国家、政府和个人都卷入了学习革命的浪潮中。政府要努力建设成为学习型政府，而个人也要终身学习，不断提高。

十、个体区分的文化性——朝气蓬勃　勇于创新

共青团干部具有一些共同的文化气质，即使离开了团岗位也可能带有这种感觉。共青团人给人一种朝气蓬勃勇于创新的特点，给人一种积极进取不甘落后的特点，给人一种做人低调做事激情的特点，当然没有做过共青团的人也有这些特点，但没有共青团人这么普遍。

共青团作为青年人聚集的组织，朝气蓬勃、善于创新是其特点之一。《关于认真学习贯彻党的十七届四中全会精神全面加强团的自身建设的决议》中提到，共青团要勇于探索创新，深刻领会和贯彻全会提出的"勇于变革、勇于创新、永不僵化、永不停滞，继续推进党的建设新的伟大工程"的要求，鼓励和支持基层团组织大胆创新，团的各级领导机关要深入挖掘和加强团的基层组织建设，总结团基层工作的新经验，善于在面上推进工作，努力探索新载体、形成新格局。

陆昊同志在共青团十六届三中全会第二次全体会议上的讲话中指出，要积极探索乡镇、街道团的组织格局创新。当前，基层团组织普遍存在着缺乏活力的问题。如果这一状况长期得不到改善，就会严重影响共青团组织功能的实现。为使共青团组织面向基层的桥头堡能从县级向前延伸，我们积极创新乡镇、街道团的组织格局，采取编制内与编制外相结合的方式，吸纳热爱党、对青年工作有热情、有一定影响力的青年代表组成乡镇、街道团的领导班子。目前，从贵州试点的情况看，组织格局的创新能够起到增加联系青年渠道、便于调动社会资源、充实基层团干部力量的效果。

做好新形势下的青少年思想教育工作，必须在创新上狠下功夫，努力增强针对性和实效性。各级团组织要深入研究不同年龄段、不同群体青少年的身心特点和成长规律，积极探索和推进分类引导工作，在强调健康向上思想内容的前提下，十分注重形式和手段的与时俱进，努力用青少年熟悉的语言，用青少年喜欢的方式，用青少年身边的事例和先进典型，进一步增强思想教育的亲和力、吸引力和感染力。当今时代是信息时代，互联网等新兴媒体的广泛应用对青少年思想教育提出了挑战，也提供了机遇。团组织要善于因势利导、趋利避害，既充分运用互联网等新兴媒体开展青少年思想教育，又积极防范网上负面信息对青少年身心健康的危害，努力探索信息时代开展青少年教育的有效途径。

因为共青团岗位有这样的要求和相对宽松的环境，有朝气有闯劲、有激情有追求的确是共青团干部的标志特征。也是共青团组织特有的一种文化现象，更是一笔宝贵的精神财富。如何在转岗后发扬这一传统并与时俱进是每一位共青团干部都要认真考虑的问题。

简析共青团干部成长三段论
——兼谈历届团代会上党对共青团干部普遍性的要求

胡锦涛总书记在 2008 年 6 月 14 日同团中央新一届领导班子成员和团十六大部分代表座谈时讲到："团干部队伍是共青团工作的骨干力量。要推动共青团工作再上新台阶，关键是要按照"让党放心，让青年满意"的要求，建设一支高素质的团干部队伍。他对团干部提出了三点要求："一是政治上过硬。二是作风上扎实。三是自律上要严格。"胡总书记的讲话，表达了党对团干部的深切关怀，和对团干部健康成长的殷切期望，同时也对团干部的素质提出了更高的要求。

新时期，建设一支党放心、青年满意的团干部队伍，是共青团事业发展的关键。作风建设是团干部队伍建设的重要内容，团干部的作风，就是团的形象。如何做到让党放心，让青年满意，是每一位团干部面临的严峻课题，而探索共青团干部成长的普遍规律，重塑新时代团干部的形象则是我们共青团理论工作者义不容辞的责任。通过对转业团干部的访谈，结合历届团代会上党对共青团干部的不同要求，笔者认为新时期团干部成长成才必须经历的三个阶段，即一实、二靠、三展示。

一、"脚踏实地"是团干部成长的基石

在日常生活中我们都知道这样一个道理：只有脚踏实地，才能获取不竭的力量源泉。一个人更是这样，一个国家是这样。青年群众基础如何稳固？如何完成好执政党交付的巩固青年群众基础的使命？试想如果青年不跟着团走，我们的团干部对青年没有凝聚力和感染力，团干部的人格魅力又如何体现，"党放心"也就成了一句空话。早在共青团十三届三中全会（一九九四年十一月二十五日）上，胡锦涛同志就提出过：要到服务的实践中去锤炼作风。在社会主义市场经济体制下，共青团的工作环境有了较

大改变。我们要加强作风建设，注重工作作风的锤炼。广大团干部要深入实际、深入基层，脚踏实地了解情况，分析问题，解决问题，为基层服务。要真抓实干，务求实效，防止浮躁情绪，力戒急功近利，以办事业的方式推进工作，扎扎实实前进。要做青年的朋友，做人民的公仆，严于律己，谦虚谨慎，戒骄戒躁，清正廉洁，不谋私利，为青年的事业、社会的事业、国家的事业、党的事业，多做实事，多做贡献。鼓励和引导他们到实践中去，特别是到条件艰苦或情况复杂的环境中去经受锻炼，积累经验，增长才干。因此，要根本解决团干部的浮躁作风，就必须眼睛向内，重心下移。正如陆昊同志在团十六大报告中指出的："密切联系青年，深入了解青年，与青年交朋友，为青年办实事。"① 另外，要充分认识面向基层的重要性，"基层组织建设决定着共青团最本质的影响力、战斗力和生命力。全团要从巩固和扩大党执政的青年群众基础的战略高度，下大力气抓好基层组织建设。越是团的领导机关，越要高度重视基层组织建设"② 只有面向基层，才能真正实现胡锦涛书记提出的两个覆盖，即"力争使团的基层组织网络覆盖全体青年，使团的各项工作和活动影响全体青年。"③ 也才能从根本上发挥共青团作为党联系青年的桥梁和纽带的作用。

陆昊在中国共产主义青年团第十六次代表大会上所作的《高举中国特色社会主义伟大旗帜，团结带领广大青年为夺取全面建设小康社会新胜利而奋斗》报告中提出："针对少数团干部中存在的工作浮躁、工作不够深入、有短期行为的现象，如何加强培养锻炼，建设一支信念坚定、作风扎实、本领过硬的团干部队伍。这些都需要我们思考、认真研究，在今后的工作中切实加以解决。"④ 一个人若想立得住，一定是要根扎得深，所谓根深才能叶茂。那么，怎样解决根基问题？这就要求团干部实干，脚踏实地深入基层，深入到青年中去，为青年办实事。一位来自企业的转业团干部这样说到：如果说价值理念建设是塑造团干部的灵魂、形象品牌建设就是培养团干部的精神，那么行为作风建设则是强壮团干部的胫骨。⑤ 还有一位来自基层的转业女干部在回顾共青团工作的经历时万分激动，她深情地

---

① 共青团十六大报告学习辅导读本 中国和平出版社 第47页
② 共青团十六大报告学习辅导读本 中国和平出版社 第45页
③ 《共青团十六大报告学习读本》中国和平出版社，第6页
④ 《共青团十六大报告学习读本》中国和平出版社，第31页
⑤ 转业团干部访谈编号21

说到：共青团的岗位给了她无尽的发挥空间，特别是那种"实"至今让她受益。并总结到：那种"实"体现在三个方面，一是以进取之心对待学习会使心中有数；二是以责任之心对待工作会使心中踏实；三是以平常之心对待生活会使心底坦荡。要低调踏实做人，高调务实做事。①

二、"围绕中心"是团干部成长的支柱

一位来自机关的转业团干部这样谈到共青团岗位给予最大收获：就是学会了懂政治讲大局，结人缘善学习。特别是围绕党的中心布局谋划的本领得到很大的提升，在党政领导身边工作，自觉不自觉养成了议大事思全局的习惯，并且善于总结归纳，思考问题的立脚点也更趋于宏观和至高。②李克强同志曾在共青团十三届四中全会（一九九五年十一月十五日）上讲到：团干部是党的干部队伍中比较年轻的一部分，要带领青年跨世纪，首先必须自己解决好跨世纪的问题。应当具备跨世纪的眼光，跨世纪的胸怀，跨世纪的素质。注意从政治上认识和处理问题，始终保持清醒的头脑，自觉坚持共青团工作的正确方向。要增强大局观念，党把我们放到团的工作的领导岗位上，青年信任我们，对我们寄予了殷切的希望，不是要我们来做"青年官"的，而是要我们来为国家、为青年做事的。做事必须首先解决好做人的问题。团的工作岗位，干部流动性比较强，相对来说，一些团干部成长比较快。这就特别要求我们要有长远眼光，要有宽广的胸襟，要有办事业的精神。要为国家、给青年、青年事业的长远发展，办几件扎扎实实，能够留下长久痕迹的事情，不能有浮躁情绪，搞短期行为，我们每一个团干部，都要注意加强道德修养，加强品格锤炼，把党和人民的利益第一、祖国利益至上作为自己的行动准则，真正做一个有益于人民、有益于社会的人。

一个人脚跟站稳后，如果没有中心轴，也会走路不稳的。轴立不住就会栽跟头，这样的教训很多。作为团干部如何做到政治上过硬呢？最根本的一点就要有大局意识，要发自内心地同党中央保持高度的一致，要积极主动与党组织靠拢，不能有丝毫的离心。要找到重合的交汇点，党有号召，团就要有行动，真正做到替党分忧为党奉献，甚至牺牲自己的生命也在所不辞。没有这样的情怀和境界难以担当重任和承担使命。1978 年 10

---

① 转业团干部访谈编号 22
② 转业团干部访谈编号 24

月17日，韩英同志在共青团第十次全国代表大会上说：在党的培养下，我们共青团继承党的传统，形成了"朝气蓬勃，实事求是"的优良作风。团的干部和共青团员一定要按照这八个字的要求，加强思想作风的锻炼。努力做到：敢于实事求是，不弄虚作假，不见风使舵，做一个光明正大的老实人；坚持又红又专，不讲空话大话，多搞真才实学，做一个孜孜不倦，勤奋好学的人；振奋革命精神，脚踏实地，永不自满，做一个朝气蓬勃，勇于创新的人；密切联系群众，严于律己，宽以待人，对敌狠，对己和，做一个坚持革命团结的带头人。努力做到"政治上很坚强，行动上做榜样"。"政治上很坚强"，就是要坚持四项基本原则，加强党性锻炼，以共产主义思想指导自己的思想和行动，坚决执行党的路线、方针、政策。因此，保持政治上纯洁，时刻挺起腰骨，是团干部成长的重要立柱。

　　胡耀邦曾经讲过：青年工作"战线长，配合多"的特点，提出："上下请示，左右求援，自我奋斗"的工作指导思想。既保持团干部谦虚谨慎的优良品质，又表现出积极向上的开创新局面的精神。如何在团的独立活动中处理好青年团和党的领导关系，从而服从于党的中心工作这个大局呢？胡耀邦用太阳系中地球与太阳的运行关系来说明青年团和党的领导的关系。青年团要像地球，既要围绕太阳公转，又要自转，要把公转和自转结合起来，既要服从党的领导和党的中心工作，又要积极主动地开展有益于青年身心健康成长的独立活动和工作。真正将这一中国先进青年的群众组织发挥出最大的能量，真正成为中国共产党的得力助手。① 共青团干部解决基石和立柱问题之后，如果没有展示，就有可能无作为，因为，党绝对不可能接受一个只会一步一趋开展工作的组织，也不能接受只会上传下达或者下情上传的团干部，因为这些根本无法满足执政党的需要，更谈不上发挥为党承担巩固和扩大青年群众基础的重任。

　　转业团干部的共同体会是：共青团岗位与其它岗位最大的不同就是"一无权二无钱"，正是在这样的条件下才有更大的空间去施展，因为没钱就得去求助政府和社会，寻找资金，更多锻炼了寻求资源整合资源开发资源的能力；因为没有权，就会俯下身子与大家一道进行工作，更多结识了不同领域不同行业不同层次的朋友，社会化组织动员能力得到了极大的提升。还有，不但不怕麻烦，还会主动找麻烦，对于困难不绕弯，敢于碰

---

① 《大地之子——缅怀无产阶级革命家胡耀邦》

硬，普遍养成了快节奏、强任务和高效率的工作习惯。①

王兆国同志在共青团十一届一中全会（1982年12月31日）讲到：团干部历来不怕没资历、没经验，就怕没有精神、没干劲。奋发才能有为，经验和能力只有在勤奋的工作实践中才能获得。只要我们奋发向上，敢于拼搏，踏踏实实地工作，我们就可以在实践中增长才干，创造第一等的工作。我们每个同志都要保持不断进取、敢于创新的精神，在工作中勇挑重担，见困难挺身而上，尽职尽责地去处理职责范围内的一切问题。在中国共产主义青年团第十六次全国代表大会（2008年6月10日）上，陆昊指出：加强团干部队伍建设。共青团事业承载着党的重托和青年的期待，是光荣而神圣的事业。团的岗位富有挑战、大有可为。

共青团干部在围绕大局公转的同时，也在独立创造性地自转。也正是有了自转，才会有团组织独特的作用，它是任何组织所不能取代的。这样的自转有自身运行的轨迹，符合青年发展的特点和成长的规律。青年的特点是什么？是精力旺盛不甘落后，是创新的先锋和时代的骄子。中央政治局常委李长春同志在中国共产主义青年团第十六次全国代表大会上的祝词（2008年6月10日）提到：当代青年要在全面建设小康社会中奋发有为。要争做创新尖兵，勇敢地走在解放思想的前列，勇于探索和突破，勇于扬弃和变革，在知识创新、技术创新、制度创新、管理创新和其他各方面创新中发挥聪明才智，为提高自主创新能力、推动经济社会又好又快发展做贡献。②有为才能有位，有位才能有为，共青团干部只有在展示中完成这些动作，才能真正体现个人的魅力，彰显共青团组织的本色和活动的精彩。

三、"奋发向上"是团干部成长的状态

敢于和善于展示是团干部成长的时代要求。展示，就是向青年，向社会展示共青团和青年工作的力与美，展示其创造力、感染力、感召力、影响力和蓬勃活力，展示其活力之美，智慧之美，协调之美和蓬勃向上的精神状态。敢于展示，善于展示，这是时代对团干部的要求。展示的实质是把团组织、当代青年和团干部的优良品质、工作成绩和精神风貌宣传出去，树立良好的形象。

要树立良好形象。团干部的形象关系共青团的形象，关系共青团事业

---

① 转业团干部访谈编号 1－30
② 共青团十六大报告学习辅导读本 中国和平出版社 第 14 页

的发展，也关系共青团服务和谐社会建设的能力。团干部没有好的形象，就不能团结、凝聚青年，团组织就没有吸引力和凝聚力，参与和谐社会建设就无从谈起。和谐不是一团和气，不是你好、我好、大家好。广大团干部要敢于坚持原则，勇于批评与自我批评，不能用原则作交换、视规矩为游戏。要不断加强党性修养，廉洁自律，自警自省，不能随波逐流。要真抓实干，脚踏实地，不搞形式主义，不搞哗众取宠，为共青团事业的发展作出实实在在的贡献。在中国共产主义青年团第十五次全国代表大会（2003年7月22日）上，周强提出：要始终坚持正确的政治方向，坚定理想信念，忠诚党的事业，热爱团的工作。要始终保持与时俱进的精神状态，锐意创新，开拓进取。要始终保持谦虚谨慎、不骄不躁和艰苦奋斗的作风，常怀感激之情，常葆进取之心。要始终保持清正廉洁，树立正确的权力观、地位观、利益观，自重、自省、自警、自励。要始终保持与青年的密切联系，深入青年，服务青年，做青年的朋友，做青年的表率。要牢记"群众利益无小事"，做到心里装着青年，凡事想着青年，工作依靠青年，一切为了青年，坚持为青年办实事、解难事、做好事。

图 一

团干部要通过一实二靠三展示的三个阶段来体现成长的基本理念，即正确的价值观、世界观和人生观，围绕中心服务大局的心理品质和挖掘所有潜能贡献社会的精神状态，我们可用树全貌图表示（见图一）。作为一名团干部，常常反省自己的言行，可以少走弯路，成长会更加顺利。当根基坚实，立柱挺直，精彩展示之后，就特别需要谨慎从事，低调做人，摆正位置，只有这样才能步子迈得更稳，走得也会更远。正如一位晋商所倡导的：天地生人，有一人应有一人之业；人生在世，生一日当尽一日之勤。争做一名勤奋、敬业、谨慎、诚信的新时代的共青团干部。

地域篇

"转业团干回头看"西藏地区调研报告

为了解民族地区团干部情况,团研所"转业团干回头看"课题组分别与来自西藏共青团不同层级不同领域的转业团干部进行了个案访谈。被访成员包括西藏自治区就业局副局长洛桑朗杰、区妇联副主席德吉白珍、拉萨市商务局局长范红英、拉萨市妇联副主席向巴彩喜、区人社厅农保处副处长杨宗彪、拉萨市电视台副台长格桑美朵、西藏山南琼结县环境保护局局长郑丹、西藏山南乃东县昌珠镇党委书记永珍、西藏山南乃东县宣传部部长洛桑曲珍和西藏山南地委文化局局长林萍这10人。通过转业团干回顾曾经的共青团工作经历和刻骨铭心的事件,提炼出这段经历和事件对成长的重要意义,积累了大量第一手资料。

我们的报告分为总论和分论两部分。总论是总体评估和基本结论,分论按课题要求展开,作比较细致的描述。

总 论

西藏地区访谈调研课题组总体感受:"西藏地域辽阔"、"团干部政治坚定"、"团的活动特色鲜明"。

地广人稀的地域特点。全区总人口为281万人(2006年末数字)。人口密度为每平方公里2.21人,西藏人口分布也很不均衡,多数人口集中在南部和东部。西藏全区共划1地级市、6地区、1县级市、76县。那曲、阿里、日喀则西部等纯牧区交通的难度更大。整个阿里地区共有7万人,共有两个县即则改县和格尔县,两县距离400公里,开好点车子也要跑上一天,并且没有油路,因此对于当地,交通工具的硬件设施是有要求的。转业团干部告诉我们,联系游牧区的青年很困难,有效工作载体和手臂相对不足,资金问题就更大了,仅仅一个游牧区的牧民培训项目就与内地不同；对基层团干部电话电视培训也不能达到全覆盖。

转业团干部表现出很高的政治素质。在我们访谈的十位转业团干部中，有六名是藏族，还有两位是藏二代，从他们讲述中，自觉与不自觉流露出对中华民族的认同和热爱，流露出对党对国家的忠诚，那种政治理想信念的坚定，对事业的忠心和赤诚让我们心灵受到震撼。特别是在讲到314事件时，他们与藏独分子进行机智勇敢顽强的斗争，坚守阵地，冒着生命危险解救和保护孩子和群众，帮助其他受困的干部和同志，那种状态给人以力量。在西藏地区，由于稳定是第一要务，使得他们相对内地的转业团干部来讲，其政治敏感度和政治理念要强得多。同时还发现一个特别的现象，很多内地的转业团干部，普遍谈到共青团干部最缺失应急事件处置能力，而西藏的转业团干部都没有谈及这类问题，但是从他们对转业后遭遇棘手事件或者在共青团工作期间经历刻骨铭心的事件描述中，你会发现每一位转业团干部无论是在共青团还是转业以后，都遇到过方方面面大小不同的危机事件，他们都能沉着应对有效化解。不难看出，他们的应急处理能力与内地的转业团干部相比，要更强一些。

活动上很特别，有特有的民族特色。共青团要把当地的青年组织起来，要结合独有的藏区季节和民族艺术等开展活动，比如那曲东三县当地牧民每年5月份要挖虫草，他们就利用这个季节就把青年组织起来开展挖虫草比赛，还有那曲人8月10日有赛马节，他们就举办赛马节活动，一方面有才艺和气质农牧民都云集过来，吸引方圆几百里村民参加，活动场面很火爆，效果非常好。藏区还有锅庄舞蹈，他们就以村为单位，开展集体锅庄舞比赛，不光赛精神风貌，还有服装设计等等，在活动中同时也把中央改革开放的好政策和青年教育引导的内容融合进去了。

透过这些特别之处，课题组看到了藏区团干部特有的精神风貌，较之于内地许多地区的团干部，他们有明显的特点：第一，他们普遍具有坚定的政治信念和立场，是可以依靠的政治力量；第二，他们很好地保持着共青团朝气蓬勃、积极向上的良好作风，风气正，事业心强；第三，他们拥有很好的学习能力和创新能力，能够胜任转业后的岗位要求；第四，他们表现出比内地团干部更强的处理复杂问题的能力和危机处理能力。

团组织建设存在的问题：目前藏区共青团工作也存在一些不尽乐观的状况，需要引起注意。最突出的问题是基层组织薄弱、基层团干部断层断档两大问题：有的地方团的县级组织长期缺乏专职书记，乡镇一级的团干部缺乏有一定的普遍性，这在其他地区是比较少见的。这既不利于共青团和青年工作的开展，也不利于后备干部的培养；在团干部层面还存在转岗引起的浮躁，部分干部不愿意下基层，少数干部状态暮气沉沉、缺乏活力，遇到困难不愿意面对，愿意享受不愿意吃苦等等，这些都需要有关领导予以特别关注。

分　论

本报告分论将结合团组织的属性特点，重点探讨团干部的核心素质问题，即通过回顾共青团工作经历带来的帮助，加以验证共青团岗位特性，进一步明确这些特性对团干部素质的要求；通过团干部转业后的不适应感受，发现团干部素质储备方面的不足；通过跳出团看团，真正对团干部自身提出成长建议，对共青团组织如何加强团干部选拔、管理、培养和输送方面的建议。

一、团岗位特质与团干部核心素质

经过对转业团干的调研，我们提炼了团干岗位的十大特质，分别是：政治组织的特殊性——讲政治顾大局，优秀青年的聚集性——积极进取理想追求，群众工作的广泛性——横向到边纵向到底，转岗机制的必然性——阶段性和过渡性，活动空间的广阔性——心有多大舞台多大，权力来源的魅力性——沟通策划协调能力，资源整合的无限性——从无到有，考核指标的弹力性——有为才有位，具有大学校的特性——不断学习学习再学习，个体区分的文化性——朝气蓬勃勇于创新。以下针对西藏自治区的转业团干访谈，具体谈几点。

1. 政治组织的特殊性——讲政治顾大局

团的十六届四中全会，王兆国同志再次重申了共青团的重大历史使命：就是巩固和扩大执政党的青年群众阶级基础。为了完成好这一使命就需要履行好共青团的四大职能，即组织青年、服务青年、引导青年和维护青少年的合法权益。团与党的这种特殊关系在我们与65名转业团干访谈中得到了很好的描述。他们普遍感到这种政治组织的特殊性让他们比同龄人更早成熟和快速成长。

由于西藏特殊的环境，对干部的政治标准是第一位的。

五号被访者说，我是从基层岗位上锻炼成长起来的，所以对共青团的岗位觉得还是特别的感激和留恋，因为对我今后人生的道路、事业的发展都起到了举足轻重的作用。为什么这么讲？我觉得共青团本身它的政治属性，确定了你从事这项工作的人，一定要他的理想信念特别的坚定，他是共产党的助手，是他的生力军。所以你做的所有的工作要围绕着党的中心和党的大局在做。所以通过在共青团工作过这段时间以后，我无论今后走到哪个地方，政治立场和立场信念这块好像就是特别的坚定，特别的牢固，我觉得是在共青团。

以上所涉及到的赢得党政领导的支持，围绕党政工作中心开展活动；守住道德的底线，抵制金钱利益诱惑；为人民谋幸福，政治责任感；发挥优势，做好思想政治教育；造福一方百姓，端正当官动机等等，都无疑是讲政治讲党性顾大局的具体体现，从转业团干部的视角中，这些都是从共青团这个岗位中获得的，并帮助他们快速成长起来。

在中国共产党党章中明确规定：共青团是党的助手和后备军，党有号召，团有行动，正是这种政治组织的特殊性，使共青团干部在这一特殊的组织体系中，学会了讲政治，学会了怎样跟党走，怎样结合党的中心工作开展青年喜闻乐见的各类活动，将青年这个群体紧紧团结在党的周围，最终要达到巩固和扩大执政党的青年群众阶级基础，完成实现中华民族伟大复兴的历史重任。

2. 优秀青年的聚集性——朝气蓬勃理想追求

在转业团干部的访谈中，普遍感到在共青团结下的友谊是最纯洁和最真诚的，为他们以后的事业发展积累一批优秀的人力资源，这些朋友的相互影响和彼此激励也很大程度上帮助了他们成长，所以他们发自内心地感谢共青团，没有共青团，就不会接触这些优秀的朋友，是共青团提供了这样大的平台，让他们一生受益。转业以后虽然也交往一些朋友，但已参杂各种利益关系，不像在共青团交往的朋友是事业凝聚，干干净净，什么时候见面都会接续团缘，传递团情。

二号被访者说，我的兴奋点是被共青团调动起来的。因为到了共青团以后，从办公条件来看很差，掌握的资源非常有限，然后下面都是一帮年轻人，他们对我性格上有一点影响，很热情，当时我觉得必须要干点事，那时候我要做点事情，不仅仅是落实文件，或者落实某一个事情而已，应该要去做一点事情。然后就去谋划一下，而且觉得好像这个责任越来越大，全市的青少年怎么去跟他们交朋友，首先对我来讲还是逼着我要去熟悉情况，但是到后来我有这种激情，我想去跟他们在一块，我就喜欢跟年轻人，天天小孩跟他们在一起说点什么，就想知道，我觉得可能在共青团岗位上把这个激情和热情给我调动起来了。

她也提出了对现任团干部的希望。希望他们政治上不需要太"成熟"，所谓的加引号的成熟就是少一些官气，多一些朴素之气，多一些大气，而且在个人的理论修养上，在作风锤炼上要下工夫，要把这个作为自己一辈子成长的过程来看待，不必作为一个最终的目的来对待。应该说咱们在团的工作岗位上，我也在这个团的岗位上培养出来这么一种激情和热情，我觉得我们要把这种激情和热情对待每一个人，每一件事情要正气，我想这个今后每一个人成长过程来说必不可少的，因为我们始终团干部都是铁打的硬汉，流水的兵，不同的岗位保持对共青团的这份热情和热爱，对待每一份工作，对待每一份事情，坦诚做人，踏实做事情。

五号被访者说，共青团的它的这个平台真的是非常的大，尽管他没有什么钱，也没有权。共青团这个岗位对于今后从事各种各样工作，给人一种工作的积极性、向上的激情、乐观向上的这种性格和这种强烈的事业心或者是责任感，好像一直就伴随着你，当时就是奠定了这样一个基础。所以你走到哪里去，总是觉得要把这个工作做的特别好，特别尽心尽力的去做。现在回过头来看的话，我工作了二十多年，已经走了六个单位，等于说走的单位比较多的，但是说共青团这种岗位，始终是让我对所有的工作都充满一种激情、充满一种好奇、充满一种热情。

在中央团校里也流传这样的一句话：聚是一团火，散是满天星。他们就像天上的星星，无论走到那里都会闪闪发亮，一旦聚在一起，就会一团燃烧的火炬发出夺目的光芒，这就是共青团独有的特性。

3. 青年工作的广泛性——了解青年横纵拓展

共青团十六届四中全会将青年群众工作研究列入今年的重大课题之一，这与当今社会的复杂变迁和国际人才争夺的大环境和大背景是是分不开的。在共青团领域常说的一句话就是让党放心，让青年满意，实际上如果青年能跟你共青团走，你能在党最需要的时候能把青年组织动员起来，让党放心才能落地，目前的问题是青年是不是听你的，不听你的，怎么可能让党放心呢？因此从逻辑关系上讲，让青年满意是根，让党放心才是果。

而随着时代的变化，青年的诉求和喜好也在不断变化，如何能够把握青年诉求，真正服务青年，从而能够组织青年，是一个重要的课题。要了解、服务和贴近青年，青年的需求、兴趣和诉求要满足，要和青年打成一

回眸共青团岁月——转业后的思考

片,做做青年友,不做青年官,有联系青年的特殊本领。

五号被访者说,这个时候现在这种世界风云的变化、又是网络时代、信息时代,各种思潮错综复杂的,人的思想又是这么复杂。我们九十年代末的时候相对来说是改革开放的中期,相对来说还是比较单纯的,现在包括小学生的小孩思想都是很复杂的,你要把这些人的思想要凝聚过来,要团结过来,必须要了解他们的所思所想,团的共青团的岗位还没有一点新招、没有一点新作为肯定是不行的。

九号被访者说,我在团岗上经历了3、4年的时间,确实各方面我觉得锻炼了自己,特别是怎么样面对群众,怎么样面对基层这块可以说是在团岗上也练就了这个,就是把自己放低一下,然后真正能够赢得老百姓。

在访谈中,转业团干部普遍提出要关注群众的需求、利益和兴趣点。

4. 资源整合的无限性——沟通策划协调能力

共青团不同于政府部门,是没有实权也没有很多钱的部门。要开展丰富多彩的活动,不仅需要团干部自身的努力,还需要获得多方支持,整合各种资源。

共青团岗位给了一个努力做事,在做事过程中去增强组织协调能力,锻炼提高自己的工作水平这样机会,因为共青团性质无权、无钱,但是还要做事,要想把事儿做好就要争取各方面的支持,整合各方面的资源,这本身就是一个锻炼,所以共青团这个岗位恰恰因为它清贫的性质,让共青团这些人实际上是克服许多的实际困难,要把事儿做成,对于团干部来讲是一个很大的收获,可以锻炼自己组织能力、协调能力,与人沟通能力。

三号被访者说,我觉得我在共青团这14年间,感觉最深的一个收获就是说,组织协调能力在这个岗位上可以锻炼,而且是充分的可以锻炼。因为大家都知道共青团是一个清水衙门,现在这个社会上动一下其实都是需要一些资金,物质上的东西。但是在我们的话,如果平时在没有经费的情况下,我们要办成事,我们要靠我们的真诚去感动别人。所以这种我觉得我们团干部的本事就是可以在没权没钱的情况下办成事,这就是我们的本事。

四号被访者说,我在局里参与了《劳动合同法》和《就业促进法》这"两法"的宣传。这两个法的厅领导要求我说,你是共青团出来,一定要搞一个丰富多彩的一场活动。然后我就和相关处室同志们,一起在拉萨市电视台用文艺性质的搞了一台宣传晚会,要求各地市报节目,同时我通过我自己原来当了很长时间青联工作的优势,把我们文艺团体的青联委员请过来，反正我请过来是免费，然后请他们搞了一台晚会，效果也非常好。这也可能是劳动厅有史以来搞的第一场这么大规模的晚会，花钱也不多。

而且，从共青团岗位走出来的人，往往能够感觉资源是很珍贵的。九号被访者说，我觉得对项目资金经费我觉得确实来之不易，很懂得珍惜，所以对自己不是说是很严格要求，但是已经好像都成了这种习惯似的，已经成了你个性中的一部分，觉得应该是这样，而是不应该去挥霍。

一号被访者说，我觉得团有一个重要的特点，团本身就是一个有一点像清水衙门，你开展团的工作要自己挖掘一些资源，咱们要整合这个资源，你到了一个有实权的部门以后你就比较的珍惜这个岗位，然后最起码在清正廉洁这一块上做的比较好，这些可能是人的责任心也强一些。主要我们这里针对的是农民，一百多万，应该说像是作风这一块上面团的干部也是很明显，一个是责任感，我们确实也是替老百姓着想，这个也是优势。

二、转业后的不适应感受回头看团干部素质提升

1. 转业到陌生业务部门，要重新学习

团干部转业之后，很多人会在一定时期有不适应的感受。对于团干部与其他干部的差别，我们可以从团岗位性质和团干部自身两个方面来讨论。

首先，很多转业团干反映，转业到业务部门去之后，由于不懂业务，一切都要从头开始。这个问题是普遍存在的，由于团的岗位赋予的责任较少接触经济等方面的工作，所以转到经济等业务部门的团干部需要重新学习许多业务知识。

四号被访者说，当时确实是两眼一抹黑，啥都不懂，因为劳动厅涉及到的业务非常强。周围的人，我说句实话那里面所有的人，我一个人都不认识，整个单位里的人一个都不认识，然后业务这块不说很陌生根本不懂，全部的从头来，感觉压力很大。一切从头开始学，当时我就听人家的，因为我不敢说出来，因为有很多政策咨询的，特别是养老的，有些是老革命、老工人那种，他们过来就觉得待遇可能有点低，然后我们是什么情况。当时我们在共青团我觉得业务员比较熟，好像话也可以随便说，但那些地方一说，社会保险处有个男处长他跟我说的，你们必须要给我做。在政府部门和团委部门就是这个区别，不能乱说话。

一号被访者说：转业后的不适应主要来之业务的不熟悉。城乡居民农

村社会养老保险业务性比较强，像我们团干以前没有接触过，一下子刚来不太适应，要尽快的适应。下面打电话主要是问一些经办上的事情，这个我们很为难，我们刚过来问一些具体经办方面的问题，具体经办方面的业务，我觉得马上不好回答，我以前没有从事过，然后就犯难了，这个就感觉比较棘手。再有一点政策性也比较强，以前你像是党团的感觉比较明显，属于党的工作，现在转到一个纯政府的管辖范围，所以说这个跨度也有一点大。

转业是团干所必须经历的。如果进入业务性强的部门，难免会有很多需要重新学习的地方，所以在团的岗位的时候就不能懈怠。我们发现，很多团干部在团的岗位上，就养成了不断学习新知识，不断研究新情况的习惯。来到新的岗位上，虽然一开始压力比较大，但是几个月后，通过自己的勤奋学习，业务知识跟上来了。加上在团的岗位上，锻炼出来自己的组织协调等各方面的能力，积累了一些社会资源，往往可以有良好的发展。

其次，来到专业性强的部门当领导，很多人会觉得是外行领导内行，有不服气的情况。加之共青团干部往往年纪轻，更加有人会怀疑转业团干的实际能力。二号被访者也提到了转业后，业务和年龄两个方面带来的压力。她说，来到商务局有点不习惯，就是觉得人生地不熟的，面临两个压力。第一个可能工作的熟悉要尽快进入角色，从一个群团到一个经济部门，一个重要的职能部门，可能怎么样能够尽快的熟悉业务进入角色这个最主要，其次第二个压力我想也是我们共青团所有的干部可能都有这么一个感受，我们的班子里头都是老同志，我是最小的，里面我们那有些老班子成员有的跟我父亲曾经是同事，你想我想我怎么样跟我大的，但是可能在位子上比我低的，这要突出我怎么打交道，就让他们干工作让他们服气，同时我又能够调动工作这方面，这块对我来说是一块很大的压力。

团干转业要经历新的业务，到专业部门去的人往往不会的知识更多，压力更大。所以在团的岗位上就必须要重视学习。在团的岗位上，首先要成为一名优秀的团干部，获得团岗位给人综合能力带来的锻炼。然后，在新的业务部门努力学习专业知识，适应新的环境。一位来自自治区妇联的转业团干说，共青团的干部做什么事情有比较强的适应能力。因为共青团的干部不是专业人才，所以这种状态也迫使他们到了新的岗位以后，必须要学习、必须要去观察、必须要去琢磨、必须要提升自己，去适应这个环境。

2. 转业后压力更大，要加强应对

在政府部门往往面对的压力大，处理的事情复杂。相对于政府部门来说，在团的岗位上，经历大风大浪的机会比较少，是在相对安全的环境中成长起来的。但是，西藏的情况有所不同。由于西藏地区有非常复杂的民族问题和宗教问题，西藏的团干部在压力应急和棘手问题处理的能力方面，往往比内地的团干部更有优势。

首先，有的转业团干反映，在新的岗位上的确会面临比共青团岗位更大的压力。

一号被访者说，我在共青团呆了十四年，所以我的整个大半个人生青春都在共青团，然后突然一下过来。我经常晚上一觉醒来，这个事情还没有做，这个事情不知道该怎么做。我在团委不存在这些事情。说实话我在共青团没有什么头疼、晚上睡不着根本没有，在劳动厅这几年经常晚上半夜醒来，白天好像脑供血有点不足，这工作挺紧张的。

由于西藏是少数民族地区，有自己的文化传统和宗教信仰，民族宗教问题复杂，突发事件多，西藏的团干部比内地的团干部应对复杂局面的情况更多，因而得到了更多的锻炼。

一位来自拉萨市团委的人说，要说意识形态里面的东西不好准确地拿数字说话。但谈到宗教在影响青少年的话，它是影响的积极的一面，还是不利的一面，我们肯定要做一个分析。不能一谈到宗教就觉得不好。而且，宗教的影响力在有的方面是在减弱的。我以前长期在乡里工作，70后80后的小孩，对真正的什么叫藏族佛教，佛教的作为是什么，佛教真正的思想是什么，几乎没有多少人知道，这个可以说关注点都是在想如何去赚钱。那么对于农牧民青年这一块来讲，可能就是实用技术目前是最重要的，非常愿意学习的。如果一个劲的讲党的理论，咱们团的理论，那肯定是不行。在基层要是说农牧区的小孩，可能更愿意组织培训的时候是农牧和水利方面搞的培训，他们可能更愿意参加。现在的青年，你不能给他带来一点实惠，他真不愿意跟你玩。

在西藏复杂的情况之下，团干部们进行工作的时候，综合考虑的情况多样，面对的突发事件和得到的锻炼也更多。

3. 转业后更直面群众，要基层锻炼

有的转业团干部反映，转业到基层的某个部门时，不再是自己思考一些问题，传达一些精神，而是要实实在在地为群众解决困难。转业团干普遍反映，基层是一个很锻炼人的地方。一直在团岗位上的人和从基层锻炼上来的人，有一定的区别。基层经历有利于了解实际情况，锻炼人处理复杂问题的能力。

一位来自拉萨团市委的人说，文件上说的和实际感觉肯定是两个概念，机关里面的人，没有任何基层经历的人，到下面去做调研也好，做什么了解的时候也好，喜欢犯一个错误。把自己生活的圈子，自己生活的环境等同于生活。也许意识当中有差异，但是往往处理起来的时候，还是不知不觉的去把他等同化.

四号被访者说，我觉得共青团可以采取到基层挂职锻炼的方式，我觉得那个方式挺好，但不要时间太短了，可以在县里面具体分管一个部门。因为在县里面是很锻炼人的，如果你在县里面分管人力资源社会保障的话，县里面就那么几个人，什么都要做，这样就可以得到充分的锻炼。

他觉得大学毕业应该下基层锻炼，不管在县里也好，还是在基层其他机关也好，工作一定时间三四年再进团机关。比如罗梅书记，干了县长到我们团委当副书记，我觉得在基层做过事的人和没在基层做过事的人完全不一样，想问题的方式、工作思路和工作作风是不一样的。

不过，对于转业到基层去，或者毕业直接去基层，有很多人还是有所顾虑的。一位来自拉萨市团委的人说，让大家现在到下面去，他们绝对不去，因为下去了就有可能回不来，所以一般都愿意到各大厅局去。和一位基层工作人员聊天时，那位基层的人说，我的同学是汉族，到了乡镇里面听不懂藏语，但是每天要跟着去，人家开会用藏语讲，他坐在那儿，天天都是这样子。以至于后来我们交流的时候都很有障碍，首先目光都很呆滞了。

他又说，林木县最远的乡的一个团干部，是山东大学日语系毕业的，坐在那个乡里跟牧民坐在一起，专业可能没有多久就还给老师了，根本没有充分的调动人家的积极性。要让大学生有基层经验，我觉得初衷很好的，但是这种一下子扔下去的方式，如果没有关系的话，他就一辈子在那儿待着了。我觉得这种不是很好。从宏观上讲的大的用人制度确实不错，下去有了经历再调动，但是执行起来不是那么回事。

3. 转业早晚的矛盾性，要摆正心态

共青团是铁打的营盘流水的兵，人员必将要进行流动，其工作性质具有阶段性和过渡性。每一位团干部都面临着转业的问题，但是每个人对待转岗的态度以及价值取向很不同。转业的早与晚，似乎又成为了一个矛盾。有的团干部认为，转业前的浮躁是普遍性的，是团岗位的特性决定的。因为这个时候在团的岗位上做了多年，对自己的前途去向又全然不知，的确是会产生焦虑和浮躁。不过，从实际的案例中可以看见，有的团干部在团的岗位上时间很长，却一直没有丧失热情，踏踏实实不断地把工作做好。

转岗时间多少不应该是个学术问题，要应将研究的重点放在转岗背后的动机上。如果你只是为了升迁，当然在共青团的时间越少越好，如果长时间没有转岗就会心浮气躁；如果你是为了增长才干蓄积能量，无论在岗时间的长短，都会沉下心来，转岗只是一个很自然的事情。

三号被访者说，外界常认为团的干部提拔快，年纪轻轻都是有希望的，好像到了这个岗位上就是提拔，提拔了以后出去就是当官，就是有仕途。团内的人如果也这么看，很多人就会心浮气躁，干工作的目的不是说我要去把这些工作做好，最起码对得起我这份工资，更多的是为了某些别的利益。

一位来自西藏自治区妇联的转业团干说，共青团这个岗位，由于它的时间，在共青团岗位上工作的这个时间是有期限的，这是一个"青春饭"，到了什么年龄点，处级干部就得走，书记到了什么年龄，都得走。所以在的那个期间里头，我们可能更多的去轰轰烈烈做很多事情，然而静下心来，沉下来，或者是真正的提高自己的自身的一种内在的一些东西方面，我觉得可能还是缺乏一点。比如静下来思考问题，写一些有深度的文章，或者是跟我们党委、区党委提出一些很好的建议，或者是做一些广泛深入的调研，摸清当前的这种青少年的状态。我们需要认真的去研究现在我从事的这个工作，静下心来，然后去扎实的做，与我们共青团的特质结合起来，去做任何工作我觉得都是一种推动力。

团干部的提拔应该是时间加上经历加上能力等于提拔，不是时间等于提拔。如果把经验跟能力丢掉，单纯认为时间等于提拔，那共青团会太浮躁。如果没有锻炼到能力，人就没有敦厚感，走台阶的时候会越走越吃力。

与此同时，很多转业团干也提出了在团的岗位上，不宜时间过长的问题。因为去业务性强的部门，是需要重新学习的。如果年纪过大的话，学习起来不会像年轻人那么容易，接受的部门也不大愿意要。六号被访者说，我觉得这个团干部还是要往基层走，走的快比太慢要好。转的太慢了，年龄优势没有了，身体优势没有了，对业务不熟悉，要重新熟悉最起码要 3 年，谁愿意要呢？快些转业能够让团的岗位流动起来，活跃起来。

四号被访者说，因为我在共青团呆了十四年，所以我的整个大半个人生青春都在共青团，然后突然一下过来。所以我建议共青团的干部早点转业，并且早转多政府职能部门去，对自己确实管用。我经常晚上一觉醒来，这个事情还没有做，这个事情不知道该怎么做，我还的起来想。我在团委不存在这些事情。如果你转到政府部门人事上，机关党委，这些就没问题，跟我们的工作差不多，因为共青团主要锻炼一个组织能力、一个协调能力，这是最主要的。但到了政府部门当然这个有用，但更主要是要学业务。

可见，转岗问题是需要制度上和团干部们共同关注的。团组织要更加照顾团干部们的感受，为他们的发展着想，解决他们的后顾之忧，给他们提供踏实工作的环境。团干部们要摆正心态，把心沉静下来，在团的岗位上充分锻炼自己的能力，为团组织做出贡献。

三、团外看团，议团组织健康发展

1. 重心下移，把握抓手

基层团组织覆盖不足，是全团的一个普遍问题。团中央陆昊书记在多次讲话中，都提到了组织青年的重要性。但是基层的团组织建设，又面临着组织部健全，人员和经费缺乏的问题。

六号被访者的人说，现在的很多基层团组织，没有人去组织。那么多的青年，务工青年、返乡知识青年没有人组织，他们思想没有人去教育，你说基层团委就能活跃起来吗？然后我们西藏的长治久安能有吗？真的是基础不牢，地动山摇，最基础的组织都不健全，最基层的组织活动都没有，你说让老百姓天天上课是不对的，你要开设这些丰富多彩的活动，从这以后进行思想教育，让他们热爱生活，让他们去创业，让他们去就业，所以我们团委有帮助，这些年轻人就在社会上晃来晃去，于心很不忍。今天早上我就带 6 个小孩带我爱人交警之家开的餐厅，然后需要服务员，我把他们带过去，讲了讲他们的基本情况。家庭贫困有的，考不上大学的，这些人长期放在家中或者长期让他在社会面上漂着的话，绝对是不稳定因素的。就要让他们有工作，那需要谁去帮助？需要共产党人，共产党的领导干部，需要团委去搞这些事，要么你说团委没有作为的话哪有地位？我们要认真考虑，而不是去搞表面上的东西。锦上添花需要，雪中送炭更需要，我们群团组织应该怎么去开展工作，你的着力点要找到，你的层次在哪，需要思考老百姓的所思所想。

一号被访者说，县的这一级，存在一个断层，我们西藏到了任务比较重的时候，经常没有人了，经常会出现断层。到乡里没有了团组织。现在共青团趁着这个"基层建设年"把基层组织好好建设一番，上面有头下面没脚，这工作确实没法开展。

2. 转岗制度化

很多团干部提到了转岗不规范的问题。在转岗的时候，如果遇到比较重视团工作的党委领导，团干部的转业往往比较顺利。如果党委领导不重视团工作和团干部，团干部的转岗往往迟迟不动，动也只能转到比较边缘的部门。所以，担心转岗问题会带来一些浮躁的氛围，在转岗时团干部们往往八仙过海各显神通，有门路的就各谋出路。

一号被访者说，我觉得可能是到了转岗的年龄的这一个群体相对来说是比较浮躁一点。因为想到马上要到一个新的岗位上了，也不知道下一步到哪个岗位。有的时候会有一点浮躁。

首先，转岗的顺畅性需要重视。在2011年的某市团市委的转岗中间，一次性转走了四个中层干部，是力度比较大的。据介绍，这里有很多年没有团干部转岗了，这四个人中，有的人已经在团的岗位上工作了19年了，的确是比较长了。可见，团干部的转岗问题需要党委部门和上级团组织的重视。党委部门可以给予团干部更多的关心，帮助他们落实转岗的问题，而上级团组织可以帮助团干部与各个部门多沟通。如果领导重视关心，团干部就不用自己寻找和动用各种关系，去寻找接收单位，心态也能更加平和，工作更加投入。但是，仅仅依靠领导个人的重视又是不够的。一个组织中间，团干部的转岗情况经常会随着领导的更替而好好坏坏，起起伏伏，如何把团干部的转岗问题纳入更多的制度性安排，值得思考。

其次，团工作的连续性需要保障。经过访谈，我们了解到，有的团组织中间团干部转走了，但是接替的团干部又还没有任命。因此，会出现一段时间的空档期，事情积累耽误下来，后来的团干部也面临着交接困难的情况。有的团干部提出希望可以接替的干部先上任，然后过一两周转业团干再离岗，这样就可以有一个"传帮带"的过程。不仅可以让新上任的干部迅速熟悉工作，更重要的是团工作可以有连续性。

3. 创新联系青年的活动

不同时代，大环境在不断变化，青年的需求在不断变化。所以，组织青年要针对青年特点开展服务和活动。

另外,在西藏地区进行团工作,要把握民族地区的特点。目前的培训中,针对民族地区开展团工作的典型素材不足,找到合适的载体比较难。

一号被访者说,在西藏从事共青团工作,主要针对的还是青年的牧民,你要和青年的农牧民连成一片,一定要了解他们在想什么,西藏这一块又比较特殊,有宗教是比较严重比较普遍的,需要把握宗教信仰对群众世俗生活的影响。西藏少数民族有他自己的特点,比较爱唱歌爱跳舞,这个适合共青团来开展工作,你要抓住这些来开展,就是要找他们比较喜欢愿意的。

六号被访者说,农牧块最喜欢的就是用文化的软实力去推动他们的思想交流,而不是开会。开会的话他们会来,爱听不听的。用文化、文艺这种形态特别好,老百姓自己也参与,他们也爱跳舞,现在的老百姓生活好了,他们的精神文化这块需要,这块的话就是要利用这些东西。我们用自己本地的锅庄舞举办比赛,比赛可以比较出很多东西。比如服装,比如你的笑容,动作整不整齐,组织的人数。老百姓这块一参与他相互之间有比较了,我们好好的练什么歌,然后服装怎么做,慢慢有这种相互之间有沟通,从这可以有很多教育。无形的教育,你看以前能这么跳吗?旧社会能这么跳吗?改革开放之前咱们那么穷你能跳舞吗?先要把自己的肚子填饱,现在为什么能跳舞?政策好了,中央给这么多扶持,现在为什么这样老百姓能跳舞?那就是机关的干部,党员都在为这个丰富农牧民生活做工作。

一号被访者说,团和牧区的这种联系的载体还是缺乏的。怎么通过一个有意义的活动,怎么样把农牧民和团的工作结合起来,这种结合点还是比较少。赛马节一般是在8月10号左右,我们通过赛马节来发了这个文件,举办了一个选俊男靓女的比赛。由下面的宣传部来牵头,宣传部下面有工会来配合,有工会团委还有妇联来配合,直接到乡镇来物色村民,一方面农牧民一方面有才艺,第二个方面就是形象气质比较好的,就联系起来了,这样青年人都参与进来了都觉这个活动挺好的,都愿意去展示一下。票售出去,整个会场都坐的满满的。

4. 加强制度化培训

在西藏,很多团干希望可以增加培训交流的机会。

关于培训的时间,有的西藏地区的转业团干反映,去内地学习的时间太短了。只看到些表面的东西,还没有学习到精髓就回来了。希望可以去内地挂职锻炼半年到一年，这样可以学习地更加深入。

一号被访者说，我觉得培训交流比较少，西藏没有省级团校，像我们在基层的话，地区和县这一级可能在转岗前参加过，可能团中央的培训一次都没有过。像远程教育，团中央在书记那的讲课，我觉得那个挺好的，你想直接到团中央到那么团校还要考虑成本等其他因素，可能还比较少，但是通过那种形式，直接远程的讲了团的工作态势，下面的比较一起，我觉得这个已经有意义，有针对性。我们到下面去讲课讲的还主要是工作态势那一块。

关于交流的地点，有的转业团干反映，学习中有一个问题，即在发达地区看到了很多先进的东西，但是回到西藏后，西藏的条件也不具备，不能运用于实际。结果在外学习后，回来还是和以前一样工作。由此，也有团干部提出，希望能够去西川、青海等地的藏民区去交流学习，可以更有针对性地交流，把先进的方法运用于西藏。

四号被访者说，藏区的团干部可以相互交流。我所指的藏区可不是西藏自治区，我指的是藏区，四川也有藏区、甘肃也有藏区，青海。干部之间可以相互交流，自治区团委统战部的副部长可以弄到四川省团省委统战部当副部长。我觉得像我们的话，我们研究一些政策，我们主要是周边的这块，青海、新疆、甘肃、四川，我们参照这一块，不会说我们参照上海、广东。

关于培训的内容，一号被访者说，西藏的共青团的训要讲少数民族的个性，要从共性和个性这两个方面来讲。西藏从事共青团工作，主要针对的还是青年的牧民，你要和青年的农牧民连成一片，一定要了解他们在想什么，需要把握宗教信仰对群众世俗生活的影响

另外，西藏90%以上的藏民都信教，如果完全不懂宗教，就难以走入藏民的内心。把宗教内容教育加入培训里面，在培训里面添加宗教的基本知识，使团干部们队西藏的宗教有一个初步的了解，可以方便大家开展工作。

四、对在岗团干部的建议

一个团干部的成长需要多方面的因素共同作用。如果把团干部的成长因素看作一个人体，那我们可以把不断学习看作是头；把基层锻炼和了解青年看作是脚；要寻找团工作服务党中心任务的结合点，把握团工作与青年乐于接受方式的结合点，把两个结合点看作是腰身。武装头脑，站稳脚

跟，腰身有力，这样才能成为一个健康的优秀的人。

1. 终身学习

在中国共产党党章上规定：共青团是学习共产主义的大学校。从众多的转业团干部访谈中，不难发现，善于学习和思考是他们成长的动力源泉。

七号被访者说，关于怎么解决团的困难的问题，要自己学习。你如果不了解情况，你去找领导解决问题，他问你几个团委的问题，你说不出来，问题就不好解决。首先第一个问题是学习，学习了知识以后，你再去找他就有可能。

他还说，学习这个东西，不光是要学习自己的知识，还要学党和政府的方针政策。我们经常写材料，如果连党和政府的方针政策都不了解，就没办法去写东西。做任何事情不能违背党和政府的方针政策，不能违背国家的法律法规，如果你写一个材料，跟国家法律法规相抵触，有些国家的法律法规到西藏有些是不能全部实行的，有些要以条例为准，在民族地区，特别还有民族政策，又要结合国家的方针，又要结合民族政策，这样不学的话你根本没办法去开展工作。所以如果不学习的话我们就没办法，一是没办法解决困难，也没办法知道你有什么困难。光口头说有这个困难那个困难，如果你什么东西都不了解，那也不可能。

团干部都面临着转业，即要面对新的环境，新的业务。很有启发的是：他们在共青团养成的好的学习习惯和学习方法，为他们顺利渡过转业不适期带来了极大的益处。

四号被访者回忆他刚刚转业的时候说，当时确实是两眼一抹黑，啥都不懂，一切从头学。我们看见他厚厚的笔记本，密密麻麻都做满了笔记。他凭借着这份踏实刻苦，7月份上班到10月份后，整个医疗保险这块已经基本上学的差不多了。他说，关于城镇居民的医疗保险，厅里要求谁分管、谁讲课。我讲课可能不行，最后还是把那堂课给讲了，因为我前期也做过一些准备，包括城镇职工的医疗保险、城镇居民医疗保险，共同之处但也有不同之处，我还是把那堂课讲了，效果也挺好。这样我自己感觉也有信心了，再在这个单位呆下去。因为我自己总觉得这工作我拿不下来，这个课一讲完我底气就比较足了。

2. 基层锻炼

国家机关中间曾经出现一个词汇叫做"三门干部"，三门即家门、校门、机关门。反映的是一些年轻人，离开家庭和学校后，一步进入国家机关，从来没有真正进入复杂的社会，走入基层，从而可能会不了解人民群众的所思所想，制定的方针政策难以契合人民群众的实际需要，在落实的时候可行性也不强。

在这次的访谈中，转业团干们普遍表示，基层是一个大学校，会给人很多的锻炼机会。基层的锻炼不同于团机关，它直面群众，每天都有很多的问题亟待解决。深入基层，才能真正走入人民群众的内心；面对困难，才能由压力转化为无尽动力。

六号被访者说，我在团委工作后，各个方面的培养也好，能力的提高也好已经差不多了，最需要的就是实践。团委毕竟是一个搞意识形态领域的组织，你再能干，你不能像到农村切身体验到底咱们的国情在哪里，咱们区情在哪里，在于拉萨市情在哪里？至于的民生是什么样的，你坐在办公室绝对感受不到的，你只有在办公室里想这个方案，想那个方案，发下来也许在县里面就不可能实施这些东西，因为你不是从基层你不了解基层。

我觉得我选择到基层去，我不是说有树立什么榜样，也不是说让别人去夸奖我，我就是觉得我的人生经历应该丰富一点，毕竟自己在这个土地上生长，有这么多的汉族同志，全国的支援，你不去建设你的家乡，你不去投身到非常需要你的地方？所以我选择下去。

3. 领会党的精神，把握中心工作

只有不断学习，领会党的方针政策，才能够实现共青团是党的助手和后备军的作用，根据自身的特点和优势，主动为党分忧。

五号被访者说，在意识形态领域当中，先进的意识形态领域当中不能够占领，不占主导地位的话，那恐怕可能危及的还是比较长远、比较严重的。现在社会矛盾又这么凸显，共青团在这个当中是什么作为，再加上我们西藏这种情况，政治，内地来讲怎么天天政治，政治是首要的在西藏，没有政治一切都是空中楼阁的，没有基石的。所以说构建社会的安定、和谐，没有一个很好的稳定的政治环境无法实现，可见共青团的责任和任务多大。我觉得要借鉴我们过去这些老团干的经验，还是要静下心来，围绕中心、服务大局，对当前的这种形势、状态、年轻人的思想状况要有一个很清楚的掌握和了解，要分析，然后有针对性的要给我们党做好参谋和助手这块。

七号被访者说，团干部要主动去争取干你的活，不要等领导的安排。

回眸共青团岁月——转业后的思考

如果真的等领导安排的话，你没什么事可干，你主动去为党委和政府想事、做事的话，你事情多的很。要主动承担事和责任，你要主动去把握政府的方针政策，怎么去把握这个度。既不越其他部门的职权，又可以为党和政府分忧。青年人干部要有朝气，要有活力，你怎么发挥你的活力的问题？我们充分利用各种资源，能自己协调的自己解决，自己不能协调的想办法，主动跟党委和政府汇报，经常向部长汇报工作，包括书记都放手让我们干。

三号被访者说，共青团更多的工作需要你动脑筋去想，就是怎么样围绕党政中心去开展工作，平时对工作的思考可能跟别的部门还是有所区别的。我们还是要创新，比如说今年我们政府，或者是党委开了什么会，今年提出了哪些议题，我们共青团可以围绕这个工作帮助党委政府或者配合他们做一些哪些事情，这是我们要思考的。以前就是领导让我干什么，我就干什么，后来让你独当一面的时候，你就必然要去思考很多问题。

她谈到，团工作可能务虚的很多，但是我们要把这个工作虚中作实。在学校部的时候，我们成立了预防青少年违法犯罪小组，做了很多工作，而且我们每年两次的工作会议、联席会。虽然那些成员单位对我们的工作，觉得团委你开这个会有什么重要的，请也请不来，但是我们的话，我们走到哪里你看我们的电话本有多旧就能够看出来，我们走到哪里要开会，我们就带着这个电话本，说好三点半开会，我们两点半或者是更早就去了，我们就一个一个打电话，一遍一遍催，至少5遍以上的电话他们才能准时的到。特别艰难。这个工作到现在，我们去年还得了第一。我在的时候是05年底，我们在八角街社区搞了一个法制学校，因为那边社区比较复杂，是拉萨最不稳定的地方，开展了法制学校，我们聘请了懂藏语的，法院的那些法官又挺热爱公益事业的，平时利用周末的闲暇时间就把那些居民，居民家的学生请来听讲。预防青少年，我自己一直认为其实共青团的工作真的非常重要，只是现在我们全部都是以经济为中心，大家都忽略了对人的尤其是青少年意识形态的一些关注，所以才造成了我们现在犯罪率的不断上升，这个也不可能是一场讲座就可以完成的问题，这个可能是要多方面的。

一号被访者说，我觉得共青团的人做人做事有一个风格，有自己的个性。比如说敢于提一些自己的想法，我觉得这个跟其他的部门不一样的，你要有自己的个性，对这样做你有什么样的意见，你有什么样的想法，这个就是在共青团的岗位上一定要提出来的，再有一个我觉得是在共青团里面锻炼自己与众不同的东西，这个对你转岗以后也有好处，如果大家都是领导说了怎么做，只有其中的一少部分人提出自己的见解的话，应该说还是比较好的。因为收获最大的就是这个。

4. 不断创新，青年化大众化

不过，仅仅学习了党的政策和共青团先进理论等内容还不够。共青团面对的是青年，青年具有喜欢新鲜事物的特点，又要求把握青年的心理，工作的形式不断创新。

九号被访者说：我们第一个打造的克松居委会，这是在全国都打响的。克松村是一个红色基地，我们现在对外宣传口径的话是以克松村这样宣传出去的，它是第一个西藏民族改革以后第一个党支部，成立的整个西藏，所以我们在这个一块宣传报道的话在全国的话可以说是全世界都有一定的反响。现在正在打造红色旅游基地，然后还有我们这边自编自演的今年又打造了一个《农奴泪》。这老百姓自编制自演的话剧，像这些的打造的话可以说整个在团口这块，你没有创新的话你根本没有立足之地，所以在宣传部这块我们也是每年有新的亮点，然后我们的京路有一个京市文明创建的一个示范点，我们这一块也是在自治区都是打响的。这个创意的话刚开始这块克松居委会就是有一个至百万农奴的一封信，第一个就是328，就是百万农奴解放纪念日，第一个纪念日，老百姓就发起了一个至百万农奴的一封信，这个的话是我们地委宣传部的策划下，我们就是协调配合，那么这块宣传媒体的话达到了1300多家，还有一个《农奴泪》的话完全是我们老百姓自拍自演，那么去年的话我们封锁消息3、4个月，让他们精心排练，我们部里就全力的配合支持，今年已经打出去了，我刚刚接到电话21号的话让我和我们镇党委书记在区党委主要领导21号要终审要我们过去，这个的话也可以说是打响出去了，这是老百姓自编自演的一部话剧，也是我们推出去的。完全事在人为，如果你干好了，无论换了哪一届领导他始终会重视的，不是说你援藏书记他们不是经过团岗的，只要你自己做好了，书记不得不去关注你，不得不去支持你。

在转业之后，转业团干们往往可以把在团的岗位上学习到的东西运用于新的岗位。四号被访者说，因为我是共青团出来的，我可能比较注重宣传这块。我把劳动监察这块我所看到的作为一个分析、作为一个简报报上去了，主要就是有些职能部门配合不到位的情况。张书记做了一个批示，请你把这些相关的建设、水利、公安等等部门召集起来开一个协调会，劳动监察这块有困难，就把这件事情解决。

他还说，我在全区搞劳动者维权公告牌，在西藏是个创新的工作。当我看到这些劳动者，他们不知道他们有什么责任、有什么权利不明确，然后我就做这个劳动者维权公告牌，就写上施工单位的名称，交没交社会保险、交没交工伤保险，工资是不是足额支付。第一块牌子我请我们自治区的副书记郝朋同志，请他给我们把第一块拍子揭了的，然后我们运行一段时间，把各地市的数据统计上来之后，因为这个最起码对业主这块、对业主是一个警士，对民工来说他也知道他的权利，他工资没拿到他应该往哪个部门去申诉，那个地方可以讨到他的工资。现在整个劳动监察这块的工作，我已经离开一年多了，他们还是按照我这块的模式在做，全区各地市县只要有建筑施工的地方都有这个。这个得到了张书记和郝书记的赞扬，这也是我们前年我在监察处的时候，厅里面比较出彩的一项事情。

在西藏调研期间，自治区党委常委、组织部部长尹德明同志和共青团区委书记程四曲同志接见了课题组成员，并对课题研究重要性和积极作用给予了高度的评价。特别令人感动的是：本次赴西藏调研，是我们研究所第一次和地方团组织有实质意义的合作研究，不仅从最初的访谈设计到行程计划安排，是与共青团区委副书记贺军同志、副书记王阳同志和共青团区委组织部等其他相关部门同志的精心组织周密安排和细致工作分不开的，而且在被访谈人员个案的选取方面他们也做了大量的工作，他们在访谈对象的转业层级的分布、团岗和转业时间、代表性甚至语言表述能力等方面都做了十分具体细致的考虑，保证了本课题要求的样本数量和质量。同时，他们还实际参与访谈并在帮助课题组成员适应高原气候顺利开展工作方面起了非常重要的作用。课题组在山南调研期间时，还受到了以共青团山南地委书记仓决同志等班子成员的盛情接待，大家在很短的两天内建立了很深的友谊并达成初步合作研究的意向。可以说，没有他们的大力帮助和支持，课题组不可能如期顺利完成进藏调研任务。

少数民族地区团干部队伍选拔与转岗的思考与建议

摘要：团干部是党的干部队伍重要组成部分，也是我国青少年事业和共青团工作的骨干。而少数民族地区团干部在维护民族团结，促进民族地区的稳定、繁荣和发展中更是有着重要的意义和作用。建国以来，中央各级部门深刻意识到少数民族地区团干部的重要性，出台各种政策推动少数民族地区团干部的培养和使用，并取得了一定的成就。然而对于少数民族地区团干部的选拔和转岗如何顺应时代的要求，打破原有选拔和转岗的瓶颈，实现团干部的"高进"、"优出"便成为关注的焦点。

关键词：少数民族地区　团干部队伍选拔　转岗

目前我国有56个民族，其中有55个是少数民族，他们有着自己的文化、语言、节日和宗教信仰。这些少数民族大多分布在西部地区和边疆地区，包括广西、宁夏、新疆、内蒙古、西藏等五个自治区和四川、青海、甘肃、四川、贵州、云南等八个含有自治州的省。这些少数民族地区在政治、国防、经济和对外关系上都占着非常重要的地位，少数民族地区的治乱、贫富关乎着整个国家的前途和命运。由此可见，对少数民族地区的治理和发展是我们国家的重要任务，特别是西藏的分裂事件和新疆的"七五"事件为我们的民族工作敲响了警钟。在维护民族团结，繁荣民族发展的过程中需要一批有能力有素质的特殊人才，少数民族地区团干部也是一支不可忽视的力量。

在少数民族地区团干部中，不仅包括少数民族团干部，而且涵盖了在民族地区做工作的汉人团干部。少数民族地区是我们统一的多民族的中华人民共和国的一部分，繁荣少数民族地区的经济，发展少数民族地区的科教文卫事业，维护地区的稳定和民族团结，不仅是少数民族地区人民的任务，而且也是汉族人民的任务。党在少数民族地区发展过程中提出了"三个离不开"的重要思想,即汉族离不开少数民族,少数民族离不开汉族,各少数民族之间也相互离不开。但是,在少数民族地区团的工作中,少数民族团干部仍然是骨干力量。

一、少数民族地区团干部队伍建设的现状

培养选拔少数民族团干部是正确解决民族问题、做好民族工作的关键。要坚持大力培养、大胆选拔、充分信任、放手使用,努力造就一支宏大的德才兼备的少数民族团干部队伍。加强民族地区人才资源开发,大力培养民族地区现代化建设需要的各级各类人才。目前,在少数民族地区团干部队伍建设方面,团干部的管理和培训工作成为了重头戏,而团干部的选拔和转岗输出却相对薄弱。

(一)少数民族团干部的选拔

因为少数民族地区的特殊情况,团干部的选拔便成为工作的重中之重。"党组织提名,团组织投票选举"和"党组织任命"在团干部选拔方式中约占80%,是目前少数民族地区团干部选拔采用的主要方式。此外现任少数民族地区团干部多数是来源于党务及政工岗位、行政及管理岗位、团的工作岗位,而来源于技术岗位、生产岗位和经营岗位的偏少,知识结构、能力素质相对单一。

(二)少数民族团干部的培养

改革开放以来,中央根据改革开放和社会主义现代化的新形势,强调培养造就一支德才兼备的少数民族团干部队伍是做好民族工作、解决民族问题的关键,制定了一系列方针政策,大力培养少数民族团干部。普遍开办各种民族团干部培训班和民族团干部学院。全国已建成多所团校,培养了大批少数民族团干部和各类人才。近年来,党和国家更是采取多种渠道、多样形式和多次培养的办法,使少数民族团干部队伍素质不断提高。其中包括开展理论政策教育、组织岗位培训、选派少数民族团干部挂职锻炼、交流任职和多层次多岗位任职,提高其实际工作能力等从2001年至2010年,团中央及有关省(区、市)委每年组织西部地区和少数民族地区担任一定领导职务的优秀团干部到经济相对发达地区挂职锻炼和培训学习、考察交流。通过10年的努力,力争使8000名左右的优秀团干部通过参加不同层次、不同形式的挂职锻炼、培训交流和考察学习,在政治思想素质、组织领导能力和改革创新意识等方面有所增强,进一步营造有利于

少数民族团干部成长成才的良好环境，为培养选拔更多更优秀的少数民族团干部投身西部大开发作出应有的贡献。

（三）少数民族团干部的输送

中央不仅培训和培养一批少数民族团干部，而且还为少数民族团干部提供了广大的发展空间和平台，不断扩大中央国家机关少数民族团干部的来源，并在部分中央国家机关进行试点。通过共青团的工作，团干部经受了实际工作和各种环境的考验，能力得到了培养和锻炼。转业——从共青团岗位转向党政机关、企事业单位从事新的工作，是每一个共青团干部都要面临的课题。一部分少数民族团团干部专业之后到了更为重要的工作岗位，把团的工作理念和作风服务于新的岗位，做出了突出的业绩。宁夏吴忠市的一名转业团干利用三年时间走访了辖区内的500多个自然村，充分发扬了团的实干精神。

（四）少数民族团干部的自身素质

党和政府针对少数民族地区和少数民族地区团干部的政策和关怀，不仅促进了民族地区的稳定和发展，也促使了少数民族地区团干部自身素质的提升。据了解，十多年来，参加过挂职锻炼的团干部，大部分已经成长起来，多数进入了更高一级领导岗位，发挥了更重要的作用。

二、少数民族地区团干部队伍选拔和转岗存在的问题

据国家民委相关部门介绍，为培养少数民族团干部，我国实行了多项优惠政策。例如，在公务员考试录用中对少数民族报考人员给予适当政策倾斜；工资政策适当向民族自治地方倾斜，逐步缩小民族地区同东部发达地区的收入差距；中央财政给予专项资金补助，帮助民族地区建立健全人才资源市场和人才服务机构，促进少数民族大中专毕业生就业，培养少数民族基层团干部人才等。但目前就少数民族地区团干部选拔和转岗仍然存在以下问题：

（一）团干部的选拔层面

1. 选拔机制开放性不够

从团干部的自我认知来看，传统的党组织提名、团组织投票选举依然是可以采取的主要方式，但是他们仍希望扩大海选和公开竞聘的力度。另一方面选拔时"出身问题"也是非常关键的，机关团干部、学校团干部和企业团干部选拔团干部的标准大多是在"体制内"进行的，极少出现交叉

选拔。这种模式使得团干部在岗位上的锻炼相对单一,缺乏活力,不利于团干部将来的转岗转业。

"因为现在涉及到公务员身份的问题,一个县里面团委书记的选拔能不能做到从一个工厂企业里面去选拔上来,这里面可能有些地方还能做好,但是有些地方就不一样了。什么样的人选拔到团干部,这个就是有一些因为通过领域发现企业工厂这些人选拔进来的岗位,他的后续发展空间更大,这是一个调研和研究的结果,反过来从学校进去的这个发展的路径会更慢,成长会慢一些。"①

2. 基层经验相对缺乏

团干部选拔所面临的另一个重要的问题就是"基层经验不足"。因为共青团是一个联系青年群众的组织,需要踏踏实实的基层经验去服务青年,维系青年。在现实过程中,团干部的选拔比较重视团干部的素质和年龄问题,选拔上来的团干部大多是大中专毕业生。尤其是在少数民族地区,非常注重团干部的知识水平和汉语水平,如新疆维吾尔自治区、西藏自治区都会选择会说汉语的少数民族人,接受过高等教育的人担任团干部,而且随着层级的升高,这种趋势就越加明显。在实际过程中,大中专毕业生从学校出来后,没有任何的基层经验,工作能力和方法都需要进一步的锻炼。

"我们就有一个想法就是大学毕业生不能直接从事共青团。尤其是咱们至少在市级选拔的时候一定要有基层的工作经验,这样的话我觉得可能更利于他今后的转岗。我之所以能转到县上去,除了是团的经历,更主要的是当时自治区党委看中的是我所学的专业,我主要是学经济的"。②

3. 队伍人员结构不完善

在共青团干部的选拔中,结构很关键,结构不仅包括层级机构还包括年龄结构。首先在层级方面,团干部的结构是"橄榄型"的,主要特征是基层和高层团干部较少,中层团干部较多。这种结构其实不利于团干部队伍的建设,基层团干部的数量需要进一步增加,这样才能更好的联系和服务群众。其次在年龄方面,选拔哪些人,要有一个机制,有一个老中青这么一个结构。目前在共青团中,青年较多,而中老较少,这会影响到共青

---

① 转业团干部访谈资料 TJG011
② 转业团干部访谈资料 TSW015

团工作的传承问题。只有调整好选拔的结构，共青团工作才能更好地开展。

"现在是贵阳师范学院，原来的贵阳师专也是正处级，组织工作是个副科级，另外还有两个副书记是一个副科一个正科，新来的学音乐的都是副科，而且都是80后，而我们大多是60后，我在想为什么会出现这种断代问题，这可能是因为1984年和1986年出现的方向选择问题。"①

4. 人员数量相对短缺

虽然西部大开发、"西部计划"等政策为少数民族地区吸引了大批的团干部和人才，但是从全国总体情况来看，少数民族团干部的数量还比较少，尤其是比例相对较低。少数民族团干部的缺口还是比较大，尤其是面临重大突发事件和国家提出的"六大建设"等重要任务时，少数民族团干部的数量和覆盖就成了我们需要解决的重要问题。因为少数民族地区团的工作比其他地区团的工作面临更多的挑战。在西藏地区，由于地域问题，青年非常分散，相互之间联系的比较薄弱，整个阿里地区共有7万人，共有两个县即则改县和格尔县，两县距离400公里，开好点车子也要跑上一天，并且没有油路，这给团干部的工作带来了不小的困难。如果基层团干部数量过少的话，根本就无法开展工作。而如何正确组织、引导、服务和维系少数民族地区青年又是一项重要工作，所以加强少数民族地区团干部的人员配备工作是势在必行。

5. 人员素质相对不高

由于少数民族地区特殊的地域、文化等环境，少数民族团干部的文化水平、业务素质、技术能力相对较低。少数民族团干部素质较低制约着民族地区的发展和建设，尤其是在面临重大事件的时候，部分少数民族团干部甚至出现立场不坚定，思想不清晰的情况，不能够冷静、从容的处理各种问题。

（二）团干部的转岗层面

1. 任期普遍较长

在团干部的转岗中，由于缺乏路径，很多团干部的任期比较长。有的地方甚至出现了五十多岁的团干部，任期过长使得团干部对工作失去兴趣和激情。

---

① 转业团干部访谈资料 TXX004

"第一个就是自己主动的要组织,要及时的转岗,因为团的岗位上呆的时间长了,就没有激情没有主动性,要尽早转岗,因为我觉得年轻的时候转岗到一个新的单位上接触新的业务到新的岗位上都相对接受的快一些,一转耽误了几年再去的话,学习一些新的知识的话接受的会比较慢"。①

"我就觉得要想干好工作,跑是第一位的,所以我在现场就不停的跑。但是跑了那么一年以后我感觉到虽然辛苦整天在坐车,那里是山区、路也不太好,路矿不好也很影响休息,但是我觉得下去以后看到老百姓的实际情况,看到自己的项目实施过程中存在的实际情况,对自己的启发很多,一定要亲临一线。我觉得我的这种热情、激情从哪来,主要是从频繁的变动工作岗位。我对所有的工作都很有新鲜感,工作要有新鲜感"。②

2. 转岗机制缺乏

团干部实现顺利转岗必须依赖良好的机制保障,针对团干部转岗输送的制度和具体措施比较缺乏。由于缺乏机制的保障,团干部的转业主要是靠自身的能力和关系,而不是政策的倾向,这严重影响了团干部转岗的社会认可度。

"现在我们团干部转岗面临的就是一个社会认可问题,社会上的认可有双方面。从社会的角度上来讲,就从上到下要呼吁、要宣传。就像刚才我们谈到的,我觉得应该说从 05 年以来,我感受比较深的共青团面临的问题。大家都不再谈论,过去大家都谈论。像我在团县委的时候,年轻人争得抢得要进团县委,为什么?因为这个地方一个是能培养,主要是成长的环境。但现在招不来人了,我们招不来人就有问题了,青年人不愿意进入团委了。这就是从家长对他的教育,像我们那儿为什么毅然的走出财政局,父母就觉得团委比财政局强。现在的青年他不去团委了,父母也不认为去团委工作有多好,这样你说我的父母难道不知道这个地方需要清心寡欲、没有权利、没有资金,窝在财政上头,虽然是个科员但我手里握着权力也不小,不亚于单位的副职,所以这就说明我们个人的问题。所以我觉得从上到下主要从上面领导呼吁,再一个加强县团干部的教育。③

---

① 转业团干部访谈资料 TDW001
② 转业团干部访谈资料 TSW015
③ 转业团干部访谈资料 TSW015

3. 转岗层次不合理

在团干部转岗的过程中出现了扎堆的现象，一种情况是一年一个团干部都没有转岗成功，另一种情况是现任岗位上团干部一下子全都转岗了。这两种情况都不利于团干部个人的发展和团组织的正常运行。

"这个单位是正处，我在的时候一个正处，两个副处还有两个正科，最人多的时候是13个，我原来在学校时候带着一批书记，现在都是团书记，他们说，不要说你，我们都看不起，他们那些小书记来开会我连门都不给他们开，所以我的想法还是转业的时候应该有规范有计划，怎么样转，要培养谁，要选拔谁，要把队伍跟着，不能青黄不接，这都是团工作一种无意识的，一夜之间全转完了。"①

4. 转岗后适应困难

在共青团干部专业的过程中，不仅面临着各种社会关系的问题，还面临着如何转的问题，以及转岗后的适应问题。

"然后我觉得转业这块怎么说好呢？第一肯定是领导考虑的也有这种欠缺，第二肯定我觉得自身还是存在一些问题，因为这个社会现在整个咱们大的方面也好，必须需要稳定的一些能手，第一就需要一些搞经济的，然后法律的，然后团干部的素质要是不去充电，不去弄的话派到那个单位人家不要你，为什么？人家那个单位就是大学毕业以后一直在那干的人，你突然来个处长他很难接受，并且每个单位都比较有私心，他就想提拔自己单位里面的人，第二，他这个比较熟悉，这个人的工作作风，人品，我把你放这我这个工作你肯定拿不下来，我这个一把手也轻松，如果你这个突然外面来了一个人，给你这个位置，你又拿不下来，我这一把手还得跟你一起难受，我想是不是有这种考虑，然后我觉得这个团干部还是要往基层走，越走的快越好，越早走越好，我们现在回过头来在团岗位上是一种荣幸，也是一种难得的机遇，但是我觉得还是一种遗憾，呆的时间太长了，在团口最起码呆的5年差不多了，实在提不上去的人马上走到基层去，他还有机会慢慢的上，你到了一定年龄放到那个地方谁要你？年龄优势也没有了，身体也不行了，是不是？然后谁要你？"②

---

① 转业团干部访谈资料 TXX004
② 转业团干部访谈资料 TQW003

三、少数民族地区团干部队伍建设的建议

（一）健全选拔制度，保证团干部的数量与质量

为切实加强少数民族团干部队伍建设，要把协调解决少数民族团干部"入口难"问题，作为民族团干部工作的重点，开展调查，研究做法，提出建议。

一是将团干部的核心胜任力作为最主要的标准，进一步拓宽推荐集少数民族地区团干部的渠道，使公开选拔、竞争上岗逐步成为主要方式。选拔政治素质高、业务能力强、群众基础好、品质作风过硬、知识结构合理的优秀青年走上少数民族地区团干部的工作岗位。二是完善民主选举，改变把党务和团口、行政管理口作为选拔团干部的主要渠道的做法，注重从多元岗位选拔团干部。三是根据中央有关规定精神，应该逐步做到少数民族团干部占其人口比例大体相当。少数民族人口除少数自治地方外，一般在当地都占少数或极少数。团干部比例与人口比例相当是实行民族平等的一个具体体现，也是少数民族参加管理国家大事和地方事务，成为国家主人公的具体体现之一。尤其是在少数民族人口所占人口比例很小的地区，还应该在少数民族团干部所占比例上适当放宽，真正做到少数民族团干部不"少数"。

（二）在转岗输出上，要建立科学的输出管理机制

一是少数民族地区团干部队伍建设要注重从团干部建设向青年领导人队伍建设进行转化，这样有利于多种渠道输送团的干部，将团的干部输送到各级管理岗位。二是从少数民族地区共青团和青年工作的发展走势看，要在更宽的视野中考虑企业共青团干部的发展方向。三是健全转岗的各项制度，解决少数民族团干部任期长已经转岗结构不合理的问题，建议总体任职时间以3年左右为宜，并且要分批次进行转岗，而不能一个也不转岗，也不能"一窝蜂"的转岗。四是建立转岗培训计划，加强转岗前有针对性的序列培训。五是本着团要管团的原则，上级团组织要建立检查落实机制。建议少数民族地区团干部团委书记转岗问题，除地区管理之外，团中央也可以在其中发挥作用。

总之，少数民族地区团干部的选拔和转岗不仅关系到团的"入口"和"出口"问题，而且还关系到团的工作成果。所以我们必须清晰地认

识到少数民族地区团干部的现状以及其选拔和转岗所面临的问题，健全选拔制度，优化输出机制，从根本意义上实现少数民族团干部的"高进"和"优出"，培养出更多的优秀干部人才，促进民族地区共青团工作顺利的开展。

 # 层级篇

不同层级团干部综合素质储备与成长建议总报告

引 言

"一个人的综合素质决定着这个人的发展前途和方向"。在访谈中这是我们转业团干部说的最多的一句话。背后支撑这句话的是他们在实践中获得的丰富经验和深刻教训。作为一名共青团战线上的理论工作者,有责任有义务将他们的经验和感想告诉给我们仍奋斗在共青团领域的年轻将士们,目的只有一个,就是希望这些团干部在共青团这个大熔炉里多多储备,快快成长。

在我们的日常生活中,"素质"这个词对我们并不陌生,在字典上也有很多注解,这里不一一列举。单从字面上也可以看出,"素"通常与数量相关,几个,多个,"质"是性质或者特性,通常与"固定"和"固化"相关,前者是变量,后者是不变量。严格意义上的素质既有变量又有不变量。比如对一个人来讲,不同阶段的素质不完全一样,是在一个常态的变化中,但在成长中某个阶段是相对稳定的,这个阶段里的素质相比较其它阶段里的素质是不同的,但有一定的累计叠加效应。作为研究者我们很关注这一阶段新增的素质部分,还有,这个素质有几部分组成,它们之间是怎样的关系。现在研究领域内,有些文章里往往把素质和能力混同,我认为是不准确的。

在转业团干部大量的一手访谈资料中我们可以看出,素质包含着两个部分:知识技能层面和心理层面上的内容,前者比较容易显性,后者相对隐性,比如"社会责任、自我认识、人格特质和行为动机"等,就是心理层面的。就团干部培训工作而言,知识技能的补充是完全可行的,心理层面的培训则相对较难,需要更长的时间,需要社会支持系统的共同参与来完成。

课题背景说明

一、课题的研究方法和目的

《转业团干部回头看》课题采取的研究方法是个案深度访谈,通过回顾共青团工作的经历,讲述刻骨铭心的关键事件,挖掘共青团工作经历给他们的成长带来的帮助和素质储备,从中提炼和分析共青团岗位特质,进而分析这些岗位特质要求与团干部素质储备间的对应关系,探讨该层级的共青团干部应该具有的核心素质;通过描述转岗后的不适应和棘手事件的处理反看共青团干部在共青团岗位中的素质储备不足,分析这些不足与共青团岗位特性局限性之间的内在关联,并结合他们提出的培训需求和培训建议,最终为构建一套科学的培训理念、灵活的培训模式和实用的培训内容等体系设置方案提供相应的实证依据。

二、课题目前进展的情况

该课题研究历经三年,总进度是分三个阶段进行的,一是通过访谈提炼出共青团岗位的普遍性特质,目的是使在岗的团干部进一步认清该岗位的性质,尽快熟悉并进入角色,真正达到珍惜岗位,在该岗位上有意识储备核心素质,快速成长;二是通过访谈找寻团干部,特别是当今团干部成长中存在的困惑和难题,为团干部的培训提出有价值的建议;三是随着个案的累计,分层级分领域分民族分性别分地区等进行分类研究。目前课题已进入第三个阶段后期,即层级、领域、民族和性别等分类研究过程。希望从各层级转业团干部回头看团干部的素质储备问题,最终为不同层级的团干部的成长进步以及团组织培训等相关问题提出建议。

目前访谈个案共 78 名,分布在辽宁、山东、江西、安徽、陕西、宁夏、浙江、北京、西藏等地区,历时三年,访谈约 200 多个小时,访谈资料约 80 余万字,这些来自不同层级和不同领域的转业团干部关于共青团工作经历所带来的帮助和一件刻骨铭心事件方面的描述,通过分析和总结这些资料,我们初步提炼出十项共青团岗位的普遍性特质,这些岗位特质对应着不同层级和不同领域团干部一定的素质储备要求。这十大特性：一是政治组织的特殊性——懂得政治 顾全大局；二是优秀青年的聚集性——积极进取 追求理想；三是群众工作的广泛性——了解青年 服务青年；四是转岗机制的必然性——沉稳心态 适应变化；五是活动空间的广阔性——把握中心 纵横拓展；六是权力来源的魅力性——青年朋友 善于沟通；七是资源整合的无限性——组织协调 珍惜资源；八是考核指标的弹力性——自主发展 有为有位；九是具有大学校的特性——终身学习 积累经验；十是个体区分的文化性——朝气蓬勃 勇于创新。

在研究分析这岗位十个特性时，我们发现这里有一个很有趣的现象，就是有些岗位特性带有两面性，如同一把双刃剑，有积极方面的作用，也有负面的作用。因此，本文力求遵照辩证的方法，实事求是对岗位特性所带来的问题进行客观的分析判断。

本文以不同层级的转业团干部访谈资料为依据，从共青团岗位特性和素质要求、转业后不适应方面的描述以及对团干部成长和培训方面的建议三方面加以分析和阐述。

报告一：团中央层级转业团干回头看

2名团中央层级转业团干部都是来自团中央部门的负责人。按照研究规范和被访谈者得要求，所引用的资料不出现真实姓名，故所引访谈资料以编号代码出现，团中央TZY001—002。

现就团中央层级转业团干部关于共青团工作经历所带来的帮助，转业后不适应方面和站在团外如何看共青团干部和团组织等方面进行描述和分析。

一、透过经历和关键事件看共青团岗位特性和素质储备要求

（一）政治组织的特殊性——懂得政治 顾全大局

共青团带给人的懂得政治，把握大局的能力，得到了很多团干部的认可。"共青团十五年给我打下了牢固基础，这十五年让我受益终生。共青团给予我最多的，我觉得首先是一个把握大局的能力，因为共青团作为党的后备军，是一个先进青年的群众组织。同时共青团的群体是一个有追求，有作为，有激情，有创新的组织。所以，在工作上，首先要干好每一

件事儿，做好每一项工作，首先要着眼于大局，着眼于全局。所以共青团使自己提高了一种把握大局，把握全局的能力，拓展了一个视野，提出了一个工作的出发角度，这对我来说是最重要的一个工作基础，对自己是一个锻炼提高。"①

"共青团让我获得的财富之一是政治判断能力和政治敏感性。随着社会角色的变化，工作角色的转换，这方面就体现的非常明显。"②

懂得政治能让一个人在重要事件面前，分清大是大非，不会走错方向。"在日常工作中可能遇到过应急危机处理，但是不是经常遇到。但是转业之后，我看过很多应急处理的问题，在这个事儿的处理问题上，过去的工作理念，过去的工作方法全是基础。因为共青团是一个政治组织，有把握大局把握全局的这种意识。"③

这种大是大非的分辨能力，一方面是来自对为人民服务精神的深刻认识。"不论是党委还是政府，做的都是群众工作，发展是为了群众，做的所有事儿实际上归根到底还是为了社会和谐，为了提高群众生活水平，实际上还是为了群众，还是面向群众工作的根本性质。所以说对这个事我的体会还是很深的，不管是在市政府工作，还是到县委做一把手工作过程中，我觉得从共青团能够受益的还是把握大局，着眼全局这种学习能力，领悟能力。"④

（二）优秀青年的聚集性——积极进取　追求理想

共青团是青年人的地方，优秀青年的聚集会带给人一种力量。"共青团给大家一种不懈的追求，这个挺重要。共青团实际上是一个年轻人聚集的机关，或者是年轻人的工作，看的是未来。共青团工作需要大家不断去实现对自我的超越，去对未来有一个追求，那么这种追求实际上体现了一种工作的事业心，一种进取精神。共青团岗位虽然责任不是那么重大，但是让大家感到我干的每一件事儿都是一个积累，我走的每一步都奠定一个基础，我时刻看到对工作的追求和未来的发展方向，实际上共青团这些人始终有一种追求的动力，有一种进取精神。我想做共青团工作也确实是终

---

① 转业团干部访谈资料 TZY002
② 转业团干部访谈资料 TZY002
③ 转业团干部访谈资料 TZY001
④ 转业团干部访谈资料 TZY001

生需要这样的,一个人没有事业心,没有责任感,没有进取精神,还有什么可以谈的呢。"①

(三)群众工作的广泛性——了解青年　服务青年

共青团做的是青年工作,要了解青年,服务青年,就得要求团干部转化思路,做青年朋友,不做青年官。这种思路对于转业之后的工作,也大有裨益。

"虽然政府工作跟共青团工作差别很大,但是里面的内在联系和共性还是有相当多的。现在面对一些问题不知不觉会想到,共青团那时候怎么做的。比如说在政府工作岗位上,这几年大家都一直强调关注民生,改善民生,这个时候想到共青团的理念,我们立足青年的需求,以青年为本,以人为本,青年需求是我们要做的,道理是一样的。政府工作要想,群众要我们做什么,群众希望政府为他提供什么服务。共青团讲服务青年,政府讲服务群众,服务基层,道理都是一样。政府工作还说实际上是一种事业化、社会化方式推进,但是共青团这些年很多工作也是朝事业化、社会化发展方向努力,很多事儿越来越扎实,很多事越来越围绕大局,围绕中心工作来考虑,这里面实际上也涉及到经济工作、管理工作,社会工作。在这个过程中,政府工作要考虑到赢得群众的支持,要扩大社会的影响,要体现工作成效,很多时候是要想一想,共青团时候做的事儿也是这个出发点,而且很多办法比政府办法可能还要好。"②

(四)转岗机制的必然性——沉稳心态　适应变化

转岗是每个团干部都要面临的问题,正确看待转岗非常重要。"共青团的转岗是必然的,人家有的岗位可以一直干到老,不调可以一直干。共青团岗位还有它的弹性,作为也好,不作为也好,没有人硬性要求什么。共青团岗位上还有干部成长的可塑性,有的人在这个岗位成长很快,成长的可塑性很大,这个可塑性放大到极致。其他岗位也有可塑性,但是显得没有这个明显。在共青团不是形成命令,而是形成一种机制,是社会化的机制。顺利转业是重要的,但还不是成人的标志,因为你要不成熟,经不住新的岗位考验。"③

---

① 转业团干部访谈资料 TZY001
② 转业团干部访谈资料 TZY002
③ 转业团干部访谈资料 TZY002

对于有的人认为，共青团的转岗是一个必然体制，这种特质也带来作风的浮躁必然现象，被访者认为没有必然性。他认为，"关键是个人得取舍，在共青团这个岗位几十年了，建国以后，培养了千千万万干部，目前活跃在社会各个阶层，各个岗位不乏重要人物，为什么人家能成长成材，为什么人家能够有所作为，为什么人家能够不犯错误，而且他能够价值最大化，做些很有意义的事情？有人就不行，有人也蹲进去了，也犯错误了，所以我觉得还是在个人。现在讲究个性化，个性化得有规则，讲政治规则，讲组织规则，现在是法制社会，你要讲法律，完全是率性而为，不行。你在家里可以，但是社会角色不允许，恰恰相反这个组织这个工作，在这个方面锻炼、培养、熏陶人，因为接触很广泛，只有青年存在的地方就要接受，所以不同的组织不同样的人物都要接受，接受当中有好，有差，那就看你学什么，关注什么，您感受到什么。从培训角度来说我觉得现在这种形势下，团校讲的都是团课，团务知识，团的活动怎么组织，这些都需要，但是我觉得还不够，中央培养团干部、延安、党校、学院，全方位的，不是一个途径，一个办法一个模式，团干部作为储备人才，后备人才，要培养他们从客观上认识问题。"①

（五）活动空间的广阔性——把握中心　纵横拓展

共青团的活动空间十分广阔。"共青团这个舞台是一个弹性的舞台，如果说你什么都不做，那就是两只脚踩着这块地盘，别人也不会知道，如果你发挥自己的聪明才智，奋勇争先、勇敢拼搏、拳打脚踢，那么这个舞台就不断地扩大，你的能力有多大，这个舞台就有多大，这个平台就有多大。我最深切的感觉，团工作的特性，我觉得这点给我的感觉特别深。换句话说，它是一个学习的平台、锻炼的平台，做事的平台，也是成功的平台，更是人生一个重要舞台。干时间长了，从某种意义上说确实也是一个舞台。"②

在广阔的空间上，我们要有所取舍，把握住中心工作。"共青团这些年很多工作也是朝事业化社会发展方向努力，很多事儿越来越扎实，很多事儿越来越围绕大局，围绕中心工作来考虑工作。这里面实际上中央也涉及到经济工作、管理工作，社会工作，在这个过程中，政府工作要考虑到

---

① 转业团干部访谈资料 TZY002
② 转业团干部访谈资料 TZY002

赢得群众的支持,要扩大社会的影响,要体现工作成效,很多时候是要想一想,共青团时候做的事儿也是这个出发点,而且很多办法比政府原则办法可能还要好,我们用上去。比如发展旅游,我们办节庆活动,这个过程是最拿手的。怎么样能够宣传造势,怎么样整合资源,怎么样扩大影响,这个都是共青团锻炼的优势。"①

共青团是共产党的后备军,由于它特殊的地位,对于团发挥的作用也有特殊的要求。"共青团的工作时时刻刻永远的出发点就是围绕党政的中心工作去发挥我们的作用,这实际上说起来好像是一个官话套话。但是共青团要有地位,要有不可替代性,要赢得别人的认同,党政的支持,群众的认同就要从大局出发,这是公认的出发点。共青团工作就是为大局服务的,就是为中心工作服务的,党委号召团委行动就是这个道理,把共青团的事儿干好就要从大局着眼,从党政核心工作出发去找我们工作结合点,要围绕大局,把握全局,在中心工作中找位置。"②

（六）权力来源的魅力性——青年朋友　善于沟通

共青团与政府部门的运作机制是有不同的,面对的主体青年人群也有自身的特点。"共青团中有一种社会化的机制,跟其他组织应该不是特别相同。社会化机制有一种软性东西,或者说有一种市场规律,因为这个时候我们强调他的个人影响力。靠的不是行政命令,就是靠你的才气,靠你的协调沟通。"③

善于沟通的能力在转业之后也发挥着相当大的作用,一位被访者说"如果是转业作为副职,你需要有跟其他人协调、配合沟通的能力,这点上共青团原来的方式作风还是很好的。跟别人要合作共事,跟别人要善于沟通,跟别人要相处比较融洽。"④

这位被访者举出了一个例子。"前段时间我安排了一个工作,从县里抽调五百七十六人,组成144个工作组,一组四个人,分布到全县所有的行政村里面去,144个村,一个村一个工作组,从他人上访,变成我们下访。让这些工作前置,让信访下游,去化解矛盾。在八一敏感时期,国庆

---

① 转业团干部访谈资料 TZY001
② 转业团干部访谈资料 TZY001
③ 转业团干部访谈资料 TZY002
④ 转业团干部访谈资料 TZY001

节敏感时期把社会矛盾降到最低点,后面这个组织和工作方式还可以继续保持。矛盾化解了,还可以变成一个让群众合理反映诉求的渠道,让群众通过这个窗口这个渠道来提出一些合理化建议。加强和群众联系,加强和群众面对面沟通,所以说办好事、做实事,解难事,真正让这些人到一线去,为群众解决实际困难。今天还有七个人到北京去,好歹留住了,有困难让我们解决,随后几天找个时间开个座谈会,八一之前,让这些上访人员代表开一个座谈会,不行我来跟你对话。"①

（七）资源整合的无限性——组织协调　珍惜资源

共青团没有钱,没有权,正是因为这样的岗位特质,共青团锻炼了人的组织协调能力是团干部的普遍共识。"共青团给了自己一个努力做事,在做事过程中去增强组织协调能力,锻炼提高自己的工作水平这样机会。因为共青团性质无权、无钱,但是还要做事,要想把事儿做好,就要争取各方面的支持,整合各方面的资源,这本身就是一个锻炼,所以我说共青团这个岗位恰恰因为他清贫的性质,让共青团这些人实际上是克服许多的实际困难,要把事儿做成,这个对我来讲是一个很大的收获,锻炼自己组织能力、协调能力,与人沟通能力。"②

他还认为共青团让我们养成良好作风,"共青团这个工作实际上因为它的清贫,因为它的扎实做事,因为它的不懈进取,使得共青团这些人始终保持一种非常好的心态,保持一种良好作风,受到一种勤俭办事,干净做事的教育。共青团相对于很多有权、有钱的一些群体来讲,共青团是一块净土。共青团没有给人一个腐败的温床,享乐的温床,在这里大家甘于清贫,要能够吃苦,要能够忍受许多环境或者工作上的实际困难,还要把事儿做成,所以共青团给大家提高一种免疫力,使大家实际上锤炼了一种良好作风,给大家一个自律要求,使大家在后面还是能够保持形成一种习惯,你要说共青团有没有个别原因或者腐败现象,极少,整体上这个群体是积极向上的,是能够严格自律的,能够树立一种良好的社会形象,工作过程中这种作风对形象的塑造实际上起了保护作用。"

因为自身的资源不足,共青团干部需要有整合资源的能力。"整合资源好理解,我们做工作,一个人的力量是有限的,所待的这个机构这个组

---

① 转业团干部访谈资料 TZY001
② 转业团干部访谈资料 TZY001

织它的能力也是有限的,尤其在市场经济条件下,你不能单打独斗,你不能唱独角戏,要整合资源为我所用做大事情,在共青团基本上是按这样一个理念为指导来开展的事情。"①

(八)考核指标的弹力性——自主发展　有为有位

共青团岗位的考核指标通常是弹性的,没有多少必须完成的硬性任务。"在共青团岗位上你可以做事业可以不做事,你不做事没有人对你考核,没有硬指标和硬任务,你多干了,也没有人给你发奖金鼓励你。在这种情况下,你要首先弄明白进来是干什么的,价值取向和动机非常关键,不然你一定会虚度这段在共青团岗位的光阴。"②

但是,硬性任务不多并不代表共青团可有可无。"共青团要发挥作用,有一席之地,让别人感觉到你不可替代。不是让人感觉可有可无,这个部门撤了算了。真正让别人认为可有可无时候,就说明你严重的不称职了,而且以后整个形象都黑了。另一方面不能面面触及,最后提意见我可能讲到这一点,好多文件给我看,搞很多活动,我说'伤其十指,不如断其一指',搞一大堆活动,最后大家也都是流于形式,就是搞活动。你抓住别人真正关注的,群众需要的,领导能看在眼里的关心的这样核心工作,做一两件事儿,做出名望来,做出一点踏踏实实效果来,这个时候别人看你共青团要高看你一眼。"③

(九)具有大学校的特性——终身学习　积累经验

共青团如同一个大学校。"共青团让自己有一种学习能力,共青团工作是常干常新的,在共青团工作过程中,实际上也不断面临一些新的事物,面临一些创新创造需要,在这个过程中需要你不断学习,不断去研究青年的需求,研究青年的思想,研究工作的创新方向,研究很多不断出现的新生事物,这个过程中也需要不断去学习去提高自己,去胜任共青团工作。所以共青团工作也要不断提高标准,伴随共青团工作标准提高,也需要从事共青团这些人去不断加强学习,所以共青团人始终把学习当成一种追求,把学习当成一个思想境界,把学习当成一种能力,这个对自己来讲也是受益,因为后面的工作也需要不断学习。在挂职期间我实际上是在边

---

① 转业团干部访谈资料 TZY002
② 转业团干部访谈资料 TZY002
③ 转业团干部访谈资料 TZY001

干边学，边学边干，转业之后还是如此，到新的岗位上，我觉得这是最大受益，共青团工作教给我需要自己去体会，去感悟，去学习，有一种学习能力。"①

"团组织是大学校，团组织也应该是学习型组织，团校搞培训，如果把团组织当成一个学习型组织角度就不一样。"②

首先，共青团提到了人的学习能力。"在学习型社会，个人注重学习能力，我自己在这方面受益很多，培养了一种学习的习惯。所以现在倡导学习型的一些东西真的不是虚的，已经变成一种生活一种习惯，而且特别重要，对你的成长、工作特别重要。但是我觉得这里，关键是一个学习的能力，要学会学习。这个不是很多人能够接受的，大学生说了我都大学毕业研究生了，我还不知道什么叫学习？领导干部若干级别我还不知道什么叫学习？这不一样，这个叫学习力或者叫学习能力。"③

学习能力不仅仅是学习知识的能力，共青团的工作让人有一种适应性。"共青团有什么专业，实际上共青团是万金油。共青团工作涉及了很多方面，很多领域，但是恰恰缺少了很强的专业性，共青团让我们学会了经济工作，学会了法律工作，学会了管理工作都谈不上，但是恰恰因为共青团这个特殊性质，共青团所涉及领域之丰富，接触面之广泛，干工作这种灵活性，创造性，使共青团这些人有一种良好适应能力，大家都有一种悟性，很多人后来干的工作跟共青团不沾边，共青团有人去干了经济工作，有人去当了企业老总，有人去转职到地方的党政工作，这些工作说起来从性质上还是反差挺大的，但是说起来共青团的工作还是让我们有一种悟性，有一种领悟能力，有一种对接受新生事物能够很快理解他，把握他，对这项新的工作能很快适应，所以我说很好的适应能力，共青团给予的。这些人后来的发展，很多人还是吃这些老本，但是共青团给予我们知识的老本，对我们专业的老本这个恐怕讲起来并没有很强的针对性。但是后来这些人发展还很好，干得还很好，实际上还是一个综合的人，综合看待共青团给予我们这些能力，让这些人能够越来越适应这个岗位，越来越适应这个工作，才能不断发展过程。"④

---

① 转业团干部访谈资料 TZY001
② 转业团干部访谈资料 TZY002
③ 转业团干部访谈资料 TZY001
④ 转业团干部访谈资料 TZY001

共青团学的是共性,转业之后需要带着共性加个性的东西。它锻炼的能力是普遍性的,学习、组织协调,通用的。所以为什么要珍惜团的岗位,就是要多学习,还有一个在团的岗位时候不注重学习不注重积累,那么转出来之后就会后悔。

他举出了专业之后的一个例子:"我二月份来了,三月份做了一套决策,我们网上有内部的 OEC,我弄一个电子学习卡片,每周四天都是我亲自召开,一直到现在,我分四篇,技术知识篇、领导管理篇、文化建设篇和工作勤奋篇,发到副处以上,每人建一个邮箱,叫电子学习卡片。这个又低能环保,大家看着方便,你是看你是下载,是粘贴,全都是实用的。第一篇领导管理篇,今年开篇就上来'潜意识怎么当好一把手',紧接着第二周怎么当好副职。他们给我溢美之词,说你给我们这个发的太好了,太有用了,有工作前瞻,本来业务都不懂,我需要掌握大量的信息,全部由我自己来操作,我让他们做,他们做不起来。"

"此外,还有科学思考问题或者叫科学思维能力。现在在单位我经常批他们,你们没事情少说话乱思维,没思想,写文章写出来要有思想有灵魂,不是码几个字,你谈出来有思路,所有这些都需要一个清晰的符合逻辑的科学的思维,有时候没思想少思路还乱思维,有时候一篇文章看完了不合逻辑,简单罗列,甚至驴唇不对马嘴。"[1]

(十)个体区分的文化性——朝气蓬勃 勇于创新

共青团干有自己的文化氛围,有朝气,有追求。"共青团干部这个群体我始终认为这是一支非常好的很棒的群体。共青团这个群体整个大群体来讲,可能是因为我在团中央工作,我看的是一个比较广泛的群体,我看整个群体都是很积极向上的,很有追求的,朝气蓬勃的,勇气创新的,乐于奉献的这样一个群体,是一个很积极很健康很向上的群体。这是整个大群体,过去团干部普遍素质比较高。"[2]

被访者谈到了基层锻炼对于创新有意义。"有好多事儿往往没有真正来自于实际,来自于基层,有时候也存在一些拍脑门想问题。创新创造就是一种思考,很多时候这个事儿怎么创新,但是这个事儿还要多一些到基层去,今天看来新的书记处还是非常踏实的,给西部地区给基层组织派了

---

[1] 转业团干部访谈资料 TZY001
[2] 转业团干部访谈资料 TZY001

一个干部,对基层工作是一个直接指导,实际上也给团干部到基层了解真实情况的一个良好机会。"①

二、通过转业团干部描述转岗后的不适应看共青团干部素质储备上的不足

团中央部分团干对于转岗后的不适应情况的描述,反映出共青团干部素质储备上有以下六点不足:一是环境适应能力的不足。这方面包括对政府行政工作模式的不适应,对经济工作领域的不适应,对新岗位人际氛围的不适应,还有对基层复杂环境的不适应;二是危机事件处置的能力不足。与群众的近距离接触,遭遇到很多群众信访等危机事件,有的干部束手无策,有的干部在群众中总结出经验和方法;三是具体领域的知识储备不足。在涉及到具体领域的专业知识时,很多干部深感自身学识浅薄,无论是恶补还是向他人请教,学习能力对于转岗团干来说都必不可少;四是工作韧劲耐力不足。很多干部不能踏实在团岗位静心工作,将其看成一个长期事业来做,明显缺乏韧劲和耐力;五是对团岗位的认识不足。不能树立正确的政绩观业绩观,仅仅将团岗位作为成长的跳板,没有认识到团工作的独特魅力;六是主动贴近群众意识不足。不能够深入基层,走进一线进行调研,与群众接触较少。

(一)环境适应能力不足

不少转业团干部都提到,转到一个新岗位,存在很多的不适应,特别转到政府行政部门,这种不适应程度比较严重。一是对政府行政工作模式不适应;二是对经济工作领域的不适应;三是对新岗位人际氛围的不适应;四是对基层复杂环境的不适应。这些不适应也有共青团岗位特性有直接的关联,比如参与经济工作的机会很少,主要是意识形态方面的工作,近几年这方面的情况有所改善,比如团中央主抓力推的"农村青年小额贷款"、"大学生就业创业实习基地"等服务青年的重点工作,都使得共青团干部能够有机会接触经济工作。另外共青团领域的人际关系相对单纯,没有更多的恩恩怨怨,即使有一些也随着转岗而带走,而转业后的新岗位,人际关系相对复杂,利益矛盾交织情况比较多,因此不可避免会陷入一种无奈和纠结的矛盾之中。

---

① 转业团干部访谈资料 TZY001

对于政府部门工作性质的不同，一位团中央干部这样跟我们说道：

"我认为就是政府部门的工作环境工作要求，它特有的思维方式和行为方式，这是属于不适应的。按中国目前政府的状态阶段就处于既要改革创新，又要依法行政，禁止不作为和乱作为，就是这么一个工作性质，要求是这样的，处在的阶段是这样一个阶段。作为团干部，因为以前大量的时间大量受的锻炼，干的事情都是共青团那种思维，都是它的组织活动那样一种方式，如果是转业到政府部门我觉得这一点还是比较明显的，它的思维方式它的工作，它的组织性质就决定它的思维方式和行为方式是不一样的，这需要转换。"①

转换新思路和新的工作方法是适应政府工作性质不同的必经之路，于是有位转岗干部发现，尽管在新岗位上困难重重，但最根本的还是发展，发展是硬道理，将发展作为新的工作思路的重点，用发展带动新岗位工作的展开和问题的解决。

"发展是解决基层问题的一个基础和根本，只有发展了，其他问题才能迎刃而解，特别是在有的西部地区，发展是一个重要基础。在发展过程中难度很大，问题很多，很不容易，比如说我来之后，搞了一个汽车工业园，搞了一个建材工业园，当前的工作推进了很多，征地费用比较低，群众不能接受，而且在工程推进过程中群众希望参与，群众和企业有很多直接的矛盾，所以实际情况遇到问题很多，在这个过程中项目的推进随时都面临着许多的实际问题和来自各方面的障碍。在西部地区你有什么样的优势去能够很见效的招商引资，区位不具备优势，交通不具备优势，发展基础不具备条件，很多方面的实际问题让你的发展实际阻力很多。"②

很多转业团干部在面对这一新的情况，都及时调整心态，将团固有的思维模式和工作套路做了及时的调整，但也有转业团干部还把共青团很好的团队文化和工作创新理念带到了新岗位，并在其中发扬光大，取得了极好的效果。无论是那种调整，转岗团干部对于新岗位上都要有所行动，用自己的实际行动来适应新岗位，来获取认可。

"棘手问题就是不被人接受和认可，你凭什么到这儿来当领导，这是很现实的，也不可回避的，而且需要你自己用行动来证明。领导、下属、上下左右都需要接受你，然后慢慢了解你的人，通过工作了解能力水平，

---

① 转业团干部访谈资料 TZY002
② 转业团干部访谈资料 TZY001

然后再认可你。"①

(二) 危机事件处置能力不足

两位受访干部都谈到了危机处理在新岗位上所带来的困难，这是在以前团里所遇不到的，对于转岗干部来说，是个很大的考验，同时也是很好的磨练。"至少在危机处理上，共青团遇不到。但是在县里头这种危机事件很多，并要很快做出决策，三百多人把县委围了，你怎么办？要做出措施来，把这个问题解决了，而这个问题稍有不慎，就可能升级转化，三百多人好多是老头，六七十岁，给你闹一上午，如果这个时候有人犯心脏病了，有人中暑了，有人饿晕了，外面人一围观，一起哄，再有一些仇官仇富的人一捣乱，一些人参与，所以这种事儿很危险很棘手。"②

经得起考验的不仅能过了这些关卡，而且还从中学到了很多经验，这些为以后的路铺下了很好的基础。有的干部就经得住考验，顺利的摸索过了危机事件的河流，并且得到了很多自己的体会，在这里也跟大家分享交流一下。

"这个问题没有成功经验，但是至少在体会中我应该有这么几个措施，首先大家来了不可怕，首先是一个正常现象，群众合理上访才能知道这个事实，来了之后怎么办？像群体性事件，首先在第一时间我们的分管领导，我们的有关责任人亲临现场，亲临第一线和群众对话，比方这个事，社区上访可能涉及到政法委书记的责任，涉及到政府这块分管民政副县长是你分管工作，那么这两个人要到现场去，民政局到现场去，信访局到现场去，公安局代表着便装也到现场去，有关这些人到现场去，对群众直接进行一个联系，对话沟通，把这么多人迅速带离县委大门口。这么多人闹哄哄，就算什么事儿也没有，外面人就会觉得怎么回事，就会奇怪，都会围观，最后形成不好的影响。对面就是招待所，拉到那去，虽然群众上访不愿意看到，我们不欢迎他们来，但是实际上也给我们提供了一个跟群众解释政策，做好教育，做好工作，正面引导的一个机会，有这么一个机会给我们解释，然后来了之后给他讲清楚几条，我们的基本原则，县里没有落实好中央政策，我们做好落实，没有政策的我们及时落实。"③

---

① 转业团干部访谈资料 TZY002

② 转业团干部访谈资料 TZY001

③ 转业团干部访谈资料 TZY001

面对群众的一线需求，主动出击是个很好的办法，主动去了解群众需求，去寻找解决途径，离得群众越近，这个窗口就越要大开，才能越懂得他们的需求。

"前段时间我安排了一个工作，从县里抽调五百七十六人，组成144个工作组，一组四个人，分布到全县所有的行政村里面去，144个村，一个村一个工作组，变成他上访，变成我们下访，让这些工作前置，让信访下游，去化解矛盾。"①

危机事件的处理是内地转业团干部谈到最多的一个问题，但西藏转业团干部没有涉及这方面，原因与西藏特有的民族地区特点有直接关系。政治稳定和民族团结是藏区的两大任务，共青团干部不可避免地要经受很多重大事件的考验，他们比内地在这方面既有经验又有从容处置能力的优势。

（三）具体领域的知识储备不足

很多团干部在转岗后都遇到了知识广博度欠缺的问题，都会感慨道"书到用时方恨少"，深感知识储备的不足。这种不足主要涉及经济学、法律学、金融学和社会学等相关知识；社会保障、高科技产业、城市建设等专业方面具体内容。而这些具体的知识在转岗后的实际工作中有经常会碰到，甚至成为他们能否顺利展开工作的关键。

"共青团机关有一些房地产的，有一些气象的，有一些考古的，当然不是说每个人都懂经济。但是到了新的岗位之后，要求你必须懂经济，不懂经济工作咱说又好又快发展，我说没有经济工作哪来的又好又快。懂经济工作就要懂经济工作内在规律，企业发展的客观要求，经济工作的核心是什么，怎么样是核心所在，所以要学习，包括对付上访，上访这些人拿着文件，拿着这些法律东西，他们比我们还清楚呢，你不给他们搞几条法律依据，说不过他。这些老上访户来了之后，说的头头是道的，宪法怎么规定的，刑法怎么规定的，什么什么条例，什么什么政策，什么什么时候文件怎么写的，他们说的都是一套一套的。但是你要跟他们讲清楚，我的依据是什么，我这个说法是什么根据，是哪里来得，所以这个东西需要学习，学习无止境，需要不断的学习。"②

---

① 转业团干部访谈资料 TZY001
② 转业团干部访谈资料 TZY001

这种缺乏使得很多干部也能够很快的懂得学习的重要性和紧迫性,他们当中很多的人还是选择了积极应对。有的人选择向上级学习,有的选择向书本恶补,有的则重新走进了校园当起了学生。所以,也就有很多人将"书到用时方恨少"转变为"书山有路勤为径"了。

(四)工作韧劲耐力不足

转业团干部在回顾共青团工作的经历,都不自觉反省自己所走过的路,特别是工作韧劲方面,感到很不足。很多好的活动品牌没有坚持下来,很遗憾也很可惜。他们认为团的基础建设比较薄弱,在团的岗位,由于转岗制度安排的设计,团干部都不愿意做打基础管长远的工作,这一点应引起警惕。"我们追求的是常干常新,不断创新,推陈出新,这种情况下,实际上咱们干工作,在工作发展上有时候没有当成一个长远事业去干。比如说青年文明社区里面可能涉及到社区党的工作,涉及到社区的社会劳务保障工作,涉及到社区的基础建设工作,把这些揉进来,这些人都要向你靠拢,争取搞一个青年文明社区,把这个事儿能落实好,你就有一个统筹,其他很多方面的一个品牌,一个抓手,但是后来我们放弃了。"①

在工作上没有将团岗位作为一个长期的热爱的岗位,必然会导致团干部心里的不踏实,继而将会导致在工作上责任心的缺乏,工作的不出色。有位转岗团干介绍说一定要给自己压力,将压力转化为动力来强迫自己有工作上的责任心。

"怎么样把这个事儿弄好,这种事儿一定带来压力,所以工作中有事业心,有责任心,高标准、严要求也带来一定压力,自己给自己施加压力,我是渴望不管我在县委干多长时间,我要把这个县的事儿干好,让大家感觉我不是白混了这段时间,我不是在镀镀金,而是想踏踏实实干点事儿,希望带来一些变化,推动一些发展,解决一些问题,所以这种情况压力责任都很大。"②

(五)岗位特性认识不足

转业团干部以自己的切身体会谈到:应关注要转岗这一群体的浮躁现象,它带来的负面影响就像"瘟疫",处理不好,就会浸蚀整个团组织健康的机体,应及早防治。这种浮躁情绪的背后还是对团岗位属性认识不清

---

① 转业团干部访谈资料 TZY001
② 转业团干部访谈资料 TZY001

晰，只是把团的岗位当成升官的"跳板"。

"大家为什么到共青团来，这跟过去不一样了，过去我们来的时候还是一种理想，一种激情，或者说是懵懵懂懂就来了。但是现在不一样，现在到共青团来，为什么来，发展快，社会上地位高，因为胡锦涛是共青团干部，升的很快，有这样一些不正常想法，来了就想提，我应该提了，我都来了好几年了，提了就想走。"①

这种"来了就想成长，成长就想走"的浮躁情绪和功利的心理，必然导致很多团干部无法认真对待团岗位，不能去仔细的体会团工作的过程。

"为什么不把踏踏实实在共青团岗位上看成一个积累过程，一个锻炼过程，一个学习过程，没想这些，而是想我怎么样尽快成长起来，成长完之后赶紧走赶紧出去，不管是挂职转业还是交流，就走了。因为刚刚当副组长可能就想，我可不想在团中央混了，在这几年也不会有什么变化。刚刚当处长就想干脆到哪个部委去，我就走人了，到一个岗位上就觉得该走了，觉得自己老了，自己到位了，自己到点了，都是这种方式，浮躁也好，还是什么也好，都是这种现象，所以干工作缺乏这种韧劲。"②

团岗位并不是一个升职或成长的跳板，而是真真切切的有着自己的独特魅力和价值。只有团干认识到了这一点，才能真正的热爱团工作，从思想层面上端正工作态度，做出自己的一番功绩。

（六）主动贴近群众意识不足

在我们访谈中，很多转业团干部都提到了到基层锻炼给成长带来的帮助，但是团干部太多的担心，患得患失的心态影响了他们前进的脚步。很多在岗的团干部没有主动下去的意识，有一位转业团干部曾向组织主动要求转业到一个县，一段时间还被当地误解因犯错误被派到基层，感到很委屈，可见积极推动青年干部下基层还需要社会各方面的理解和支持。

"有时候这个事儿不好办，批给某某局处理，或者批给某某县区处理，到县里时候，我把这个问题批给局里，批给乡里人家就有笑话了，这个事儿本来是县里的事儿，批给我们乡里来办。有时候是乡里责任，比如说抓稳定，信访这些事儿有些时候这些事儿就是在基层，村里不报告情况我怎么知道，村里人跑了上访去了，你不阻拦，就是你不作为，工作不到位，

---

① 转业团干部访谈资料 TZY001
② 转业团干部访谈资料 TZY001

回眸共青团岁月——转业后的思考

就要严重批评你,所以前两天会上把乡镇党委书记一顿训,我说这个事儿大家必须负起这个责任来,动不动就上访,事先不暴露信息,我要你们干什么,基层干部在基层,你就是一个窗口,你就是一个渠道,这些基层事儿你就要负起这个责任,所以这些事儿有很多时候干什么事儿说什么话,在市里时候会说这个事儿应该在县里压下,但是你到县里之后觉得这个事儿没办法。"①

的确,身处基层面对很多方面的压力,下对群众,上对领导。但是作为基层干部,最重要的还是贴近基层,做好连接上面领导和下层群众的桥梁,让上与下互通有无,及时沟通,这样矛盾才不会积压,问题才能得到很好的解决。有位转岗团干这样说道,身在基层就是窗口,就是渠道。要做好这个上下联系的中间者。

总之,对于转岗后的不适应情况,从大的方面来讲,可以将上述内容归为三大部分,能力、知识和心理三方面的 储备。对于能力方面,需要团干的积极摸索和实践积累;知识方面,则需要及时通过学习去弥补;而在心理储备的不足上,团干则需要向优秀的老干部看齐,端正思想认识。

三、对该层级团干部成长和培训的建议

不同层级、不同领域的共青团干部由于所处的位置和具体情况的不同,他们提出的建议和指导也是各不相同的,处于团中央层级的领导干部站在高的视角,从客观和主观两个方面、组织和个人两个角度向我们阐述了他们的经验和建议。

(一)从客观环境上看

客观环境对于一个人的影响是巨大的,外因制约着一个人的行为和态度,所以要正确看待客观因素,创造有利的客观环境。

针对共青团工作的客观环境,团中央的领导干部从两方面指出了问题。一方面,共青团干部的工作是存在风险的,客观环境里的诱惑太多,导致了一些腐败现象的产生,这就需要团干部把握自我,在大环境中随时保持警惕,廉洁自律。关于这一方面的相关描述如下:"在共青团这些人这么多年主体上倒下来的是不多的,共青团的党政干部是有风险的,而且风险越来越大,所以我经常跟大家讲,有风险,这个风险来自于我们工作

---

① 转业团干部访谈资料 TZY001

上的风险，比如说安全生产出现问题，要承担责任的，稳定出了问题，要有人上来问责的，这是个风险，但是这个风险我们回避不了；另一方面风险来自于廉洁自律上的风险，现在的党员干部诱惑太多了，只要自己稍有不慎，这种风险自己造成的，但也在环境，有的时候为什么班子一下子全倒了，这是环境的影响，给你送东西就说，我给大家都送了，找了一个什么理由，这种情况下实际是很稀奇古怪的，所以这种风险无处不在，有时候就会被蒙蔽，有时候收一些并不想要的东西，但是他说了一些话迫使你有压力，这的确是出于一种环境的氛围。"[1]

另一方面，从培训的角度上看，共青团组织给团干部提供的培训教育较单一，不能起到很好的培训目的和效果，不利于团干部的廉洁自律，所以要开拓多样化的培训模式，采取多种途径培养团干部。关于这一方面的相关描述如下："而这个组织、这个工作，在这个方面有很多锻炼、培养和熏陶，因为接触很广泛，只要有青年存在的地方就要接受，所以不同的组织不同的人物都要接受，接受当中有好、有差，那就看你学什么，关注什么，您感受到什么。当然作为组织，团组织从外因上，从客观上，从机会和条件上需要，从培训角度来说我觉得现在这种形势下，我印象当中都是集中起来到团校，讲的都是团课、团务知识、团的活动怎么组织等等，这些很有必要，但是我觉得还不够，中央培养团干部，延安、党校、学院，全方位的，不能是一种途径、一个办法一个模式，团干部作为储备人才、后备人才，要培养他们在客观上的认识。"[2]

（二）从主观个人上看

内因决定着一个人的成长和发展状态，是最关键的因素，所以个人的锻炼和发展是个人素质提高和组织健康发展的根本途径。

团中央的领导干部通过对自己多年工作的经验和体会，提出了对团干部个人发展的五点建议，这都是从实践中得来的宝贵财富。

下面，我就对这五方面建议做列举阐述：

第一、培养良好作风、树立良好形象

作风问题是一大关键问题，良好的作风需要共青团干部自律，树立良好的团干部形象，并去带动周围的团干部，从而形成风清气正的干部氛

---

[1] 转业团干部访谈资料 TZY001
[2] 转业团干部访谈资料 TZY002

围。另外,要形成良好的作风氛围,团干部个人要控制自己,分清是非,不要刻意追求名利,这很重要。关于培养良好作风、树立良好形象的相关描述如下:"这个作风很重要,作风是一种形象,我在工作岗位上实际上我是树立一种形象,我怎么让群众信服,怎么让这些干部信服你,实际上是一种作风的外在体现,我的作风我是体现出来的。我在工作上,在工作之余体会到,前面我说一个是发展,一个是稳定,第三个是带队伍。带队伍很重要,县里这么多事儿,不是靠我一个人本事就能干好的,而是靠大家力量,靠班子力量,靠整个队伍力量,靠广大党员群众的力量。这种力量靠群体力量实际上看带头人能否把握住让群体跟你一条心,能够给你干事,能够听你指挥,能够实施有战斗力的队伍。实际上带队伍是一个很重要职责,带队伍过程中需要自己有一个良好作风,良好形象,至少我能理直气壮的批评一些不正常现象,干部作风问题,事业心不强,很多事得过且过,不思进取,精神萎靡,应付了事,在基层则方式方法简单粗暴,在工作中没有形成良好形象,工作之余吃吃喝喝,打牌,勾心斗角,然后有私心,一个班子一个队伍里面老想着个人私利,有腐败现象,下一步我说通过纪委,要严查到底,现在感觉到机关干部,党政干部是有风险的,这个风险在于你不能伸手,一伸手必被抓,我说检察院、纪委就是悬在每个人头上的一把利剑,自己把握不住自己,这把利剑就掉下来,一旦发生问题没有不后悔的。这种情况源自于我在共青团干干净净,我理直气壮,我没有那些拉拉扯扯的事,没有个人私利在里面,我就可以很硬气有底气说话,去办事,去树立良好形象,我觉得这主要还是个人得自律,廉洁这种作风。

干事也一样,我一心扑在工作上,前段我基本上白天下基层去了解情况、指导工作,然后下午或晚上回来,每天找几个局长过来跟我交流工作,汇报情况,听听局长有什么想法,因为十几个局,每天要看到十一点钟,中央的、省里的、市里的都要学习,县里的文件也多,各部门的,各乡镇的,文件、简报、专报、材料都需要你去看去批,去了解情况,这种东西也是你潜移默化在影响别人,别人一看书记都这么干,我们也下功夫。

在这种情况下就需要一种良好的形象,良好的作风去影响人,去带动人,这是一种风清气正的干部氛围,是一种从严要求的干部作风,来了之后我说咱们作风一定要严抓,我让纪委不定期的给我抽查通报,迟到早退、上班打牌、聊天、上网游戏、炒股,这些违纪现象要严查。我说这是最基础的，基础改观之后，下一步查我们机关的效能。干部队伍形象有没有转变，这些事儿跟共青团工作都有直接联系。"①

"今年中央加强三大作风建设，现在处在这样一个时代，是多元化的社会，多元化的思想，多元化的价值取向，但是你别忘了，你的政治身份，你的工作决策，要讲这些，就要讲做法，我们的作风。这里关键还是个个人取舍的问题，共青团这个岗位几十年了，建国以后，咱不说建国以前，培养了千千万万干部，目前活跃在社会各个阶层，各个岗位不乏重要人物，为什么人家能成长成材，为什么人家能够有所作为，为什么人家能够不犯错误，而且他们能够把个人价值最大化，做些很有意义的事情，而有人就不行，有人也蹲进去了，也犯错误了，所以我觉得还是在个人，现在讲究个性化，个性化得有规则，讲政治规则，讲组织规则，现在是法制社会，你要讲法律，完全是率性而为，这是不行的。"②

"做人要低调，做事要高调，我想公正自然会有。个人这块如果说能够，这也是人生把握的一个点，正是因为这个我感悟很多，其中也包括这些东西，实际上像我们有一些经历的人，能够回想自己一些东西，别刻意追求。一刻意追求就改变了它应有事物发展的轨迹，你人为去改变，一刻意去改变，难免出问题，当科长还想当处长，当处长还想当区长，老嫌官小，但是你的能力各方面机会都不匹配，你刻意想当干部那可能会出问题。所以最好的办法就是从个人修养上去修炼，老子有一句话我觉得最清楚，'知足不辱，知止不殆'知道满足了你就不会遭到羞辱，知道停止了就不会面对死亡，很深刻，而且有很多现实例子，例如三氯奶粉事件，六十几岁的人，从一个挤奶工成长为一个大集团的老总，据报道上写的，她的目标是把这个公司上市，然后她选到一个满意的接班人，可能是她的近亲属，她就认为她的事情就算完成了，恰恰就差这一点，很惨，六十几岁一个女同志牢狱之灾，不值，多鲜活的例子。我们官场上官员的腐败更多了，就是这样，追求名，追求利，家里取出成百万、上千万的钱，要那么多干嘛，能吃多少，能穿多少就可以了呀。青年人从人生来说是一个上升时期，什么东西去拼搏去拥有去占有，积极向上、奋发自取是应该的，但是要记住哪些是不可以追求的，更不能不择手段去追求，如果做了肯定是要出问题的，主要自己控制自己，有监督机制，组织啊，纪检啊，那是外

---

① 转业团干部访谈资料 TZY001
② 转业团干部访谈资料 TZY002

因，关键还是内因。"①

第二、围绕党政中心工作、把握大局

共青团的政治属性决定了团干部必须围绕着党政中心来工作，考虑人民群众的利益，找到党政工作和团工作的结合点，把握大局，树立大局观，这样才能体现共青团的独特优势。关于围绕党政中心工作、把握大局的相关描述如下："我说点建议，首先一个建议共青团的工作时时刻刻永远的出发点就是围绕党政的中心工作去发挥我们的作用，这个实际上说起来好像是一个官话套话，但是共青团工作，在我到县里之后、在我转业之后发觉，共青团要有地位、要有不可替代性、要赢得别人的认同、党政的支持、群众的认同就要从大局出发，这是公认的出发点。共青团的工作就是为大局服务，就是为中心工作服务的，党委号召团委行动就是这个道理，把共青团的事儿干好就要从大局着眼，从党政核心工作出发去找我们工作结合点，最后建议我们要围绕大局，把握全局，在中心工作中找位置。"②

"党政问题为什么重要，因为他年轻经历少，特别是过去这种大的政治动荡经历少，而且理论素养也是先天不足，这是一方面。另外一方面是中国的国情，目前中国的模式就是共产党领导的多党合作体制，政府工作制，而且现在强调科学发展观，这里面做的是具体工作，但是这里面有政治，所以我为什么讲政治，讲大局。比如拿我所在的部门来说，作为一个负责人，如果从发展经济角度扶持这个企业，发证检查、地方保护少来。所以你作为一个领导者、一个管理者，特别在这样一个权力决策部门，你在考虑问题、在决策工作当中必须要有党性，包括现在中国进入改革的一个阶段，改革怎么改，怎么方向改，解释不好，分田分地，套路显着是民主，实际上是金钱。整个社会都是金融垄断，研究一下金融史，实际上很可怕，就是掌握在少数人手里，为什么出现金融危机，就是站在少数人位置上，代表少数人利益，把一个国家搅乱了，这不成。"③

第三、深入基层、了解群众需求

实践出真知，认识在实践过程中逐渐发展。而共青团是为人民群众和

---

① 转业团干部访谈资料 TZY002
② 转业团干部访谈资料 TZY001
③ 转业团干部访谈资料 TZY002

青年服务的，这是团的根本所在。

共青团干部如果想要干出一番事业、得到锻炼成长，就必须深入到基层，了解实际情况，把人民群众的需求掌握好，从而指导于活动和工作的开展。关于深入基层、了解群众需求的相关描述如下：

"我觉得要能够真正深入一线，深入基层，深入实际，共青团工作本身相对来讲务虚的性质多一些，这方面要跟政府部门来比绝对是务虚多一些，这种情况下我们怎么样有一种扎实的作风，我们把这个事儿当成事业来做，我们做的过程中踏踏实实、脚踏实地的真抓实干，要真正看到实际、真实的一面，过去在团中央经常出去看工作时候，这些事儿我都知道，材料里面怎么写的，报道也报道了，宣传也宣传了，这个事儿讲起来是怎么回事能清楚，这是好的一面。当初搞青年中心时候，我说真正搞得好的，有生存活力的，能够可持续发展的现在有多少个，咱们一说我这个地方全覆盖，每个村都有一个，我说怎么可能呢，东部地区条件好的还有可能，中西部地区特别西部地区怎么可能呢，今天给我看了，明天可能死掉了，所以有好多事儿往往有时候没有真正来自于实际，来自于基层。有时候也存在一些拍脑门想问题，创新创造就是一种思考，但是这个事儿还是要多到一些基层去，今天看来新的书记处还是非常踏实的，给西部地区给基层组织派了一个干部，对基层工作是一个直接指导，实际上也是给团干部到基层了解真实情况的一个良好机会。"①

"我可能讲到这一点，好多文件给我看，搞很多活动，我说你'伤其十指，不如断其一指'，搞一大堆活动，最后大家也都是流于形式，就是搞活动，你抓住别人真正关注的，群众需要的，领导能看在眼里的关心的这样核心工作，做一两件事儿，做出名望来，做出一点踏踏实实效果来，这个时候别人看你共青团要高看你一眼，很能干，必须拿出真本事来，所以说起来实际上从我的角度看共青团，首先是一视同仁，另外是严格要求，我现在是党的领导了，所以对共青团有深厚的感情，而且希望他们从不同岗位锻炼，将来能够成长进步。"②

第四、不断学习、在岗位上常干常新

学无止境，学习是一个人一生的事业，而共青团干部更应该把学习融

---

① 转业团干部访谈资料 TZY001
② 转业团干部访谈资料 TZY001

回眸共青团岁月——转业后的思考

入到自己的生活中，开阔视野，学习各方面的知识，增加知识储备，这不论对于个人还是事业来说都是十分重要的。关于不断学习、在岗位上常干常新的相关描述如下："建议共青团干部学习无止境，在岗位上常干常新，需要你常学习，转业之后更需要不断学习，而且共青团学的东西越多，转业时候越有条件，越能得心应手，越能很快适应，不管大家多忙，还是要有一些学习时间。在这个过程中除了学习团的业务，实际上还要开阔视野，涉及面广泛，多一些积累，多学一学经济、金融、管理、法律，以后不管干什么都用得着。现在到县里来之后，要懂一些经济的指标，金融的一些数字，要懂农民收入组成，财政是靠什么来的，要能看国税、地税报表，共青团岗位本身来的哪个行业都有，团机关有一些房地产的，有一些气象的，有一些考古的，当然不是说每个人都得懂经济，但是到了新的岗位之后，要求你必须懂经济，不懂经济工作哪来的又好又快发展，就要懂经济工作内在规律，企业发展的客观要求，经济工作的核心是什么，所以要学习。包括对付上访，上访这些人拿着文件，拿着这些法律东西，他们比我们还清楚呢，你不给他们说几条法律依据，说不过他，这些老上访户来了之后，说的头头是道的，宪法怎么规定的，刑法怎么规定的，什么条例，什么政策，什么文件怎么写的，他们说的都是一套一套的，但是你要跟他们讲清楚，我的依据是什么，是哪里得来得，所以这个东西需要学习，学习无止境，需要不断的学习。"①

第五、提高决策能力、保证民主决策

作为共青团的领导干部，决策能力的高低直接关系到各项工作开展的好坏，共青团干部要培养决策能力，为人民谋福利，保证民主决策，这样才能把关系人民利益的工作做好。关于提高决策能力、保证民主决策的相关描述如下："如果是转业说实话你需要有跟其他人这种协调、配合沟通的能力，从这点上共青团原来的方式作风还是很好的，跟别人要有一个合作共事，跟别人要善于沟通，跟别人要各方面比较融洽，但是不管干副职还是正职，实际上都需要我们有一个决断能力，既要民主还要果断，特别是干一把手时候，实际上很多时候别人在观望你，很多副职不敢充分发表自己意见，等待一把手能够有一个指导，能够有一个要求，听从你的安排。这种情况下你看，很多文件首先你来指示，而别人来落实，这个时候

---

① 转业团干部访谈资料 TZY001

我说一分为二来看，一方面民主还是要有，不管在什么岗位上，在什么样的班子体系里面，都需要民主决策，民主集中的，在县里头干一把手也是需要民主，这个民主在于有一些大事还需要大家共同来研究，来共同决策，能够使他科学决策，这个民主还是有的。另一方面，作为一把手还需要有一个果断决策能力，关键时候能够果断拍板，而且有时候在基层工作方式方法上，领导艺术上还需要大气，共青团在这点上还是有所欠缺的。"①

报告二：团省、区委层级转业团干回头看

14名省区级转业团干部分别来自辽宁、江西、福建、浙江、宁夏、西藏等地区，曾担任共青团省委书记的有1人，共青团自治区委书记1人，共青团省委常委、部长级3人，共青团省委区委部门干部9人，其中女性4人，少数民族（藏族3人，回族2人）5人。按照研究规范和被访谈者得要求，所引用的资料不出现真实姓名，故所引访谈资料以编号代码出现，团省委TSW001--008，团区委TQW001--006，书记为A，副书记为B，部长级为C。

现就团省委层级转业团干部关于共青团工作经历所带来的帮助，转业后不适应方面和站在团外如何看共青团干部和团组织等方面进行描述和分析。

一、透过经历和关键事件看共青团岗位特性和素质储备要求

（一）政治组织的特殊性——懂得政治 顾全大局

共青团的政治属性，让很多团干部在懂得政治方面，都颇有收获，比一般人成熟得早。

"我是从基层岗位上锻炼成长起来的，对共青团的岗位特别的感激和留恋。因为对我今后人生的道路、事业的发展都起到了举足轻重的作用。为什么这么讲？我觉得共青团本身它的政治属性，确定了你从事这项工作的人，一定要理想信念特别的坚定。他是共产党的助手，是他的生力军。所以你做的所有的工作要围绕着党的中心和党的大局在做。所以通过在共

---
① 转业团干部访谈资料 TZY001

青团工作过这段时间以后，我无论今后走到哪个地方，政治立场和立场信念这块好像就是特别的坚定，特别的牢固，我觉得是在共青团受到的培养。"①

有一位转业团干部言谈举止都透着一种政治家的气度，她在描述这种政治组织的特殊性，用了"组织网络体系的覆盖面"和"政治活动的影响性"。"在进企业的时候不知道什么是共青团，更不清楚团与党是怎样的关系。到了共青团岗位，才学会了懂政治，在青工部工作期间，要搞活动，要请最高层领导参加，必须了解党政领导和政府部门他们的关注点，活动的开展必须紧紧围绕党的中心工作进行系统化的设计和有步骤地实施。之外还要去说服领导，该项活动的意义和价值，所有这些都需要她有敏锐的政治观察力和换位思考的沟通本领。"②

有一位转业团干很自豪地说到，是共青团让他政治上比同龄人更早成熟，当他开始领导一个部门的时候，他的朋友正在开始谈婚论嫁了。想的问题做得事情都很不一样，事实证明正是这种政治意识加速了他的成长和发展。③

"共青团这个岗位上能够更加增强一点理想主义情节，尽管到领导岗位以后确实还能够培育的，因为我们确实是紧跟党走，因为经常接受这样的熏陶，在这方面你会受到很好的教育，这是一方面。更重要的是团干部的大局观念强，就做过团干部以后他可能更愿意或者是很自然不自然地就容易去关心超出他职责和岗位的事，更大范围的事情他会去关心。团的干部，因为他要做的工作弹性比较大，又是选择权比较多。因为你要选择所以你选择项要多，一多必须从关注大局当中来，你就得看这个时期总书记讲了什么，总理讲了什么，中央领导发出什么样的信号，省委是怎么样一个定位，才能去选择，否则谈不上选择。那些其他系统的，有可能选择的机会就少，他就比较具体、规范，他们也培养了严谨，也培养了另外一方面的能力，但是相比之下，共青团在大局观的培养下那是比较有利的。"④

（二）优秀青年的聚集性——积极进取　追求理想

共青团的岗位由于聚集了优秀青年，会带给人一种积极进取的精神状

---

① 转业团干部访谈资料 TQW005
② 转业团干部访谈资料 TSW007
③ 转业团干部访谈资料 TSW005
④ 转业团干部访谈资料 TSW008

态。人生中最宝贵的青春年华都奉献给共青团,共青团教会了一个人要有理想追求,这个社会永远是青年人引领时代潮流,领时代之风骚,创时代之先河永远都是青年人的责任。

"共青团的它的这个平台真的是非常的大,尽管没有什么钱,也没有权。共青团这个岗位给人一种工作的积极性、向上的激情、乐观的性格、强烈的事业心或者是责任感,好像一直就伴随着你,当时就是奠定了这样一个基础。所以无论你走到哪里去,总是觉得要把这个工作做的特别好,特别尽心尽力地去做。现在回过头来看的话,我工作了二十多年,已经走了六个单位,等于说走的单位是比较多的。但是共青团岗位,始终让我对所有的工作都充满一种激情、充满一种好奇、充满一种热情。"①

一位转业团干谈到,在共青团中能遇到影响自己很大的优秀的人。这些人的魅力感染并影响她不断努力奋进。还有很多的转业团干部在回顾共青团这段经历中都会涉及到他们欣赏并追随的优秀榜样,甚至当问起他们的理想信条和价值取向等深层次的问题时,很多都谈到这与他们身边优秀分子的价值观和理想相一致,他们的举止言谈都和这些优秀人物相仿。可以说这些优秀人物的人格力量支持他们不断成长。

"两个不同的系统在人与人的交往上,机关氛围上不一样。共青团是一个年轻的集团,年轻人的集团具有流动性。体现在静态上,某一个时期,共青团干部的年龄相对都是比较年轻的。而且从动态上来讲是处于流动状态,这个队伍因为年轻比较有朝气,整个队伍充满阳光。因为流动,这个队伍又会少了很多的是是非非,不愉快和恩恩怨怨随着人的流转也带走了。"②

有位转业团干谈到入口关时谈到"目前的共青团人员构成比较复杂,先进性的作用凸显不够。他提到两点,一是要有理想要有追求;二是要有强烈的责任感和事业心。如果达不到这两条,共青团的先进性将无法体现,更难以完成党交付的使命。他说:你都不先进和优秀,怎么可能会带领广大青年跟党走,不跟党走,你存在还有什么价值?"③

"团组织的组织制度安排,使人很年轻的时候不断地走上更高的平台,这种更高的平台给你锻炼的平台和视角是不一样的,锻炼的能力是不一样

---

① 转业团干部访谈资料 TQW005
② 转业团干部访谈资料 TSW008
③ 转业团干部访谈资料 TSW007

的。在年纪很轻,可塑性很强的时候,给了一般年轻人所不具有的条件,始终让你拥有了综合素质提升的一个路径,这一点是最大的优势。我们组织上经常有句话说,要把好苗子放到好的岗位上不断地给他压力,让他在岗位上锻炼,但是并不是人人都那么幸运。你当团干部所以你很幸运,有了那么多群众给你推。"①

进入共青团,感到团队年轻,充满活力,朝气蓬勃,什么都敢闯,什么都敢试,这种团队的氛围,就让你无形当中你得有所追求,你得有所进步,你会向周围优秀的青年提取营养。这个平台的好处,我觉得跟作为也有关系。我觉得这个工作怎么这么有意思,无形当中激发你一种激情,把你内在追求进步的欲望激发起来。因为有双推双考这样的机会让你崭露头角。

在共青团中,大家都没有把钱放在第一位,把进步放在第一位,把事业追求放在第一位,共青团干部有盼头,想追求进步,至少从原动力角度来说你要追求事业进步,你不是追求去当贪官,或者贪钱捞钱。

（三）群众工作的广泛性——了解青年 服务青年

青年是共青团的服务对象,但是青年群体的需要和喜好不断变化,需要把握。"这个时候现在这种世界风云的变化,又是网络时代、信息时代,各种思潮错综复杂的,人的思想又是这么复杂。我们九十年代末的时候相对来说是改革开放的中期,相对来说还是比较单纯的,现在包括小学生的小孩思想都是很复杂的,你要把这些人的思想要凝聚过来,要团结过来,必须要了解他们的所思所想,团的共青团的岗位还没有一点新招、没有一点新作为肯定是不行的。"②

共青团群众工作的经验,对于转业之后的工作也大有裨益。有一位转业团干说,转业后接受的第一件事就是有个地区自行车丢失情况严重,让当地的警察很是烦恼不堪,当地居民怨声载道,纷纷告到纪委。她听说偷自行车的都是些九岁不到的孩子,带着疑问她直接到偷自行车的孩子家中探视,没有带一个警察,怕引起周围人的议论。她见到孩子,就和孩子亲切地聊起来,孩子见到她,没有一丝的紧张感和拘束感,老老实实向这个亲切的阿姨袒露一切。有大哥哥让他偷自行车,每偷一辆,大哥哥就给他

---

① 转业团干部访谈资料 TSW007
② 转业团干部访谈资料 TQW005

一百元，还告诉阿姨怎样撬锁并展示他撬锁的特技，撬完锁推到什么地方由大哥哥接手。而且还告诉这个阿姨九岁孩子偷自行车不算犯罪以及他不喜欢上学的原因等等情况。当她了解到这些情况时，就采取了三项措施：一是打电话给孩子所在学校的负责人，让孩子回到学校上学，不能在社会游荡；二是给当地的警察进行指示，迅速在指定地方派人盘查自行车窝点，一举攻破；三是将黑网吧查获工作与青少年的教育工作加以结合，凡举报黑网吧的青少年，每人奖励一千元，这些偷自行车的孩子不再偷了，他们转向举报黑网吧。孩子变化了，地区的环境得到了治理，一举两得。

她总结说：自己之所以能成功地处理这个案件，得益于在共青团做过少年部工作，与青少年沟通很擅长。这件事也让她在同事们中建立了威信。访谈快要结束时，她告诉我们在共青团工作真得太有意思了，什么人都可以见，什么地方都可以去，可以说纵向到底横向到边，跨行业跨领域，无边无际，只要你想做，你就可以去做。

兴奋之余她又给我们讲述了一个深动的小故事。在转业后的第二个年头，她听说一个小区有一个老太太特别擅长处理小区居民间发生的矛盾，她便找来老人，一谈就两个多小时，单位的很多人都不能理解，和一个老太太有那么多话可聊吗？两个小时中老人给她讲了20多个故事，详详细细告诉她是如何把难题一个一个解决的。她听完越加兴奋，很有收获。并从老人那知道，老人有学习和得到社会认同的愿望。之后她就做出两点指示：一是每个小区都推荐这样调节矛盾有方的老人，并集中进行培训；二是给她们中的贡献突出的老人授予优秀调节员称号。结果形成了一支独特的老人队伍，她们在促进社区和谐创建文明社区方面发挥了重大作用。能与老人沟通技巧也是在共青团工作期间获得的。

实际她在共青团省委青工部工作期间与企业厂长经理打交道最多。为了青年岗位能手和青年文明号活动品牌的推广，她到处到企业拉赞助，想方设法与企业家的需求找准切入口，比如她安排活动仪式上讲话，与领导见面合影。为了企业老板的形象，她请来电视播音员进行演讲培训，请来服装设计师进行形象包装，结果活动仪式上情况大不一样，这些企业老板很兴奋很有成就感，都说和共青团合作太有意思了，很能改变自己。在企业做团支部书记期间，她还学会了与落后青年打交道的本领，现在与社会上满身长刺的青年也能进行交往。更有特点的是她与当地的BBS网络论坛版主进行交流，将过去的僵持关系变成现在的和谐交往，往往人们将这些版主视为敌人，不敢接近。实际情况是你越是这样，一旦网上发生问题，就难以控制局面,因为你不能让版主第一时间了解真实情况,结果不实的信息就会蔓延开来,难以阻挡。而与新闻媒体的交往技巧也是在共青团中获得的。这些做群众工作的理念和经验在她转业后发挥了很大的作用。

(四)转业机制的必然性——沉稳心态 适应变化

我们访谈一名在岗时间长达 22 年的团干。当我们问到从事共青团工作的时间多长为宜这样的问题时,他的回答让我很受感动。他说:转岗时间多少不应该是个学术问题,要应将研究的重点放在转岗背后的动机上。如果你只是为了升迁,当然在共青团的时间越少越好;如果你是为了增长才干蓄积能量,无论在岗时间的长短,你都会沉下心来,转岗只是一个很自然的事情。他很平静谈到自己在共青团工作的 22 年中,每一天都很快乐都很幸福,每一天都有新的变化,让他去学习和思考,如果能让他继续留在共青团,他也无怨无悔,他认为转岗是组织的安排,他只能服从。他还提出共青团工作职业化的问题,还是需要一部分人永久留下来,做基础建设性的工作,比如人事、档案等等,现在的人员变更太快,不利于共青团事业的持久和长远发展。

还有一名转业团干,她对这个问题也有自己的想法,她认为真正的转岗是时间+经验+能力,不能单以时间定论,加速度转业带来的结果是没有积累沉淀,没有在共青团这个大舞台发挥到极致,自己受损失,对组织没有帮助。当她看到乡镇一级的一名小科长一干就是十几年时,很想对在岗的团干部说:大家要好好珍惜这个平台,千方百计发挥好这个平台,只有这样才能上到更高的平台。

"不同的价值观指导不同的行为。对于就是很想很快上去的人,团的工作经历越短越好,因为只要上去个台阶你就可以转了,转了以后在其他单位呆时间长了,那个积累对于他的成长是有作用的。但是我的价值观引导我不要追求目的,我是享受这个过程。在做团干部的每一天我都觉得非常有意义,非常有意思,而且非常幸福。因为没有一项工作像团的工作这样每天有变化,每天接触的都是不同的人,不同的事情,可以多想一些方法去解决它,创新的思维在团的工作岗位迸发出生命力。把团的岗位作为一个锻炼的岗位,他可能每一分钟每一秒钟都在想着锻炼自己的才华。但是如果换一个人的,他就想在这个岗位上换一个职位,或者一个资历。这个哪怕呆十年我认为他的成长可能还不如前面呆一年的。"①

---

① 转业团干部访谈资料 TSW006

也有转业团干从组织发展的角度，提到了转业不宜太迟的问题。"人的黄金年龄就那么十几年，你说共青团是一个培养人的大学校，是锻炼人的熔炉，在这个团熬太久了会失去工作的激情和创造力，创新能力都会慢慢丧失掉，朱熹讲的一句话，问渠哪得清如水，如有源头活水来。共青团一定是要长江后浪推前浪的，一定是要不断的新人出来，一代一代团干部成长，一定是这样子，但是你说一直在团这个系统里面待着，十几年二十几年，你把位置占到了，年轻的干部进不来，因为每个单位都有数的，位置有限，你在这个地方占着位置了，别人年轻人想进来进不来，你这个单位就成了一团死水，真的是很糟糕的一件事情。"①

（五）活动空间的广阔性——把握中心　纵横拓展

从转业团干部的访谈中，大家通过回顾在共青团工作中一件刻骨铭心的事件时，都无疑例外地说到了一次活动让他们难以忘怀。转业后一个共同的感受就是能够自由活动的空间少了。共青团的一大优势是组织活动，活动从主题确定、载体运用、组织实施等全过程都可以自由发挥，发挥的余地相对其它岗位来说是比较大的。

"共青团要运用的知识面非常的广，纵向到顶横向到底，这个网络是非常明显的。一不像有的专业部门负责人的工作就一条线，而共青团工作是一个面，纵向到顶横向到底的面，你谁都可以去测，谁都可以去交流。但是这样一种平台给了你以后，无形当中就觉得你要学的太多了。你要汲取营养的东西太多了，什么都值得你去学习，然后你一定有激情，旺盛的精力让你去学，因为你没有家庭的拖累，没有上有老下有小的问题，因为你年轻。很早你年轻给了你这么多的平台，给你接触那么多的面，然后觉得那么多是你不懂的，你就有股强大的动力往前冲，哪怕过两年跌了个跟头，都没关系，共青团没有什么跌了跟头就会有什么严重的大错误，你可以重新起来，你不会给经济指标出问题，什么重大决策出问题，没有这些东西的。"②

无论是怎么样，党组织给年轻人提供这么一个优势的管理岗位和平台，这是培养党的后备军，对年轻人非常受益。"任何一个平台没有向这么广，纵向到顶、横向到底。可以让你去做方方面面的东西，比如说像我

---

① 转业团干部访谈资料 TSW003
② 转业团干部访谈资料 TSW007

们到城市了以后,也可以接触工业,也可以接触农业,也可以接触三产服务业。你可以接触市里、县里的、镇里的、村里的,你可以接触厅级的干部,你可以接触企业家。你可以接触 IT 产业的白领,你可以接触网络的版本,你想到谁就可以把谁找来聊天,你想去和哪个联系,你就能去和哪个联系,因为哪里都有年轻人,我们工作对象这么一个覆盖面以后,让你到社会所有的触角都能延伸进去,这个对人的磨炼是非常大的。"①

"这是共青团太有意思了。在年纪轻,可塑性最强的时候,赋予了你这么大平台,这么大平台都可以交流。因为你比一般人锻炼的碰的多,所以你的羽翼就会丰满起来。这个优势到现在为止,我一直很自豪。我觉得到地方工作以后,尽管我对那项工作不了解,可是我有基本功。共青团平台太大了,年轻,可塑性最强,给了你这么一个纵向到顶,横向到底,各个层面都可以交道的平台,各个领域都可以涉及的平台,这个优势是对我终身作用。"

"共青团赋予这么大一个平台的融合力、广泛性看的不深,他去等靠要,不是主动进攻主动出击就很被动。没有主动性,不属于主动进攻型,他是等着的,给我多少钱我办多少钱,按部就班,事业是不会发展的。"②

(六)权力来源的魅力性——青年朋友　善于沟通

团干部在岗时期做青年朋友,善于沟通交流。转业之后,在沟通上依然保持着优势。一位转业团干特别重视基层沟通,"我工作的第一年,那叫革命加拼命。情况不熟悉,我深知半夜三更还把派出所的警察找来谈话,把法院的法庭、检察院,所有涉及到行政的所有上面一层层分开做,我是把所有的公检法警种走遍,然后再到下面去把乡镇村老娘舅和阿姨走遍。调解的那些人很奇怪,你怎么跟年纪 60 来岁的可以谈两个小时怎么谈的,他们都在旁边等的不耐烦了,他们真不知道,这是团干部的优势。"③

(七)资源整合的无限性——组织协调　珍惜资源

资源整合能力方面,团干部的确具有比较大的优势。因为没有钱,没有权,所以要求你去整合资源。在整合资源的过程中,要找到共赢结合点,在共赢结合点当中就学会了团队的合作精神。我们要为我们共同的爱

---

① 转业团干部访谈资料 TSW007
② 转业团干部访谈资料 TSW007
③ 转业团干部访谈资料 TSW007

好走在一起,为了兴趣我们走在一起,我们凝聚力有话好说,我们什么都可以谈,只要有共同的目标就行了。

有一位转业团干谈到了转业后的一件事情。"我在局里参与了《劳动合同法》和《就业促进法》这两法的宣传。这两个法的厅领导要求我说,你是共青团出来,一定要搞一个丰富多彩的一场活动。然后我就和相关处室同志们,一起在电视台用文艺性质的搞了一台宣传晚会,要求各地市报节目,同时我通过我自己原来做了很长时间青联工作的优势,把我们文艺团体的青联委员请过来,反正我请过来是免费,然后请他们搞了一台晚会,效果也非常好。这也可能是厅里有史以来搞的第一场这么大规模的晚会,花钱也不多。"①

而且,从共青团岗位走出来的人,往往能够感觉资源是很珍贵的。"我觉得项目资金经费确实来之不易,很懂得珍惜,所以对自己,不是说是很严格要求,但是已经好像都成了这种习惯似的,已经成了你个性中的一部分,觉得应该是这样,而是不应该去挥霍。"②

"我觉得共青团的干部没有权没有钱,所以一旦有了权和钱的时候他会很谨慎地对待这个权和钱,共青团的干部可以养成一个廉洁自律的习惯。共青团有个青年的文化,共青团青年文化源于他们这个土壤,因为他们这个土壤你熏陶了这么多年,不可能一去我就是个很贪心的人。以后把不把的住是长远角度看你有没有抵制力和意志的问题,至少我觉得你得是警觉的,头脑是清楚的,你对这些人的判断也是清楚的,我觉得共青团的廉洁文化不是主动的廉洁文化,是一种被动的氛围中营造出来的廉洁文化,熏陶了你让你不再会犯错误,突然间你换了一个新的岗位,在那样的氛围当中也不会容易这么快就被淹下去,至少淹也慢慢淹,意志坚强就不会淹的那么深,团干部永远都不犯错误这话我不敢说,全国犯错误的也有,但是毕竟是少数。"③

共青团干部的资源整合能力还体现在调动社会各界的力量。一场需要调动方方面面的力量,官产学等不同力量,特别是企业的力量。一位转业团干说,共青团让他学会了与企业老板打交道的能力,怎么能让企业乐意拿钱办事,就需要共青团干部敏锐的观察力,了解企业家的所思所想,能

---

① 转业团干部访谈资料 TQW004
② 转业团干部访谈资料 TDW002
③ 转业团干部访谈资料 TSW007

回眸共青团岁月——转业后的思考

积极创造条件满足他们的要求。比如一次现场公益活动，他安排一个企业家现场发言，之前他请最好的形象设计师给这位企业家设计，请最好的播音员给他指导发言。第二天连他自己都很惊讶，这位企业家的表现是如此的优秀，从精神状态到言谈举止都如同换了个人一样，自己都不相信这一切，最大的意外见到了一直盼望要见到的领导同志，并合影留念。领导同志对他慷慨的举动赞扬有加，更是让他激动了好几天。他见人就说共青团的好，说共青团干部打交道太有意思了，以后他真成了共青团的好朋友，什么事抢在头里，按他的说法，他的人生价值被共青团开发出来了。"①

在调动社会各界力量时，协作成为了重要的能力。"协作这种特质越来越适应现在社会的发展，现在社会的发展就是一个协作，你的协作能力，感染力这些都是很重要的。我们保持了这些年，我们现在从县上的书记到团支部书记，包括我们处长我们科，保持了这些年，这是一个好的方面，可能受社会影响，这些特点这些品质在。说明每一个人都具备，在共青团工作十年八年还是五年，我把这个锻造成这样一个概念。因为现在社会越来越发展，协作配合沟通这都是越来越重要了。"②

（八）考核指标的弹力性——自主发展 有为有位

我们每次在和团干部交流的过程中，发现很多团干部发泄牢骚，其一就是党政领导对团工作的重视程度不够，认为团组织处于边缘地带。但是有的转业团干不这么认识这个问题。"共青团岗位属性就决定它不是处于中心地位，要接受它的边缘特性，正是这样边缘特性才使得共青团干部做事的成本最小，你可以犯各种各样非原则性的错误，还有改正错误的机会，哪一个岗位有这样的待遇？因为是边缘部门，你就必须去拓展自己的领域，拓展了就是你的，不拓展永远都是别人的。因为边缘，你要生存，就要发出声音，求助他人，只有不断的造势，你才有存在的价值。在岗的团干部一定不要虚度光阴，用于奋发图强，多做事。关于提到党政领导不重视共青团工作的话题时，他说道：原来在共青团岗位时也是这么认为的，转岗后发现自己的理解有偏差，不是不重视，而是各项工作所占去的精力过大，有些顾不过来，那怎么办呢？只有一个办法就是多汇报多宣传，多提好的方案，以你的工作状态和突出业绩让他关注共青团工作，这

---

① 转业团干部访谈资料 TSW007
② 转业团干部访谈资料 TQW001

里大有施展的舞能力的机会和舞台。"①

有位转业团干对比了自己前后在的两个不同单位，以区别共青团的特质。"首先从工作上面来跟两个单位之间的比较，我感觉确实是不一样，共青团原来我们讲整个虽然有一些职能的定位，但是整个工作的选择权很大，要干什么，不干什么，怎么干，都有非常大的选择余地，而且对我们的考核评价弹性比较大。到底怎么样才算是干得好，我们有大的原则，是不是围绕党政中心，能不能服务青年，这些都是宏观的。但是具体微观上具体在某一件事情上不具体，但是到了政府部门以后，在工作上他的职能相对就更加明确了，干什么非常清楚，就是每一件工作。干的过程当中他的考核都是非常量化的，需要他落实到什么样的程度，都是用一些数字来说话的，从工作上跟我们相比最大的感受。"②

（九）具有大学校的特性——终身学习　积累经验

共青团干部需要不断学习，其中由于其后备军的作用，需要学习党的政策方针。"我也感觉在共青团，因为我们是党的青年组织，我们的工作要求就是党有号召团有行动，所以我们要做好工作，首先需要去了解党的工作的大局。比如说，中央的一些方针政策有一些号召性的东西，第一时间都应该去了解。当然政府工作也需要这个，但是没有那么直接的。因为他跟前面工作是有相关的，有很具体年度的目标，而且很多东西都是做好以后，一般来讲不大会在中途发生很大的变化。就像我们整个政府的工作报告定了以后，'十二五'规划定了以后，基本上这个大局就定了，就是按照这个去做。规范性比较强，共青团我们可能就弹性大一点，随意性大一点，反映在学习上。在共青团的时候更多的关注我们意识形态领域的，关于大的中央导向，现在可能相对没有共青团体会那么强。"③

共青团塑造了自己勤奋学习的一种习惯和能力，提升自己的学习能力是共青团给的，这种学习能力不是在书本上学习，在学校里面学习的这样一种能力，而是怎么样在实践当中学习，怎么样能够实际的去学习，怎么样迎接新挑战的学习。"因为在共青团，我们总是面临咱新的领域，面临新的一种挑战，我们当时就讲这个共青团经常在讨论种别人的田，荒了自

---

① 转业团干部访谈资料 TQW001
② 转业团干部访谈资料 TSW008
③ 转业团干部访谈资料 TSW008

己的地。我当时就想这个共青团的田到底在什么地方，所以我们当时研究的结论就是其实共青团既没有田也没有地，反过来说就是所有的都是我们的田都是我们的地，就这个概念。共青团没有你的自留地，这就跟共青团的性质决定的，你是生力军，你是助手，你是学校共产主义的学校，你是社会最有活力的一股力量，是最有思想的一股力量，是渗透在我们社会各个方面的力量。所以共青团的力量渗透在我们社会的各个方面，所以共青团的事业也是渗透在我们社会的各个方面各个角落。所以从这个意义上说共青团既没有田也没有地，所有的都是我们的田我们的地，我的意思就是说我们整个社共青团干部在任何一个时候，他都要靠他那股激情、那股钻劲，那股创新力，才能够在所有都不是我们的田我们的地，但又都是我们的田都是我们的地的这个领域当中去找到自己的位置，所以你要进入这个领域里面要领风气之先就必须要学习，要融入这个时代。不管是政治经济社会和文化各个方面，都是共青团的舞台。在这里都大有作为，所以基于这一点来说，在共青团，任何一个舞台任何一个领域，任何一个环境，你都要去适应这个环境，都要站在环境的，站在这个时代的前面，都要成为这个领域的弄潮儿，所以我要讲的意思就是在共青团这样一个领域当中，获得了学习的机会，产生了学习的动力。产生的学习动力是强大的，机会是最多的，得到了学习和锻炼的机会。"①

（十）个体区分的文化性——朝气蓬勃　勇于创新

还有一位转业团干谈到转岗后组织的文化氛围和人的精神状态很不一样，共青团干部是凭借一股子热情和激情在开展工作的，而新单位的人员年龄都偏大，很多都是复员军人转业过来的，他们平时工作很沉闷，没有朝气，完全是在履行人道主义的义务在被动执行着任务。她的到来给这一组织带来了生机和活力，但也让主要领导很不能接受，还受到批评。②

"这也是共青团工作的一个传统，共青团每条战线的工作都在不断的创新，每年研究工作的时候都在讨论如何创新的问题，虽然有的时候主题经常换，但是创新不变。"③

"没有一项工作像团的工作这样每天有变化，每天接触的都是不同的

---

① 转业团干部访谈资料 TSW005
② 转业团干部访谈资料 TSW003
③ 转业团干部访谈资料 TSW001

人,不同的事情,可以多想一些方法去解决它,创新的思维在团的工作岗位上是最优迸发的生命力。从团干部来讲的话,从事少先队岗位的团干部跟从事组织岗位的团干部这个思路绝对不一样。我的经历是我也有这个工作经验,但是大多数时间是做这个。"①

二、通过转业团干部描述转岗后的不适应看共青团干部素质储备上的不足

总结十四位团省委受访干部对于转岗后不适应情况的描述,可以归结为以下七个方面。

(一)环境适应能力不足

转到一个新的岗位,工作环境的变化所带来的不适应是最为直接的,也是很多转岗团干部都提到的。首先,他们所面临的是政府部门和团部门工作模式的不同。求稳求实的一成不变的程序化工作方式,远远没有团岗位的活力四射,"到了政府部门以后,在工作上他的职能相对就更加明确了,干什么非常清楚,就是每一件工作。干的过程当中他的考核都是非常量化的,需要他落实到什么样的程度,都是用一些数字来说话的。"②

"因为我们共青团这个组织是很有亲和力,活力,充满激情和创意,而且我们这个团队是非常和谐的一个团队,这种东西可以说原来部队没有的。"③

还有,上行下效的指令化工作作风,也没有团岗位的平和近人。"我不是觉得我不适应新单位,而是我不适应他们的领导,我觉得他们应该要改变他们的工作作风,而不是那种指令性的,他们更习惯指令性的,所以我常常有时候会怀念共青团,为什么,我就觉得共青团的领导指令性少,他跟你讲话,哪怕是书记副书记,他跟你是商量型的,商量的口吻跟你讲话,哪怕你是一般干部,这个就是我们共青团的优势所在。"④

其次,新环境中所带来的复杂的基层环境,尤其对于团省委领域的干部来说,不切实的去亲自了解基层,可能会被下层的干部所蒙蔽,所以就

---

① 转业团干部访谈资料 TSW006
② 转业团干部访谈资料 TSW008
③ 转业团干部访谈资料 TSW004
④ 转业团干部访谈资料 TSW007

有干部选择凡事自己亲力亲为，去跟百姓打交道，然后再听取干部反映意见，做到上下贯通。"你把下面工作谈的很通的时候他们蒙不倒你了，他就发现在你面前非得讲真话不可，一定要讲真话。另外他的办法行不通，你把他否决掉了他觉得心服口服，他发现你有这样的性格脾气以后，他就不敢蒙你了，蒙了你以后被你察觉了，有的人磨老半天我就不断问他这个问题，问到他一身冷汗出来他猜不出来了，最后发现不能骗，骗不倒的，就这样。尽管说没有经历复杂问题的处理，但是经过那么一两次的处理我们马上会提炼出规律来，会提炼出方法来，所以后来我们看重大问题的时候，不再惊慌。"①

另外，共青团领域的人际关系相对单纯，没有更多的恩恩怨怨，即使有一些也随着转岗而带走，而转业后的新岗位，人际关系相对复杂，利益矛盾交织情况比较多，因此不可避免会陷入一种无奈和纠结的矛盾之中。"团委从动态上来讲是处于流动状态，这个队伍因为年轻他比较有朝气，整个队伍充满阳光，因为流动这个队伍又会少了很多的，我们讲的那个是是非非，恩恩怨怨随着人的流转哪怕有一点不愉快他也带走了。但是在别的机关因为他这个流动相对比较慢，除了要处理好工作上的，做好本职以外，确实需要更多的来处理好人际关系，这个人际关系并不是说庸俗的关系群。而且你要围绕着工作目标的实现需要建立起一定的人脉资源来推动工作，来完成我们的工作目标，需要方方面面的配合，这个关系要把他处理好。"②

正是因为政府部门的不流动性，使得利益群体容易集合，对于转岗团干来说，融入新集体的过程，就必然会牵扯到很多利益的纠纷，所以交朋友变得很困难。

"到现在联系比较多的还是共青团的朋友，在这个地方要想交个朋友可不容易，交朋友人家想找我朋友他可能有所图，很多人愿意跟我交朋友，交朋友我要给他办事。在共青团我说句实话青联委员们请我吃饭，我可以随便去，在这个地方人家请我吃饭我有时候还不敢去，因为我吃完人家的饭我还得给人家办事。"③

不过，对于牵扯利益的应酬，有些干部选择不去，也正是从另一个角

---

① 转业团干部访谈资料 TSW007
② 转业团干部访谈资料 TSW008
③ 转业团干部访谈资料 TQW004

度反映出共青团干部定力很强，能够做到"出淤泥而不染"，这也正是现今社会所需要的可贵的干部素质。

很多转业团干部在面对这一新的情况，都及时调整心态，将团固有的思维模式和工作套路做了及时的调整，但也有转业团干部还把共青团很好的团队文化和工作创新理念带到了新岗位，并在其中发扬光大，取得了极好的效果。"共青团的氛围非常好，我到了新的单位，教育部门以后，我就把共青团这种好的思想，好的创意，好的作风融入我新的单位。"①

（二）危机事件处置能力不足

对于转岗团干部来说，到了政府部门难免会遇到很多突发事件，尤其是群众性事件的发生，这些都是团干从未遇到的，所以对于他们来说无形中成为新岗位带来的重量级难题。"为什么我的脸上有沧桑感了，沧桑感是怎么形成的，大量的复杂矛盾围绕着你，大量的任务摆在你面前，甚至感觉天都要塌下来的压力压着呢，你睡不好，你吃不香，你充满了压力，你没有轻松感，你脑子里面感觉到弹簧都要崩溃了，怎么办，要在纷繁复杂的环境当中使自己跳出来，快速地理清处理这些问题的关键在哪里，手段在哪里，办法在哪里，拼命地想。"②

但是团岗位的工作经验虽然没有给他们处理危机事件的能力，但是却给了他们善于学习的能力，通过这种的能力，他们能够又好又快的学会处理各种危机事件。

"这就给我一个什么感觉，共青团的干部还是务实的，到现场第一线去，情况掌握清楚，再有善于学习，团干部有学习能力的，不会没关系的，我看看猪跑也就学会怎么赶猪了，我看了几眼就会了，只是没给这个平台而已，给了这个平台照样也是能学的会的。虽然平台没有赋予这项工作，但善于第一时间去调查，摸清规律善于学习的能力是共青团的优势，有了这些基础，就能够学会掌握应对复杂事件的本领。"③

这方面是内地转业团干部谈到最多的一个问题，但西藏转业团干部没有涉及这方面，原因与西藏特有的民族地区特点有直接关系。政治稳定和民族团结是藏区的两大任务，共青团干部不可避免地要经受很多重大事件

---

① 转业团干部访谈资料 TSW004
② 转业团干部访谈资料 TSW007
③ 转业团干部访谈资料 TSW007

的考验，他们比内地在这方面既有经验又有从容处置能力的优势。

（三）自我认知能力不足

团干部在转到新的岗位后，会听到关于共青团干部各种各样的评价，而这些评价都是带有对团的固定印象的，无论是"青年才俊"、"青年领袖"，还是因为一些工作作风问题导致评价的以偏概全。转岗团干都需要时刻保持清醒头脑，不能对美丽的夸辞所迷惑，更不能被批评的言词所击退。

对此，有位团干说，"有时候人家看共青团干部转业的时候眼光是什么眼光，这个是团干部，是年轻人，括号约等于他没有十分丰厚的社会阅历，他会跟这个划等号。"①

当然，转岗团干首先做到的应该是接受别人的评论，然后改变自己。从自我出发，用自己的实际行动来说服他人，尤其是对于领导的成见，转岗团干更应该从改变自我开始。"因为人无完人，我想我可能就是要，我们无法改变领导，就可能要改变我们自己，领导我们没办法选择，因为他们都是组织任命的，既然是我们的领导，所以我可能还要克服这些有时候对领导的这种期望，降低期望，然后还有可能要更好的开发领导，沟通领导，转变他们的一些，尽管很难，说实在话，的确是有点难度。"②

（四）具体领域知识储备不足

很多转业团干部在面临一个全新的领域，首先碰到的问题，就是深感知识储备的不足。真有些"书到用时方恨少"的态势。"你不知道人家企业的经营模式，用人机制根本没法解决。包括城市建设、城市管理、企业经营等等一些方面，应该说是全是主力，你要问要跟那些厂长和经理需要了解，企业改革遇到一些什么麻烦，解决什么困难，按照政策能给人家支招也罢，给人家交代也罢，都得有点东西，还有一些出版、报纸、杂志了解那个社会整个宣传这方面也比较多了。再一个就是虚心踏踏实实地干，不懂就问，了解情况，刚去固原糜子、谷子农作物都分不清。我川区的稻子、麦子、玉米我能看出来，那边我根本不分清。那小杂粮作物，那土豆长在地上我都不认识。因为过去在这方面涉及也不多，学的也不多，摸的

---

① 转业团干部访谈资料 TSW007
② 转业团干部访谈资料 TSW003

也不多。"①

对于在知识领域的匮乏，很多干部选择的了恶补学习，虚心求教。

"当时确实是两眼一抹黑，啥都不懂，因为劳动厅涉及到的业务非常强，当时我过去在社会保险处，当时我们分工，我和另外一副处长当时也没处长，我们俩分工我是管医疗保险和工伤保险，整个医疗保险这块城镇职工医疗保险基本上已经成立一个体系了，另外我去的时候刚开始做城镇居民医疗保险，那是一项新的工作，然后我过去以后直接就把这项工作接手了，我说实话你们可能不相信，我到那个地方过去以后从头学。"②

（五）工作韧劲耐力不足

转业团干部在回顾共青团工作的经历，都不自觉反省自己所走过的路，特别是工作韧劲方面，感到很不足。很多好的活动品牌没有坚持下来，很遗憾也很可惜。他们认为团的基础建设比较薄弱，在团的岗位，由于转岗制度安排的设计，团干部都不愿意做打基础管长远的工作，这一点应引起警惕，因为会影响到团组织的生命力。根深才能叶茂，必须牢牢抓基础建设，组织发展才会有后劲。

在团岗位上不浮躁，不功利的模范是有很多的，转岗团干为我们讲述了这样一位勤勤恳恳、任劳任怨的好干部：

"我们有个县委副书记十年前你就是县委副书记，跟你同批的人都提为县长县委书记了，他说其实当副厅跟当副处是一个符号上的区别。但是我觉得副厅的活儿管的是一条线，因为我们的副市长管的是一条线，我现在是一个市的县委副书记，我统筹协调的面非常广，我每天就是大量纷繁复杂的事务，我每天都能够在纷繁复杂的事务当中找到我的成就感。这么多年下来，我被人尊重，我自己又很有充实感，我的能力又得到不断的提升，人家都很看得起我，叫我去开座谈会，我在这个地方都成了别人的香馍馍了，说不定给我放到哪个局里当个局长或者放在哪个区里我就不香了，我反而觉得这样的感觉更好。上有老下有小，我父母亲很孝顺，家里有孝的文化，和谐的文化，他说家里面就我一个儿子，他们年纪都这么大了，我一离开他们家里没人管，我还得兼顾一下家里，我有家里这些情

---

① 转业团干部访谈资料 TQW003
② 转业团干部访谈资料 TQW004

况，但是工作上我有成就感，我干嘛要离开。"①

与那么多的功利性很明显的团干部相比较，这位受访者所说到的老干部，正是工作定力强，真真切切热爱团工作，将工作踏踏实实做好的代表，正如他自己说的那样，岗位的升迁不一定对于个人发展是好事，最重要的是内心的充实，和能力的切实提升。

（六）对岗位特性认识不足

由于转岗制度安排的设计，团干部都不愿意做打基础管长远的工作，这一点应引起警惕，因为会影响到团组织的生命力。根深才能叶茂，必须牢牢抓基础建设，组织发展才会有后劲。转业团干部以自己的切身体会谈到：应关注要转岗这一群体的浮躁现象，它带来的负面影响就像"瘟疫"，处理不好，就会浸蚀整个团组织健康的机体，应及早防治。

"因为共青团干部有年龄的限制，可是客观条件，迫使你团干部去思考，我几年以后干什么，这是个制度安排。每个人都要考虑的，连我自己都要考虑，不考虑不现实，我总不能干到50岁才走吧，把人家也耽误掉了，事业耽误掉了，暮气沉沉，你再怎么领导年轻人干活？但是因为这样的制度事先安排，你必须要形成一种制度文化，也就是说我什么时候该被提拔，我什么时候该专业，因为制度安排你要考虑这个问题，变成了无形当中团干部要加快考虑这个问题，加速地考虑这个问题，那你就浮躁起来了，你这一浮躁起来会带来个什么问题呢，给你这个平台你不可能静下心来去思考，充分地去锻炼。"②

这种浮躁情绪的背后还是对团岗位属性认识不清晰，只是把团的岗位当成升官的"跳板"，政绩观和业绩观都不正确。对此，有的团省委干部认为，正确的团干心态应当是平和的，"在其位必谋政"在什么样的岗位，想着什么样的方法，做着与之相匹配的工作。等到真正到了要转岗的时候，组织上自然会给你一样符合你成绩的答复。

"省委常委关系这么重视，把你们推荐出去，你们要珍惜这个岗位，珍惜自己的荣誉，我们年纪算是比较大的，原来在部队本身是正团。有的还年轻，不要以为三十多岁是部长了，马上目标盯住怎么样再上一个台阶，你们不应该把自己的眼光看到自己的工作之外，在自己的岗位上怎么

---

① 转业团干部访谈资料 TSW007
② 转业团干部访谈资料 TSW007

做贡献，不应该想怎么样向上，那是组织上考虑的。"①

认识到团岗位的特性，然后切实的去热爱团岗位，踏踏实实的干事情，这样做出来的成绩才是向上的，充实的，这样的团干部才是成长的。

（七）群众工作实战经验不足

共青团领域本身具有学校的性质，是一个很好的练兵的平台。在这个平台上可以尝试各种模拟训练，错了还可以重来，但一旦转岗后就进入实战。这种工作形式的不同，也使得很多转岗团干很不适应，这种真枪实战的阅历对于他们来说是匮乏的。"你没有十分丰厚的社会阅历，所谓十分丰厚的阅历就是你没有经过重特大艰难问题的磨炼，没有经过冲刷，被大量挤压过，你就感到你的韧性，你的实战经验上他会认为你缺乏。"②

虽然团岗位上很少真枪实战，但是以往的各种模拟经验也是有其价值的，所以有的团干部在面对很紧张的局面时，还能够迅速解决。

"就通过晚上问，白天开座谈会，在省里各个层面搞调查研究，全部搞清楚了以后再开会的时候他觉得你已经是老干部了。刚开始我处理群众性事件也不知道怎么处理，没碰过，没碰过咋办呢？刚好我一去的时候给我一个下马威，几千人围攻省道，把那个路给堵掉了，垃圾成堆地堆在那个上面，这个事情怎么办呢，省里规定两小时以上不清除干净马上把你停职考核证拿掉。"③

像上述那位团干部那样，能够最后将局面化险为夷的能力，就是与群众深入打交道所提升出来的能力，也就是要求转岗团干要深入基层，站在群众中间，有了调查才有发言权，才有处理好群众工作的实战经验。

三、对该层级团干部成长和培训的建议

一个人素质的高低关系到整个组织的好坏，综合素质的提高成为时代发展的必然趋势。作为共青团重要组成部分的省委一级，其共青团干部素质的提高十分关键，团省委转业团干部从自身的经验出发，对团干部提出了以下五点宝贵的建议。

---

① 转业团干部访谈资料 TSW004
② 转业团干部访谈资料 TSW007
③ 转业团干部访谈资料 TSW007

（一）加强理论学习、提高自学能力

团干部理论素质、专业知识的不足，以及自学能力的薄弱等问题已日益突显。这就需要加强并转变培训的方式方法，除了培训，团干部还应该自己主动加强自身的学习。

转业团干从理论学习和专业知识学习两方面出发，突出强调了理论的本质性学习和知识的实践性学习，并阐述了自学的方法，即通过看报纸和向身边的优秀人物学习。

关于加强理论学习、提高自学能力的相关描述如下：

"现在就是有一种观点，就是缺什么马上去补什么，这个观点我不是特别认同，我觉得首先就是要发挥优势，因为你有培养大局观比较好的平台，你就应该首先顺着这样一个平台你去打牢你的高楼大厦，那就是你的理论素质。这个是建立在大局基础上的理论性，你没有这样的平台，你可能建设得比较难，你有了这个平台，你赶紧要去建。所以团干部要真正能把邓小平理论、三个代表、科学发展观学到一脉相承的，把它这个味道读出来。包括像我们做组织工作的，做组织部长，你把团的建设能不能搞得通，不光是业务，首先是理论，这个东西如果把它忽视掉，就会说我们没有间接工作经验。所以一定要把自己的优势发挥得更为充分，放着那个优势不去发挥，很容易捡了芝麻丢了西瓜，首先有个扬长的问题。就借这个优势把它打扎实了，这样以后你真正的迈入到行政部门，政府岗位，那你在认识问题，看待问题的时候你就会得心应手，至少脑袋里清楚，不是一个糨糊。你至少得知道你干这个工作，为什么是这样干的，你不能说上次那个会议上就这么布置的，这样是不行的。作为一个地方官，要有政策意识，要有理论素质，这个在团的岗位应该去培训，除了培训还应该自己主动加强自身的学习。

第二方面才是具体的一些知识类的培训，但是这类培训要更加突出它的实践性。比如说培训经济管理，社会发展的知识，那也不是说坐在课堂里就能学得到的，要突出实践。培训固然好，但是你只有三五天、一个月的时间，并不是说每年都有这样的机会，关键在于自学。自己要有学习的意识，我觉得主要学习思维方式，理论要学。怎么学呢？

第一我觉得是看报纸，看《人民日报》，第一看头版，第二看理论版，这个是代表中央的声音。我举个例子，比如说玉树地震，《人民日报》头版，温总理在专机上召集各个部门在上面布置抢险救灾这就是很好的一篇

学习材料，因为温总理讲的提纲，确实《人民日报》不可能把它展得很开，每一个小点都是在布置抗震救灾的具体工作应该怎么先后顺序，轻重缓急，全在那里，你花个 10 分钟、15 分钟就看完了，再花 5 分钟思考一下。把这个东西学好了，就相当于半天集中培训，这个就是非常好的学习材料。《人民日报》还有理论版，都是代表中央声音导向的理论家在发表这些文章，当然里面也有一些写得不怎么样的文章，但是也可以看看人家不好的文章是怎么写的，都可以学。

第二个要向人物学习，要去着重分析和研究我们身边这些优秀的干部，他们具有哪些不可或缺的特质？是哪些因素在支撑着他们走向成功？所以我经常学习书记，在部门那个时候，我们经常想，书记有哪些优点是我们没有学到的，然后把它分析出来去比一比。他为什么有那么多的优点，哪些优点是我们怎么学都学不来了，哪些优点是可以学得来的。这样能够更多地吸收我们的老领导的优点，因为共青团有很多老领导，老同志都很优秀，身边的榜样是最鲜活的，就从身边朝夕相处的人物开始学，这个很重要。学了以后自己再反复比较思考。培训很重要，但是我感觉我们团的培训确实有很多有待提高的地方。在现有的这种情况下光靠培训来解决团干部的素质提高问题是解决不了的。培训的目的在于给你打开一扇门或者一扇窗然后自己再学，找到自己需要的东西，把所有的希望都寄托在培训上，那是培训难以承担的。"①

理论学习能力的提高需要相关组织各项培训的改革和团干部自身的努力两方面共同努力。

"我们的组织能力，沟通能力，亲和力都没有问题，但是我觉得我们最缺乏的是理论学习的能力，团干部大多数是很浮躁的。这可能也不单单是共青团的，现在理论学习我觉得普遍都是，整个中国的公务员系统都很浮躁。你看虽然我们党每年都有组织轮流去各级党校进行理论学习，系统的学习理论。我到省党校学习过，省委党校处长班也学习过，说实在话这些党校学习，真正学习理论你说能学多少呢？首先党校老师素质就不高，讲课水平不是很高，这是一个，学生不爱听这是一点，还有一个，我学习是干吗呢？交朋友，扩大自己的人际关系，而不是在那里学习，上课真正认真听的有多少？所以不单单是共青团，整个中国都存在这个毛病，理论

---

① 转业团干部访谈资料 TSW011

学习的能力真的太弱了。"①

（二）加强自身廉洁、进行自我监督

不论是组织还是个人，加强廉洁建设一直是一个长期的议题。在整个大的社会环境下，共青团干部一定要注意加强自身廉洁，注意世界观的改造，用全局的观念看问题，进行自我监督。

关于加强自身廉洁、进行自我监督的相关描述如下：

"在团干部廉洁方面，共青团一定要注意加强廉洁，通过各种手段、各种途径，加强对团干部的廉洁教育，一定要告诉他们，我觉得还是提高个人的基本素质更重要。这个个人得把握，还有大环境，什么样的干部带什么样的兵。什么事情能做，什么事情不能做，没有必要别人来告诉你，你自己应该知道，有些事是不能做的，最起码这是一个个人素养问题，也没有人规定你。你觉得这个事儿公平不公平，合理不合理，一般的党政条例没有规定，别人家的孩子考试就很好，你的孩子怎么没有考好，我觉得是自己把握的事，不是法律条文规定，很简单的，公平不公平，合理不合理，如果你觉得公平就是合理的。"②

"哪一个领导干部出了事，都是世界观的改造出了问题。我那天看一个报道，说他女儿在国外留学，后来从国外回来调查组，这个里面亲情有动力使得他做一些违法的事儿，这只能说被感情逼的。他女儿好像中学在国外上的，非常聪明非常懂事的一个女孩子，作为一个父亲来讲，当时就动心了，多少年来一直很出色，很严谨。女儿很聪明，他觉得没有能力给自己女儿，在这个事情上做了点事，违法了，只能承担法律责任的后果。实际上还是一个原因就是对事情的把握，你一想，我搞点钱把女儿送出去。都是捞一把再走，不捞觉得冤。另外外部监督机制也是一个方面，但我觉得监督的主要内容是自己。"③

"看问题会有局限性，全局观不够，还有用哲学的角度看问题，可能就会差一些，会片面一些，包括解决问题的能力会受到相应的制约，学习还是应该要很强调的，但是很多的领导干部，都是嘴上讲学习重要，实际上你说领导干部有多少时间在那学习？你去看看领导，如果有很多领导干

---

① 转业团干部访谈资料 TSW003
② 转业团干部访谈资料 TQW007
③ 转业团干部访谈资料 TQW007

部的话你可以打电话尝试一下，每天晚上六点钟左右给你熟悉的领导干部打电话，问他这时候在干什么，基本上都在酒桌上面。你说领导干部有多少每天晚上在家里吃饭的，不多，真的。他们大多数晚上，有的甚至晚上跑场，跑两三场，这里六点半一场，六点半以后到七点半一场，七点半到九点半再一场，甚至还有第四场，最后一场卡拉OK。所以我觉得不但是共青团，整个的中国共产党的党员队伍里面都存在这个现象，真的可以调研一下，打电话问一下：你现在在干什么？"①

"共青团负面的东西，我觉得有时候是不是太多的酒肉交往了，有时候我觉得这种酒肉朋友会影响团干友谊的纯洁，吃吃喝喝。原来还搞过零点行动，夜里面12点钟出去，我觉得这个也会让社会上的人对团干部产生不好的印象，团干自身还要自己注意这方面的行为。像我前不久晚上去散布，看到我们现任的团省委的一个部长喝酒喝的醉醺醺的，被两个女孩子架着走，从酒楼里走出来，走到另外一个卡拉OK厅去，我说你们怎么回事，那两个女青年是哪里的，那说好像是什么青年志愿者之类的。我觉得这样的话对我们青年人会产生不好的影响，喝酒喝的醉醺醺的，还被人家架着走，两个女孩子架着一个男的，我觉得就不太好。

我觉得领导层里面也有这种现象，因为这个东西都是一级看一级的，共青团之所以是一个培养人的学校，他就是一级看一级，领导是起表率作用的，人家说学习雷锋好榜样，我们都向雷锋学习，可是雷锋的榜样是谁，是他的领导。那天看到一篇文章，说过去人家讲学习领导，因为雷锋的榜样是领导，现在谁还敢学领导啊，不敢讲绝对，但现在很多领导为人民服务只是挂在嘴上，大多数是讲享受，讲排场，追求名利的，你说都怎么去学领导？现在学雷锋做好事都是底下的人做的，群众去做的，哪里有几个领导去学雷锋做好事的？领导只是发口令，你们去学雷锋做好事吧，组织一个活动，自己做、身体力行的很少，这个也不仅仅是团干系统这样，整个社会的风气是这样的，所以可能不仅仅是团在这方面要注意。"②

（三）重视实践活动、脚踏实地做事

共青团干部若想要在团的岗位上越干越好、逐渐进步，则必须重视实践，脚踏实地地做事，通过深入基层和搞活动的培养渠道，逐渐成长为优

---

① 转业团干部访谈资料 TSW003
② 转业团干部访谈资料 TSW003

秀的共青团干部。

关于重视实践活动、脚踏实地做事的相关描述如下：

"我觉得在工作当中，团干部应该要具备这种基本的品格，通过工作通过活动来把他培养成这样，这是我觉得应该做的。渠道就是搞活动。至少是引导。通过工作和活动，教导也好引导也好，一起去做。这个从团中央要贯彻这个理念，而且要跟组织部门不断地沟通，是个人就会开车，但是他很快你只要给他车他很快会开，因为我教给他这些方法，他很快会使用。你是学方式，并不是学知识，从另外一个层面上说，光学知识什么时候能学完，包括上大学。而且他自己来说，你一旦交给他这个工作，他很快会学习，很快成为专家，这是一个组织部门要处理的基本的东西，而不是说一开始就是专家，这个要由各级来引导，这个要沟通。"①

"不在自己有多大能力，你多有能力，多有才干，多有水平，你不做实实在在的事情，你的工作没有任何表现，没钱没权，过去没钱的人都是艰苦奋斗，现在没有钱什么都办不了。"②

（四）围绕主题工作、注意沟通领导

共青团干部在工作的过程中，要围绕共青团这个主题展开工作，不论在什么岗位上，都要注意工作的中心。与此同时，开发领导、沟通领导也是十分必要的，只有这样才能更好的促进自己的成长和工作的完善。

关于围绕主题工作、注意沟通领导的相关描述如下：

"尤其刚转业那几年，报纸上，媒体上看的细，看的高一点，在实际工作当中，他们有时候问我，所以共青团工作必须把你主题搞清楚，你的工作围绕共青团这个主题，做好团员建设在各个岗位上，只要有助于工作的都得要做，尤其是从我们现在回过头来看，业务工作也是融入到里面。我觉得有些人对工作不是很重视，是因为没有了解，我觉得要请示汇报，多汇报多沟通，了解的多了，自然说的就多了，也可能是这种现象，但是我觉得还是在于自己没有把这个事儿搞好，同样差不多两个地方成长，团干部可能最后这个地方工作的比较忙，领导忙，关心经济发展，关心GDP。我觉得不要抱怨领导忙，或者领导只重视发展经济，不重视团的

---

① 转业团干部访谈资料 TQW006
② 转业团干部访谈资料 TQW007

工作。"①

"从自身角度上看,我底下这几个部门的部下,他们跟我讲,有几个工作十几年了,他说,你是我在这见到的最具有亲和力的领导,最有人情味的领导。我现在怎么想呢,当然肯定也有自身的不足,因为人无完人,我们无法改变领导,就可能要改变我们自己,领导我们没办法选择,因为他们都是组织任命的。既然是我们的领导,所以我可能还要克服这些有时候对领导的这种期望,降低期望,然后还有可能要更好的开发领导,沟通领导,转变他们的一些方面,尽管很难,说实在话,的确是有点难度。"②

（五）从小事做起、重视培养责任心

细节决定成败,小事影响大事的成效。共青团干部在工作的过程中应从小事做起,不能忽视做小事的关键作用,这同时也是培养干部责任心的过程,责任心也是综合素质的重要组成部分。

关于从小事做起、重视培养责任心的相关描述如下:

"做小事。通过做小事才能真正地体会到这个干部责任心,有一些大的项目基本上意识到这个事情,但是真正这个人责任心还是通过非常小的事情,小的细节,在接触过程当中。这个就是个人的素养,真的是个人的素养,对社会的认识,对自我的一种世界观、价值观,是以这些为主的。责任心也需要培养,大家都在认真地把自己的事情做好的基础上,整体就好办了。"③

报告三：团市委层级转业团干回头看

24名地市级转业团干部分别来自辽宁、山东、江西、湖北、陕西、浙江、河北、宁夏、安徽、西藏等地区,曾担任共青团市委书记的有14人,共青团市委副书记2人,共青团市委部门级干部5人,团地市委副书记3人。其中女性14人,少数民族（藏族）2人。按照研究规范和被访谈者得要求,所引用的资料不出现真实姓名,故所引访谈资料以编号代码出现,团市委TSW001—021,团地委TDW001—003,书记为A,副书记为B,部

---

① 转业团干部访谈资料 TQW007
② 转业团干部访谈资料 TSW003
③ 转业团干部访谈资料 TQW006

长级为 C。

一、透过经历和关键事件看共青团岗位特性和素质储备要求

"回顾过去"是我们结构访谈提纲中的第一大块。每个被访谈者在谈到这类话题时都很兴奋,从他们描述的当时情景,你会不自觉深陷其中,我们多次被他们的故事感动的泪流满面。

24 名该层级的转业团干部在他们回顾共青团工作经历和关键事件时,关于共青团岗位特性的整体描述很少,即不全面也不是很直接,但就某个特性描述比较深刻,的确值得研究。在这些描述中不难看出这些岗位特性,也就是共青团带给他们的收获,这些收获在转业后得到验证,并成了他们成长中精神财富,这种财富便是我们本文中所涉及的素质储备。

(一) 政治组织的特殊性——懂得政治 顾全大局

团的十六届四中全会,王兆国同志再次重申了共青团的重大历史使命:就是巩固和扩大执政党的青年群众阶级基础。为了完成好这一使命就需要履行好共青团的四大职能,即组织青年、服务青年、引导青年和维护青少年的合法权益。团与党的这种特殊关系在我们与 65 名转业团干访谈中得到了很好的描述。他们普遍感到这种政治组织的特殊性让他们比同龄人更早成熟和快速成长。

"共青团不光接触团的业务,还要组织团员青年学习党的十四大、十五大、十六大、十七大等各项重大会议精神,历次全会都要学习,这个过程使我对党的大政方针有一个非常清晰脉络的了解,这无疑对我是一个非常重要的知识积累。另一方面是同时培养了我的大局意识。共青团的一个重要工作方法就是懂大局管本行。因为共青团是要紧紧围绕同级党委的工作重心来开展工作的,这是共青团的助手作用的表现之一。因此就必须要树立在大局意识,要吃透党和政府的在大局,这样才能找到共青团工作的切入点。"①

在这方面的描述还有很多,比如,共青团让他们比同龄人过早地懂得了政治,想同龄人没有想过的问题,做同龄人没有做过的事。由于团章上明确规定"共青团是党的后备军和助手",使得团干部很早就知道党和团的特殊关系,并有机会领导一个部门,为了有所作为,就必须第一时间了

---

① 转业团干部访谈资料 TSW013

解党的路线方针和政策以及中心工作。

转业团干部的团涯路径很不一样，但大致可以分为两种，成长关键期一个是在团域，一个是并非全在团域。前者我们形象称其为充电型，后者我们称其为放电型。这两种类型的转业团干部在描述政治特性方面站的角度不一样。后者偏重与非团域感受的比较。

"因为我在进入共青团之前也是在政府部门工作，那么在进入了共青团的岗位上，要做好整个青年工作，你必须要围绕当地政府的中心工作开展。我原来做行政工作的时候，这一块不是特别的关注，而只是关心我这一条行业部门的事情，做了哪些事情，但是共青团的这一块不行，必须要全面的理解和领会各级政府，社会发展和各方面的任务目标，你共青团要怎么样围绕这一块开展工作，你站的角度思考的角度都是不同的。"①

政治特性方面除了党的知识层面和党团关系及工作理念外，还有政治敏锐和自律方面的要求。这一点在西藏地区该层级转业团干部描述更为清晰。他们都经历了拉萨314事件，重大事件考验了他们的政治敏锐度和应急事件的处置能力。与内地的转业团干部特点不相同，由于西藏民族的特殊性，使得藏区的团干部的政治性特别强，应急能力也强于内地的团干部。这在以后民族区域分类研究还会有所涉及。

关于自律方面，也有不同的描述，社会对这一看法也不尽相同。认为共青团是个无职无权的地方，没有什么物质财富可以获取，廉洁之举实属无奈。也有人不这么认为，共青团也不是清水衙门了，犯经济方面错误的人也多了起来。无论怎样，普遍地认为：共青团干部相对年轻，有理想抱负和远大目标，犯这方面错误的还是很少。

"我们那里有一个叫龙马市场的，这个要面临招商引资这块，现在的话我们有一个回族他全部承包下来的，当时他也找过我，就说是一起去吃个饭，然后我一直是回绝，该怎么办就怎么办，因为我们这块镇里的话都是以参股入股形式各居委会，镇里，这个我觉得拿了人家一次东西那各方面也许自己就受益了一点，但是真正损失的是整个集体包括居委会。居委会的钱是老百姓土地受益进的钱，所以你拿了那么点损失了那么多，我觉得始终是真正自律确实在团岗这块历练出来的。如果这块诱惑抵不过去，那么怎么样走的更远？我觉得真正要上升就不要迷恋，半路上的花花草

---

① 转业团干部访谈资料 TDW003

草。我自己始终是这么举例子，我们是登山的人，那么半路上肯定有很多诱惑，你真正要登到山顶的话，肯定要顶的住这些诱惑，因为我们的目标始终不是在那个半山腰，而是在山顶。"①

（二）优秀青年的聚集性——积极进取 追求理想

很多转业出去的团干部谈到新岗位不适应的地方就是：周围的青年少了，特别是优秀的青年少了。在我们团内有一个非常有名的格言：聚是一团火，散是满天星。很难有其它领域有这样的特点，这些优秀的青年如此聚集在一个领域，具有共同的志趣，同处于一个青春段年龄，可塑性和创造欲也是最强的，这股力量导致同化现象比较重。因此才会出现目标相对集中，合作容易成功的局面，转业后人员结构思维和追求等都不一样，工作模式也就发生根本变化。他们最多的感受转业后很难交到真正的朋友，很多是利益关系方面的朋友，很实际也很世俗，那种愉悦的心情和幸福指数都大大不如在共青团工作的时候了。相反，转业后开展工作和个人发展还是以共青团积累的人脉为基础的。他们的热情和激情也是相互影响的。

"过去我们15年的共青团工作中，结交了大量的朋友，很多都是我们各行各业的青年人才，可以从他们身上学到很多的知识。在共青团交的朋友和其他各口交的朋友不一样，年轻的时候都好交朋友，交的朋友也都是年轻人，有共同语言，大家都是凭着一腔热情在做事，通过做事交的朋友感情很纯的，这样的朋友应该说随着时间的推移感情越来越深。前两天有一个团干部转岗，是我们团市委机关的一个干部，我们几个已经转岗的团干部欢送他时，我说虽然我离开共青团快一年了，可我内心还在共青团，我的心还在这一帮人身上，我还关注着这块事业，大家的心情都和我一样，说到这都很激动。我觉得这是共青团的独特的文化。"②

（三）群众工作的广泛性——了解青年 服务青年

共青团十六届四中全会将青年群众工作研究列入今年的重大课题之一，这与当今社会的复杂变迁和国际人才争夺的大环境和大背景是是分不开的。在共青团领域常说的一句话就是让党放心，让青年满意，实际上如果青年能跟你共青团走，你能在党最需要的时候能把青年组织动员起来，让党放心才能落地，目前的问题是青年是不是听你的，不听你的，怎么可

---

① 转业团干部访谈资料 TDW002
② 转业团干部访谈资料 TSW013

能让党放心呢？因此从逻辑关系上讲，让青年满意是根，让党放心才是果。

"我觉得这个宽泛性对我最大的帮助部分，一个方面还是人缘这一块，方方面面工作联系，和方方面面的人打交道。这个方方面面的人也能认识和了解到，但是了解也是一个粗略的了解，起码能到这个行业里面去，也能对很多行业了解。"①

很多转业团干部都谈到了这方面的收获，做群众工作的经验为他们走向新的岗位打下了良好的基础。比如他们做社区工作时，能和社区的老太太聊天，在老太太群中发现了调节民事纠纷之星；到居民家里和孩子聊天，发现了孩子上网吧的秘密；和网站版主聊天，发现政府和版主间的误解；到事故现场和当事人聊天，发现事件背后隐性的原因，虽然他们没有处置这类事件更多的经验，但他们善于沟通善于调查研究善于亲近群众，这些素质帮助他们解决了工作难题。同时因为在共青团去过农村、机关、社区等不同领域，有所了解它们的基本情况，对他们转业后能迅速进入角色，不说外行话等等也起到了很大的帮助。

（四）转业机制的必然性——沉稳心态 适应变化

共青团是青春的岗位，到一定时间必然要离开共青团岗位，这是共青团组织的一项制度安排。目前这一特性带来最大的问题就是：转岗时间的不确定性，导致工作没有长远规划；转岗人员的频繁流动，导致工作目标的间断；转岗机制的不科学，导致转岗安排的个人化；转岗群体的不稳定性，导致在岗人员的浮躁情绪。所有这些都应引起有关方面的关注，这一问题的解决也不仅仅是团域内的事情，应纳入党建带团建的体系之中，该问题涉及面比较广，处理不好，也会在社会上造成一定的负面影响，社会外界对共青团干部的评价，如作风漂浮，好做表面文章，搞形式主义等等，根源就与此有关，当然不排除个人有一定的定力作用，就目前看，这个问题带有普遍性，与这项制度安排有很大关系。这个问题会在以后单独进行研究，这里我们要从积极的方面，分析一下这种制度安排带来的价值。转业团干部是这样描述的。

"在共青团每年五四搞庆祝活动，怎么样来搞，那是费心的工作，形式每年都要有新的，要创新的东西，每两年搞一次十大杰出青年的评选，

---

① 转业团干部访谈资料 TSW018

回眸共青团岁月——转业后的思考

中间再每两年,中间插着年份,十杰青年科技人才的评选工作,年年有表彰,但是年年表彰的不一样,今年表彰十大杰出青年,明年表彰青年科技人才,这不是一种创新吗,今年文化艺术节,不是每年搞,这个是两年搞一次。那你不能重复着过去的东西,重复的话基层参与热情就不高了。"①

"我们共青团更多的工作需要你动脑筋去想,就是怎么样围绕党政中心去开展工作,平时对工作的思考可能跟别的部门还是有所区别的,我们还是要创新,比如说今年我们政府,或者是党委开了什么会,今年提出了哪些议题,我们共青团可以围绕这个工作帮助党委政府或者配合他们做一些哪些事情,这是我们要思考的。以前就是领导让我干什么,我就干什么,后来让你独当一面的时候,你就必然要去思考很多问题。"②

因为团的岗位的短暂,每一个团干部都想在这个岗位上做出一定的成绩,同样的工作、同样的活动,要有区分,只有创新,正像部分转业团干部所说的他们绞尽脑汁把所有的点子和招数都用尽啦!并且他们又把这种创新的意识带到了新的岗位。

(五)活动空间的广阔性——把握中心　纵横拓展

共青团的服务对象是青年,青年是早上八九点钟的太阳,富有青春的朝气,青年的特质就是活动,在活动中增长才干,在活动中凝聚青年。

"这七年共青团工作经历给我最宝贵的经验就是锻炼了我的口才、锻炼了我的协调能力、锻炼了我的处事能力,为我走上领导岗位打下了一定的领导基础。因为咱们共青团要大量的通过活动作为载体来开展工作,所以在每次搞活动的过程中对我们都是一种锻炼,一方面因为我们又没钱又没权,搞一次大型的活动得去协调各部门来配合进去,得去协调领导来参加会议,得要组织青年按照我们的思路把工作做下去,所以说每次搞活动对我们来说都是一种历练。再一个我们开展的'青工大赛',还有各行各业的评比对我们也是一种历练。就是说不单纯的搞这种群体活动,深入下去到工厂、到车间、到农村、到法检了解一下这些我们所主要评选的这种先进,那么它究竟都在干些什么,它干的这个工作有什么实景啊,对于我们来说是宣传它对社会有什么样的影响。至少我到一个现场的以后,我知道工业上它究竟是怎么回事,农业上、树木上、城市建设上,我说不到很

---

① 转业团干部访谈资料 TSW010
② 转业团干部访谈资料 TSW021

深,但我至少不说外行话。那么,我觉得作为一个领导你不说外行话,首先就让人家对你有比较高明的看法。"①

共青团是以活动见长,因为它的服务群体是青年,青年的特点不同于中老年人,喜欢蹦蹦跳跳,动大于静,准确地说通过活动,特别是能体验互动的活动将青年组织起来,在活动中历练本领,开发潜能,发现人才,培养队伍。追求活动结果的完美是一个方面,更重要的是活动的过程本身完全是人力资源开发的最佳源地,他们还说道:只要结果不走过程,结果也是短暂的,只要过程不管结果,虽然过程痛苦,但结果可能会持久,也会带来愉快。总体上有几种能力是在这个岗位上搞活动带来的。口头表达能力、组织协调能力是最基本的,几乎所有转业团干部,约98%的比例认可这种能力是从团岗获得的。他们是这样描述的:

"你做任何事情现在就是说你光说不行,还要有一定成功的支持才可以做,我们就没有像政府部门有资金的支配,你还要协调各方面来支持你的工作,所以都是锻炼你的组织能力协调能力,包括你做事的能力都可以在团的口上得到充分的锻炼。比如现在转业出去组织大型的活动,搞组织搞策划可以说我自己觉得是得心应手的,而且这一切的活动可以说开展得有声有色,这些能力都是从共青团中获得的。"②

(六)权力来源的魅力性——青年朋友　善于沟通

前面已经提过,共青团是一个无职无权的岗位,但是这个岗位又要做成事,做成事又不能去用行政权力去办,因为没有什么资源给青年,怎么办呢?只有去用先进的思想和理念引领青年;去用社会化的动员方式组织动员青年;去用心倾听青年的呼声并为他们呼吁;去满足青年的兴趣和社会化技能提升的愿望,所有这一切都与权力没有直接的关系,但与个人的人格魅力紧密相联,你的优秀你的魅力才是做好一切的关键,这里面更多的是一种社会责任,它和全心全意为人民服务相关。这种非权力的影响力恰恰是共青团岗位的特性。

"第一综合的能力比较强,组织协调能力。再一个我觉得团有一个重要的特点,团本身就是一个有一点像清水衙门,你开展团的工作要自己挖掘一些资源,咱们要整合这个资源,你到了一个有实权的部门以后你就比

---

① 转业团干部访谈资料 TSW014
② 转业团干部访谈资料 TDW003

较的珍惜这个岗位,然后最起码在清正廉洁这一块上做的比较好,这些可能是人的责任心也强一些。主要我们这里针对的是农民,一百多万,应该说像是作风这一块上面团的干部也是很明显,一个是责任感,我们确实也是替老百姓着想,这个也是优势。"①

"我觉得从团委出来之后,自己在组织能力和管理能力特别是这个协调能力这一块有很大的帮助,因为在团委的话就是确实没有权,也没有钱反正就是要资金自己嘴巴甜一点,就是到处都求一下,争取一些资金,这样以后到了新的岗位上以后就是在协调能力这一块,比如说像这里面要搞农牧民创收这些,他们这里要投入资金,这样以后要到很多部门去求爷爷告奶奶都去求一下,这方面最主要是协调能力这块,而且再一个考虑问题的时候能够更深入,从多层次的考虑,而且做事情也不是很盲目的去,不是随心所欲的,就是多去思考多去考虑,然后多去请教。"②

(七)资源整合的无限性——组织协调 珍惜资源

正像部分转业团干部描述的:共青团没有自己的一亩三分地,但所有的田和地都是他们的,只要辛勤耕耘就一定会有收获。从唯物辩证法出发,事物的发展是辨证的,无中生有。社会的有形资源是有限的,但整合出来的资源就是无限的。这里面涉及到无形资产的评估问题。共青团更多是用无形资产的方式去整合有形资源。比如政治资源部分,很难量化,但可以调动社会特别是企业方面的有形资产发挥作用,这股力量是强大的,因为整合资源是为了青年的成长和发展,不是为了自己,更多的是通过整合资源,提供资源的各方都得到双赢,真正推动社会的进去。

"大家都知道共青团是一个清水衙门,现在这个社会上动一下其实都是需要一些资金,物质上的东西,但是在我们的话,如果平时在没有经费的情况下,我们要办成事,我们就要靠我们的真诚,去感动别人,所以这种我觉得我们团干部的本事就是可以在没权没钱的情况下办成事,这就是我们的本事。"③

另外在资源的整合中还磨砺了自己的意志力,培养了一种攻坚克难和破解难题的能力,这种素质储备是非常难得的。

---

① 转业团干部访谈资料 TDW001
② 转业团干部访谈资料 TDW002
③ 转业团干部访谈资料 TSW021

"磨炼了个人的意志，共青团的这个岗位需要有很强的责任心，而且有热爱共青团工作的这种热情，而且还要有对社会的这个爱，你才能做好，因为既不是权威机构，也不是政府的部门，所有的事情都需要你自己去攻克，而且有毅力有信心去做才行，你做一些工作的时候是一分钱都没有你自己完全是靠热爱这一个工作，也没有多少人来得罪你，但是你必须要自己有这种恒心有这种工作的热情，这一份热爱才可以走的下去，因为你自己要策划这个活动的一些载体，就是要做，然后再去筹集资金，要争取各方的支持，所有相关部门的领导你都要有的时候你需要自己去协调，有时候人家就临时不干了，所有的情况都有可能，所以这个对自己的磨炼，也是也是遇到的一些问题一些困难，这个思路办法你的责任心你工作的意志力，得到了很好的锻炼。"①

（八）考核指标的弹力性——自主发展　有为有位

有很多兼职的团干部长期坚守在共青团岗位上，企业和机关单位非常明显，他们转岗的概念不是很清晰，原因是他们在共青团岗位上，业务等其它方面的工作也在做，所谓转岗，就是不再做共青团工作了，其它工作依旧。还有基层乡村级团干部，一个人身兼数职，而且没有任何考核任务和经济待遇，完全凭借个人素质，工作主动性和事业责任心及无私奉献精神从事着共青团的工作。这是共青团一种可贵的精神力量。当然这种考核指标的弹性也具有双刃剑，一方面向积极作为发展，正像部分转业团干部所说的，不做事就真得没事可做了。另一方面向不作为发展，仅仅把共青团岗位当成晋升的跳板，来了就想提，提了就想走，以在岗呆的时间计算着转岗的日子，这也是造成部分团干部作风浮躁的根源所在。从这里我们可以看出，转岗不是仅仅以在岗的时间而论，而应以素质储备的情况决定转岗的时间。共青团组织今后要在团干部素质储备考核指标上下更大的功夫。

"这个工作岗位上你要围绕这个思想做事情，但是你做什么，也不是目标很明确的，比如说我们建设上你建房要建多少套，要完成多少，这个都是有指标的，但是团的这一块没有指标也没有明确的，你就要围绕中心目标来服务大众的身心发展，社会稳定。那么怎么样把广大的青年的向心力凝聚力战斗力都发挥起来，把青年的积极性都调动起来，这个就靠团的

---

① 转业团干部访谈资料 TDW003

组织来利用非常好的一些载体，一些活动的形式和方式来做这个事情。"①

（九）具有大学校的特性——终身学习　积累经验

共青团是培养青年干部的摇篮和大学校，这一点访谈中都有涉及。"在团委的时候因为要推荐优秀团干部，就是入党或者培养优秀的团干部进入后备干部，这样的话对培养优秀青年干部这块，我也是放在工作的重点，就是推荐优秀的青年入党。从优秀的青年党员当中推荐为副科级领导干部，不管我现在是走到那个岗位我已经养成这么一个习惯，就是经常性的要去教育这些年轻的干部，就是在工作上面要经常性给他们说，脚踏实地的做事，对待人的话要真心实意的对待人。"②

每当有团干部转岗，我们理所当然认为他从共青团这个大学习毕业了，这些年，社会的关注点并没有放在他在共青团里学习的怎么样？而是以他职务的升迁来看他进步的表现，往往忽视支撑这一进步的背后力量就是学习。共青团中央陆昊书记曾多次提到：因为学习，短期内看不出什么差距，但长期就能将这种差距显现化。我们还是要更多地提醒团干部将关注点放在内功上。我们在访谈中，很多转业团干部都有共同的感受，在共青团岗位学习的不够，在应酬上的时间太多，正如青年学得创始人黄志坚教授所谈到的：抓不紧自己，瞧不起别人。这种情况亟待需要扭转，要把共青团真正办成一所学习型的组织。

（十）个体区分的文化性——朝气蓬勃　勇于创新

做过共青团工作，当过共青团干部，让别人一下子在形象外表和精神状态上就能识别出来，我们曾多次做这样的实验，成功率非常高。有一个宁夏地区的转业团干部告诉我们，还有一种区分办法，就是分别安排两个青年干部带同一个团队，一个是做过共青团工作，一个没有做过，看他们和团队人员相处的关系程度就可以了，关键是谁能营造团队文化，制造和谐氛围。团干部在这个方面很有优势。

"他有热情，他有永不言败永不放弃的精神，共青团干部是很明显的，你坐那一谈，你感觉他就是做共青团的，就是因为他身上有一种朝气，始终有一种对人非常热烈的情怀，所以我觉得一个是他有这种事业有这种追求，永不言败的精神，有这种朝气，他懂得怎么去学习，总的来说共青团

---

① 转业团干部访谈资料 TDW003
② 转业团干部访谈资料 TDW002

干部在走上党政领导岗位之后，绝大部分都是在干部中反应挺不错的。"①

一位转业团干部也谈到这样一个特质，"我很有责任心，但是我真没有对工作的激情和热情，我觉得我是被共青团把我这个兴奋点给我调动起来了，我会想这个兴奋点是怎么给我调动起来的呢？我也在思考这个问题，我想可能是因为到了共青团以后，从办公条件来看很差，掌握的资源非常有限，然后下面都是一帮年轻人，他们对我性格上有一点影响，很热情，当时我觉得必须要干点事，那时候我要做点事情，不仅仅是落实文件，或者落实某一个事情而已，应该要去做一点事情。"②

在访谈资料整理中，涉及到素质方面的关键词依次排序是：政治大局观、理想信念追求、社会责任心、勇于创新意识、积极乐观心态和奉献精神、勤俭廉洁意识、开发的潜能有资源整合能力、组织沟通协调能力、攻坚克难和破解难题的能力等。从访谈中不难看出，这些素质可以从团岗中得到很好的储备。

二、通过转业团干部描述转岗后的不适应看共青团干部素质储备上的不足

24人被访谈者都对他们（她们）转业后的不适应感受做了深刻的描述，我们提炼归纳出共青团干部十个素质储备不足：

一是知识结构方面的缺失——知识层面的素质。涉及经济、法律、金融、社会学、社会保障、高科技产业、城市建设等专业方面的知识内容以及科技政策、土地政策、环保政策和税收政策等方面的知识，还有少数民族地区方面的政策；二是政府行政职能领域的不熟悉——专业方面的素质。如对开发区、发改委、规划部等职能部门了解不多，运转体系和工作方法都与共青团岗位有很大差异性；三做经济工作的经验不足——经济工作能力方面的素质。特别面对利益群体事件，如拆迁等敏感经济利益问题，如何权衡利弊，判断不足；四是主动参与经济工作和维稳工作的意识和动力不足——结合党政中心工作的能力素质。如要求挂职或转业到经济主领域的意愿不强烈，积极主动建立青年信息通道，加大基层组织建设的敏感度和危机意识缺乏；五、在引导青年，尤其特殊青少年群体的帮扶帮教上措施不足——宏观把握驾驭能力素质。这就要把虚功做实，特别是对

---

① 转业团干部访谈资料 TSW004
② 转业团干部访谈资料 TSW020

藏区共青团干部尤为关键;六是工作的韧劲和耐力不足——坚持毅志力心理素质。活动的层次和深度,特别是思想性还不够,只停留于轰轰烈烈的形式上,虎头蛇尾的现象普遍存在;七是处理群体性的危机事件实战经验不足——群众工作能力素质。如群体性的上访事件,不能果断有效处置;八是不能跳出团看团,自我封闭,自我认知不足——自我认知能力素质;九是对社会环境的复杂认识程度和适应能力的不足——适应环境能力素质;十是主动到基层锻炼经受考验、培养与青年群众的感情的意识不足——价值动机理论素质。

(一)新领域带来知识和能力储备不足的问题

1. 相关知识方面缺失方面

经济及经济管理方面的知识缺失是转业团干部谈的最多。

"共青团干部必须到实践中磨练到复杂的环境中磨练。在共青团工作的岗位上要多关注政府的工作,多学习经济、法律知识,这些特别重要,而且要从宏观的角度思考微观的问题。我们以前都没有,我不知道别人有没有,但是我绝对没有,我所面临的困惑,一方面是规则上的不懂,另一方面是在共青团是没有学到的。每一件事情的情况都不一样,只有碰多了才知道该如何处理。"①

"经济的知识方面,这个我觉得团干还是非常欠缺的,比如说现在咱们提倡的新能源产业,过去在共青团可能也知道一些,太阳能、或者一些风力等等,这些都是理论上。但是真正你到里面去了解下,太阳能项目需要多少资金,需要多少的国家的政策,现在宏观的政策有哪些矛盾,现在的投入是多少,将来会带来多少的产值,将来对这些了解的就更少了。当然了由于工作性质的原因可能共青团也不需要这些,但是现在政府工作,特别是行政工作,现在领导最关注也是这方面的知识,我觉得对我来说是很大的欠缺,我现在是要补充很多这些东西。但是过去在共青团的时候也没意识到这些,也没有想到这方面的知识这么多,出来一看知识多的很,光是一个细的产业链,把它的来龙去脉相关联的产品,把投入和产出,把相关的政策都了解的很透彻的话是很容易的。各方面我觉得还是在共青团的时候应该要提早的准备多了解这些方面的知识。"②

---

① 转业团干部访谈资料 TSW006
② 转业团干部访谈资料 TSW018

"农村社会保险，以前没有接触过，下面打电话主要是问一些经办上的事情，这个我们很为难，我们刚过来问一些具体经办方面的问题，具体经办方面的业务，我觉得不好马上回答，这个是遇到的比较棘手的问题。遇到了就问其他的同事再给他回答，比如说他制订的一些表格，难免有一些内容不好理解，所以他就打电话来问我，我以前没有从事过这个方面的工作，然后就犯难了，这个就感觉比较棘手。"①

"对我挑战最大的一方面是专业知识这一块。来到这里工作快一年，一直都在管高新技术产业这块，我们高新技术产业园区的一共有二十多平方公里。我要负责整个高新技术产业园区的发展规划，具体到发展哪些领域，招商引资，以及你招来的这些企业如何落地，如何投产，办哪些手续，全部由我们来做。做这块的事，说实话遇到很多问题，比如说没有接触过高新技术产业，按照国家发改委来讲它有一个定义，过去对这个都不熟，这样要从网上下载资料，一看，八大类，大概有几十个行业，哪接触过啊，都得重学，成这个行业的专家我做不到，但是至少要做到不是外行。像温家宝总理提出来的战略新型产业，他就把新型材料作为战略性新型产业，新能源新材料，节能环保产业，还有包括生物医药，生命工程等等，这些东西学习起来难度很大，因此我首要的任务是要学习。"②

关于知识方面的不足还有很多转业团干部谈到，但这类问题并没有难倒他们，因为他们有学习的动力，还有很好的学习方法，年轻好学的资本让他们在转岗后不长的时间里很快补上这个缺口，在同等情况下，他们比其他领域的青年干部学习适应能力还要强些。

2. 相关能力方面

主要是适应环境的能力。关于适应环境的能力是转业团干部谈及最多的内容，包括三方面。一是工作方式和人际氛围发生改变。对政府行政职能及工作程序的不熟悉是许多转业团干部谈到的话题。"原来在团市委工作，属于党群口，对市委各委办局的职能和办事流程都清楚。但是对于政府这边如发改局、规划局、财政等领域接触的少得多，因为跟他们没有业务往来。但现在，政府的基本职能我都弄清楚，比如一个项目要落地，首先到工商部门办理公司注册，税务部门办理纳税登记，要到发展局进行备

---

① 转业团干部访谈资料 TDW001
② 转业团干部访谈资料 TSW013

案或者核准，然后到规划建设局办理"两证一书"，环保部门做环评等等。一开始当然不懂，回头找各个部门把他们所有的办事指南拿出来学，现在这些东西难不住我了。"①

有的转业团干部转业后不适应的地方涉及工作模式和工作理念上的不同。"按照传统的机关来说就是这样的，我们在办公室讲的，方案措施开始下文件，打电话，然后就布置工作了下面到底能不能操作不管的，这种模式。政府这边是首先一个工作交给你要下去，到每个村去跑，他们是这么弄的。然后想办法，哪个办法是最容易找到突破口的，因为有很多方面，农民有农民的方法，我们怎么去面对农民，他会有各种各样一些针对的方式来对付你。所以他不可能有一个具体的方案，其实是有好几套方案，不是单独下一个文件就行，不是的。你在具体推动中可能要有好几套应付办法想好，然后再具体地去做。这里往往我们原来有这样的吃亏，我们在推动的过程中过于简单，后来就不可收拾了，但是没想到他用另外一种对付你的办法，你没有考虑到应付的办法，这样就麻烦了。你自己对策没有。他研究得比你还透彻，现在的老百姓他对全国的政策研究得很透彻的，这样难度就大了，领导让我们多下基层，下了基层不是简单的到乡镇街道转一转，座谈会一开就走了，确确实实要深入进去。"②

除了对政府行政领域的陌生，还遇到和与自己父辈的人打交道的问题。比如转岗到招商局工作，该领域的人群也和共青团岗位不同。"有点不习惯，就是觉得人生地不熟的，我当时领导找我谈话的时候，去了面临两个压力，两个压力在哪？第一个可能工作的熟悉要尽快进入角色，从一个群团到一个经济部门，一个重要的职能部门，可能怎么样能够尽快的熟悉业务进入角色这个最主要。其次第二个压力我想也是我们共青团所有的干部可能都有这么一个感受，我们的班子里头都是老同志，我是最小的，里面我们那有些老班子成员有的跟我父亲曾经是同事。你想我怎么样跟年龄比我大的，但是可能在位子比我低的人，打交道，让他们干工作，让他们服气。"③

对基层复杂环境缺乏必要的心理准备。一些转业团干部转业后下到县里任职，很不适应下面的环境，有很多苦恼。"从共青团下来的人大都满

---

① 转业团干部访谈资料 TSW013
② 转业团干部访谈资料 TSW015
③ 转业团干部访谈资料 TSW020

腔热情，没有任何私心杂念，不考虑周围的复杂环境，不去考虑人脉的复杂程度。在每一个环节中，都有很多杂音很多陷阱，挺需要智慧的。这就是共青团没有教给我们的。我就觉得特别难熬，真是希望能快点回去。下面的人是很胆大的，很多事情不想让你知道，想瞒天过海，不想让你参与，不想让你介入，那就是权力，权力带来的就是利益。你要是把它控制得太紧，他们就没有与人民交换的资本。我们这么年轻，下去以后就是想进步的，肯定不会在这方面翻船的，所以很廉洁，很自律，很谨慎。但很多人不择手段上来就是想捞取个人利益，所以形形色色的人都有，这个是蛮痛苦的地方啊。"①

这里面的不适应说明共青团岗位相对单一，但也有团干部对这种复杂环境还缺乏历练的心理准备。从这一点来说，共青团干部应及早触及到这些地方，在共青团岗位不能呆的太长。

在我们的调研中，转业团干部还有一种不适应，但这种不适应却从反面证明共青团干部的某些可贵的品质。"转业后有一点不适应，因为我们团已经形成了一种烙印，就不很适应政府这块，有时候陪同工作从上午只是去看一下项目，吃个饭一直玩，或者吃喝到晚上，这个我确实到现在都觉得有点不适应。所以下一步让我转我也很不愿意到政府这块，因为我觉得还是不适应。我觉得还是在党委部门，因为他虽然显得清苦一点，但是很适合我的个性，总体来说我确实很不喜欢打麻将。现在打麻将的领导还是相对多，因为你陪工作肯定陪一天，不能让人家单在那里，整个要陪也不可能一直聊到晚上，也只能说是有时候我们县里确实上面政府来的人，应酬这块确实觉得自己到目前仍然不适应，所以从镇长让我回到团委或者宣传部我觉得更适合我。我觉得工作倒是无所谓，但是光这个应酬我觉得整个下来不适应。我觉得带来了很大的隐患，打个麻将你不可能赢领导的，那你陪工作组你也不可能输他个人的，那都是从公款出来，所以这块说句心里话很不适应，很看不惯。因为这是对干部的腐蚀，特别是对年轻干部我觉得很不利。"②

二是经济工作能力和群众工作经验支持不足。共青团干部普遍缺乏经济工作方面的能力。"转岗了以后回过头来再审视一下，自己缺的是什么，一个是对经济工作的涉猎还是不够的，比较浅。因为现在作为地方政府来

---

① 转业团干部访谈资料 TSW006
② 转业团干部访谈资料 TDW002

说,他最关注的是什么,最关注的是经济发展和社会稳定,在前面我还在做团市委书记的时候,一次到团中央参加基层组织工作的一些座谈会。座谈会上我就在想,我有一个观点,为什么大家都感觉共青团工作,我们自己干的工作这么神圣却得不到应有的重视呢,因为地方党政的主要领导,关注的就是经济建设和社会稳定。而在经济建设这个领域,共青团就不是主要做经济工作的部门,我们职能所限。再一个,地方政府维护社会稳定的压力特别大,在维护社会稳定这方面,陆昊书记也一直在讲,为什么要加强团的基层组织建设,就是通过加强团的基层组织建设,是代替党和政府做青年的群众工作。"①

转业团干部多数认为:虽然我们不能直接参与经济工作,但一定要有这方面的意识,要善于寻找与经济工作和社会维稳工作方面的结合点。

"青年当中有什么苗头有什么动向要通过咱们这个团体要能反映出来,实际上陆昊书记就是从党政工作中心和重点这个角度来在说我们共青团应该做哪些方面的工作,而恰恰是在经济建设和维护社会稳定方面,我们都深入得不够。经济建设领域不是我们的职能,这没有办法。促进社会稳定就需要不断的加强团的基层组织建设。团的基层组织建设加强了、健全了,那么我们各级共青团组织就可以做维护社会稳定的工作。"②

"我现在回忆了一下,咱们团上和经济工作介入的都是很少的。咱们过去老提倡什么农村团干或者是什么青年吃苦带头人等等,都发挥了咱们青年的示范作用,但是真正的去扶持一个青年或者是真正的深入做一个项目,做一个大的活动的话,好象没有,也没有切合点。后来咱们的基地和小额贷款提供了一部分,但是现在我在政府这边看,可能是我们地市比较落后一点,我了解到发展地区对项目对经济的要求还是比较高的,要有项目理念要会做项目,要会策划项目,要用项目来吸引资金,或者是把本地的资源变成项目推介出去,或者是能当做当地的产业优势从大的手笔上,或者是新的节能产业或者是新的旅游产业来发展。把握经济的规律,寻找工作结合点上我们有不足。"③

"转业后最不适应的实际上就是做群众工作,这个很不足,这一年就是靠学,跟老前辈学。这里开发区开发的基本都是农田,农田现在就是整

---

① 转业团干部访谈资料 TSW017
② 转业团干部访谈资料 TSW017
③ 转业团干部访谈资料 TSW018

体拆迁，整体拆迁是全国第一难，最难的就是整体拆迁，整体拆迁这样一个任务交给你以后就让你自己想办法去解决，不存在什么方案，想好了再去弄，没有的，就是你做过去碰过去弄过去，因为每个人的程度不一样的。比方说我举个例子，这一块首先我们来评估的，这个也是去年我们要拆掉它，马上就要开工建设了，前天都没事就是半夜里，昨天你刚刚进来的时候，半夜里冲进来的，这么多的建筑材料都进来了，一个晚上，晚上9点多了时候他还没有，到天亮的时候全部装好了，碰到这种情况你怎么去应对，怎么去解决，就是很实际的问题，如果你给他赔的话，就是几百万的国有资产，在这个过程中这些都是原来在团的岗位上学不到的，马上要现场去应变了。开发区原来我们在团市委的时候，进出几十万都撑死了，这进出都几个亿。你说有困惑，这方面就是困惑了，原来就是没教给这个东西，也学不到。尤其是经济方面的东西，你学不到。

比方你要处理你拆掉他，你要拆掉他就不跟你签了，那这个房子拆不下工程就推进不了，要想办法。你要去权衡，哪一个更有利。你要从权衡长远的角度，哪怕我多赔点，从长远来讲我还是有利的，因为你脱的时间越长这个困难更复杂。"①

这方面的不足在西藏地区转业团干部中没有涉及，分析原因在于西藏民族地区的特殊性，那里的团干部大都经历过类似3·14事件和程度不同的危机事件的考验，这方面的处置能力和经验相对内地团干部的要多些、强些。

三是团干部自我认知能力和韧劲耐力不足导致。外界对共青团干部的评价很多，褒贬不一。比如青年才俊，青年领袖，提拔快，发展快。如果我们的团干部不能头脑清晰，就会迷失方向。"要清楚的认识到你现在不是能力让你做到这个职位上，而是岗位让你做到这个位置，要永远对组织感恩之心。"②

有的转业团干部提出要四少：少计较、少比较、少功利、少索取。目的在提醒团干部要时刻严于律己，要慎重交友，要坚持原则性，不该说的话不说，不该吃的饭不吃。

"社会上确实有这方面的评论说团干热情有余，耐力不足，这个我想一方面是团干自己个人需要更沉淀自己积累自己，另一方面还是跟团的资

① 转业团干部访谈资料 TSW015
② 转业团干部访谈资料 TSW014

源稀缺，特别是整合团的资源，这种费劲，这种觉得很累吧，所以导致最后这个工作不能持续进行，有一定的关系。在共青团岗位上干某项工作，费了很大的力气把资源整合在一起了，把这个事情开了头，但是再往后再进行的时候，这个资源的整合可能你还继续费力气，有些团干就认为只要我开了这个头，领导引起关注了，就表示这个事我做了，做一件事代表你做了，做一千件事可能也代表你做了，于是这个事最后草草了事虎头蛇尾。比方说像青年劳动力的培训转移，我可能培训一百个，我对市委对团省委交代，反正我培训了，但是如果说一个团干扎扎实实把它做好，培训了一千个，那这个事我也做了。这个事情你做了，不代表你做了多少，质的问题不能把关，导致这个事情最后草草了之。"①

虽然共青团岗位赋予了团干部整合资源能力的储备，但是在整合资源中的确面临许多是实实在在的困难，是继续攻坚克难还是躲避退让，这正是考验团干部意志力和忍耐力的试金石。有的人扛过去了，有的人退缩了，扛过去的就为团干部作风形象增加了一分，反之就印证了外界对团干部的负面评价，如何把虚功实做，虚实结合，完全取决于我们的团干部韧性的强度，而韧性的动力源有来自团干部的人生观、价值观和世界观。

（二）转业团干部如何度过这一不适应过程

转业团干部有普遍的共识，在转业后他们都在尽力补上这一课。"我很少在办公室工作，我就是把一切工作都全部提在一线，我都在一线解决问题，我不在办公室里面工作。因为我觉得我们欠缺的是最基层的经验，我就是只有通过到现场多看、多听、我多了解我才能保证做出近乎正确的决策。我是为了当时避免，因为书记也好，当县长也好，决策一旦做出，那如果说是错误的话造成的损失是巨大的，所以我只能三思后行。"②

"我们大家也经常在说，还是团干部身上有一些作风飘浮，不愿意深入基层，不愿意深入实际，还是浮在面上，这个其实大家都有共识，这也是陆昊书记，这几年来一直强调的，要求团干部一定要到青年当中去，一定要到基层去，要说不足缺陷就是这三个，对经济工作涉猎不够，解决复杂矛盾问题的能力欠缺一些，作风上还是比较偏飘浮，还是不够深入。"③

---

① 转业团干部访谈资料 TSW012
② 转业团干部访谈资料 TSW014
③ 转业团干部访谈资料 TSW017

站在团外看团方面，也可以警醒团干部要改变社会负面的评价，只有全身心扑下去，积极作为。

"社会上还有一种看法认为团干部没干过实事，对基层工作不太了解，对基层情况不太熟悉，有时候好象比较幼稚单纯，往往戴这种眼镜来看你，我们团干部转业的时候往往面临这类的问题，总是要面临各种各样的眼光，有的人觉得是羡慕的，有些人是嫉妒，说你一定有怎样的背景和关系。还有一种抱着看看你有什么本事，冷眼旁观，所以我觉得这么多干部的情况来讲，最后经过考验的，最终还是要像凤凰涅磐一样，它是一个痛苦的过程。如果你通过了这个浴火重生，你可能就成为一只凤凰，如果你没有经过这个考验，你可能从此就一蹶不振了，你就被人家划定为只能坐在机关里庸碌无为的庸官。"①

三、对该层级团干部成长和培训的建议

人的行为素质决定一个人的发展前途和方向。实践和理论都已证明共青团岗位的确是一个青年干部提升综合素质，快速成长的最佳平台。比如共青团岗位对团干部的素质储备的要求，不少转业团干部都获得部分素质，但也有部分转业团干部在这方面也留下了遗憾，他们的经历和感受对我们现在仍在岗的团干部是一个很好的典范和启示，从中我们可以加以借鉴和改进。

从团干部成长顺利方面，有两点建议可以提供帮助。一是倍加珍惜共青团岗位。这个岗位的特性是其它领域没有的，它所能带给团干部的素质储备也是极为珍贵的，正像所有的转业团干部所说的：人一生中没有干过共青团工作是个遗憾，这段特殊的经历在一个人的成长中起到非常关键的作用。在调研中我们发现大凡在这个岗位上虚度或者把这个岗位当成跳板，没有充分享受这一过程的团干部，他的素质储备是有一定局限的，从我们访谈对象也能证实这一点；二是要正视自己素质的不足。积极主动地创造各种机会去补救。在前面我们已经对素质储备不足进行了说明，有两种情况，有客观和主观方面的原因。比如转岗机制的必然性会导致团干部要不可避免地加速度考虑转业问题，会产生作风漂浮的问题。但是自身对岗位素质储备方面认识不清，就会不作为，浑浑噩噩过日子也会导致作风

---

① 转业团干部访谈资料 TSW004

漂浮，另外对外界的评价特别是一些如同"青年领袖""青年才俊"等等美言褒词冲昏头脑，不能清醒认识，也会不知不觉引起作风漂浮。还有虽然被提拔到一定重要岗位，如果不能够理智看待这一切，即不是自己的能力让坐到这个位置上，而是岗位让坐到这个位置上，自然也会有作风漂浮的问题出现。因此素质储备的不足有多种原因导致，不能仅仅归于某个客观原因。

（一）转业后对在岗团干部的建议

"第一个就是自己主动的要组织，要及时的转岗，因为团的岗位上呆的时间长了，就没有激情没有主动性，要尽早转岗，因为我觉得年轻的时候转岗到一个新的单位上接触新的业务到新的岗位上都相对接受的快一些，一转耽误了几年再去的话，学习一些新的知识的话接受的会比较慢。第二个是个人要多学习，要学习一些其他方面的知识，因为团是一个方方面面都可以牵涉，但是你自己考虑到以后的工作，有针对性的看一些业务书籍，也要看一些社会学方面的。我主要是觉得社会学方面对自己的工作方面是一个很好的补充，有意识的补充，现在网络也比较方面，经常就看一些，根据正反两个方面的意见，再一个就是你怎么来理解像一些中央制订的大政方针的政策，对自己都有帮助，而且要多看一些书，多学习。第三个是交朋友自己要慎重，作为青年团干的话要慎重，要谨慎交友。因为我觉得你自己的一个圈子，在这个圈子里面有好的朋友的话他可能对你的带动作用比较大，这个应该说是一个效应。第四个是加强青年交流，像我们这因为是一个少数民族地方，有的少数民族团干上面组织的青年交流不愿意去，这个我觉得也不好，一个是不适应那边的气候，时间也比较短，不愿意去。"①

"我是觉得，希望团干部政治上不需要太'成熟'，我的成熟是加了两个引号的，所谓的不太成熟就是少一些官气，多一些朴素之气，多一些大气，而且在个人的理论修养上，在作风锤炼上要下工夫，要把这个作为自己一辈子成长的过程来看待。不必作为一个最终的目的来对待，应该说咱们在团的工作岗位上，我也在这个团的岗位上培养出来这么一种激情和热情，我觉得我们要把这种激情和热情对待每一个人，每一件事情要正气，我想这个今后每一个人成长过程来说必不可少的，因为我们始终团干部都

---

① 转业团干部访谈资料 TDW001

是铁打的营盘，流水的兵，不同的岗位保持对共青团的这份热情和热爱，对待每一份工作，对待每一份事情，坦诚做人，踏实做事情。"①

(二) 团干部培训建议

概括下来有五点：一是要针对该层级转岗的方向和岗位设计培训内容。比如团市委书记通常转业到区县党政口，可以请有经验的县长和县委书记讲讲他们做些什么，了解工作模式方法理念方面的不同，提早储备这方面的知识和技能；二是提供培训载体等手段进行经济工作能力和处理群体性上访等危机事件的实战演练，如挂职、扶贫和干部交流，现场场景模拟等；三是对新老团干部分层培训。对新团干部，围绕共青团发展研究共青团事情。对老团干部，侧重中央对局势的把握，对经济工作的掌控以及经济难点、热点的分析和透解；四是建议开设共青团岗位特质方面的培训课程，提高团干部对岗位的认知度，创造转业团干部与团干部现场交流的机会，采用导师机制，师傅带徒弟的方法进行培训；五是如何应对新媒体，如何争取社会支持系统，营造周围环境的培训内容。另外西藏地区转业团干部还提出要开设宗教方面的培训内容，如何加大特殊青少年群体的引导帮扶帮困工作；六是充分利用远程教育开设培训课程，特别少数民族地区的团干部这方面的需求尤为强烈。

关于团干部培训需求方面的描述有：

因为我自己参加过团中央 213 期，就是短短一周时间，当时其实自己抱着很大的期望去的，也是想一方面是结交一批朋友，另外站在团中央的层次培训我们下面地市州的团委书记，也想获取更多的信息和资源，去了以后觉得基本上那一周就是围绕共青团的发展研究共青团的事情。这些东西可能作为一个新团干是很有帮助的，但是作为一个老团干，我想获取的更多的是目前中央对局势的把握，对经济形势的掌控，包括当前国家，甚至包括经济的这种难点热点这种分析和透解，这些东西我觉得是作为一个年轻干部必须掌握的。我觉得目前作为我们共青团，确实很多的东西，包括工作的谋划和布局，包括组织的构建，也包括这种培训始终跳不出我们共青团这个圈圈。有这个大圈圈框定了以后，你的思维就很受限制，因为整个团干的发展方向，作为一个团干是人生很短暂的一个过程，绝大部分团干以后都会到一线去工作，到一线去以后再去学习，有时候当然这也是

---

① 转业团干部访谈资料 TSW020

一种方法，可是往往是来不及的，那就必须在共青团的岗位上一方面把共青团的工作做好，同时还是要沉下心来，或者团中央能够拿出这样的一个精力、时间来，给这样的年轻干部一个培训的机会，让他们尽快的适应角色的转变，你比如处理群体性的上访事件这个问题，为什么我们有些地方好几次这种的事件最后没有处理好？我想还是跟当地的领导是否缺乏经验、能力不足，是否最后手足无措有直接的关系，你让一个一直在基层工作的老同志来处理这个问题，和一个年轻的从来没有经历过的人来处理这个问题，结果是完全相反的，本来这些东西应该是团中央给这些团干们多补补课，让他们提前进入角色，先进入实战的演练。"①

"团干部培训，确确实实要把共青团转业到各个城市岗位上的人，去给他们讲课，比请那些什么清华北大的教授讲课有效得多，因为他是在其他一些重要领导岗位上的经历，有十几年操作的经验，他是言传身教，切身的体会，加上本身也是共青团出来的，讲的非常到位。"②

"团县委书记下去以后要做乡镇长，团市委书记以后要做县长，团省委书记以后下去以后要做市长，掌握的知识是不一样的，转业以后让大家尽快地适应，就要涉猎乡镇长工作重点是什么，县长主要做的事情，市长主要要做的一些事情，根据这个来设计培训。"③

"培训也不可能面面都培训到，培训只能说从面上或者是从一个大的思路策划上有一个什么经济支持，团干学经济，但是具体的还是要分析各地，特别是每一个团干本人要主动性的学，特别是和当地实际要结合，要跟当地的政府结合。从咱们总的培训上可以把国家和一些大的宏观调控的政策讲讲，比如说现在的土地政策，现在这个是一大情景，对每一个地方经济的发展，第二个是环保政策，第三个是全国的发改产业政策，产业布局，从这几个方面土地环保这些都是比较重要需要了解的基本知识，另外再加上一些其他的税收或者是别的什么。这个可以给团干培训培训，让他们有这个意识，给他们提供一个入门的门槛，不然的话他们看这些东西都看不进去，公司怎么上市，合作的方式，还有一些专业的词语给他们培训培训。如果团干主动的接触的话都不好入门，就像是咱们搞小额贷款培训一样，咱们开始跟企业搞的时候咱们连什么叫做贷款都不知道，利率都不

---

① 转业团干部访谈资料 TSW012
② 转业团干部访谈资料 TSW005
③ 转业团干部访谈资料 TSW017

知道，团中央专门发了小册子后来又通过各种方式，要求团市委的都必须的学习，才能培养一种自学的能力，要不然自学都自学不了。所以说作为培训的话，借助这个机会我也希望中央团校或者是从这一点开始，确实是对各级团干的需求。"①

西藏地区转业团干部普遍反映他们没有内地团干部培训方面的资源，受训机会少，覆盖面低的问题。提到远程教育方面的需求和意义。

"我觉得团干部培训交流比较少，像我们在基层的话，地区和县这一级可能在转岗前参加过，可能是一次都没有参加过团的培训上，可能团中央的培训一次都没有过。培训没有参加过，交流参加过一次交流，太少了，你知道吗我们下面的那些科级干部就更少了，我们这次给援藏干部就提出来了，其他的就别搞了，就把这个交流搞一搞，地区上的团干还有县上的团干，七八月组织一批元旦组织一批，这样交流很重要。像远程教育，团中央在书记那的讲课，我觉得那个挺好的，你想直接到团中央到中央团校还要考虑成本等其他因素，可能还比较少，但是通过那种形式，直接远程的讲了团的工作态势，下面的比较一起，我觉得这个已经有意义，有针对性。我们到下面去讲课讲的还主要是工作态势那一块。"②

对培训内容需求方面，有转业团干部针对民族地区谈到："比如说民族地区的区域经济问题，区域经济发展，另外一个就是党的民族工作政策，牧区的优惠政策方面，在下面是怎么个弄法，我们就是从这些方面，来拓宽我们自己，也为以后转岗先奠定一点理论上的基础。"③

"在民族地区，共青团的培训要讲少数民族的个性，要从共性和个性这两个方面来讲。西藏从事共青团工作，主要针对的还是青年的牧民，你要和青年的农牧民连成一片，一定要了解他们在想什么。这一块又比较特殊，有宗教是比较严重比较普遍的，我觉得你肯定要对这里的宗教和一些风俗人情要掌握。你到的共青团工作还是其他的部门工作，首先要对这里的宗教有一些了解。学习一些这里的人生价值观，宗教不了解的话对开展工作可能还不利。第三是民族地区团干部交流挂职的问题。如何开展少数民族的工作。可能我说的也是培训交流的一个范畴，像是地市县长的这一级，就是针对基层，像是挂职的这些，因为前面我说的少数民族的团干部

---

① 转业团干部访谈资料 TSW018
② 转业团干部访谈资料 TDW001
③ 转业团干部访谈资料 TSW021

不愿意去那里,一个是考虑不适应,二个是时间短,如果挂职锻炼的话,解决了这个问题可能会好一些,直接是点名,你们要派一个人到这个地区去挂职锻炼去。这个方法应该比较有效。第四是关于青少年教育阵地的问题。教育阵地,放在大学或民族学院可以,现在没有这个体系,不一定放在党校,你就放在学院,就是这种民族院校的方面。"①

结论:课题组关于地市级团干部的培训建议

1. 知识、技能、心理并重

重视知识学习,重视工作技巧掌握,是正确的;但转业团干们表现出这样的逻辑:心理素质更具关键意义!心理素质好,在团内储备的综合素质和学习能力、创造力就会发挥作用,就会很快摆脱困境;反之,就会长时间难以适应。

2. 将培训与转业的具体需求更好地结合起来

团内培训一方面是为了更好地适应共青团工作的需要,另一方面不可避免地回对其转业有价值。所以,结合转业需要开展团内培训有助于提高培训效率。这也是现在大家所追求的。从转业团干的意见上看,有必要在内容上再做加强,对各方面的政策培训,以及党务、行政、经济、法律等方面具体工作内容、程序、方法、技巧等培训要加强。

3. 对弱项展开专项培训

处理复杂问题的能力、危机识别和危机处理等,是转业团干比较普遍存在的弱项,有针对性地加强这些方面的培训和相应的心理训练,是加强团干部培训工作的方向之一。

4. 探索转业主题培训

打破现行培训的组织方式,既不按级别,也不按地区或行业,而是按转业预期组织培训班,探索按转业方向不同的归口培训模式,如:党务班、政务班、法务班、社会事务班、民族事务班、宗教政策班、经济管理班、财政金融班、农村工作班和开发区班等。这样的探索,对于共青团干部培训工作应该是有重要意义的。

5. 培训方式改革

应大力探索各种有效的培训方式,依据培训的需要和效果积极改革培训方式。如,加大干部交换、挂职、及基层锻炼的力度,并把它纳入团干

---

① 转业团干部访谈资料 TDW001

部培训整体规划；探索团外合作培训的路子，如经济管理和企业管理以及司法等专题学习班分别与相关专业部门合作，以增强实训的色彩和效果。

报告四：团县委层级转业团干回头看

3名团县委层级转业团干部都曾经担任共青团县委书记。少数民族（藏族）1人，女性1人。按照研究规范和被访谈者得要求，所引用的资料不出现真实姓名，故所引访谈资料以编号代码出现，团县委TXW001—003。

现就团县委层级转业团干部关于共青团工作经历所带来的帮助，转业后不适应方面和站在团外如何看共青团干部和团组织等方面进行描述和分析。

一、透过经历和关键事件看共青团岗位特性和素质储备要求

（一）政治组织的特殊性——懂得政治　顾全大局

团干部的政治性会影响到转业后对政治的重视。"一些政府主要抓经济，对思想政治比较忽略。但是目前我们县里的这种态势非常好。我们宣传部提出建立理论中心学习组还有建设学习型党组织，县里非常重视。我们提出把今年整个的学习安排，思想政治抓起来，我们也准备邀请自治区党校和自治区社科院的通知来帮助学习，县里高度重视，来支援的干部也专门给了我们3万块用于专门学习思想政治。"①

（二）优秀青年的聚集性——积极进取　追求理想

一位转业团干这样描述她认为比较好的团干部态度。"团干部需要很有责任心，特别是对团岗的热爱和积极性，还有对工作的敬业，爱心和责任心。爱心要全心全意的热爱这个岗位。爱心不单单是对工作的热爱，而且还要去关心和爱护下面的年轻干部，年轻团干。"②

她认为不应该出现的情况是，"上级如果懒散，没有积极性的话也带动不了下面人员的积极性。团县委下面的工作人员更没有办法，本身就显得很弱势，如果你书记再不积极主动一点的话，那下面的人给没有办法开

---

① 转业团干部访谈资料 TXW003
② 转业团干部访谈资料 TXW003

展工作了。有些人可能到这个岗位，他自己看不起这个岗位，他觉得这个岗位本来就是一个的弱势的岗位，做事情也要去求人，拥有的资源也少，什么都要去自己去整合。他自己都看不起这个岗位，没有经济效益，又没有多少能够看的到摸的到宏观的一些东西，好像拿不出手。所以我觉得一个合格的团委书记必须是那种淡薄名利的那种，就是一心热爱事业的那种人做的要好一些。"①

被访者谈到了外部环境对于有为的重要作用。"我觉得一个青年要成长从外部来讲，最起码领导要信任，要敢于给他压担子交任务。现在很多时候领导不信任青年干部，他觉得你没有经验没有能力，就不敢把你放在一个重要的位置上去考量，但是往往我们的青年一旦把他放在一个重要的位置，他感觉到这个位置的重要性，他自己又会自然而然把自己所有的潜力，激情都能够发挥出来。但是往往有些青年自己有一份激情，有一份热情，但是又得不到重用，然后久而久之自己那种激情也被消磨了。现实还有工作面临的环境慢慢的消磨那种锐气，那种激情。其实在我们看来很多年轻人都很想做一番事情了，他不管在什么岗位还是希望自己受到重用，自己能够通过努力能够得到领导的赏识，把自己最精彩的一面展示出来。但是也可能在岗位上经过锻炼的过程当中，这个青年各方面有一些欠缺和不足表现出来了，有些领导就表现得不够信任了，就觉得反正做的不是很满意。那么领导在后面交任务的时候就会考虑交给他会不会太年轻了，会不会经验太单一了，经验不足了会不会影响到结果了，可能也有这方面的问题，但是我觉得青年人才要成长的话首先一个外部环境还是要有人充分的信任他，历练他。"②

（三）群众工作的广泛性——了解青年　服务青年

共青团的工作能否开展起来，其中一个原因是能否能够了解青年的需求。

有一位转业团干说"过去我在团委那时候就是这样，要搞打扫卫生就必须要从每个单位里面抽几个，积极性不是很高，而团委要么是打扫卫生，要么就是去植树这类的活动比较多。现在上面投入资金力度也加大了，而且各项培训也多了，下面团员青特别是农牧民，对于青年创业感觉

---

① 转业团干部访谈资料 TXW003
② 转业团干部访谈资料 TXW003

还是很好的,积极性也是很高的。"

"现在不一样了。青年农牧民创业致富带动还有一个就是粉条加工厂也是在我们居委会那个地方,除了他自己创业以外还带动2户困难户,解决他们的就业。刚开始厂房比较小,坡房似的。这样团区委那边投入资金2万,把他的厂房都进行了扩建,而且当时那时候它的卫生都不是很达标,现在目前形成了规模,而且前面带的2个困难户已经都脱贫了,现在他又带了2个困难户,还资助了一个学生。"①

基层的团委要解决更加实际的问题,才能够吸引青年。"因为我们是基层团委,面向的团员青年都是农村的,这些团员有特殊的需求,这些需求我们非常了解,在我们工作上干起来有针对性,可以选择一些需求比较强的,对他生产工作特别有帮助的,这样工作的效果会比较好。但是往往很多团干部缺很多东西,他们从学校、机关进入团工作以后,对基层工作不了解,文件说了这事怎么做他就怎么做,取得效果不一定好。这些工作不是说我们团员全部需要,恰恰我们面对这个群体有创业的一些需求,包括他工作的需求,咱们叫素质水平提高的需求,另外生产工作中资金之类问题,我们团要能满足他们的需求他们才欢迎。"②

"青年的需求不是咱们口号喊得多,也不是活动搞得多大有多少影响力,他们需要的是实实在在的东西。现在我们团的工作跟二十年前不太一样,工作对象需求多样化,跟那时候比,上级来了我们团委搞得一个活动大家都来了,需求简单,比较单一。现在我们需要凝聚青年,你用大口号不会有太多人感兴趣,他会看这个有没有用,对他有没有帮助,我们应不应该干这些活。从这方面无论团的工作还是其他工作,都是对老百姓实实起到有帮助作用的。"③

(四)转业机制的必然性——沉稳心态 适应变化

转岗是每个团干部都要面对的问题,有一些转业团干提到了转岗后会有几个月的不适应期。一位转业团干部提到了在团岗位上参加基层锻炼有利于提高自身能力,适应转岗变化。"我觉得团干部的岗位上应该创造更多机会到基层去锻炼,组织的集中培训讲课可能不少,说具体点提高我们

---

① 转业团干部访谈资料 TXW003

② 转业团干部访谈资料 TXW001

③ 转业团干部访谈资料 TXW001

业务素质，这些东西非常必要，但是它跟实践的东西脱节，你很难体会到实践的感觉，应该紧密地结合起来。其实基层的矛盾问题，让我们团干部去体验，将来我们团干部转岗，政府的一些部门都是这些东西，对于他们以后转业也是非常有利的，对于我们当前开展工作也是很必要的。"①

（五）活动空间的广阔性——把握中心　纵横拓展

被访者谈到了活动范围很广泛，关键是看自己是否承担的问题。"团委主要是为了党和政府的方针政策，要主动去争取干你的活，不要等领导的安排。如果真的等领导安排的话，你没什么事可干，但如果你主动为政府、党委想事、做事的话，你事情多的很。曾经我跟我们一些领导开玩笑说，咱们除了不管人，不管财其他都要管。没什么财务权，这块不管，其他基本都要管，管政府的事情，农民征收的，青年致富的，市场经济的培训都是团课的事情。如果你主动承担那就是你的事情，如果你不想做事，政府的其他部门可以承担。如果你把那个事情拿过来之后，你的事就多得很，干不完。要主动承担事和责任，你要主动去把握政府的方针政策，怎么去把握这个度。既不越其他部门的职权，又可以为党和政府分忧。"②

他谈到了个人的经历，"我刚到团口的时候也没经费，经费怎么来？我主动威县里边举行的大型活动，全身心地去组织，基本都是团口承担的。我们县委县政府是主办，我们是承办方，基本都是团口来承担，领导很满意。所以我的活动经费就出来了。还有就是主动向上级部门争取给学校和农民一些设备，还有一些资金，多做了一些工作。"③

（六）权力来源的魅力性——青年朋友　善于沟通

青年时期，人的思维活跃激荡，又可能出在逆反的阶段。如何与青年人沟通，成为青年人的朋友，从而引导青年，是团组织值得思考的问题。"团员青年都是年轻人，非常活跃，一是要思想比较好，渠道比较正规，你只要按正规方向去引导，他的工作积极性就很高。如果对青年人用强制性去安排工作，绝对达不到一点效果。现在是什么？说好的，夸他，他做得不对了，该批就批了，他这样听得进去。"④

---

① 转业团干部访谈资料 TXW001
② 转业团干部访谈资料 TXW002
③ 转业团干部访谈资料 TXW002
④ 转业团干部访谈资料 TXW002

"我们说话要讲方式方法，对每个青年干部，要针对不同的民族，不同的年龄段要设置不同的思想引导方式。为什么要思想引导？现在的人很现实的观念就是喜欢先听好的，你夸他，他很高兴，最后再转过来说你哪儿部分做得不对，该怎么做，他会虚心地接受。你先批评他这儿做得不对，那儿做得不对，他绝对不会接受你。"①

（七）资源整合的无限性——组织协调　珍惜资源

共青团岗位的资源有限，所以要求团干部要有整合资源的能力。"我们共青团自己能够直接利用的资源很少，我们不管是在乡镇府还是在其他部门，我们在团委也好，我们也有其他活要干，促使你怎么去整合一些资源，怎么寻求有资源的单位对于我们团工作的支持，大量的接待工作，这块对于我们团的岗位上受益非常大。"②

一位转业团干还提到了再共青团锻炼的资源整合能力，对于转业之后的帮助。"环保那块虽然我是专业，但是去年刚成立部门，业面临一些小困难。刚过去的时候经费都没有，包括团口，我刚到团口的时候也没经费，经费怎么来？我主动帮县里边举行的大型活动，全身心地去组织。我们县委县政府是主办，我们是承办方，基本都是团口来承担，领导很满意。所以我的活动经费就出来了。还有就是主动向上级部门争取给学校和农民一些设备，还有一些资金，多做了一些工作。刚到团口的时候是什么钱也没有，当时财力有限，我们县里才一年200万的财政收入，你不向上级争取，你的任务又重，教育经费重，农民帮扶这块重，所以要争取。还有一个是从上级部门要，二是从流动资金找。"③

（八）考核指标的弹力性——自主发展　有为有位

一些团干部在谈到团的地位时，提到了有位才能有位的问题。"我一直认为团岗要立足于国策，所以始终我觉得根本不可能也不需要需诉苦，也不可能老是说咱们很委屈，而是完全事在人为。如果你干好了，无论换了哪一届领导他始终会重视的。援藏书记他们不是经过团岗的，书记是宏观的，你如果做好了他不得不去关注你，不得不去支持你，所以我觉得还

---

① 转业团干部访谈资料 TXW002
② 转业团干部访谈资料 TXW001
③ 转业团干部访谈资料 TXW002

是在人。"①

被访者谈到了提高自身能力，做出业绩，来得到关注的观点。"首选，团工作应该是真正成为提高自己素质，特别是能力的最好机会。第二点我觉得现在我们不能一味的去诉苦或者叫屈，真正让党政领导重视，不能拿着团章说明确规定我们是后备军，那么后备军也要让人觉得你是一个后备军，让党政觉得你是一个值得信赖的人，值得能挑重担的这么一个人。我觉得还是在于自己的争取，真正让领导来重视你的话，你要做出让领导值得重视的一些工作业绩和一些实实在在的事情，而不是我们在这里一直觉得自己是弱势，必须要有人领导或者组织来关注你。第三点我还是觉得关注这块，不是说让人家来关注你，而是通过你的一些努力，你的一些作为让领导或者组织来关注你的团，而不是咱们显得边缘化或者比较弱势。这样通过你的努力以后我觉得大的环境一定会改变，不是说再好的环境内因起不了作用的话，也没有办法改变我们的现状。所以还是在团干部自身对团岗位的热爱要赋予团岗的话，特别是要用你的热情，你的激情来投入你的工作，这样以后我觉得一定有好的效果和很好的结果。"②

一位转业团干提到了团工作扎扎实实，可以改变其他部门人对团组织和团干部的偏见。"我是到其他部门才到团委的，以前的工作具体事物比较繁杂，原来我以为团委是制造轰动效应的，形象效应的比较多。乡镇的团委书记工作内容不是特别丰富，我说的不代表普遍性。往往很多团干部，给人看的感觉平时不是那么多活，尤其往上看的时候，没实际参与过。当时也不清楚，看他们的工作都是红旗闪闪，没什么实际任务，号召性的没有响应性的。我到了团委后，发现做得也很具体，包括希望工程，孩子的培养，德育的东西都很多，内容非常具体。当时我的感觉和我到团委后的感觉很不一样。我当时这种偏见也代表一部分人。团委清闲不清闲，看你抓不抓，看你干不干。可能有些东西你不干也没人跟你要账。有些缓解，不是那么直接，有些工作号召性的比较多，即便是这样我们选择性针对性地，我们现在每个乡镇的团委基本大部分都是一名专职团干部。"③

---

① 转业团干部访谈资料 TXW003
② 转业团干部访谈资料 TXW003
③ 转业团干部访谈资料 TXW001

(九) 具有大学校的特性——终身学习　积累经验

一些团干部可以深刻体会到，了解团知识和情况对于赢得支持、开展工作的重要性。一位团干部说"要自己学习，如果不了解，你去找领导解决问题，他问你几个团委的问题。他可能不是很清楚，但是有时候看报纸看到了，你说不出来，问题就不好解决。首先第一个问题是学习，学习了知识以后，你再去找他就有可能。"

学习不光是要学习团组织自己的知识，还要学党和政府的方针政策。"我们经常写材料，如果连党和政府的方针政策都不了解，就没办法去写东西。做任何事情不能违背党和政府的方针政策，不能违背国家的法律法规。如果你写一个材料，跟国家法律法规相抵触，有些国家的法律法规到民族地区是不能全部实行的，有些要以条例为准。在民族地区，还有民族政策，又要结合国家的方针，又要结合民族政策，这样不学的话你根本没办法去开展工作。所以如果不学习的话我们就没办法，一是没办法解决困难，也没办法知道你有什么困难。光口头说有这个困难那个困难，如果你什么东西都不了解，那也不可能。"[1]

他还提到了要了解政策、区情和县情。"首先要了解政策才能解决问题。不了解的话，把内地的办法拿到有的地区不实用，民族区域有民族区域的政策，要根据那个法，结合国家的方针政策，才能结合实际问题，违背这个原则，不切合实际。""第二方面就是结合我们的区情，一个是全地区，还有一个是全制区，全自治区是什么样，再一个是我们县里什么样，12个县来说，财政很落后，因为一个县的财政有多大实力才能干多大事，要不主要就是靠个部门，要向政府部门去争取项目，再争取设备，其次是物资。不光是你自己的部门，还有其他部门，我当时也做过，在团委的时候，你光找团委要钱是没有钱的，你要想办法找县政府经济部门，县里的经济部门，地区经济部门，你从他们那儿找借口，我们假设有水泥项目，刚刚走的时候钱要下来了，我们现在有水泥项目，做一个水渠，本来只要20万，我们能预算23万，怎么预算的？地区水泥，两万归他，我们归单位经费，不归自己，归自己的话审计过不了，过单位经费就是公款，这样的工作你的工作经费才会有。这是区情。"

"还有县情，穷县没什么矿藏资源，有大的招商引资项目矿产开发不

---

[1] 转业团干部访谈资料 TXW002

可能，有水泥厂，有太能发电厂。光是一个水泥厂一年交税将近三千万，他们一个水泥厂一年交的费用就是我们县将近五年的费用，全年的财政收入，这个我们没办法比。就是你要结合你的区情，你的县情，西藏的整体规划是什么？你要了解，不是说你要懂很明白，但是要了解那个方针政策，了解有什么区情，地区有什么规划，十二五规划有哪些项目，从中为老百姓做一些事情，为现在的部门做点事情，最重要的是为县里经济发展做出什么事。经济发展对整个自治区来说是第一任务，但是他们是相反的，在高海拔地区，冬天他们上三个小时班，我们是六个小时班，即使人家海拔五千多米，人家工作就是自治区，只要能保持稳定就是为自治区做贡献。为什么呢？为了维护一方平安，这是中央提出的第四次、第五次自治区工作提出的要求，能保证西藏平安就是保全国平安，经济发展是第五次工作中明确提出的。经济发展是根据实力的，说得难听一点，发不发展无所谓，但是稳定必须要搞，这里稳定了，全国就稳定了。这样的话中央就不用为自治区分心，他可以把内地经济发展好，自治区落后的经济可以从内地割舍，你发展得慢我可以从内地增援过来，让你的经济也发展起来。"①

（十）个体区分的文化性——朝气蓬勃　勇于创新

团组织要凝聚青年人，需要在方式方法上推陈出新。

一个转业团干介绍了他们最近组织的一个活动，"现在正在打造红色旅游基地，我们这边今年又打造了一个《农奴泪》，这老百姓自编制自演的话剧。在团口这块，你没有创新的话你根本没有立足之地。所以在宣传部这块我们也是每年有新的亮点。这个创意的话刚开始源于克松居委会有一个至百万农奴的一封信。在3月28日，就是百万农奴解放第一个纪念日，老百姓就发起了一个至百万农奴的一封信。在我们地委宣传部的策划下，我们的协调配合下，宣传媒体达到了1300多家。"②

二、通过转业团干部描述转岗后的不适应看共青团干部素质储备上的不足

三位团县委领域的干部从转岗后不适应方面看共青团干部的不足有以

---

① 转业团干部访谈资料 TXW002
② 转业团干部访谈资料 TXW003

下两个方面：一是环境适应能力的不足。主要是政府工作方式与共青团的不同带来的不适应，人际关系牵扯的利益应酬方面的不适应；二是主动贴近群众的意识不足。团干部转岗后不能够紧密联系群众展开工作，不能够替群众分忧，了解群众需求。

下面从具体方面描述展开上述两方面：

（一）环境适应能力的不足

团干部在转岗后所面临的环境变化有工作环境和人际环境这两方面。而工作环境的变化多要求的思维方式和工作方式的转变是首当其冲的，对于转岗后的团干来说，首先需要认识到这种不同。就像下面这位受访干部谈到的：

"现在两个单位的差别还是有很多的，团委主要是为了党和政府的方针政策，要主动去争取干你的活，不要等领导的安排。如果真的等领导安排的话，你没什么事可干，你主动去政府、党委想事、做事的话，你事情多的很。曾经我跟我们一些领导开玩笑说，咱们除了不管人，不管财其他都要管。没什么财务权，这块不管，其他基本都要管，管政府的事情，农民征收的，我们青年致富的，市场经济的培训都是团课的事情，如果你主动承担那就是你的事情，如果你不想做事，政府的其他部门可以承担，如果你把那个事情拿过来之后，你的事就多得很，干不完。要主动承担事和责任，你要主动去把握政府的方针政策，怎么去把握这个度。既不越其他部门的职权，又可以为党和政府分忧。"①

在政府部门职责的分明，要求转岗团干要明确自己的职责，不要越权，更不要失责，只有首先明晰了自身的工作范围，才能为下一步展开具体的工作以及探讨具体的工作方法奠下基础。

此外，转岗后人际环境的变化也是很多共青团干部所不适应的地方。这种人际环境的变化归根到底，还是源于工作环境的变化，由于政府部门的职责分明，利益分明，竞争也就更加激烈，人与人打交道多数时候是因为有利益关系的存在，所以随之而来的是，新岗位更多接待和应酬。

"不是很适应政府这块，有时候陪个工作从上午只是去看一下拿点项目，吃个饭一直玩，或者吃喝到晚上，这个我确实到现在都觉得有点不适

---

① 转业团干部访谈资料 TXW002

应,所以下一步让我转我也很不愿意到政府这块,因为我觉得还是不适应。"① "还是相对多,因为你陪工作肯定陪一天,不能让人家单在那里,整个要陪也不可能一直聊到晚上,也只能说是有时候我们县里确实上面政府来的人,应酬这块确实觉得自己到目前仍然不适应,所以从镇长让我回到团委或者宣传部我觉得更适合我。我觉得工作倒是无所谓,但是光这个应酬我觉得整个下来不适应。"②

很多转岗团干谈到自己对于应酬方面无法适应,这从表面上看来反映了团干适应能力的不足,但是从另外的角度来说,这正是共青团干部政治性纯粹,思想觉悟较高的地方,他们这种"出淤泥而不染"的形象,无疑为政府行政环境注入了一股清新空气。这或许是转岗团干应当坚持的地方,也是广大政府干部应当学习的地方。

(二) 主动贴近群众的意识不足

从共青团岗位转到政府部门,这种转变所带来的还有与群众更近的距离,政府部门为百姓服务的职责定位,决定了转岗团干要紧密联系群众,与群众站在一起,为群众谋福利。对于很多转岗团干在这方面认识的不足,虽然团岗位没有提供直接的经验,但是团岗位的特性使得很多干部具有善于沟通的能力,所以给了他们逐渐摸索群众工作的渠道,也给了他们贴近群众的更多机会。

"我觉得从团岗这块的话,特别是跟年轻人接触这一块,可以说是历练了很多,主要是在亲和力这块我觉得团干部可能比其他人有这方面的优势,所以一到群众做思想工作,因为我们团干部本身他有一种团的岗位上压低自己这块很重要,我们可以说是没有把自己当成一种干部或者无论在团地委还是团县委,把自己压低以后,老百姓真正认可你,而不说做什么领导。"③

正如上面这位受访干部所说,共青团干部在团岗位上压低自己很重要,把自己的姿态放低了,与群众的距离也就更近了,干部与百姓的关系也就更融洽了。

---

① 转业团干部访谈资料 TXW003
② 转业团干部访谈资料 TXW003
③ 转业团干部访谈资料 TXW003

三、透过对该层级团干部成长和培训的建议看培训的需求

团县委层级的三位团干部综合自己对团的理解和转岗以后对团工作的经验总结，从客观和主观两个角度，对我们组织的培训和团干部个人发展提出了四方面建议。

下面，就对这四方面建议进行列举陈述：

（一）加强对团干部的磨练

团干部在成长过程中想要有所提高，光靠简单的业务培训是远远不够的，而深入到基层的磨练和实践不仅有利于团干部能力的提高，还对团干部的转岗起着积极的作用，可以减少转岗后的不适应。

一位专业团干部指出了到基层实践的必要性，"我觉得团干部的岗位上应该创造更多机会到基层去锻炼，组织的集中培训讲课可能不少，说具体点提高我们业务素质，这些东西起码来说非常必要，但是它跟实践的东西脱节，你很难体会到实践的感觉，所以应该紧密地结合起来。其实我们在基层，基层的矛盾问题让我们团干部去体验，将来我们团干部转岗，政府等一些部门都是这些东西，这对于他们以后转业也是非常有利的，对我们当前开展工作也是很必要的。"①

"我最大的感觉是，团干部在成长也好，工作也好，想要有所提升的话，应该加强对团干部的磨练，对政府等其他部门也好，其他岗位也好，要多加了解，多加锻炼。"②

（二）发挥组织的各种优势

共青团组织在引导青年干部成长的过程中，要发挥自己的组织优势、功能优势和人才优势，利用好青年干部的特性，使得培训更符合青年的需求。

"团组织要发挥自己的优势，团组织最大的是组织优势，二是协调优势，三是人才优势。团组织为什么有人才优势？关键是团员青年，团员青年都是年轻人，非常活跃，思想比较好，渠道比较正规，你只要按正规方向去盈利，他的工作积极性就很高。如果对青年人用强制性的方法去安排工作，绝对达不到一点效果。他做得不对，该批就批，他这样听得进去，

---

① 转业团干部访谈资料 TXW001
② 转业团干部访谈资料 TXW001

如果先批评他再夸他他绝对不会听你的。"①

发挥组织优势的同时，要注意到每一位青年团干的独特性。"功能优势，我们就是讲方式方法，对每个青年干部，要针对不同的民族，不同的年龄段要设置不同的思想引导方式。为什么要思想引导？现在的人很现实，他们的观念就是喜欢先听好的，你夸他他很高兴，最后再转过来说你哪部分做得不对，该怎么做，他会虚心地接受。你先批评他这儿做得不对，那儿做得不对，他绝对不会接受你。"②

（三）积极争取组织领导重视和信任

青年干部对工作的激情和热爱不仅来自于自身，也来自于组织和领导的关心与重视。组织应该把青年干部放在重要的位置上去考量，去激发他们的创造力和信心，从而促进共青团工作的发展。对团干部来说，积极有效地争取组织上和领导同志的信任，争取他们对工作的重视是非常重要的，也是有技巧的。

"我觉得一个青年要成长，从外部来讲的话最起码领导要信任青年干部，要敢于给他压担子交任务。现在很多时候领导不信任青年干部，他觉得你没有经验没有能力，就不敢把你放在一个重要的位置上去考量，但是往往我们的青年一旦把他放在一个重要的位置，他感觉到这个位置的重要性，他自己就会自然而然把自己所有的潜力、激情都发挥出来。所以往往也出现这种情况，有些青年自己有一份激情，有一份热情但是又得不到重用，然后久而久之自己那种激情也被消磨了，工作面临的环境好像慢慢的也消磨那种锐气，那种激情，我觉得这个很重要。

其实在我看来很多年轻人都很想做一番事业的，他不管在什么岗位还是希望自己受到重用，希望自己的努力能够得到领导赏识，把自己最精彩的一面还是想展示出来，但是有些还是有各方面的原因，一个可能是在岗位上经过锻炼的过程中发现各方面自己也有一些欠缺和不足，然后有一些表现出来了，有些领导就表现得不够信任，就觉得做得不是很满意，那么领导在后面交任务的时候就会考虑交给他会不会太年轻了，她会不会经验太单一，经验不足了会不会影响到结果，可能也有这方面的问题，但是我觉得青年人才要成长的话首先一个外部环境还是要有人充分的信任他，历

---

① 转业团干部访谈资料 TXW002
② 转业团干部访谈资料 TXW002

练他。"①

(四) 团干部要爱岗敬业、积极向上

从个人角度来看,团干部要爱岗敬业、积极向上,把团的事业真正放在心上,靠自己的努力实实在在的干事,保持对工作热爱,而最终组织和领导也会给予每一位团干部应有的回报,团干部个人的努力是十分关键的。

"不管在哪个岗位我们首先要爱这个岗位,对自己所开展的每一项工作都要敬业。团县委这边的话经常性要进行培训,技能技巧创业培训。"②

"就是希望年轻的团干部对这个岗位首先要爱岗敬业,再一个的话就是工作当中要积极向上,有这个责任心,再一个的话做到清政廉洁,咱们团的话本来就是一个清水衙门,从这里走主席以后不管在什么样的岗位希望各位的话能够做到爱岗敬业,清政廉洁,对工作积极向上。"③

团干部应通过自己的优秀业绩来吸引组织的关注。"我觉得现在我们不能一味的去诉苦或者叫屈,真正想要让党政领导重视的话不能拿着团章明确规定的我们是后备军,后备军也要让人觉得你是一个后备军,让党政觉得你是一个值得信赖的人、能挑重担的人。而这块我觉得还是在于自己争取,你想让领导来重视你的话你要做出让领导值得重视的工作业绩和一些实实在在的事情来,而不是一直觉得自己是弱势,必须要有领导或者组织来关注你。再一个不是说让别人来关注你,而是通过你的一些努力,你的一些作为让领导或者组织来关注你,这样通过你的努力以后我觉得大的环境一定会改变,再好的环境内因不起作用的话我觉得没有办法改变我们的现状,所以还是在团干部自身对团岗位的热爱,要用你的热情、你的激情来投入到你的工作,这样以后我觉得一定有好的结果。"④

---

① 转业团干部访谈资料 TXW003
② 转业团干部访谈资料 TXW002
③ 转业团干部访谈资料 TXW003
④ 转业团干部访谈资料 TXW003

领域篇

论新时期企业团组织的工作定位[①]

共青团是先进青年的群众组织，是党的助手和后备军，是党联系青年的桥梁和纽带。这是中国共青团在中国社会的基本定位。那么企业团组织定位有什么特殊性呢？

改革开放以来，围绕党的中心工作，关于团组织的定位问题有许多好的提法，如："结合中心"，"围绕中心"等，这些提法帮助我们深入地了解和认识团组织的职能和作用，促进了企业团组织各方面工作开展等方面都曾产生了积极的作用。但在全面建设小康社会的今天，从一个全新的视角揭示"育人"是市场经济条件下企业共青团组织不断改善和提升自身生存发展状况的根本途径与必然选择，笔者认为有必要从企业价值创造的角度重新思考企业团组织的定位问题。

一、关于企业团组织工作定位的历史沿革

围绕党的中心，立足全局开展工作是共青团工作最突出的特点。因此，企业发展的每一阶段，共青团组织都有相应的定位。

第一阶段（1978年——2003年）：改革开放初期，我们党及时调整了中心工作，开始由政治运动、阶级斗争为中心转向以经济建设为中心。要求共青团围绕经济建设这个中心开展工作。企业共青团工作更要凸显这一要求。都要紧紧结合企业经营目标开展青年活动。

第二阶段（2003年——2009年）：改革开放中期，强调经济发展不能过热过快，要综合协调可持续发展。企业共青团工作要融入企业的经济工作中去，特别要求企业团组织发挥组织协调能力，加强和改进思想政治工作，真正将体制机制、方式方法及思想观念融入党的中心工作中去。

[①] 本文是访问原中央企业工委书记赵钊基础上写成，主要观点是他的思考，本人只是总结整理。——作者注

企业团组织从围绕中心开展工作到融入中心服务大局，虽然经历了漫长的沿革过程，但在企业的定位上已发生很大的变化。正如访谈中赵钊所谈到的：围绕就是绕着中心转，企业团组织的工作与企业中心工作永远分处于半径外圆和圆心的位置，你不可能进入中心的位置。而融入就是进入中心工作当中，成为中心工作的组成部分，尽管团组织开展的活动与企业中心工作确实还存在很大的距离，但是你已经站在中心的位置了。[①]

问题是现在这种融入还不是真正地融入，其原因是我们还没有达到理解认识的高度，还存在思想观念上的束缚，思想政治工作和经济工作两张皮的问题，关键是没有站在中心的位置上考虑企业团组织的工作，因此导致企业共青团工作处于被动的地位，不能充分施展和发挥应有的作用。

那么企业团组织的工作到底和企业有着怎样的关系呢？笔者通过访谈赵钊同志，很欣赏他对这一问题的诠释。其主要中心观点是企业团组织是企业"资产"不可分割的一部分，企业团组织是企业价值链中不可或缺的一环。笔者就以上两点进行说明。

二、企业团组织是企业"资产"的一部分

众所周知：企业的资产分为两类，即有形资产和无形资产。其中无形资产通常是指企业的影响力，即外在形象声誉，如品牌、商标等涉及企业长远发展的指标；内在和谐稳定，如员工的士气，领导班子的威望，工作环境的舒适和与外界关系的通畅等等。

企业团组织在企业外求发展，内求和谐中发挥着重要作用。青年是企业的主力军和生力军，在对外谋求发展和对内稳定和谐中是一支重要的不可缺少的力量，没有创新就没有发展，没有凝聚难以和谐，创新思维最活跃的群体是青年，而青年的凝聚要靠团组织，因而，企业团组织是企业无形资产的重要组成部分。

当前，社会的关注点都在国有企业资产的流失这一问题上，人们往往把焦点聚集在实物资产上，但是有多少人关注在改革的过程中有多少无形资产流失了，有谁去追究呢？更有多少人认识到这些无形资产中就包括我们党团工作，一大批有丰富经验的党政干部，就是我们宝贵的无形资产。很多人仍然不认为弱化党团工作是我们企业无形资产的流失，这是亟待需

---

① 访谈录音资料

要解决的问题。①

既然团组织是企业无形资产的一部分，就意味着团组织要为企业带来价值，因此从这个意义上讲，团组织又是企业价值链中不可或缺的重要一环。那么团组织在企业价值产生过程中起着怎样的作用呢？这是本文阐述的重点。

三、团组织在企业价值创造过程中的作用

在访谈中，赵钊同志反复谈到：中心有很多结构，不是单一的，但作为企业，其最终是要为社会创造价值的，一切要以企业的效益来考核共青团的工作，因而企业团组织不能游离企业的中心目标。过去那种认为企业团组织紧紧围绕或者融入企业的中心工作不能很好地解决"企业创造价值"的问题，必须重新认识它们之间的关系。②

1. 团组织四大职能决定它在企业中的价值定位。企业是一个抽象集合的概念，企业是有主体的，其主体是员工，而青年是这一员工群体中数量是最多的，年龄是最小的。数量多意味着影响力不可忽视，年龄小意味着未来发展的希望。据目前中央企业调研数据显示：中央企业一千万人，35岁以下的青年有六百万，即60%是青年，在企业关键的重要岗位上大多是中青年，在企业生产、科研和技术骨干大多数是青年，因此团组织在承担着服务青年、引导青年、组织青年和维护青年的合法权益等重要职能，通过倾听了解青年合理化的利益诉求、通过培训提高青年所需要的岗位技能、通过活动满足青年的兴趣爱好，通过引领提升青年的思想境界等等无疑为企业创造价值提供源源不断的人力资源保障。

2. 团组织在企业生产、管理等各个部门都可以发挥重要作用。团组织既不是生产部门，也不是行政管理部门，它和企业生产、行政管理部门不是串联关系而是并联关系，企业团组织虽然没有具体承担企业生产和管理的职能，但是却承担服务那些从事生产和管理任务的青年员工的职能，既然是服务员工就不是简单的任务驱动，而是要担负起建设团队和培养员工的重任，而建设团队和培养接班人又是企业一项长远战略性的工作。"也只有共青团组织能够把青年作为整个群体的专项工作来做，企业的任

---

① 访谈录音资料
② 访谈录音资料

何部门没有这样的条件,当然我们是在党组织的领导下来开展工作的"。①

3. 团组织是企业文化建设的重要阵地。企业有中长远发展目标,有硬性指标和隐性指标。硬性指标企业比较容易实现,其过程也是很显性的,但真正制约企业发展的不是这些显性硬性的指标,而是那些隐性软性指标。比如:企业的社会角色、企业特质、企业自我概念和企业发展的动机等等。这些综合起来的结果就是一个企业的文化,多少年后企业取得的成绩昙花一现很快被人们遗忘,但是企业多年磨砺产生出的社会影响力、独特的风格将永存世间,企业的精神将永远激励人们不断创业奋斗。团组织就是在企业文化的沉淀过程中发挥着重要作用。比如:在增强青年社会责任感事业心方面,在提倡青年自尊、自强、自立和自爱等方面积极搭建平台建功立业;在青年的个人理想和社会需求紧密结合,将眼前利益和长远利益有机统一方面树立典型以身示范;在正确引导青年及早建立科学的人生观和价值观方面倡导学习性组织以形成学习理论之风武装自己。只要有青年的地方就要以先进的思想引领,通过丰富多彩的文化活动,充实青年的文化生活,占领青年的思想阵地,也只有这样才能谈得上团组织是企业文化建设的重要阵地。

4. 团组织的工作对企业的当前利益和中长期战略目标的实现有着特殊重要的价值。目前企业生产、科研和技术骨干主要是青年,企业要实现当前目标,青年无疑是实现这一目标的主力军和生力军,是一支不可或缺的重要力量,那么团组织的四个职能就能为企业实现当前目标提供重要保障,"也唯有共青团组织能够整体做青年的工作,把青年组织起来调动起来,激发青年的创造力来共同实现这一目标,从企业中长期发展看,青年是未来,青年是接班人,这是一个历史规律,不能回避,因此培养接班人是企业中长期战略目标"。② 培养接班人重在作风的养成,要德才兼备,关键是思想素质上的提升,其次是专业素质上的提高。团组织无疑要把握大局,以实现企业战略目标为职责。

5. 团组织在保证企业稳定方面有特殊重要贡献。"青年确实是有朝气有活力的群体,但由于他们阅历不深,经历不多,在当今的市场经济的冲击下,其价值观、道德观、人生观和世界观的形成受到众多因素的影响,

---

① 访谈录音资料

② 访谈录音资料

必然导致选择的多样化、信念的易变化和情感的脆弱性"①，但不甘于贫困和落后，勇于立时代之先河，闯时代之先峰永远是青年这一群体的主旋律。因此这一群体有活力、有精力、有追求的特征，忽视这个群体的特征就会给企业的发展带来隐患。如何主动贴近青年，想他们之所想，急他们之所急，始终用先进的思想引领他们，了解他们合理性的利益诉求，激发他们内在的潜能，满足他们的兴趣爱好，用人格魅力去影响他们，这是企业团组织要做的工作。只要工作做扎实了，青年就满意了，党就放心了，自然企业也就稳定了。

综上所述，团组织是企业价值链中不可或缺的重要一环，这样的认识更有助于准确把握企业团组织的工作定位，有助于企业团组织职能的发挥，也有助于企业团组织工作的开展。

---

① 访谈录音资料

企业领域团干部优势与不足

18 名企业领域转业团干部分别来自辽宁、山东、浙江、宁夏、北京等地区,曾担任共青团企业工委书记,中央层级 1 人,地方层级 1 人,共青团企业集团或公司书记 16 人,其中女性 3 人。按照研究规范和被访谈者的要求,所引用的资料不出现真实姓名,故所引访谈资料以编号代码出现,团企业 TQY001 - -018,书记为 A,副书记为 B,部长级为 C。

现就对团企业领域转业团干部的优势和不足进行描述和分析。

一、通过经历和关键事件看共青团岗位特性和素质储备要求

(一) 政治组织的特殊性——懂得政治 顾全大局

团组织的政治性即便在以经济效益为第一位的央企、国企中间,也是明显的。

转业团干在接受我们的访谈时谈得最多的二个关键词就是"主力军"和"思想渗透"。他认为共青团在企业中的定位要搞清楚,你的工作对象是青年,青年是企业的主力军,你的价值就在于带领主力军为企业的经济建设做贡献。既然主力军是分布在不同部门和战线,你与各部门的关联性不是串联关系,而是并联关系,要同步对他们进行思想渗透和实现重大影响,只有这样才能完成党组织交给团组织艰巨任务。这种围绕中心找准政治定位的意识是在共青团获得的。[①]

另一位转业团干说,"中国的事讲政治是最重要的,要看领导关注什么。'做事不由东,累死也无功'。现在企业是总经理负责制,你要琢磨总经理在想什么。我就自己琢磨,这个也是到了一定的程度之后才想到的。在中国干事,政治是真的很厉害,首先你要讲政治,然后再说能力,本身

[①] 转业团干部访谈资料 TQY001

很复杂。"①

（二）优秀青年的聚集性——积极进取　追求理想

在共青团里因为大家都是年轻人，大家年龄非常接近，一批培养起来的人，人生观价值观都特别接近，所以有什么想法特别容易达成共识和一致。

一位转业团干说，转岗后感觉与优秀青年接触的机会少了，特别是那些有着共同的理想追求的人少了，在工会接触不到这样的优秀青年群体，她曾很长一段心理扭转不过来。每当她满怀欣喜地设计一个活动方案，一讨论就被否决了，一次次的打击过后她不得不面对残酷的现实，现在的人员构成已不是当年共青团的情况了。一谈到共青团，她的眼睛一下子亮了起来，神情也比刚才振奋了许多。她回顾在共青团的日子里，每天都是朝气蓬勃积极向上，一样的青春年华，一样的不甘落后，每一次的活动，大家都是那么的投入，好像总有使不完的力气。每次从上面开完会，就像被打了兴奋剂一样，倍受鼓舞。特别获得上级领导的表扬后更是振奋不已，工作更加努力。她还记得团委组织星级好青年评选活动的场景，获得五星级青年由企业最高领导亲自颁奖，那些青年被推向领奖台都很激动，也正是这些活动让企业领导记住了他们，并为他们日后的成长和发展发挥了重要作用，直到现在，这些好青年还是很感激团委给予他们的帮助。那时候活动经费少的可怜，但人们的干劲很足，现在的情况是手里的经费很多，但每个人追求不一样了，只要把经费拨下去就可以，不用做太多的事，更不需要创新，过去在共青团干事的激情现在已慢慢消耗殆尽，因为没有呼应，没有比学赶超，没有创先争优。现在她特别留恋在共青团的那段经历。②

另一位转业团干提到团工作给自己的动力时说，"有了团组织这个非常好的平台以后，好像有一种动力，有一种工作上的劲头。好像有一种人推着你，你往前干，你不干的话，他会跟你急。就有那么一股劲。当然对自己的本质工作也是带来一种促进。就是说你要把团的工作做好，更不能把自己的主业丢掉。我当时在自治区组织部教育处工作，除了要做好本业，还要把团的工作做好，我想这是对人的一种锻炼，是一种非常特殊的

---

① 转业团干部访谈资料 TQY0018
② 转业团干部访谈资料 TQY002

培养。最主要的就是我觉得好像被组织上高看了,我就应该各个方面表现得更好。谈不上什么政治上阶级上那种觉悟,但冥冥中就觉得自己应该做的比别人好,我应该更优秀,我应该在青年同志中有一定的号召力。所以这段经历,觉得是非常好的一个推动。"①

(三) 群众工作的广泛性——了解青年 服务青年

一位转业团干梳理了团工作定位的词汇变化。"共青团做的是人的思想引导、行为规范或者说是职业规范工作的一个部门。那么看我们自己的历史,我们改革开放这么多年,我们党的组织和共青团的组织,无论过去讲"围绕"、"结合"也好,现在讲"融入"也好,实际上我们一直在促进我们的经济业务工作,促进我们的改革开放,服务大局,应该是发挥了非常重要的作用。在企业改革中间有这种感觉,如果要是把这个单位党的组织,团的组织散了,企业改革中可能就要出问题,往往出问题的地方恰恰是我们党的组织团的组织部发挥作用的地方。那个时候我记得在咱们的工作会上我说过这个话,我说你连个小探子的作用都发挥不了了。小探子就是说至少我跟广大团员青年把大家都联系在一块,大家的思想我了解,大家的动态我了解,及时向组织汇报,组织及时的掌握情况以后,及时的化解矛盾,释疑解惑这方面的工作。"

"共青团是党联系青年的桥梁和纽带。桥梁和纽带就是青年有什么想法,青年的思想动态我们要很好的掌握,要沟通,然后来服务青年,帮助青年,解决青年的问题。桥梁纽带作用是必须要有的,但是你看行政组织也会了解,但没有宽面的,广泛的接触青年。"②

这位转业团干也谈到了企业团工作的特殊情况。"所有做青年工作的,只有共青团组织能够把青年作为整个一个群体的专项工作来做,因为企业任何组织没有这样条件的。当然党组织也可以做青年工作,但是青年有他的特点,而共青团组织正是针对青年特点来开展工作的。所以首先从组织上来说,是没有组织能够替代的。再从青年在企业中间的位置我们来分析,那个时候我们调研,中央企业一千万人,35 岁以下的青年有六百万,就是 60% 是青年。实际上现在我们青年的概念,有时候放的更大,你比如说从青年组织来说,至少是放在 40 岁的。60% 的青年,那么实际上现在已

---

① 转业团干部访谈资料 TQY0017

② 转业团干部访谈资料 TQY001

经是中央企业的主力军了,而且现在你看在我们的大部分关键岗位上,大概都是四十来岁或三十几岁这样年轻的业务骨干,或者在业务骨干岗位上担负着重要职责。"①

(四)转岗机制的必然性——沉稳心态 适应变化

面对转业,每个团干部都会有自己的想法。有一位转业团干说,"我认为要把关注个人和关注事业相结合。有的团委干部来了就想转,老觉得这个岗位是来锻炼我的,是来培养我的,干了两年就换一个好地方,这就是关注个人太多了,按照自己的规划太多了,这个也不行,容易出偏差。所以要把关注事业和关注个人相结合,要把共青团当作事业来做。思考我这个单位的共青团事业的发展是什么样的,我来了之后我怎么把这个共青团的事业做好,同时也要想到自己。所以我觉得在这个角度来做事业的话你会做的很顺心,如果说你老是关注自己,没有大局观是不行的。"②

企业的团干对于经济格外重视。一位转业团干说,"团干部转岗还是单纯从团的经验来上讲,最终需要的还是你真正的经济管理能力。大家单凭着朝气蓬勃的劲头还不够,还要落实下来。"③

关于在团岗位上工作的时间,有一位转业团干部结合企业的情况说,"在企业里面如果是专职的团干部,从事团工作的时间不能太长。人在不同的年龄阶段会有不同的发展重点,在企业里头,太长的话在专业性方面可能会有所欠缺。到一定时间最好能够转岗,这样可以做一些企业里头更实际的工作。"④

"对团工作的整体考虑,就是对他退出团工作后的整体安排。他工作到了一定的年限,给他的转岗比较恰当的途径啊、出口啊,让他工作全身心的投入,让他未来有其他工作的想法时应该有这方面的工作安排。解决他的后顾之忧,我想他会更加有信心、更加踏踏实实的做团的工作。人还是关心一些同他自身利益有关系的,在工资待遇上、在级别上,转岗以后,他要是认为还不错的话,他还是会愿意去做的。如果没有'出路',如果就是一直做下去,不管他主动也好,被动也好,转岗的途径很狭窄、

---

① 转业团干部访谈资料 TQY001
② 转业团干部访谈资料 TQY018
③ 转业团干部访谈资料 TQY004
④ 转业团干部访谈资料 TQY005

单一、发展的前途也不怎么好,那么他做起来的积极性就会弱一些、差一些。"①

（五）活动空间的广阔性——把握中心　纵横拓展

在企业这样的经济主体中,如何定位共青团的作用,值得思考。一位转业团干就几种不同的定位,谈到了自己的想法。"从企业团工委讲就是要更好地解放思想,不能就团论团,而是说怎么样把共青团的工作真正融入到企业的业务中心,工作中心去,找准你的定位,那就需要我们再进一步的探索了。实际上这些年从中央企业团工委来说,和我们各企业团干部一起,我们一直在探索这个问题,有一些认识,但是我觉得认识还是很欠缺的。比如说咱们融入团的价值链,这样的认识还是很欠缺。咱们原来讲的,最早讲的叫"围绕"或者说"结合",实际上后来围绕讲的比较多。再早的时候讲结合,八十年代的时候,讲结合比较多,然后后来逐步到围绕,但是围绕的话感觉还是不行,然后就到了融入,后来又到了价值链。"②

"咱们过去一直在讲两张皮的问题,思想政治工作和中心工作是两张皮,总是好像隔着一层,围绕中心就是说它有一个中心,讲了有个半径,你绕着它走,但是你终究不是它中心的内容,这个概念本身就有问题,我们理解它就应该是中心里的东西。但是现在讲围绕,你自己就把它放在中心外头,就觉得它不是中心了。这个概念本身就有问题,但是这个概念的形成,它是历史形成的,过去是政治第一,阶级斗争为纲,再加上文化大革命,再加上搞政治斗争,把人的思想搞乱了,形成很坏的影响。后来纠正过来以后,要以经济建设为中心,这个时候政治,阶级斗争为纲我们就不提了,当然阶级斗争还存在,但是不能说阶级斗争为纲了,是经济建设为中心了,这是历史发展的过程。但是这个过程中就把党的工作和它的中心工作分开了,这个没办法,当时你要拨乱反正,一定是要有这么一个过程的,但是经过这么些年的工作以后,大家就认识到围绕的话,你就把自己放在中心外头了,但是由于有这种观念,预示提出来融入,那就是我们要回归到我们的中心里头去,但是你现在回归到中心里头去,首先从你的工作上头来看,也确确实实存在着和业务中心工作有一定距离的问题,所

---

① 转业团干部访谈资料 TQY005
② 转业团干部访谈资料 TQY001

以这个时候就提出了融入，但是融入本身就是中心的组成部分，融到中心里头去了，所以再讲体制机制，方式方法，思想观念各个方面都要融入，首先咱们那个时候，基本上这几年每年我都会讲这个事，首先是你思想观念的融入，你别老把自己当外人，你就是中心里面的人，首先你思想观念上你得真正融入了，然后你从我是中心里的人再去想这个问题。"①

（六）权力来源的魅力性——青年朋友　善于沟通

团这个工作，从现实的角度上讲，没有钱也没有权，不是靠命令，不是靠钱的诱惑，靠的是你真诚的与人交往，要通过你树立的工作的思路、工作的内容、活动的吸引力去团聚大家、凝聚大家。

企业共青团的任务有自身的特点。一位转业团干说，"企业的共青团工作主要是协助生产，通过我们的工作通过调动我们青年的积极性来投入生产。企业的共青团是以一种朋友的身份来引导学生，是召集者。工作上共青团组织是青年的朋友，我来引导来带领青年来投入生产。"②

在共青团，没有权，只想着如何为青年成长成才提供帮助，没有条件创造条件也要办。"比如评选青年希望之星活动就是一个例子。青年看重的正是共青团给他们提供的成长平台和发展机会，才来参加这项活动的。没有一个人会参加对他没有利益的活动，哪怕你强迫都不行。你又没有钱给他，也没有决定他命运的职权，你只能提供比其它组织更好的服务和文化，让他在精神上获益，觉得能提升自己的价值，他才会跟你走。可是工会不同，虽然工会和共青团都是群团组织，但工会有经费。她说：我在工会一年光活动经费60多万元，在共青团能筹集10多万元就不容易啦！在工会有钱，只要把钱拨下去，就可以开展活动了，共青团不行，没有钱不说，还要将大部分的精力用于策划组织活动上。没有什么制度保障，完全是共青团处于"有为必有位"的一种做法，自找苦吃，没有其它办法，总之要做事，要不断想事、干事和成事。"

有位转业团干提到了激励青年的一个方式："我们在团委除了表彰十大杰出青年奖，还有新人奖。那些刚进来的人他什么奖都得不到，因为他来不及积累，可是我想资历不够也要给他们肯定，看到他们，不然时间长了他们会失落。然后我们从青年当中评选新星，我觉得那个效果特别特别

---

① 转业团干部访谈资料 TQY001
② 转业团干部访谈资料 TQY016

好,他们都可高兴了,谁要被评上新星了,一个月的工资都不够吃,高兴啊,觉得被认可了。各单位都评他们自己的新星,然后推荐到我们这来,总经理来颁奖,全油田有十个人。他肯定很荣耀,他见到他们单位领导就很不容易,因为油田很大,三十万职工家属,三年内就见到总经理直接给他颁奖,所以他很高兴。共青团的价值在哪呢,我也是从我的经验中得到的。我第三年,就觉得一年上岗三百多天,天天都在写稿子,反正特别勤奋。你想写稿子还得出去采访啊,然后给领导送审,领导同意了然后送到报社去,然后还要改和发。所以报社说我们报社的电梯都要被你跑坏了,那一年发展的挺好的,报社给我评了一个特别进步奖,那是毕业的第三年,是党委书记给我颁的,那个党委书记已经到北京了。所以我的体会,鼓励很重要的,我就想要把这个模式复制一下。学习本来就是很可敬的,从别人身上学,从自己经验里学。"

(七)资源整合的无限性——组织协调 珍惜资源

有位转业团干说,因为共青团特别穷,然后我们大家在一起穷开心,即使我们有很少的钱,我们也能做出很精彩的事,因为我们到处去整合资源。

团干部们都特别认可资源整合能力的重要性。"在共青团里获得的最重要的能力,我觉得是与人合作。因为一个人的资源太有限了。关于专业知识也要资源整合,找专家来,让他们发表意见就行,你不需要了解这些专家的知识,只要你能把他找来就行了。"

岗位特质决定了团干部的能力特质。"团干部必须得有这种去协调、去沟通、到处去找资源,去求得人家支持。所以讲"铜头铁嘴蛤蟆肚子飞毛腿",组织协调能力对一个共青团干部来说是必须。你要想把共青团做好你必须得有这个,你没有很多的行政资源,当然领导都很支持你,带这种意义上也会有,但是确确实实和人家做行政的不同,直接用行政资源来做事,共青团没有,它就需要大家来支持。"①

"团通过活动作为载体,组织活动,在这个过程中,你的组织能力、各部门的沟通能力、协调能力得到一定的锻炼。因为你不是一个人在战斗,最起码上上下下,各个部门、各个公司的团员们,青年们甚至是已经超龄、退团的青年们,你都要去跟他们交流。在这个过程中肯定是锻炼团

---

① 转业团干部访谈资料 TQY001

干部的能力的。"①

"团工作还可以积累一定的人脉资源。就是你在总公司做团的工作，你跟公司领导也好、跟各职能部门也好、跟二级公司也好，你都要跟他们进行沟通、去协调。在这个过程中，领导层到下级的二级公司，包括团员青年都会跟你认识，对我开展各项工作都是很有帮助的。"②

（八）考核指标的弹力性——自主发展　有为有位

作为企业的特色特别明显，企业最终是要创造价值，要以企业的效益来考核是他追求的目标，那么企业最终的价值创造，是由企业的一个个有关的一些环节，都在创造价值，最后集合连接起来以后形成整体的线。那么这个时候要把团放在企业价值链中的一环，首先要有一个概念，就是说你这个共青团的工作是创造价值的。

一位转业团干部说，"过去老是觉得企业的共青团没有贡献价值，也没有对企业价值有大的实质性的帮助，好像是边缘。现在把价值链实现了，它本身就是在创造价值，一个环节跟一个环节，最后构成整个企业的效益，共青团在这个里面是不可或缺的。因为我们现在也谈企业共青团在企业的整个经营效果和经营产品过程中定位是什么，价值链一下就凸现出来了，部分人接受了，一大部分人是不是还没有认同这个说法。"③

（九）具有大学校的特性——终身学习　积累经验

团的干部在做工作的时候，必须是要去学习业务，且要懂业务。一位转业团干说，"就算不钻业务，但是要懂业务，而且业务工作方方面面的你都得要知道一些，这样你才能够把工作和中心工作真正的融合到一块。所以原来在国资委的时候，我对咱们中央企业团的干部也一直讲这个话，大家要去学业务，懂业务，你才能够更好的围绕着企业的业务中心工作，才能够更好的把团的工作融入到业务中心工作中间去，但是从对个人来说的话，这实际上是对个人素质和个人的这种工作能力、知识面的一个非常好的锻炼的岗位，所以由于他的工作性质需要他这样去做，所以他在做团的工作的时候，真正用心去做共青团工作的，他都会积累一定的业务知识，当然你说到了一个具体的企业，和在国资委这块相比来说，国资委更

---

① 转业团干部访谈资料 TQY005
② 转业团干部访谈资料 TQY005
③ 转业团干部访谈资料 TQY001

宏观一些，你到一个具体的企业来说，它相对更微观一些，从团的岗位来说的话，你在团的岗位上头相对宏观一些，那么你到具体的业务岗位上头又相对微观一些，但是由于在团的岗位上头呢，你业务方面，大概面的情况你都知道，再加上在团的岗位上头，对团干部要求非常高，就是要有综合能力，要有组织协调能力，而且要有文字能力，要有语言表达能力，这都是对团干部的要求。"①

关于团务知识学习和专业知识学习，被访者是这样说的，"大家很多觉得在团校去培训，应该培训什么内容，很多人就是把团的理论知识放在了边上，所以我觉得我们培训还是要抓理论的学习，因为在共青团的岗位上我觉得还好，因为我们是驻守后备军，我们跟着党走，你如果到了党政的岗位上碰到了一些事情要处理的时候，那就要看你的理论功底是不是扎实，那时候你就没有办法去找其他的人去商量，那时候就看你的功底，到底对理论掌握的如何？理论如果掌握的厚实，无论是政治的鉴别力也好，关键时刻处理你都得是很得当的，如果这个时候你的理论掌握的很肤浅的，虽然在团的岗位上学经济学什么学的很多，但是让你来做主要处理这些问题的时候，往往会觉得底气不足，往往做一个一般的决定我觉得没有问题，关键时刻做决定的时候一定要看你的理论功底，所以我总结的特别是现在回想团干部的培训，一个是抓技术理论的学习这个是不能丢的，第二个抓团务的学习也是非常迫切需要的。如果说团干部不懂团务，这个他的团干部职能怎么来发挥？包括今后走上了其他的党政岗位也会出问题，因为比如说团干部对发展团员，对团委的换届，或者是团委的换届选举这些知识一点都不了解，都不了解团务。"②

（十）个体区分的文化性——朝气蓬勃　勇于创新

企业是有活力的组织，在企业中青年人很多，也有很多实际问题需要解决。

一位被访者说，"在共青团的党委上给我最大的收获我主要是有两个，一个是务实第二个是创新。我们有一个青工，这个电炉的工人把这个钢水吊到了半空中之后睡着了，下面就紧张死了，他担心什么？万一操作不慎，钢水流下来，下面的设备就全部报废，如果有人的话，那就人身伤亡

---

① 转业团干部访谈资料 TQY001
② 转业团干部访谈资料 TQY016

事故，后来就是安全部门找了，找了之后他因为天天下了班之后就在网吧上网。后来这个事情在邯钢的安全事故大会上点了一个名，那个事情对我的刺激很大，后来我就搞了一个叫做健康上岗，安全上岗的一个万人行动，几乎是每一个人都参与，要承诺要健康上岗，不能这样无节制的。另外我们这个岗位不光管上班的，我们还管这个工人来了以后的精神状态，眼睛红不红，精神不好就叫他回去。那么后面也引发了后面办了一个邯钢青年网，是专门搞网络文化建设的，青年的网络文化建设，吸引了一部分的青年，大多数的青年参与到我们组织的一个网络文化里面来，后来我们回过来想这个是一个创新。同样的一个事情，你已经做的很好了，但是这个事情出了以后，因为我们有很多的不足，因为网络出来了以后，青年人很喜欢，所以说这个对我来，通过在共青团工作，给我的印象是非常深刻的。"①

  年轻人容易接受新颖的事物。一位被访者说，"工作一定要创新，团的工作尤其是青年的工作你必须要创新，它的活动载体啊，活动形式啊，包括怎么样给青年人教工作啊，你要创新。你不能拿着行政上的那一套东西或者说党的工作那一套东西去给青年人，那不行。因为这个青年人的想法他一会一变啊，他很不一样。人啊，他不一定。尤其是刚出校门的人，有些人甚至还没定型呢。他那时候你要是拿着机关那套东西，四平八稳那是不好使的。所以呢你必须不停的创新。我当时呢，还记得很清楚，当时搞这个活动我联合了几个机关的团委一起搞这个活动，我没有想到那次活动那么成功。那是刚刚有录像的时候，八几年嘛，有那种能放迪斯科的录像。我们在大食堂，大家组织了两三百人，包括我们组织部的，我们机关工委的，还有新疆日报的。原想，这活动搞不起来，因为我自己不是个善于交际的一个人。没想到我们的活动不光是团员来了青年来了，包括中年人都来了。把我们那个食堂挤得满满的，后来人都挤不进去了。而且到的人也都特别能歌善舞，那个气氛是我没想到的。所以当时给我的启示就是，团的工作只要你热心去做，还是能够受到大家欢迎的。但是当时没有人想到去做，当时我做，我说有一种创新嘛，团的工作需要创新，那是培养出来的。"②

---

① 转业团干部访谈资料 TQY016
② 转业团干部访谈资料 TQY0017

二、通过转业团干部描述转岗后的不适应看共青团干部素质储备上的不足

团企业领域有十八位转岗团干部接受了采访,关于存在的不足可以归纳为三方面:一是对知识掌握及学习能力的不足。转业后的团干部知识和学习能力上的不足是最突出的表现,也导致了其他的各种不适应问题。二是适应环境能力的不足。很多干部谈到对新环境的极大的不适应,这种不适应影响了工作的进度。三是青年领导能力的不足。转岗团干不能够在新岗位上很快地出成绩,源于其领导能力的不足及责任心的缺乏,不能对工作负责,不能对自己负责,这种不端正的态度需要引起重视。下面,就对这三个方面的不足进行分析阐述。

(一)知识掌握及学习能力的不足

对于企业团干部来说,转到一个新的岗位,面临着完全陌生的领域和行为模式,意味着对新的知识的掌握及运用。很多团干部在这方面很欠缺,这不仅需要组织的相关培训,还需要团干部自己努力克服。

"作为一个老团干部,在团的岗位上有所经历,我觉得作为团的干部应该在岗位上要扎实地工作,要有责任心,要不断地发展。这三个方面一定要有所鉴赏,好干的工作都被别人干完了,但是越不好干的就越要去创新,一步一个脚印,要扎扎实实去做,还有一个就是责任心,责任心很重要,一个没有责任心的团干部事业发展长远不了。这三个方面记住了以后,还是要多学习。因为团干部本身就是学习的,学习上要加强,但是学习并不是一定要学专业知识,我认为主要是学习管理方式和方法,这是尤为重要的,因为知识是无限的,一个人的精力是有限的,不可能把所有的知识都学到,我认为现在上大学,大学生主要是学怎么去学习,怎么把知识学好,学方式方法,并不是仅仅学知识,知识是学不完的,方式方法到位了,以后学知识会更容易。"①

对于工作上的不足,要及时主动的去学习,去弥补。"有差距是肯定的,但是是可以缩小的。因为范围是从点到面,主要的差距还是在于专业知识。以前只是懂本专业的东西,现在需要懂整个行业方面的知识。"②

---

① 转业团干部访谈资料 TQY014
② 转业团干部访谈资料 TQY013

有位受访团干很自信乐观的面对转业后的不适应，或者应该说是对于他来说，根本不存在不适应问题，很值得团干部学习。

"不管我坐到哪个新的岗位，我三个月时间全部熟悉。因为在做团的工作期间，你工作上的一些方法原理，做事的解决问题的一些思路，那都是一样的。所以我刚才说的通过专业知识和公共知识的培训，你该有的素质都有了。你转业以后，比如说我从团口转业到政府工作你对他的工作不熟悉，你有三个月时间足矣。你把那个文件找来，他很快就会熟悉。做共青团干部在共青团锻炼以后他走上新的岗位，对新的工作适应要比其他人快。也就是说这一年以后，我从共青团干部转业到地方以后，它能够很快的走上新的领导岗位。"①

（二）适应环境能力的不足

共青团干部由于其转岗机制的特殊性，由转岗带来的问题也是很多的。从团企业方面看来，转岗后的团干部转变身份向更专业的领域迈进，在做业务工作的过程中，面临着一系列不适应的问题，也就反映出其自身能力的不足。要真正把团工作的经验与业务工作相结合，还有很长的路要走。

适应环境能力的不足主要表现在人际氛围方面和工作方式的转变方面。

1. 人际氛围方面

到了新的岗位上，遇见了不一样的人，人际氛围的不同往往引起很多问题。"到那个岗位上，如果你要是不喜欢这些人，你就没法带着他们开展工作，所以从工作的角度去考虑，必须得喜欢他们，因为你是要做好这个工作，去被动的喜欢他们的时候，就会发现其实他们并没有你想的那么不招你喜欢，是你自己隔离了，是你自己把自己跟他们隔离了，不是他们的问题，是你自己的问题，所以说一旦这个人跟你连接起来了，你就觉得这个世界对你打开了。所以当你不懂的时候，就要敢于说自己不懂，这样别人就会愿意教你，要是不懂装懂的话我估计那些哥哥姐姐们肯定什么也不愿意教你，因为当时我们都是竞争的。就说我不懂，就像人家叫我发言，我说我不说，我不懂。"②

---

① 转业团干部访谈资料 TQY017
② 转业团干部访谈资料 TQY002

2. 工作方式方面

企业团的工作与转业前相比，的确有很大的不同，这种不同让人很难融入和适应，也反映出了团干部的能力不足。

"因为我们共青团特别注重创新，咱们叫领风气之先，走在时代前列，但是呢，来了工会之后，比如说看工会的工作就老想，这个地方能不能这样一下，那个地方能不能这样一下，但是呢，你的同伴们都不这样想，比如说我管我们油田员工出去疗养，我就老想说开一个新线路吧，叫快乐老家游，因为我们油田有很多员工是来自湖南什么的，他们来到这了之后不常回老家，那么我们给他开个快乐老家游，或者红色之旅，或者全国十城企业游，比如对青年员工，游山玩水对他的吸引力不如到各个企业去看人家的管理这些，但是我的这个想法跟我的同僚聊的时候，汇报的时候，他们就说，咱们能把目前的线路整好就行了，不出事就非常非常好了，你就不要再瞎折腾了，他们跟我说话都特别直接。当然我想说一点，肯定有能实现的，不是所有的创新想法都实现不了，但是肯定也有不好交流的方面，在别人眼里看起来就是老瞎折腾。"①

新环境需要积极的去看待，去面对，去适应，不能一味的埋怨它与它保持距离，那样的关系，最后也只能反作用于你，使你迟迟与新的工作业绩保持距离。"你不适应的地方，这个组织你不能说它坏，这个组织是要发展的，你必须要顺应它，然后领导先走，最后领导权都没了，你实现什么价值啊，或者你这个东西非常正确，实践是检验真理的唯一标准，实践证明你不正确，因为你领导权利都没有了，正确什么呀。"②

环境毕竟是外因，不能将不顺都归罪于环境的不同，关键是自己要有效地去适应。"边缘化不是企业造成的，多数是自己造成的，在企业里面现实就是这样的，哪个部门工作就是干得好，领导就是欣赏，同样一个部门换一个人工作干不好，领导还是⋯先做好，不要把顺序搞反⋯那是不可能的，共青团非要超过其他部门，不可能的，其他部门也得想着，领导也得平衡着，其他部门⋯领导站在全面的角度考虑的。"③

"团的工作怎么和业务工作更好的紧密结合起来，我觉得这个有多方

---

① 转业团干部访谈资料 TQY002
② 转业团干部访谈资料 TQY014
③ 转业团干部访谈资料 TQY016

面因素的限制的。最重要的是我们自己的思想观念还不解放，现在有一批新的团干部上来，实际上我觉得这些新的团干部在思想观念上可能也还需要进一步的解放，这个有传统的原因，所以往往想把共青团的工作和业务工作更好的结合起来的时候，就会受到思想上的束缚。比如说现在我做的纪检监察工作，要围绕着企业的生产经营工作来做，所以我也会感到有差距。因为我感到这几年惩治和预防腐败体系建设的工作中，中纪委把中央、国务院这些大的方针政策和业务工作结合的非常紧密，而且位置找得非常准。而实际上从我们企业纪检工作上来看，还没有做到这么远，好像就只是一个党的工作部门，这是受传统思想观念束缚的结果，共青团现在实际上也是这样。这些年虽然我们强调要围绕业务，但是是否真正在业务上很深入的把作用发挥出来了，应当说还是有距离的。"①

(三) 青年领导能力的不足

在新岗位的工作中，转业团干需要的还有一颗责任心，这种责任感是青年领导力的重要组成部分。转业团干指出，现在很多团干部仍然缺乏基本的责任心，工作得过且过，这是要不得的，因为无论是对于自己的能力负责，客观正确的评价自己，谦虚踏实的去学习他人；还是对于新岗位的工作的负责，认认真真的去做事，勤勤恳恳的去解决问题，这些都需要责任心的支持。

"干什么事得有责任心，有责任心，有前提，大部分工作…智商和情商，一般工作来讲责任心是首要的，这就是这么多年共产党培养出来的，从加入少先队员开始…责任心也不是一天两天，刚参加工作那个时候也有很关键的时期，刚参加工作一个时期，周围人，领导，职工，企业文化的影响…到了新单位以后，很多方方面面，有好的信息也有不好的信息，企业里面多数是好的信息。刚到一个单位，单位的风气不好，要靠关系，靠门子，再搞关系也没有用，放在好的岗位…要想再上一步再发展很难…很多承担责任的，没有那个水平干不到那一步，弄出来安全事故…这种情况要求到这一步，包括年轻人，专门搞事迹报告会…很多大学生，受到环境的影响，社会的影响，一来了就当白领，坐办公室，上上电脑就把工作干了，一个月挣几千块钱…到基层单位有了反映，找关系，到机关去工作，年轻，非常优秀的干部，各行业…青春在一线闪光，到机关当白领，我们

---

① 转业团干部访谈资料 TQY001

告诉大家…这样大学生受到正向的激励，咱们单位的领导，包括专家…接受了这些教育以后，正面的教育很重要，正面教育切身利益，有各种各样的，包括个人来讲，个人干不好事情就找理由，我没有关系，谁干得好是因为有关系，不要讲这样的事情…受教育，责任心，去干工作，也没有怨言，潜移默化的影响。"①

亲自到一线去了解问题，带着责任心去解决问题，肯定化问题为经验，这同时也是青年干部领袖才能的表现。"去了第一个礼拜开这个推荐先进的会议，开了两个半小时，这个都不适应，到后面就开始适应了，我要学习这种文化，我知道这个要适应，一个是要尊重程序，因为企业里面我关键是注重这个结果，过程没有问题，但是结果一定要好，有没有讲，高炉出现了什么异常，我们听到了异常的声音，那是从厂领导、科室的科长到高炉里去，那是没有二话的，不会去问是生产的问题还是管理的问题，所有的人全部都在高炉上去解决问题，这个就是要结果，不能把这个事故托的太久，把它解决，而不是说这个是谁的事情。"②

领导能力和责任心的培养与环境、性格的关系很大，需要得到重视。"责任心，包括上进心，后天是有一定的因素。性格很重要，有一个小女孩小时候特别活泼，上学的时候高高在上，前几天有一个人打电话告诉我，有好多小朋友演节目了，我说那天你说的那个小女孩肯定也演节目了，她果然演朗诵节目。这个里面会有这样的，已经决定了，性格很重要。

性格、环境很重要，这个环境造就了你，在各个方面的认识和对一些事物不同的体验慢慢形成的。但是每一个人的这些体验和认识不一样，造就了他综合素质的不一样，性格也是不一样。我觉得性格是在不断的成长过程中慢慢培养的，同时性格在后天应该有很大的转变，我不否认上高中有变化，上大学也有变化，乃至工作了之后也有大的变化。但是上小学、上大学立志、工作了一段时间的决定，三个阶段，我觉得小学阶段非常重要。"③

共青团干部由于其自身的特性，使得他们在工作的过程中发挥出青年干部的优势，即拥有青年群体的朝气与活力，促进活动的开展；但是，他

---

① 转业团干部访谈资料 TQY015
② 转业团干部访谈资料 TQY016
③ 转业团干部访谈资料 TQY014

们由于年龄及工作的特殊性等各方面的原因,造成的经验及阅历的缺乏和存在的各种不足也同样影响着工作,影响着转岗之后素质的拓展和工作方式的转变。

结论:课题组基于团干部的优势与不足提出的建议

1. 采取多种方式提高培训效果

相关组织应该加强对企业领域的转业团干进行业务及相关理论知识的培训,提高团干部的适应能力。同时,可采取灵活有效的方式进行培训,如邀请有经验的转业团干来讲述经验体会、挂职、开展案例分析的课、进行模拟现场等,是培训能真正贴近团干部的不足以发挥更有效的作用。

2. 对团干部工作的三点建议

共青团干部在工作的过程中,要抓住三大要素,这将有利于团干部领导能力和综合素质的提高,是十分重要的。

第一,工作要扎实。扎实地工作才能静下心来,少一些浮躁的情绪,这样才能干好实事;第二,要有责任心。一个有责任心的团干部才能真正为人民做事,才能抵制住诱惑并不断发展自己的能力;第三,要不断的创新发展。共青团干部要保持自己的活力和朝气,就必须不断学习,并保持创新的思维方式,发展的观点来看待工作及生活中的各种问题。

3. 团干部应重视学习能力的提高

企业团干部在学习上需要加强,且主要是学习方法和学习技巧的学习和提升,这是十分关键的。企业团干在新的领域里应注意学习不仅仅来源于书本,还来自领导、前辈、同事等周围的人际资源。

一个人只有掌握了学习方法,才能在无限的知识领域中更有效率地提高学习技能和知识水平,这对于不断发展的共青团干部来说,是成长成才的必备品。

回眸共青团岁月——转业后的思考

学校领域团干部优势与不足

8名学校领域转业团干部分别来自辽宁、陕西、福建、浙江、宁夏、北京等地区，8名曾全部担任过高校团委书记，其中女性1人。按照研究规范和被访谈者的要求，所引用的资料不出现真实姓名，故所引访谈资料以编号代码出现，团学校TXX001—008，书记为A，副书记为B，部长级为C。

现就对团机关领域转业团学校的优势和不足进行描述和分析。

一、透过经历和关键事件看共青团岗位特性和素质储备要求

（一）政治组织的特殊性——懂得政治　顾全大局

共青团是共产党的后备军，所以具有特殊的政治性。"在团的岗位上有大局意识，事业心比较强，不局限于一个岗位一个业务发展，所以不容易本位主义。现在大家讲团干部是团派，我觉得不存在团派。团干部就是党事业的接班人，所以他基本上到各行各业去都做得比较好。"①

在学校中间，政治工作得懂得理论。"当时我做这个工作，算是做政治工作出身的。我对政策、方针、路线和党的基本知识都还能说得过。我当党支部书记，要去给学生们讲课。给学生讲课的这个过程，会逼着你去在这方面有更多学习，有更深的觉悟和思想认识。这我觉得可能是至关重要的，团就是一种思想政治工作。"②

（二）优秀青年的聚集性——积极进取　追求理想

共青团是青年聚会的地方，具有蓬勃向上的激情和动力。"共青团给我带来的财富，其中一个就是有激情。激情是干好任何事业的一个前提，激情就是一种热爱，爱岗敬业都是出自人的激情。还有果断，我们学校的

---

① 转业团干部访谈资料 TXX002
② 转业团干部访谈资料 TXX005

领导一直以来对我们都很信任，他从来不跟我说 NO，他说行，我必须要去策划要果断地去判断组织好。到后期我觉得自己有很多时候比较果断，到现在觉得这种工作风格的形成，恐怕就是共青团留下来的，很果断很有激情，也很注重创新，还有一个我觉得这种财富也是共青团给我的，那就是带团队的能力。"①

这位转业团干举出了一个事例。"我们举办过一台晚会，为了这台晚会能够浓缩学校的人才培养、教学科研的亮点，真的叫奋战。我两个多月，反正每天都在学校，到最后连续好几次都是凌晨三四点钟我还坐在舞台上指挥，我们的学生也很可爱。因为我懂一点文艺，所有的大型的晚会，包括 97 年学校 100 周年校庆，07 年 110 周年校庆，总策划总导演都是我。而且当时我自己还排了一个节目，带了一班子人跳舞。艺术这块，因为我在大学里当了很多年文艺部长，所以这一块还懂一点点，每一个细节都逃不过我的眼睛，包括每一次话筒的电池要不要换，哪个剧务，哪个灯光不到位，哪个学生的走台不到位，真的是已经到了尽善尽美的地步。所以三四点钟我说不行，然后我说怎么办，学生说再来一遍，再来一遍，就不断地彩排，这种时候最能够体现学生团干部爱校的荣誉感，工作的这种责任感，也是一种使命感。当时我去的时候，其实大家都还在接受我的过程当中，因为团委书记，我后面也会讲，其实大家的看法是很不一致的。还是小孩子，团委只能够蹦蹦跳跳，这种观念很多学校都会有，所以我们打了一场很漂亮的仗。"②

（三）群众工作的广泛性——了解青年　服务青年

群众工作可以培养人的群众意识。"在共青团岗位上得有群众意识，责任感比较强。只要事关群众，大小事责任心比较强，不太官僚，不太说你管我不管，不太容易有这样的问题，比较和群众的心在一起。因为我做个两办主任之后比较大的时间是接待信访、上访，我在处理这种问题的时候非常的细致。因为群众不管有什么问题，他的诉求总有合理的成分。合理的我们要支持，不合理的要明确告诉他，我觉得这就是一个群众的意识。"③

---

① 转业团干部访谈资料 TXX006
② 转业团干部访谈资料 TXX006
③ 转业团干部访谈资料 TXX002

"我觉得整个的80后90后他们的特征导致不管是团工作还是大学里面的学生工作都有一个变化，原来我们叫团结和带领青年，教育和引导青年，现在还继续团结和引导，但是要加上了解青年并服务青年。"①

共青团工作需要务虚，但是也需要务实。"共青团的性质本身决定你不是主战场。企业做事情可以立马见到效果，共青团看起来就虚。但是，共青团的功能应该是要澄清的，共青团本身来说也要尽量除了虚的事情，尽可能做一些更实的东西，这样才能得到其他方面的认同。"

一位转业团干说，"对高校的团来说，从帮助青年学生成长成才这块体现共青团的作用，学校还有学生就会很认同。比如我做了一个很简单的礼仪培训，学生就很认同，学院老师也很认同。我请一个人专门做礼仪的这种训练，让他定期来讲，我也没有要求毕业班的学生，我说我设了这个讲座，你面试的时候注意什么问题，就跟学生讲这个，对不同行业，对面试有哪些需要注意的东西，学生非常欢迎。我把要讲的课堂外的讲座，各个学院的学生最喜欢听的讲座排出来，学校收上来之后，发到网络上，让学生点击，先搜集哪些有益于学生，放在网络上，让全校学生点这个东西。这样我看出来什么被学生关注，让他自己去听，因为他点击的多，需求量大，这个可以摸得出来。学校希望开的有的讲座，实际上学生不愿意听，学院领导跟学生之间没有沟通好。学生不愿意听怎么办，让他们听机关条款的，他不愿意听，没兴趣，那你就得想办法把学生的情况摸清楚。有一次讲座前面安排一半固定的学生来听，海报贴出去了，说这个人名气很大，应该会来听，结果校领导一到现场，总共才两百六十几个座位，老校区的图书馆，包括老师还没有三分之一的人，那怎么办？只有调了两个班的人来听，做的这么被动，所以说有些东西要实的。我是觉得有些确实可以事先让他们选。"②

学校团工作需要把握学校的中心工作。"团干部应该把什么叫中心深刻地去理解，平时就应该关注什么是学校最核心的东西。不仅仅是搞些活动。假如能够回过去再去当团委书记，我有两点一定会做的更好，一个对学生干部的培养，我是很重视的。但是当时确实很忙，跟学生面对面的深谈，我每年给自己定规定，大学生组织、校研会、校学生会、校社团联合会、主席团，我每年会给它开一次会，每个学期会开一次会，我要提要

---

① 转业团干部访谈资料 TXX002
② 转业团干部访谈资料 TXX003

求。对部长以上的干部每年开一次全会。除此以外的就是跟学生,他们有的学生真的找了我五六次都没有时间,都在忙,我现在想起来非常后悔。有时候跟学生,我其实已经比较努力地做了,但是做的很不够,跟学生深谈一次也许会改变这个学生的命运,因为他的想法会发生改变的。还有一个我一定会更多地去关注学校真正的核心的层面,会主动地去了解,而不是像以前一听到他们科技教务什么的,关我什么事,我就不听了,当然已经不可能了,所以现在回头看应该看这些东西,发现自己的一些不足。"①

(四) 转岗机制的必然性——沉稳心态 适应变化

一位转业团干认为现在的团干部在一起谈工作少了,谈谁谁转业多了,带来的弊病就是攀比现象加重,团干部的心情更加浮躁,不利于团干部的成长。②

从转业访谈中我们也发现另一个有趣的情况,因为工作是过渡,只是阶段进行,终究要离开这个岗位,不少的团干部的创新潜质得到了极大的挖掘。因为要离开,就想留下点什么,因此不能重复前人做过的事,就必须有创新。一位转业团干说,当团委书记的几年里,将大学生挑战杯的活动做到了极致,从以前的后几名提升到了第一名。说到这一段经历时,他很兴奋,从活动策划到实施整个过程都是他一手进行的,特别是整合校内资源,他打报告都要和别人有所不同,通过答辩和公证,最终获得通过,争取到 50 万元的经费。直到今天他还特别得意那次成功的活动,因为转业后再没有这样的机会可以完全由自己自主的做一件事。③

面对转业,需要摆正心态。"不要老是去比较,现在大家坐在一起吃饭就谈谁上了,谁转岗了,转的好不好,老是在比较,没有意义的。因为每个人的情况不一样,环境不一样。还有一个就是少功利,我是觉得周围很多好朋友很多团干部功利性非常的强。团中央也经常说,有的干部不是比风险不是比业绩老是比谁转的好,如果有这种心态的话一定会体现出来,团干部在那里跑前跑后,只对上不对下,这个是非常忌讳的,但是共青团干部里面有不少是这样的。"④

---

① 转业团干部访谈资料 TXX006
② 转业团干部访谈资料 TXX006
③ 转业团干部访谈资料 TXX001
④ 转业团干部访谈资料 TXX006

（五）活动空间的广阔性——把握中心　纵横拓展

一位转业团干回忆一次让她终身难忘的一件事，就是亲自组织校庆一次大型晚会。当时现场出现意外，就是假票的出现，导致进入人员数量大增，严重失控。当时社会刚刚发生过踩踏事件，因此学院保卫处提出该活动应立刻停止，防止不测发生。此时现场已拥挤不堪，情形非常可怕，她脑子里一片空白，不知该怎么办，当时所有工作都已经准备好，开场就是给校友切蛋糕，只要一切蛋糕，现场还会出现拥挤情况，此时她顾不了太多，拿着话筒跑上台去，边跑边向同学们问好，很多现场的同学们都被她的举动感染，人群中有一丝安静。这时候她智慧地指挥大家一步一步向后撤，终于同学们按照她的要求撤到了指定的位置，晚会正常开场，这其中她始终不敢放松神经，直到同学们都被分散到其余五个演出小场地，她才松了一口气。晚会举办的很成功，再没有出现意外情况。

这次晚会的举办让她获得了几个收获，一是举办活动主题内容要与学院的中心工作紧紧相扣，不是为搞活动而搞活动，活动的主线不能离开学院的发展建设，这是灵魂和理念；二是举办活动要关注到每个细节，细节体现活动的品质，要在准备工作上下功夫，为了这次活动不出纰漏，她与同伴们连续作战，不怕吃苦；三是处置应急事件要冷静，要在关键时刻敢于挺身而出，不怕担责任，只要敢于面对困难，就能有机会战胜困难，这是她总结出的一条最宝贵的经验。转业后很难再有这样的机会，亲自组织这样一场大型的活动，这种磨砺只有在共青团才有，她很感激共青团给予她的一切，因为这些活动所提升的各种能力帮助了她的成长。①

"像我们时间比较长的这些团干部，无论你以后做什么工作，我们总觉得有些烙印，帮助大的我觉得就是团的岗位，他这个团的组织的特性，他的这种体系，他自身的这种组织文化对团干部的锤炼、熔融的作用我觉得是很明显的。团干部我们一定要围绕中心工作来开展，无论你做什么事情开展什么工作，你就要去了解，比如说就要了解党在做什么，我作为学校团委可能就要想党委的要求是什么。可能是多年团干经历使他的这种意识就比较强，围绕从中心还是从全局的角度来看，怎么开展工作，要求是什么。"②

---

① 转业团干部访谈资料 TXX006
② 转业团干部访谈资料 TXX007

（六）权力来源的魅力性——青年朋友　善于沟通

一位转业团干谈到了团结青年的方式方法。"如何不失去青年，我了解你我就不会失去你，我了解你，任何时候都可以团结你，但是如果不了解的话，可能任何时候都团结不了。第二个就是我们总是选各界各类的青年，代表类别，然后选优秀楷模。优秀楷模代表类别我们是需要的，但是我们对80后90后这一代的人而言，可能他们没有那么多，他们小群体细分的非常多，但是小群体之间差异更小，没有本质的区别，所以还是要讲大众和群体的角度，就是主动的和这个群体、那个群体建立关联。第三个我们还是有很多传统的工作，传统的思维，传统的品牌，我们讲要规范，要有权威性等等，这个也挺好。但是我觉得对80后90可能更强调的就是新颖，要亲民。比如60年代的人，年轻的时候人际交往的关系是这样的，跳个交谊舞啊就行。现在跳交谊舞没人去的，所以还是要很新颖的方式。另外一个还是要亲民，我们举办一些活动，做一些工作不是给谁看的，首先要所有的人都能参与进去最好，不是说我有一个什么经验讲给你，是要你通过参加我们的活动体验，把别人讲经验变成让每个人有体验这才是亲民的做法，所以更多还是要有新颖的活动形式，增加青年群体体验我们共青团活动的比例。"[1]

（七）资源整合的无限性——组织协调　珍惜资源

很多转业团干部在回过头来看共青团工作这段经历带给他们的帮助，有80%的转业团干部谈到"资源的整合"过程带来的快乐。

一位转业团干说，他在共青团岗位期间接过一项很艰难的文化工程项目，名称是"月上荷兰"，这是自治区文化厅打造的特有民族文化特色产品，之前已交付一个文化企业策划公司运作，但没有成功，还亏欠200多万元，文化产品半路夭折。就是在此时文化厅领导将这一项目授命于他继续完成。也正是他要转业的时候，他接下了这样一个烂摊子。他没有时间去想困难，只有全力已赴迎接挑战。他的第一件工作就是整合资源，他一个人无论如何吞咽不了这块难啃的骨头，只能组建班底，筹集经费。凭借着在共青团积累的良好的人脉基础，很快从各个部门招兵买马，班子搭建起来，就是没日没夜地革命加拼命。排练班子赶排"月上荷兰"，能在区里文化厅规定的时间里推向社会和世界，成为区里的文化品牌，一炮打

---

[1] 转业团干部访谈资料 TXX002

响。这些人员和物品都是他到处求助，以他的人格魅力和对事业的执着精神的力量获得的。最终经过千难万苦，在上级领导的支持帮扶下完成了任务，并还清了欠款。他在访谈结束时说道，很感谢共青团给了他很多的帮助，其中最重要的资源整合能力就是在共青团领域获得的，这个能力为他转岗后的成长奠定了坚实的基础。①

在资源相对不足的情况下，有一个很重要的资源就是赢得领导的支持，所有转业团干部都提到了。一位转业团干说，"现在回忆共青团组织活动的情景，依然感觉那么的亲切。其中有一个极特别的地方，每一次活动，大小领导都要被共青团干部请出来不是说几句话，就是发表个讲话，有时还要摆个姿态，目的都是要振奋一下青年，激励一下青年，如果有哪次活动没有请到大领导，就认为领导不支持共青团工作，活动就不成功。现在想起来自己当初在活动现场开会时，自己拿着话筒在前面讲，后面站着那么多领导，觉得很得意也很怪异，因为转业后才发现这种场景没有了。自己虽然在院宣传部工作，但学院团委请自己出席相关会议，也很少参加，一是共青团其重要程度相对教学科研的中心工作来说太小了，排不到前面；二是自己的精力有限，有时候真得忙不过来。那时候在团岗位上把共青团看得比天还要大，现在想想实在有点井里之蛙啊！"②

他还提到"共青团的工作靠几个人是做不好的，要共同提升共青团在学校里的影响力跟地位，这个触角是在方方面面的，比如说学院，哪个学院的共青团他都是很不强的，势必导致整个学院会对共青团有看法。所以我当时写书，到外面的公司企业赞助，带他们到全国去考察等等，我没用学校一分钱，包括每年的研讨会。"

"当时在共青团能够一呼百应，到后期我们组织大型活动的时候，挑大梁的都是我们学院团委书记。所以我在离开共青团的时候，原来我是副处的，我们大学一百多年以来团委书记都是副处，在我这里解决了岗位的问题，以后只要谁来当团委书记就是正处，就是07年，我自己也上了。原来没有副书记，后来到一个副书记，到我离开的时候两个副书记全部成为副处，所有的学院团委书记以前是没有任何级别的，我离开的时候全是正科，我当时就说你们谁做的不好，团荣我荣，团耻我耻，大家记了八个字，所以你们谁有损于我们共青团的形象谁就应该挨鞭子，大家都是在共

---

① 转业团干部访谈资料 TXX004
② 转业团干部访谈资料 TXX006

同努力提升我们共青团的形象,所以这个团队带起来之后到现在学校几乎所有的职能部门,办公室、组织部、宣传部,所有的主要职能部门的科长基本上都是我们团干部,所以我消息很灵通,大家都会跟我讲。因为他们不仅把我当书记,更把我当朋友,他们把我当姐姐一样的,关系非常非常好,所以这个团队的基础恐怕就是共青团给我的一个很大的财富。"①

(八)考核指标的弹力性——自主发展　有为有位

一位转业团干说,因为没有目标的任务的硬性安排,你共青团干部就不能盲目和极端,必须围绕党的中心工作和任务以及青年的需要来开展工作,不然就会失去方向。你如果是团县委书记,你必须知道县委书记在想些什么问题,要解决什么重大问题,你找准了,就能在很弹性的岗位中找到自己的位置,并切入主题很自如地作为,那么你发展的前景就很乐观,如果再把活动的形式靠近青年能接受的程度,那你无疑又赢得了青年的支持,上下这么一对接,没有干不成的事情。从另一角度看,党的中心工作最终要达到的目的就是造福一方百姓,让百姓的日子过好,因此你围绕中心最终一定回归青年群众那里,殊途同归,如果你结合得好,县委就会全力支持共青团工作,因为我们的目的是一致的。各部门也会支持工作,说直接一点,共青团也在为他们干活和服务,哪有不支持的道理。

"我认为共青团最能够体现痛并快乐的过程,人家说赤手空拳共青团,又没权又没钱,当时我到团委去的时候好像就二三十万,等我离开的时候已经有100多万,翻了好几倍,还是体现怎么作为和地位。你没有去看我们挑战杯,你很差的话学校领导不会来投入的,如果在很多方面学校认为你们做得很有成效,反过来他会来投入。我经常说我最怀念的,最留恋的也是最感谢的就是共青团的这几年,工作以后一半多的时间在共青团,我觉得非常好。"②

(九)具有大学校的特性——终身学习　积累经验

高校的团工作相对于企业团工作来说,有自己独特的特点。一位转业团干说,"高校的团干部的这种特性跟其他的企业,我觉得区别最大的是在于学术的环境,可能要求会更高。譬如说在其他的一些领域,他只要能力强、组织能力、表达能力、会学习的,其实基本就OK,加上人格魅力

---

① 转业团干部访谈资料 TXX006
② 转业团干部访谈资料 TXX006

加上人品,但是高校不行。因为高校现在最摆不平的不是学生,是主要核心群体对共青团的认识,核心群体是谁,教授,那些学术精英这一块。我现在就是面临这个挑战,这批人他可以决定你在这个组织这个单位的影响力,这个单位对你整体的评价。所以高校团干部最重要是的学术性这一块。我觉得是任何其他东西没有的,就像你在企业里面,相信企业的团委书记,也许他哪一方面都很强,他有业务,这种有业务的情况我因为不了解,多不多不知道,也许也有,但是可能更多的在选拔的时候,他的条件不是业务很强,是他比较热心。高校面对的群体是很复杂的,现在处理学生工作也很难,你要摆平他,你要让学生真的很拥护你也是很难的。更别说那些教授群体。真正把你看作是很有潜力或者是很有能力很有厚度的条件,在高校还是要看学术的。"①

另一位转业团干谈到了团工作与业务的关系。"长远来看,业务这方面要再投入一些精力,我们当时看不到会到校外去工作。如果说还是在高校里的话,这个肯定是必须的。我把硕士论文研究的方向跟我工作相结合的这个点去做文章,所以这样的话就不会完全两张皮。我的硕士论文是青少年网络素养的一个调研的研究,后来得了一等奖。青少年网络素养现状调研后来参加全团调研拿到一等奖,我当时的硕士论文是传播,跟网络也是相关的,所以我就在这个结合点上,这样的话两头路不会完全岔开的。如果可能的话会看看有没有更多的锻炼机会,可能会去争取,这个还是很需要的。组织提供可能也会有,更多锻炼的一些机会。如果是有这样的机会我觉得比较好的,各方面接触问题,对自己完善一些东西肯定是有帮助的。"

"去年9月份我在国家教育行政学院学习以后,我感觉自己真的是太不懂了,教育教学规律一点都不懂。以前就觉得这个是你们科技处的事情员工部的事情,关我什么事,就不关注。但事实上会影响,团干部现在组织这种文体活动非常简单,但是需要组织一些思想性的、主旋律的、政治性的,真正的能够培养青年马克思主义有这样的活动层次水平有多少,很少的,包括我们的基层团建。我离开团中央那一年是团建建设年,新书记上来以后,我觉得他抓的很对,团建是我们的责任,但是有多少团干部在沉下心来抓好团建,在真正抓培养青年马克思主义者,很多都不行。当时

---

① 转业团干部访谈资料 TXX006

我在团委经常发表这个观点，而且这个东西就像十年树木百年育人一样，看不出成效的，但是你基础不扎实，一定是会影响合格建设者可靠接班人的层次。针对这一问题我们团干部的认识是非常不清醒的。有一个层面非常高的学校，团委书记说抓基层团支部，从来都没有在会议上提过，从来都没去关注过，从来没有着急对团干部进行培训。"[1]

（十）个体区分的文化性——朝气蓬勃　勇于创新

很多人都觉得，团干部有自己独特的文化气质。一位转业团干说道，"共青团干部和一般的人不太一样，学校就喜欢用共青团出来的年轻人，因为好用好使。与社会其他岗位的年轻人不一样，好学又勤快，处理问题又有新招，做起事来富有激情。共青团干部有理想有追求，要求条件少，干事不惜力等等。富有朝气很有活力，能感染人说服人。有一次他看到一推年轻人在谈股票，他看看里面没有共青团干部，回来后他找了一位团干部问问对股票的了解情况，他发现这个干部对股票没有太大兴趣，相反给他谈了很多工作上的事，团干部的事业心责任心等都要相对好于一般的年轻人。这和共青团岗位的特性有很大关联。"[2]

另一位转业团干认为，团岗位有利于培养一个人清正廉洁的作风。在一个相对人员构成复杂，遗留矛盾较多、利益诱惑很大的地方，他首先将任何物质利益与自己切割开，把自己搞干净了，之后他就开始治理整顿校风学风，树立正气，从公平、公正和公开做起。因为自己很干净，他说话就很有底气，处理事情又很有公信度，结果不到一年，学校的正气压倒了邪气，提升了学校的声誉。这种清新正气严格自律就是在共青团岗位中培养出来的。[3]

团组织的文化交流，可以使团文化得到巩固，并且扩散开来。"在团的岗位经历当中，可能其他体系所不具备的，就是它自身一个体系。像我们高校团的这种干部，可能企业也这样，跟全省团的干部之间的交流是很多的，甚至全国的这种交流机会也很多。这个本身就对你组织文化的相互交流相互学习相互沟通进步有很明显的作用，比如说我们跟团委书记以前在谈到岗位的时候，一起交流一起听他们介绍一些情况，做一些讲话，包

---

[1] 转业团干部访谈资料 TXX006
[2] 转业团干部访谈资料 TXX002
[3] 转业团干部访谈资料 TXX003

括 08 年参加全国团代会,你在这个体系当中就有这种机会,你就有接受这样一种氛围这样一种组织文化熏陶的机会,我觉得这个也是非常难得的,可能很早有其他这样的一些组织体系,有这样的一种文化氛围。"①

团岗位还会培养一个人的创新意识,这都是共青团岗位上锻炼出来的。因为有创新的意识,所以进取心比较强,我不想说这个事糊里糊涂,庸庸碌碌就这样,所以我经常讲一句话,我说人的一生轰轰烈烈也是青春,庸庸碌碌也是青春,何不轰轰烈烈,我觉得这种风格能够影响周围的人,进取心比较强,这样的话就不守旧。

有位转业团干举了一个例子。"我们学校有一个教育部本科评估。专家组要来看演出,省领导也来。本来说晚会只是来看一下的,过一下场,但是他们坐下来以后从头到尾看了。而且专家现场点评,他们一拿到我们的节目单觉得很奇特。因为那一年我们获得了一个国家技术发明二等奖,当时国家技术发明一等奖是空缺的。我们动了个脑子,就用学校最能够体现国家的科技成果,又能体现大学科研成果的这个技术拿来制作节目单。我们的细节出彩的地方,给观众留下了很多印象。所以总共 11 位专家在学校的一个星期的时间里,有 10 位专家单独到我们活动中心来找我,跟我聊,跟我们的团委干部聊。"②

有一位转业团干说,"如果你工作没创新,没创新你就没思想,没有思想你怎么创新呀?你没创新就没有激情,没新的东西,都是那老三样,没人欣赏你。这个我觉得可能影响比较大,对我个人的成长,应该是团支部对我的帮助。"③

二、通过转业团干部描述转岗后的不适应看共青团干部素质储备上的不足

八位学校领域的转业团干部对共青团干部素质储备上的不足做了详细陈述,总结为以下四个部分:

一是适应环境能力的不足。利益冲突的纷扰,以及其所带来的人际关系的难以处理,还有众多的必要与否的应酬,这些都成为了学校领域转岗团干所面临的首要问题;

---

① 转业团干部访谈资料 TXX007
② 转业团干部访谈资料 TXX006
③ 转业团干部访谈资料 TXX005

二是自我认知能力的不足。转业团干在工作中往往不能客观的认识团工作的特性和自己所面临的问题，这是很突出的；

三是青年领导能力的不足。在学校领域，跟团干打交道最多的是青年，尤其是80后或90后，这些现状都表现出团干部青年领导能力的有待加强，同时他们的政治意识和大局意识的缺乏都值得学校转岗团干进行思考和摸索，加强与青年的交流，对青年进行引导，是学校领域团干工作的重点；

四是应急事件处置能力的不足。学校领域活动多，应急事件发生的可能性也大，而转业团干应急事件处置能力的缺乏会产生不利的影响，这方面的不足需要在经验中磨练提高。

以下就对八位团干的访谈内容，进行具体陈述和分析：

（一）适应环境能力的不足

学校领域的团干部所处的环境也是十分特别的，是青年学生的聚集地，使得一些转业团干在转业的过程中会出现各种对环境的不适应。适应环境能力的不足主要表现在人际氛围方面、工作氛围方面和工作方式的转变方面。

1. 人际氛围方面

转到新的岗位上，很多人都谈到面临的社会复杂度加剧了，人际交往的方式改变了，转岗前后的工作和言谈都不一样了，变得更加谨慎。"以前你可以这么说你可以这么做，到宣传部之后你不能这么说不能这么做，这个部门是最引人关注的，因为办公室人员，组织部又不能乱填，宣传部刚好我们这个部长当了组织部长，刚好他还兼着，意味着宣传部可以空缺。后来学校里定了我之后我就明显感觉到人家对我的看法就不一样，特别是我去年上了教授以后更不一样，我给它总结的就是人家用显微镜来看我的优点，用放大镜来看我的缺点，我这个感触太深了，因为涉及到干部的发展，在里面就有利益冲突了，原来是没有的。"[①]

"最棘手的问题就是刚才我说的，譬如说要处理好各层人的关系，人家对你说不定有敌意，嫉妒的人有，疑惑的人有，把你当成真正对手的人有，崇拜的人有，什么都有，那么我怎么处理好各种层次的关系很

---

① 转业团干部访谈资料 TXX006

关键。"①

面对纷繁复杂的利益冲突,其实,保持一颗平常心"得之泰然,失之淡然",也许是最好的适应心态。"我认为该属于你的,你再推还是属于你,不该属于你的你去争它干什么,我在这方面确实从来不会去计较,所以在团委除了团省委团中央给我的荣誉之外,学校里所有的荣誉我全部是推给其他人,包括获奖什么的,机会很多。"②

处理这些竞争性的人际关系,更多的并不是将对手当作敌人,有人选择"独善其身",在能力上提升自己、证明自己,无形中也就打败了对手,脱离了纷扰,也就成为最大的赢家。"其实他只要你尊重他,因为我们都不是靠外在的东西走到这一步的,都是靠自己一点一点干出来的,所以你尊重他了这个就缓和多了,所以这种地方要处理好各层的关系,包括对你很有敌意的那么多竞争对手,我们学校女处长又多,我反正对事不对人,哪个处长对我们宣传部很有意见对我很有意见,我不管,校报两期连续招生就业,他有意见就有意见,我工作就是工作,所以最终我相信会得到大家的理解的,因为做人我相信不是靠一天两天的,有领导也跟我说要处理好你跟竞争对手的关系,两种办法,一种就是整天拉关系,大家吃饭玩,第二种你就是超越他,远远地超越他,让他觉得根本赶不上你的时候,自然他就没有想法了。他说我相信你一定是选择后者,我说是的,所以我从来不跟他们,是是非非的事我不去干的,没有意思,我们没有时间,这一点也是比较棘手的,但是我现在处理的应该好了一些,但是并不见得大家对你是完全一致的。"③

2. 工作氛围方面

除了人际关系及利益问题在新岗位上的突显,表现出的适应能力不足以外,还有社会层面上的复杂性,工作中各种各样的矛盾与现实,使得转岗团干在这些方面都需要适应和学习。"要说不适应,就是对这个社会的复杂程度,在共青团的岗位上,我觉得共青团这个岗位是最愉快,最快乐的岗位,基本上矛盾、冲突不是那么太强烈,我到了学生处以后就有感觉了,在团委的时候,周围团结带领的都很优秀,各行各业,吹拉弹唱,打

---

① 转业团干部访谈资料 TXX006
② 转业团干部访谈资料 TXX006
③ 转业团干部访谈资料 TXX006

球照相，出国参加比赛，都是这样的群体，到了学生处长以后，有跳楼的，自杀的，抑郁症的，单亲家庭的。"①

"这个可能和我们的工作重点有关，团委书记也知道有这些问题，但是毕竟你不是直接处理这个，所以说如果要学习，就要进一步深入社会，进一步深入各类具体的矛盾里面去，然后研究如何解决这些问题和矛盾，尤其我做了两办主任之后，学校里面方方面面都有上访，这种利益群体的诉求，我觉得如果就在共青团岗位是接触不到的，接触不到这么强烈的冲突，这个就是需要学习的。"②

对于学校领域的团干部来说，更烦恼的事情应该是各种各样的应酬活动，对此，有干部这样说："如果说那边也算比较多，但是我觉得应酬要把握个度，就好像一个教授，我原来老师讲的，他说一周两个晚上还可以接受，三个晚上就受不了了，因为他是教学，如果我一周去掉三个教学还可以有的一周出去四个晚上，就不用做了，剩下三个晚上对付教学就可以了，不要说自己的科研，要有个度，有的自己可以定个最多两到三个晚上，不能再超过这个限度了，这里面有个度的问题。"③

无论是从什么岗位转到新的岗位，都对个人的适应环境能力提出了极大的考验，对于转岗团干来说，去适应去应对，才会得到能力的提升。

3. 工作方式的转变方面

对于转岗团干来说，过去团里的经历和取得的成绩，在新的岗位上，可能是一种束缚，会被别人用定式的眼光去看待，去评价。"角色的转化其实是比较快的，马上接手以后能够把宣传部的工作开展起来，但是开展了不等于就开展的好了，所以不适应的就是人家对你的要求、评价和本身存在的问题。"④

"我在想领导对我的要求也不一样，而且最苦恼的是大家都把我还是框在团委书记这个圈圈里面评价我。当然到宣传部，我一汇报，我是很认真的，以前我们这个部长资历很老的，60年的，他去汇报准备好以后PPT从来就是那种模板，我们弄得认真，党委会用photoshop，弄出来火了，东

---

① 转业团干部访谈资料 TXX002
② 转业团干部访谈资料 TXX002
③ 转业团干部访谈资料 TXX003
④ 转业团干部访谈资料 TXX001

西是汇报的很好，马上就有人告诉我共青团的东西就是会火，所以我听了不是什么滋味。"①

这种被人圈住的滋味很难受，一种只是被过去包围的感觉，很难突破。在新岗位上做领导的时候，还会碰到新旧领导被对比的时候。"另外一个我是小树，以前大家是大树底下好乘凉，我们以前部长很权威很资深很有水平，我这棵小树还没长大，所以他们也没有办法乘凉，这个还是小苗，我说你们一定要有心理准备，但是我一定会尽力把大家一年来的工作展示好，这是我的职责，至于结果请大家一定也要给我机会，也要宽容我，所以我讲得非常认真。"②

用认真负责的态度来面对新岗位的新同事的期待，是一种提高自己适应能力的好方法。"但是只要我在当宣传部长，我说我们一定向前走，哪怕走一米每年都往前走，这是我的基本目标。所以我们去年不断地在往前，因为两年，今年是第三年汇报，今年我们做了几件非常漂亮的事情，我相信大家对我们的认可度会越来越高。"③

团的工作经历给新岗位带来的不全是光彩的评价，还有以前固定的思维模式和行为方式，可能对新岗位的适应带来困难。"以前在团委果断的拍板比较多创先比较多指挥的比较多，所以离开之后有的时候让人觉得会不会有点武断，因为人的层面，比如我到宣传部以后，宣传部的工作跟团委是完全不一样的，他因为是学校的一个窗口部门，所以你在你的知识层面水平能力没到很高的高度的时候，你做出的决定很有可能在有些人看来是比较武断的，你的自信可能就是一种自负。还有一个就是，可能有的时候会比较狭隘，他的视野就比较狭窄，所以这个也是共青团存在的问题，我认为如果团干部不能够认识到这一点的话，团干部是不可能走远的。"④

"那么我从团委书记到宣传部长的时候，相对来说从事学校具体的行政管理工作的机会也是比较少，到了这么具体的工作面前还是没有经验，你可能听过，有这种事情，可是你没有亲自处理过，你没有思考过，那么对于团干部来说，团干部直接接触社会，政治，经济，文化等等各个方面，各个方面都接触，但是每个方面都是蜻蜓点水，都没有真正受过实践

---

① 转业团干部访谈资料 TXX006
② 转业团干部访谈资料 TXX006
③ 转业团干部访谈资料 TXX006
④ 转业团干部访谈资料 TXX006

方面的真正锻炼。"①

(二) 自我认知能力的不足

除了团的工作经历所带来对新岗位的适应能力不足以外,自我认知能力方面的不足也表现得十分明显。对自我进行改变与调整,并在别人的或褒或贬的评价中,能够坚持对自我的反省和把握,保持一份清醒的头脑至关重要。

"我到宣传部当部长以后什么时候该低调,什么时候该张扬,张扬的是谁,张扬的不是我个人,张扬是为学校提高知名度,在外面我跟各大媒体,现在中央媒体很多都感觉怎么这个小姑娘当部长,最年轻了在高校,他们从来没有说哪个部长跟他们这样打交道,他们就很认可你,说以后你的事情只要说,不用亲自来了,只要说就好了,我们会帮你做好。所以今天我们有全国50多家知名主流媒体到我们学校来,我在想自己的定位一定要准确,不管是当部长还是转到其他的岗位,不要以为自己有多高的水准。"②

"这些对自我的重新定位就看团干部自己能不能把握住自己,自己优势在哪里劣势在哪里应该非常的清楚,头脑一定要清醒,否则的话你一定是被人家推着走,然后最终自己下台,肯定是这样。"③

对于很多团干部,往往只想着转岗,却没有对转岗职位有清晰全面的认识,这是要不得的。对岗位的认知很重要,要全面的认识和提高自己,抓住机会提高素质,从而转岗后更适应。

"干部应该对这个岗位有一个预判的认识,这个是非常关键的。如果你看待一个地方,这里是什么样子的,它工作的资源,还有它的风险,一定是要预判的。岗位有风险性,包括我们政府很多要害的权力部门。如果是大学纪检组组长,对这个岗位他没有这种预判的话,他迟早会出问题的,没有这种预知是很危险的。

因为我是来之前已经很清楚中国这一块的资源肯定是矛盾的焦点,所以我尽量跟师大讲,包括师大教职工子女,虽然这是师大附中,但不是100%接受师大教职工下一代子女的,也是要考试,考试完了以后不合格

---

① 转业团干部访谈资料 TXX001
② 转业团干部访谈资料 TXX006
③ 转业团干部访谈资料 TXX006

的不让他进来,因为我们中学要有升学率的,也是择优录取,当时我给定的标准,按比例,到谁就是谁,谁都不能松动,一定要按这个来。所以对这个岗位一定要有认识,没有认识很容易犯错误的,并且这根弦一定要绷紧,什么时候没绷紧什么时候就会犯错误。我觉得对岗位的认知很关键,对岗位的认知一定要清晰,因为要是有学生来,我们一句话,其他人可能不会说,但是关键你这一句话出来,你是用会议的方式,你这一句话用什么样的理由能够说得清楚,你说不清楚,就给自己累积了一个污点在那里。包括我们自己校内的老师也是,他眼睛也是盯着的,所以说这个东西就是基于对这个岗位的认识,要很清楚整个的情况。"①

如何把握自己、成长自己,不为外界所迷惑是解决问题的核心,在转业团干部中,要正确认知自己的不足,并采取行动来提高自己。下面两位受访团干正是这样做的:"我觉得团干部确实要学会静下心,这个非常关键,因为我们长期的这种动的东西太多了,浮躁的东西,比如说大学的政治辅导,当几年,有的人就叫他转成教学,他转不过去,为什么,他习惯了,坐不住,觉得明天还要上课,还要备课,多累啊,坐不下来,静下来要学,因为包括往后肯定要转岗,当然你从表象上看转岗很简单,但是我后来过来,觉得对中学这块不是很熟,教务组的人,我有空就打电话找他,了解最核心的中学的教学管理。因为这块是我整个大学到中学最空白的地方,所以我就找他聊这些东西,找教务处主任。"②

"这么年轻的部长,你不能没有新的要求,你要去考博士,因为我以前是中师保送大学的,以前读中师的时候是不读外语的,所以我全部要自学,考研也是自学的,我考研考了我们学校的第一名,孩子生完一周岁以后去考的,这一次也是破釜沉舟,因为家里有孩子有老公,我先生是省教育厅的办公室主任,工作很忙,很少机会回家,家里事情全是我来管,然后工作。我现在毕竟是快 40 岁的人,词汇量要从原来的 1000 增加到 10000,我在这一年时间里要提高的真的是跨度非常大,非常辛苦。"③

(三)青年领导能力的不足

在学校领域与青年的联系最为密切,工作的对象大都是青年,而大多

---

① 转业团干部访谈资料 TXX003
② 转业团干部访谈资料 TXX003
③ 转业团干部访谈资料 TXX006

数团干部的青年领导能力有待提高,所以转岗团干需要多和青年交流、沟通,从中找出他们身上的特性来提高领导能力。

"所以在这种情况下我觉得整个的80后90后他们的特征导致整个不管是团的工作还是大学里面的学生工作都有一个变化,我觉得原来我们叫团结和带领青年怎么怎么着,教育和引导青年怎么怎么样,现在我觉得还继续团结和引导,但是要加上了解青年并服务青年。"①

多多接触青年,必然会从中寻求到他们需要的、能够接受的活动形式和工作方法。"但是我觉得对80后90后来说,我们就以90后为例,可能更强调的就是新颖,要亲民。比如60年代的人,年轻的时候人际交往的关系是这样的,跳个交谊舞啊什么的就行,现在跳交谊舞没人去的,所以还是要用很新颖的方式,另外一个还是要亲民,我们举办一些活动,做一些工作不是给谁看的,首先要所有的人都能参与进去最好,不是说我有一个什么经验讲给你,是要你通过参加我们的活动体验,把别人讲经验变成让每个人有体验这才是亲民的做法,所以更多还是要有新颖的活动形式,增加青年群体体验我们共青团活动的比例。"②

现在团干部在很大程度上表现出政治不成熟,即"活跃有余层次不足",做事不够踏实稳重,这是领导能力不足的表现,这对于共青团的整体形象而言是影响很大的。所以团干部要注意培养大局意识,处理好活跃的优点同不踏实的缺点的关系。

"我谈到很多我们的一些不足,什么叫团干部培养大局意识,这个大局就是学校发展的大局,这种发展的大局是你到了一个层面以后能够跳出共青团做团工作,现在我们很多团干部是局限在共青团里坐井观天,我以前还算比较开明,但现在看起来还是认为那个时候太好玩了,这座位多么重要啊,多么好啊,想想现在有时候是一文不值的。所以培养真正的大局意识,要紧密围绕学校的中心,因为我们很多活动层面关注的多,比较关注活动的组织创新表达能力的提升。我看活动有没有水平绝对不是说这个多少产品,而是我要看它的细节,有很多全国的或团中央搞的挑战杯,每一个大学生都是来自很著名的大学,介绍到一半的时候,怎么团中央这个领导一个副书记还没介绍,一听党委副书记介绍了团中央领导还没介绍,团委书记马上跑下去,主持人你搞错了,这个是下一页。这种事情都碰

---

① 转业团干部访谈资料 TXX002
② 转业团干部访谈资料 TXX002

到，所以这种细节最能够体现团干部有没有水平。

我们现在团干部就是活跃有余层次不足，我现在也经常被泼冷水，别人说我一看就是团干部，就是份量不够，属于不成熟的。包括团省委泼我冷水，他说你们团干部很多很有优势，你看我们团省委的领导都发展很好，他们也很有水平，但是是不是真的转了以后就都能够完全适应经济社会的发展，他们要关注的是经济社会的发展，高校要关注的就是这个中心的任务，一样的道理。有的团干部去地方上当一把手，当市长书记以后很不适应，所以这种就是层次上要提升的，这个也是今后要培训的。我今天中午在想，活跃有余层次不足，境界提升，高度深度厚度潜力不够，发展的潜力还不够，对办学规律等等这些方面是明显的掌握不足。我现在来看团委，我经常给大家讲的，活动的高度没有，深度也没有，厚度更加没有，其实活动体现的是策划者的思想，所以我们很多团干部包括当年的我，没有厚积薄发是不可能有厚度的。"①

（四）应急事件处置能力的不足

团干部由于其经验和阅历的缺乏，加上转业过后对新情况的不了解，表现出其应急事件处置能力的不足，这方面的不足需要引起团干部的重视，这关系到共青团的形象和长远发展。

有一位转业团干部将自己的经验同我们分享，这对团干部很有启发。当时现场出现意外，就是假票的出现，导致进入人员数量大增，严重失控。当时社会上刚刚发生过踩踏事件，因此学院保卫处提出该活动应立即停止，防止不测发生。此时现场已拥挤不堪，情形非常可怕，在她脑子里出现一片空白，不知该怎么办，当时所有工作都准备好了，开场就是给校友切蛋糕，只要一切蛋糕，现场还会出现拥挤情况，此时她顾不了太多，拿着话筒跑上台去，边跑边向同学们问好，很多现场的同学们都被她的举动感染，人群中有一丝安静，这时候她智慧地指挥大家一步一步向后撤，终于同学们按照她的要求撤到了指定的位置，晚会正式开场，这期间她始终不敢放松神经，知道同学们都被分散到其余五个演出小场地后，她才松了一口气。晚会举办的很成功，再没有出现意外情况。

这次晚会的举办让她获得了几个收获，一是举办活动主题内容要与学院的中心工作紧紧相扣，不是为了搞活动而搞活动，活动的主线不能

---

① 转业团干部访谈资料 TXX006

离开学院的发展建设,这是灵魂和理念;二是举办活动要关注到每个细节,细节体现活动的品质,要在准备工作上下功夫,为了这次活动不出纰漏,她与同伴们连续作战,不怕吃苦;三是处置应急事件要冷静,要在关键时刻敢于挺身而出,不怕担责任,只要敢于面对困难,就能有机会战胜困难,这是她总结出的一条最宝贵的经验。转业后很难再有这样的机会,亲自组织这样一场大型的活动,这种磨砺只有在共青团才能有,她很感激共青团给予她的一切,因为这些活动所提升的各种能力帮助了她的成长。①

另一位转业团干说,他在共青团岗位期间接过一项很艰难的文化工程项目,名称是"月上荷兰",这是自治区文化厅打造的具有民族文化特色的产业项目,之前已交付一个文化企业策划公司运作,但没有成功,还亏欠200多万元,文化产业项目半路夭折。就是在此时文化厅领导将这一项目授命于他继续完成。也正是他要转业的时机,他接下了这样一个烂摊子。他没有时间去想困难,只有全力已赴迎接挑战。他的第一件工作就是整合资源,他一个人无论如何吞咽不了这块难啃的骨头,只能组建班底,筹集经费。凭借着在共青团积累的良好的人脉基础,很快从各个部门招兵买马,班子搭建起来,就是没黑没夜的革命加拼命。排练班子赶排"月上荷兰",能在区里文化厅规定的时间里推向社会和世界,成为区里的文化品牌,一炮打响。这些人员和物品都是他到处求助,以他个人的人格魅力和对事业的执着精神感染激励的力量获得的。最终经过千难万苦,在上级领导的支持帮扶下完成了任务,并还清了欠款。他在访谈结束时说道:很感谢共青团给了他很多的帮助,其中最重要的资源整合能力就是在共青团领域获得的,这个能力为他转岗后的成长奠定了坚实的基础。

综述以上四方面的团干部各方面不足的情况,可以看出,环境的转换,终究是外部因素,内因还是起决定性作用。这些最关键需要的是团干自身对新岗位进行体会和揣摩,总结经验,虚心学习,提升自己终究是硬道理。

---

① 转业团干部访谈资料 TXX006

结论：课题组基于团干部的优势与不足提出的建议

1. 对组织培训的建议

（1）团校要发挥其特殊功能，理论结合实际。

各级团校要为团干部提供学习的平台，履行自己的职责，关注高校团干部的培养，且注意理论与实践的结合。

团校是我们共青团的家，潜力很大，大家的期望也很高，团校一定要发挥它的特殊功能，为培养团干部提供一个更高的平台，这是职责所在，也是它的功能所在。团校在定位和课程设置上，一定要注意理论与实践的结合。

（2）培训注意点与面的结合，提高培训质量。

每一位团干部的情况都不相同，且呈现多元化的趋势，所以培训要针对不同的情况灵活地调整培养方式，注意点与面、精英班与普通班的结合，且提高每一次培训的质量。

2. 对团干部个人素质提高的建议

转业团干从团干部个人素质提高的角度出发，提出了"四多四少"和"处理好三个关系"的建议。由于这两条建议具有高度的概括性和建设性意义，故课题组将建议列出进行阐述。

这些建议高度概括了团干部提高综合素质的途径和方法，有利于共青团的健康成长，值得每一位团干部谨记于心。

（1）"四多四少"的建议

"四多"即多学习、多积累、多倾听、多培养；"四少"即少浮躁、少计较、少比较、少功利。

关于"四多四少"建议的相关描述如下：

"对现在团干部有什么期望，认为哪方面特别需要补缺，我给它提炼成四多四少，四个多是沉下心来多学习，多积累，多倾听，多培养。这个培养是培养自我，培养团干部还有培养我们的学生干部，一个学校的共青团不强，这个学校的学生干部肯定是不会强的，一个学校没有一些优秀的学生干部，学校以后突显风采的一些知名校友就没有了，所以我认为团干部对学生干部的培养，对学生干部怎么好怎么投入都不为过，但是现在很可惜，很多团干部没意识到这一点，对学生都叫不出名字。以前教育的书记经常说团干部应该成为我们学生团员青年的偶像，偶像做不到，至少能够让人家一听就竖大拇指,这样的团干部他能够带动一批人,所以多学习多积累,现在积累太少,我自己也觉得积累太少,叫你写点东西好像肚子里货很少,积累不够,因为以前这方面做的不够,哪怕写文章搞点课题还是有一些功力的,要多倾听,善于倾听不同人的意见,听那些院长那些教授对我们的意见。

四个少首先是少浮躁,团干部这一点有时候真的是沉不下心,浮躁的非常多,第二是少计较,还有一点少比较,那时候他们经常碰到我说你们学校怎么搞的,你做的还是可以的,怎么还没给你解决正处问题,因为好几个都是正处。我就经常说学校有校纪校规,我们获得国家技术发明二等奖的都是大牌的教授,常务副院长多少年,有一个跟我同时解决是学校党委委员,获得国家大奖,跟我一起解决的。学校校规不一样,我想你们不用来讲的。团省委书记到我学校来过几次了,就是为了想给我解决,我每次都说如果书记们为了我这个事情,不要再提了,还是来调研工作来视察来指导,这个不能耽误了。第二个我不觉得你很早当上了正处你就一定强,或者一定会发展好,这个非常多的。没想到我07年上了正处08年就去当宣传部长,其实也是应验了这句话,就像现在说孩子不能输在起跑线上,谁说的,现在孩子谁最有毅力他就能够拿马拉松长跑的冠军,绝对不是开始起跑的时候,就是看有没有意志力,能不能坚持,有没有人格魅力,这些才是关键的问题,不要老是去比较,现在大家坐在一起吃饭谁上了谁转岗了转的好不好,老是在比较,没有意义的,因为每个人的情况不一样,环境不一样。还有一个就是少功利,我觉得周围很多好朋友很多团干部功利性非常的强,团中央也经常说,有的干部不是比风险不是比业绩总是比谁转的好,如果有这种心态的话一定会体现出来,团干部在那里跑前跑后,只对上不对下,这个是非常忌讳的,但是共青团干部里面有不少是这样的。这些建议是一种期望也是一种共鸣。"①

(2)"处理好三种关系"的建议

"处理好三种关系"的建议即处理好虚功与实功、可为与不可为、知足与知不足的关系。

关于"处理好三种关系"建议的相关描述如下:

"要处理好三个关系,一个是虚功与实功的关系,哪些是虚的,虚的

---

① 转业团干部访谈资料 TXX006

要有声势,但是哪些虚功要实做的,其实虚功体现的是一种水平,实功是一种基础,你没有虚的,譬如共青团没有号召力没有声势的东西,肯定是形成不了气候的,但哪一些你要实的,你要实打实地去做出来,这是一个关系一定要处理好。第二个就是可为与不可为的关系,哪些是可为的,包括在团委也好在宣传部也好,我觉得一定是有很多事情,就像师德师风,我那天发言我说我的两个基本判断,一个这项工作宣传部一定是有可为的,但是也有不可为的。第二个判断就是做一定比不做好,做有可能成功有可能失败,但是不做你永远不可能成功,这是我的一个判断,这其实也是共青团给我的。共青团哪一些是必须要有所作为的,否则就真的没有底,共青团都是无声无息的,我觉得这个是对不起学校的,因为共青团全团组织没有声音,我觉得这样的团干部是对不起组织对他的培养和信任的,一定要发出声音,否则的话在外面的影响,包括人才培养,包括学生他在大学里面能不能留下美好的回忆。所以有时候该为的时候要大胆去做,不要考虑太多的后果。当然你考虑问题还有第三个知足与知不足的关系,我这个人心态非常好,从来就是乐呵呵的,其实压力很大,因为我认为在学校里,像我是来自于农村,今天能够到城市这样真的已经很满足了。学校里像你这么年轻,那时候不到30岁就是处级干部,这么年轻的正处长、这么年轻的教授,我很知足了,包括一些其他的。学校的工作有的人说钱挣的少,但钱多了又怎么样,你如果要赚钱就不要在学校。知不足就是要发现自己永远的不足,这一点我现在体会特别特别深,我还有太多的不足。这三个关系要处理好其实非常难。"①

3. 提高团干部应急处置能力

应急处置能力对于学校领域的团干部来说至关重要,十分必要。相关组织可以邀请有经验的团干部进行案例分析、传授经验,同时可以进行应急事件处置模拟,进行相关培训,这样团干部在面对紧急事件时才不至于乱了手脚。

从团干部个人来说,在举办活动的过程中要注意细节,作好应急准备,在处置应急事件时要冷静,并在关键时刻敢于面对困难解决困难。在平时的学习工作中,通过报纸、电视等媒介向领导学习解决措施,同时多向身边的优秀榜样学习借鉴。

---

① 转业团干部访谈资料 TXX006

机关领域团干部优势与不足

10名机关领域转业团干部分别来自辽宁、山东、江西、宁夏、北京等地区，曾担任共青团机关书记的有9人，副书记1人，其中女性3人。按照研究规范和被访谈者得要求，所引用的资料不出现真实姓名，故所引访谈资料以编号代码出现，团机关TJG001—010，书记为A，副书记为B，部长级为C。

现就对团机关领域转业团干部的优势和不足进行描述和分析。

一、透过经历和关键事件看共青团岗位特性和素质储备要求

（一）政治组织的特殊性——懂得政治 顾全大局

共青团的政治性可以培养团干部的政治敏锐性和大局意识。一位转业团干说，"共青团工作有先进性，本身定位就是党的后备军，总是听党的号召，站在时代前列，只要是社会上有什么新的风尚，社会对青年有什么要求，马上就会在团里有所反映。首先这种性质包括了一种集体的理想，同时从个体上来讲也包括了自己的理想。我们既然有这样一个理想，对未来就会有一种憧憬，对现实有自己的思考，对价值观念会有一种追求，那么共青团的岗位恰恰能为我们提供这样一个平台。"[①]

另一位转业团干在如何选人用人上，他多次提到当官的动机是一个干部能不能顺利健康成长的关键，不解决这个根本，其他问题都无法判定。当官如果是为了为一方百姓谋利益，他就会扑下身子干事；如果当官是为了捞取好处，他就会在形式上做文章，搞形象工程，摆空架子，就会糊弄。而一个想有所发展有所作为的人搞糊弄，他自己都不会快乐。这种识别一个人政治前途的本领就是在共青团工作中获得的。

作为团干部，作为党培养的后备力量，我们基本上都是在很年轻的时

---

① 转业团干部访谈资料 TJG008

候就走上了团干部这样一个岗位,更多地去履行一个社会骨干的角色。那么在这种情况之下,无论在政治上对自身的要求,还是理论上对自己的要求,还是在人的心理和行为状态上对自身的要求都很早的进入了这个状态。

(二) 优秀青年的聚集性——积极进取　追求理想

团组织工作经历,会让人有一种独特的情节。一位转业团干说,"我感觉我的职业能力,特别是自信心这方面有进步。因为团的岗位是非常光荣的,青年干过团委书记的就不太一样,可以说对团委比较忠诚,也感觉比较光荣。但是你干过团委书记,不可能再回来干团委书记了,这个是具有不可逆性。在团工作过的有一种情结,这种情结,干过团干部的都知道,干过团干部的坐在一起聊起来,这种感情是别的不可替代的。"①

团干部经历带给人一种精神。"共青团这七年,我实实在在得到了锻炼、得到了提高。团干部有什么特点呢?我在那个时候是20多岁,也就是工作刚开始的时候。一是充满了热情,精神很饱满。二有冲劲儿、敢想敢做敢为、说话不注意,同时敢于给领导提建议。第三能吃苦,肯吃苦。"②

(三) 群众工作的广泛性——了解青年　服务青年

共青团群众工作具有广泛性的特点。一位转业团干说:"共青团没有自己的一亩三分地,但所有的田和地都可以供我们使用。你想种什么就能种什么,一份耕耘一份收获。这里谈到的也是工作面的广泛性。这种特性是其他岗位所没有的。共青团干部正是在这样衡向到边纵向到底的广阔无垠的田地里进行着无偿的实验,用心耕种,几年后必能结出丰厚的果实,向党和人民交上一份满意的答卷。"③

另一位转业团干也深刻体会到了共青团工作广泛性对自身的锻炼。"共青团工作有广泛性,联系的人方方面面非常多。像我们有90多个厅局,应该说各个领域各个行业各个层面我们都有所接触。在这个接触过程之中,对社会有理想和思考,你只要有想法就可以找到去实现的价值,可以这么做。今天我做一个与精神文明相关的,明天可以做和农民有关的一项工作,后天我可能去设想做一个和企业领域相关的工作,所以它的广泛

---

① 转业团干部访谈资料 TJG004
② 转业团干部访谈资料 TJG001
③ 转业团干部访谈资料 TJG006

性使得我们去实现自己的理想有了一种可能性。"①

共青团的群众工作,需要团干部深入青年,了解青年。"我觉得共青团增强了我为大家服务的意识,就是公共服务的精神。因为在工作当中的确发现了工作做和不做不一样,做多做少也不一样,你但凡做了肯定是有效果。你办一个宣传教育的活动,你贴一个板报可能没什么效果,但是长期来看,人家的内心感受和他自己的语言表现出来的可能是不一样的,效果可能你一时半会儿是看不出来的。搞一些拉拉唱唱的,看起来可能是没有多大用处,但是对人的内心是不一样的。"②

这位转业团干举出了一个例子。"我们单位编制外的人员比较多,他不是体制内的,不管是工资待遇还是其他的一些生活方式都不同。你跟他们成为了朋友以后,你会发现他们有很多方面是需要你们去帮助的。从我们这个角度看,很多的帮助都力度不够。但是你但凡给他一些关心和照顾,他的内心感受是不一样的,他就会对你慢慢有一种认同感。我做这个工作有一点成就感,也会在工作当中想怎么样去更多的帮助他们。因为他们都是17、18岁的人,有的甚至是更小的。父母都是很宠爱的,来了以后纯粹是干活了,一下子脱离了家里的环境对他们来讲也是有一点不适应,需要的是给他们组织活动,甚至要启发一下他们,你到这来不光是干活,还要学一点东西。"③

青年需要被鼓励,有位团干部谈到,"我们倡导发起了首届机关十大青年评比。评上的就立三等功一次,优中选优,在全厅作报告,我来主持。厅长和厅党委成员全都到会了,机关青年全去了,各处处长学员全去了。我们单位总共700人去了500多,隆重表彰。那次活动在机关的反响很好,现在这些十大青年全都是处长副处长了,还有提到副检察长的。那次评的都是科级干部,有女同志、有工人、有干部、还有现役的。各方面代表都有了,所以那一次我感觉给我的触动就是,我们精心准备了一个活动,组织得非常圆满,能得到方方面面领导的认可,是最欣慰的了。第二次就轻车熟路了。"④

一位转业团干说,"我觉得目前从机关青年这个角度看有两个需求,

---

① 转业团干部访谈资料 TJG008
② 转业团干部访谈资料 TJG010
③ 转业团干部访谈资料 TJG010
④ 转业团干部访谈资料 TJG001

我们的工作就是两个目标,一个是服务青年的发展需求。个人要有提升,要有进步,就是青年的发展需求。第二是服务青年的交流需求,现在的青年很可怜,一进办公室对着一台电脑,一坐就是8个小时,然后就下班了。网络的情感替代不了现实这种情感的沟通和温暖的,像男女鹊桥会,就是相亲大会,每次吸引3-5万人,这说明一个问题,就是没有沟通交流的渠道。"①

（四）转岗机制的必然性——沉稳心态 适应变化

转岗机制是共青团的固定机制,面对转岗,不同的人会有不同的心态,做出不同的准备。

有一位转业团干认为转岗机制的必然性一定程度上带来了情绪的影响,但不会影响做共青团工作的激情。曾经他也颇受干扰。他从事共青团工作也有10多年了,他很感谢上级领导及时安排他做另外一项工作,那项工作对改变自己沉闷的心情非常有帮助,通过一番思考,他后来的心态平稳很多。②

一位团干部谈到了为提升自身能力,也为转业做准备的锻炼,团干部可以去不同领域学习。他提出了三个结合。

第一,与政府、人大、政协工作结合。"与人大乡镇机关结合我感觉是比较合适的。我感觉这两个部门和我们团有很多相似的地方,而且相对来说,它有自己的专业性,比如人大的财经委,农林委。我们的团干部放到那个专委会上去,一段时间以后,无论是专业能力还是个人的综合素质,都会有一定的提高。先讲专业,因为他们都会为省委写一些提案和议案。有领导、企业经理和受到很好教育的,这三种的带头人,经常为这些领导服务,我们不但能从这些领导身上学到很多综合性的东西,而且还可能因为领导的魅力影响我们的整个人生。另一方面,通过在这个专业领域工作,我们在专业上也会掌握一些专业素质。在第三个方面,我们年轻人能直接接触到高层领导,高素质的人才,或是很有威望的学者和专家,这是在其它部门很难得到的机会。我感觉我在政协这十年来,最大的收获就是能接触到这么多的领导,专家和学者以及各种企业的负责人。这对我来说是人生的一大宝贵财富。一方面是提高了我这个领域的专业知识,另一

---

① 转业团干部访谈资料 TJG003
② 转业团干部访谈资料 TJG008

方面是也大大拓展了我的视野。"

第二，与企业结合。"团干部和企业的结合，到企业中去。当然我们到企业中不一定是做团委书记，而是真正去体验一下企业的经营管理。通过企业的经营和管理，来提高我们经济方面的素质，经济理论。我想通过企业去学习经济管理，要比只是从书本上学要强的多。这些理论和实际上的工作是很难在短期的时间结合到一起的。我感觉我在政协经济委干了十年，就是一直在和经济打交道。当然我现在到企业来驾轻就熟。实际上和我想象的不是一回事，理论上的东西和实践是有区别的。所以在我们的团干部培养过程中，企业是一个很重要的领域。我们的团干部到企业去挂职，去培养，去锻炼，不见得他非得到企业中去发展，即使以后到其他岗位去转业，这段经历对于我们的团干部肯定也是有很大的帮助的。"

第三，与基层结合。"基层蕴含着很大的学问，我们在机关的时候没有体验到基层。我记得我们去的时候，表面上看了一下，没有去体验什么，当时去的是街道。我当时是乡镇，在乡镇我也呆过，虽然说是不同，但是各有各的辛苦，我想这个是很难说清楚的，只是各有各的体会。所以说我们这些在机关时间长的，经常到基层去，一方面是了解基层工作的辛苦，最关键的是锻炼我们工作的能力。"①

（五）活动空间的广阔性——把握中心　纵横拓展

团工作的活动范围广，承担风险的压力也不大，可以让年轻干部们放开手脚。

一位转业团干说过，"周围的环境相对来讲对我们还是比较宽容的，这可能是从体制上延续下来的优势。组织活动开展活动，大家都还是参与，因为有机关文化摆在这。有的时候不管他心里愿意不愿意，一般都是积极配合和支持你。受到机关文化的影响，不会让你太难堪，唱反调的人少。但是从另外一个方面讲，机关不像学校或企业，我们自己会考虑方方面面的感受，考虑到这个活动的效果和影响，更多的也会考虑到大家都能接受，不能太张扬了。别的人要考虑团委的影响和对你个人的影响。企业是以盈利为目的，以效益为目的，搞的一些活动更多的是从效益出发，从整个企业的发展出来的。而且具有突击性，可能搞一次活动是为了具体的一个目的，有一定的突击队感觉。机关这一块就没有。机关计划性比较大

---

① 转业团干部访谈资料 TJG002

一点，你上了计划才可以干，不上计划的话人家不给你钱。一开始整年的工作计划都基本上考虑的差不多了。"①

团的工作要围绕中心服务大局。一位转业团干说到了中直机关团工作的需要。"你必须要找到这个突破点，中职机关的党委非常需要团组织这样的一个组织。因为团相对是比较活跃的、有创新性、敢做，机关单位有因为各种各样的限制做不了的事情，就需要团去落实。比如像各种各样的文体活动，团都愿意搞一个系列，或者是第一届第二届每年的延续下来，延续长了就是品牌。机关党委的心情我觉得也是非常复杂的，一方面觉得团的工作可有可无，但是工作干好了搞出来了也变成了它的工作，这个对它来讲也便成了增光添彩的事情。所以说作为团的书记或者是负责人每年机关单位搞什么活动，我们能怎么配合？主要是围绕党的机关单位来做的，因为你是做机关党委领导的，但是团委机关党委也是机关党的工作，也是服务中心，建设队伍。我们还是围绕机关党的工作来做。这中间肯定有党校工作和机关党的机关工作，党校的工作和我们围绕的这个中心肯定是有交叉的。但是说实话，这个区别比较大，因为党校是教学、科研为中心的，机关党的工作是围绕教学科研为中心的，你怎么样起到组织和思想政治保证？你搞一些思想政治教育，搞一些各种各样的活动，都是为了让大家做好这个教学科研工作。"②

一位转业团干提到，如果只是单纯举办文体活动的话，会存在问题。"搞活动，打篮球，搞比赛，交流，考察，学习，青年人是满意，但是单位党政就不好说了。他们会想这团委怎么就和我不一致了呢，怎么组织玩去了，耽误工作呢？他觉得和我这工作不切合中心。"他提出了自己的看法。"团的工作一定要开展起来，但就是你这活动一定要围绕机关的工作展开，要围绕党委的中心工作来展开，这是个大前提，不能脱离。脱离了如果工作开展多了，党委不满意，只能适得其反，有可能就起副作用。第二呢就是找准时机，中心工作都非常忙的时候，你比如说现在，两会、奥运安保，所有各处警力都得下去，你在这个时候搞活动，合适吗？肯定非常不合适。所以一定要抓住时机，'七·一'，'五·四'，'三·八'，要利用这些时机，投入精力少，领导还认可和需要，青年还能接受，各自也能接受。"③

---

① 转业团干部访谈资料 TJG010
② 转业团干部访谈资料 TJG001
③ 转业团干部访谈资料 TJG001

一位转业团干部说，共青团的工作怎么能干好，实际上我们党已经给我们共青团的干部讲得很明确了，一定要紧紧围绕党的工作中心来开展共青团的工作，这是我们共青团干部成长的最重要的途径，你离开了党的工作中心，党的工作重心，独立的搞活动，你这种活动很难有效果，对自身的成长也无用。

我们要在工作中学会去把这个视野拓展开来，打开我们的视野，围绕我们党的中心来开展工作，要研究我们党的中心。党为什么安排这样一系列的工作，提出一系列的要求，实际上党提出来这样一系列的工作要求还是离不开人民群众，研究党的工作安排，实际上就是在研究人民群众的需求。所以这样一来你在开展活动的时候就有针对性，有作用，而且这种作用与人民群众要求是紧密相连的，与党组织的愿望也是紧密相连的，所以活动才会受到人民群众的欢迎，受到党的支持。这一点极为关键。

（六）权力来源的魅力性——青年朋友　善于沟通

这两年全团有一项重大的活动内容就是为青年的创业和就业服务。主攻点依然打在"服务"上。一个有亮点的地方就是农村青年创业小额贷款项目，在我们调研这方面的工作时，听说某县的团委这方面做得非常突出，我们调研组和摄制组下到某县驻点一周，我们全程跟踪几位农村创业青年与县团委和农村信用社以及村企业三家合作办手续的全过程。其中大为惊叹的是贷款手续办理的时间之短，文本合同之全，小额款项到位之快。其中几位青年分别从事婚纱摄影、绿色压面、养猪、特色糖葫芦等项目，最少可以贷到三万元。在后续跟踪的时候，我们发现这些青年农民在不到还款的时间就把钱还了，并扩大了经营范围，二次贷款，很让城市务工的青年羡慕，有的纷纷从城市回到了家乡，选好项目安心扎寨。

一位团干部谈到了，如果缺乏与青年的沟通，没有一定的魅力，是很难组织活动的。"现在这个青年，比如80后，以自我为中心的比较多，组织活动就比较难搞。大家都讲究内在的，都比较个性化，所以过去那种一呼百应的情况，现在搞起来觉的很困难。我做团干部就特别想把团员凝聚起来，怎么让他们有一种激情，怎么把主题报告、主题活动给搞起来，过去是活动太多，现在是活动搞不起来。"①

和团员青年建立了非常深厚的感情，我们到一块，感情和其他人不一

---

① 转业团干部访谈资料 TJG001

回眸共青团岁月——转业后的思考

样,就觉得在心里上特别近,说起话来以后也非常不像和其他人有戒备的心里,和团干部建立了非常深厚的感情,这是我在岗位上的一些收获。①

(七)资源整合的无限性——组织协调 珍惜资源

团委的资源有限是大家普遍承认的。"团委权力小,财力、物力非常缺乏,在资源的占有上比较有限。在这种情况下,你如果没有很强的工作能力,你完成一项工作也会很吃力。团的工作面又广、线又长,所以通过团的工作在各个方面,建立了连接,因为通过团工作,我可以上面接触到团委书记,下面我接触到底层,包括中层干部,接触面比较广一些。自己在这两方面,受益比较大。"②

在资源有限的情况之下,组织协调能力更容易得到锻炼。"我在团委后组织协调能力有一个提高,因为它本身设备设施不全,你想干成一件事,必须加强组织协调能力,想干一件事,必须充分想办法,不能为失败找理由,要确定工作目标,必须下大力气、下大决心,想方设法去做成。"③

资源需要团干部不断开发。"团校要做好这个青年工作,主体还是党员机关内的青年,还是要发掘他们这一部分的资源。比如我们跟其他的各省市的联系,我们会送出我们一些青年,他们要去讲课,我们也是作为一个资源联络点。"④

一位团干部说到了自己整合资源的能力,在转业之后也发挥了很大的作用。"从政协机关出去扶贫,去挂职,开始的时候我想任何一个部门不会把政协放在眼里。政协机关没有钱,不能批项目。但是恰恰我是在政协经济委工作,接触的都是各界的企业。所以,我记得我第一年挂职到一个乡镇,到了年底的时候,让乡里和县里大吃一惊。因为在我后面有一批领导在支持,有一批企业家在支持。无论是协调一些资金项目,还是要一些资源,简单来说要一些现金、物品,这是很简单的。这对一个乡镇来说很重要,我记得刚去的时候,这个乡镇的财政收入特别少,还不到七十万。但是那一年,我们通过政协协调,资金达到了五百五十万,到现在来讲,

---

① 转业团干部访谈资料 TJG007
② 转业团干部访谈资料 TJG007
③ 转业团干部访谈资料 TJG004
④ 转业团干部访谈资料 TJG010

我们政协还到那里做一些工作。"①

（八）考核指标的弹力性——自主发展　有为有位

很多团干部都关心如何才能让领导重视团工作，团要是有所作为，领导就不会不重视。在一个单位的工作中，团组织有它自身的特点和优势。"因为团相对是活跃的，有创新性、敢做，机关单位有各种各样的限制做不了的事情，就需要团去落实。比如各种各样的文体活动，一般团的工作都愿意搞一个系列，或者是第一届第二届每年的延续下来，延续长了就是品牌。机关党委的心情我觉得也是非常复杂的，一方面觉得团的工作可有可无，但是工作做好了搞出来了也变成了它的工作了，这个对它来讲也便成了增光添彩的事情。"②

有一位转业团干部提到，"我们就是一个农业科研研究的组，我们开展活动。从中央到省对我们工作的要求都提得非常详细，是我们党的中心工作，也是我们院的一个中心工作。团委是党的后备军，所以要围绕党的中心工作来开展团的中心工作。"

"围绕我们中心工作主要看到的就是面向农村，成立了一个专家服务团，就是到农村去义务开展一些培训班、知识讲座，还开通了一些青年专家热线，让专家通过热线来解决农民的一些实际问题，还有我们就是建立了信息基地，通过这个基地来推广我们的成果，来转化成生产力，为人民服务。"③

（九）具有大学校的特性——终身学习　积累经验

团岗位有学校的性质，青年人在团的岗位上需要不断学习和锻炼。"在团的工作岗位上短短的3年多的时间，我觉得对自己来讲是一个非常好的学习和锻炼的机会，虽然工作的时间不长，做的工作不是很多，但是我觉得受益匪浅，首先我觉得自己在理论水平上有了很大的提高，因为在这方面你要想让别人学，你就要先学一步，你先去了解了，才能把道理讲给大家去听，这个首先自己要提高，这样自主学习的自觉性比以前要高一些，你在团的工作当中，没有理论水平而想把工作做好，那是不可能

---

① 转业团干部访谈资料 TJG002
② 转业团干部访谈资料 TJG009
③ 转业团干部访谈资料 TJG007

的事。"①

一位转业团干谈到了自己的人生感悟。"人到中年，到了一定年龄段的时候回过头来看自己人生经历，你感觉到我需要学习的东西确实太多了。而且当你真正具备了那种手段和学习了以后，你所去感受的人生的境界，它是你不具备这样一种能力的时候所体会不到的一种感受。"②

"我感觉自己要利用好时间，因为我们共青团工作毕竟是阶段性的，不像是具体一线的工作。所以还有精力还有时间，趁着自己还很年轻的时候能够多补补课，能够更多地去缩短一下自己的这种不适应，否则的话很多同志一旦转业以后忙起来了，会顾不上。我当时在职大时候，时间很充分，一天除了上课就是搞几个活动，那时候时间很多。现在读个在职研究生，把自己弄的很忙，就是去把自己的能力塑造得更加强势一点。"③

有位团干部指出，"我现在实事求是讲确实没有时间看书，如果要看的话也是急功近利的。我过去看了很多书，对我的帮助很大，所以我希望共青团干部能够让自己更好更快的成长起来，一定要多看书，要看各方面的书，特别是对自己的世界观有正面影响的这些书。其次要看一些学本事的书，这个本事可以是经济类的，也可以是法律类的，同时包括文学类的。但是最根本的还是对培养自己正确的世界观有帮助的书。我们都是共青团出身的，共青团干部有一个特点，实事求是，相对来说实事求是。我说我们现在有些书，我们也要学，但是我不向团员青年推荐，有些领导干部讲话，也包括一些大的干部讲的话，太空了，所以理论书一看搞得大家都没兴趣，尤其是搞先进性教育的那些书，看来看去就是领导讲话。实际上真正的武装自己，有很多书值得我们去看。我感觉毛主席过去写的那些书，邓小平过去写的那些书真的值得大家去看，像毛主席写的《全心全意为人民服务》，毛泽东选集第一篇就是这个。我们现在哪有看毛主席选集的青年干部，都是蜻蜓点水听一下汇报，根本不到第一线去了解情况，都是浮在面上，所以我们现在学习也好工作也好，都要紧密结合实际，空对空的解决不了任何问题，这就是跟一个人的世界观紧密联系起来，你到底想干什么，到底是为了给社会多做贡献还是为了自己的名利，如果为了自己的名利，为了自己的职务升迁，可能很多人都会搞空对空的东西，如果

---

① 转业团干部访谈资料 TJG007
② 转业团干部访谈资料 TJG008
③ 转业团干部访谈资料 TJG008

你想真正为社会的进步做贡献，你肯定是要研究世界。"

（十）个体区分的文化性——朝气蓬勃　勇于创新

青年喜欢常变常新的形式，这就要求团活动和工作不能永久不变。"我在团的岗位上干的时间长了，会变的法子，不能是老三样，要创新，想新的办法让大家有兴趣来参与，这个创新意识太重要了有的时候需要向别的单位学一点东西，我们组织了一些团干部到省市去考察过，也都是为了跟地方的组织交流，了解了解，开阔眼界。"①

"我们需要自主创新，所以我们还设立了一个创新基金，在农业方面比较有创新的这一部分农民，给他们设立这个基金，让他们在这个平台上发挥他们的作用，这样通过这三大基金设立，把青年人的积极性就充分的调动起来了，这也是我们党委在青年共青团这块提供的一个非常好的平台。"②

一位转业团干说道，"中办要为中央首长服务，为地方领导服务，为人民服务。团委书记岗位是热点岗位。但属于三线部门，是服务保障，不起眼。因此，一定要低调务实。我做团委书记就倡导八个字，务实低调，深入创新。低调不是没有朝气。"③

一位转业团干认为，团干部应该有敢于尝试的勇气。"你不必跟党亦步亦趋，其实党不一定需要你亦步亦趋，党可能需要你去试水，你去试水，你可进可退，但是咱没人做，不仅没人做，党做的事，你还做不了。比如党中央任期制，上次领导来地方讲，以改革创新精神加上党的建设，现在党走在前头，人家走到咱前头，党内民主公开，咱现在跟人家搞承诺制，其实顺序是反的，你应该去实验。你即便失败了没关系，但是现在这个功能没有发挥出来。"④

二、通过转业团干部描述转岗后的不适应看共青团干部素质储备上的不足

十位接受采访的机关转岗团干部，阐述了对团干部素质储备不足的体

---

① 转业团干部访谈资料 TJG010
② 转业团干部访谈资料 TJG007
③ 转业团干部访谈资料 TJG009
④ 转业团干部访谈资料 TJG003

会和感受，不足可分为两大板块来看：一是知识方面，知识领域的不足常常表现为学习领域上的不足；二是能力方面。

能力方面又可以分为以下四个方面：一是适应环境能力的不足。岗位的转换，需要一个逐渐适应和调整的时间，而每个人的适应期长短不同，这主要取决于每个人适应环境能力的强弱。事实证明，这种适应能力是可以通过各种途径得以加强和提高的；二是应急事件处置能力的不足。新岗位需要转岗干部处理各种应急事件，需要调整工作方法，加强素质储备，这就要通过学习沟通来获取自身的进步，在新的平台上取得成绩；三是青年领导能力的不足。团干部对青年领导能力认识不足，这关系到共青团优势的发挥，需要引起重视。四是自我认知能力的不足。很多干部到新岗位上自我认知不足，导致工作投入不到位，浮躁情绪滋生，同时也阻碍了学习成长的步伐。下面，就从各位受访者的相关体会来对这四个方面做具体描述：

（一）知识方面的不足

在新的岗位上，学习能力是一项很重要的素质，学习技能，学习以前没有触及的知识领域，学习建立新的人际氛围，在这些当中，最重要的应该是知识的学习，技能的培训。

"如果这个东西从大的方面来讲，我觉得首先是在角色上，我觉得最大的一个不适应首先应该是学习上非常不适应，因为原来是团的工作，现在是做党务工作，党的工作和团的工作应该是相通的，但是毕竟他的要求是不一样的，而且面临的对象不一样，面临的问题可能也不一样，那么这个时候就是要求我们能够更好地去学习，所以我们现在当自己站在上面给别人上党课的时候，我感觉到并不是过去长时间从事共青团的工作丰富了自己的实践经历，为自己的这种认识学习带来了很好的支撑，我觉得这首先是一个不适应，在学习上依然还存在一个不适应，当然学习上的不适应应该还是要通过学习的手段来加以完善加以提高，反过来要求我们自己在这个方面要更加努力地去学习。"[1]

政府部门的学习可能更加有深度性，因为在这里的同事，或者称作对手，都是各地强手。在强手如林的岗位上，学习变得更有必要。

"现在的年轻人，我觉得在作风这一块是需要锻炼的，是需要提高的，

---

[1] 转业团干部访谈资料 TJG008

尤其是在我就说机关这一块，现在都是通过竞争上岗，公务员考试，不比以前的高考，而是千军万马过独木桥过来的，到了机关以后属于强强竞争，你厉害我也厉害，都需要上进，我干的事情要比领导要好，我们俩是一块来的，我先提成处长了，在这样的竞争之下，竞争太激烈了，怎么样引导大家，入口进来了，出口怎么出，我觉得这一点还做得不够好，什么地方都要求竞争，考试也要竞争，我们现在下一步就是副局，我就要竞争考试，不竞争考试我觉得我的机会就会少。"①

所以很多转岗团干学习工作之余"充电"，要求甚至是苛求自己上进，无论是在理论认识上还是在学历水平上，他们都将业余生活用学习填满。"现在我是书到用时方恨少啊，就拿那几年，我到老干部这两年看的书要比那7年看的书都多，回过头来，确实感觉力不从心了。缺什么？脑瓜是空的 非常空。那个时候是一直在动态中，没有静下来好好思考，尤其没有认识，就是认识不高。学习认识不高，九十年代还没有那么多大学生，都是中专什么的，觉得自己挺高的。现在回过头一比，那时候的知识不学2年就过时了。"②

"从你今后自身的发展角度讲，在理论层次，或者是你看问题的一些方面，你要深入学习一个体系的东西，我觉得在这个方面我跟其他部门相比我是有差异的。比如说考试，或者是你要写一个稍微理论性强一点的东西，我跟他们的差距太大了，因为毕竟干这个工作，操心的事情太多了，班里班外的，在这一点上是有差距的。我在07年的时候，我报了行政学院和一个MBA，我上了那个班，主要利用周末去上的，周末上午，星期五上午，星期六一天，一直到晚上。"③

（二）能力方面的不足

1. 适应环境能力的不足

正如有人说的那样，"你不能改变他人，你只有改变自己"，对于新的环境，转岗干部不能够不考虑处境的转变，所以更多时候应当调整自己以更好的适应环境。"适应能力是比较重要的能力。在工作中我们不能期待别人适应你，你只能调整自己。当机会没有来到时，就抓紧时间学习，甘

---

① 转业团干部访谈资料 TJG010
② 转业团干部访谈资料 TJG001
③ 转业团干部访谈资料 TJG010

于沉默，一旦有施展的舞台，就去好好把握。到了一个新单位时，你不能让周围的人因为你的到来感觉不舒服，比以前糟糕，而是要比以前更好些，以人为本，这是根本。"①

可能以前在共青团的岗位上，很多人如鱼得水，但是新的岗位要求新的角色的转变，对自己重新的审视很重要，也是转岗后重新出发的前提条件。"过去做团的工作我们打交道更多的是上级团组织和我们的基层团组织，还有所在领域的党组织，在扩展接触中当然不是特别多，这个线是比较清晰的。我以前是这些团组织的一个领导干部，但现在我作为团工委的负责人，部门负责人和组织领导干部之间的角色是不一样的，还有在处理个人与组织、个人与个人关系上它的复杂性就更多了一些，所以这个领域里面还有一个自己新的角色定位。"②

融入一个新的环境氛围的确有困难，但是不融入就永远没有发言权，更不用提工作的成绩了。"到了这个岗位以后，感觉心有余而力不足，来到这个岗位上，大家在一块交流的时候，专业知识比较多，我要搞一个新型肥料的研制，我如何控制地下水的污染，如何去检测，包括这些都非常专业。作为从事管理的角色来讲，在一块交流的时候，很难融入到这个集体当中，你没法发言，你一张口不懂这个专业，不敢张口，所以感觉到有点力不从心。虽然有管理经验，但是还是缺乏专业上的知识，这是转岗以后的体会。现在最直接的就是尽快转换角色，适应工作岗位，这是目前困扰自己的一个问题，也是急需解决的一个问题。因为到这个岗位上，你不入团队里去，你就没法开口，你作为管理者，首先融入团队，然后才能开展好你自己的工作。"③

面对新的工作，工作的要求和模式要求都不一样，而很多团干部不能及时弥补能力的不足，从而在新环境中不适应。这就需要团干部端正态度，对自己有正确的认知和定位，虚心学习，不断积累能力，这是一个长期积累的大工程。"我觉得团干部没有活动就没有生命力，更多的团干部转业以后的工作都离不开共青团的成绩。搞活动都是专家，每一个人搞活动都是专家，没有问题的，但是怎么样能够扎扎实实地去适应新的工作岗位，总的来讲我觉得首先自己在能力方面还需要进一步的加强，比如说对

---

① 转业团干部访谈资料 TJG009

② 转业团干部访谈资料 TJG008

③ 转业团干部访谈资料 TJG007

社会生存问题的这种认识，虽然过去在共青团我们跟强势的精英层打交道，我们也跟弱势的一些群体在打交道，但是他对社会的这种复杂状况了解不深我们毕竟接触的非常有限，比如说在前一段时间，我们两个人都在党校学习班里面，学习班里面涉及到了各种各样的事件，民生问题，还有经济工作领域，还有很多领域，对这些领域的思考我们过去可能相对来讲就不是特别多，所以现在所在党的工作的岗位上就会对你有更高的要求了，不是专门从事经济工作的，但是你在工作的过程之中，你可能要跟经济部门打交道，你对这个领域的经济工作必须有一定的了解，我们是在跟明白人跟专家级的这些人进行沟通的，那么你怎么样在他的领域里面来指导一些党建工作，很显然有一些困惑，所以自己在能力方面需要再进一步丰富自己的知识领域，更多地掌握一些工作手段，这样的话能让自己在工作上做得更好一点，我觉得最重要的一个不适应，或者换句话说对于我们团干部最有可能会面临的一个问题就是作风上的问题，一个团干部转到一个新的工作领域，就我自己来讲，现在比较忙，实际上这种忙过去对于其他老同志来讲是应该的，也是这样过来的，我的前任上前任等等都是这样过来的，团的工作有连续性，同时表现出很强烈的阶段性活动的特点，这个活动搞完了，我可以歇一歇，就准备下一个活动，那么他的这种工作延续性不像是某一个很专业的领域里面，像做财政工作，或者是平时做党的辅助工作，更多的是没有明显的阶段性，但是这个阶段是一个阶段接着一个阶段的，不是说这个阶段完了以后可以歇一下，而且我们做团的工作，过去搞活动更多地注重一种外在形象和外在气氛的塑造，这个时候也很热闹，大家看了也很振奋，有时候甚至很容易让人自满自足，有这样一种感觉，甚至是自我骄傲，产生这样一种情绪，那么社会上、自己、甚至团干部或多或少都觉得好像是说青年才俊了，或者精神领袖，这样一些评价或多或少对个人尤其现在在社会上容易产生一些不良的作风，那么这些东西我们不去注意的话是很容易形成浮躁的情绪，就觉得好像不适合，不从自身找原因，或者说这个环境没有创造好或者是怎么回事，所以我觉得这些年来团的工作一些优势给自己带来的一些自身素养上的一些好的品质是存在的，但是同时因为我们的经历相对来讲比较简单，也由于我们对自己的要求还存在一些问题，所以在作风上或多或少我觉得还有一些亟待改进的问题，过去有的时候表现出一些不拘小节，现在不会了，但是这种惯性是不是还存在，尽管时刻在提醒自己，但是这种惯性是不是还存在，所以时时刻刻应该思考怎么样去锤炼自己的作风，磨炼自己的品质，以一个团干部的标准要求自己,也以一个称职合格的党的干部去要求自己,我觉得要做到这一点需要下很大的功夫要努力。"①

适应能力可以说是转岗团干在起跑线上的制胜武器,如果你的适应能力差了,你就比别人出发的晚;如果你适应能力提高了,你就赢在了起跑线上。

2. 青年领导能力的不足

作为一名共青团干部,应该做好自己青年领袖的工作,认识到团的工作必须围绕党的工作展开,然而很多团干部没有意识到这一点,这关系到团干部领导能力的发挥。

"也有一些团干部在下面搞了很多活动,但是与党的中心工作贴的不是那么紧,最后一旦转岗以后他找不到感觉了,不知道该干什么,还要考虑党的中心要求,人民群众的要求。这是最根本的问题,我现在不分管团委了,但是我也跟他们说了一些,我党团中央一定要给我们宣传,搞行政辅导,搞一些讲座,非常的好。我现在就感觉到我们共青团的发展有一些问题,这个问题一个是观念上的问题,不能够适应要求,第二个,现在我们的团员青年,我的感觉,包括我们的一些干部,看书太少,所以我想你们搞这个事非常有意义。"②

领导能力的发挥同样需要扎扎实实地为人民谋福利。"第二个我想说的就是我们机关的这些团干部你们首先应该想到的是什么呢?我们所做的这个事业应该是最能够体现党的执政作用发挥的一个氛围,在我们的工作过程之中一定要扎扎实实地去锤炼我们自己的作风,扎扎实实地去提高自己的工作能力,扎扎实实地去不断改造自己的世界观和人生观,一定在自己有限的时间里面紧紧地围绕党的中心任务,结合部门自身的职能特点,使自己所团结的这样一支队伍在能力上有一个提高,特别是在过程上有一个提高,使得自己在今后更长的时间里面更好地去为青年服务,为人民群众服务。"③

"当然好的领导干部不等于优秀的领导干部,优秀的领导干部还要有本事,我这里面更强调一个世界观,既要想为人民办事,又有本事为人民

---

① 转业团干部访谈资料 TJG008
② 转业团干部访谈资料 TJG007
③ 转业团干部访谈资料 TJG011

办事这才叫优秀的领导干部，光想做不了。能把事情落实好，现在我们最根本的问题就是抓落实的问题。按照现在的书面语言来讲，流行的就是执行力。"①

青年领袖不能脱离人民群众，这在团干部中间是要反复强调的。"我们机关的团干部都是大学毕业以后时间不长就通过公务员考试的途径进入机关的，看他比较活跃，所以党组织赋予他共青团工作的这样一个职责，但是机关里他在跟群众沟通、跟社会进行接触的时候，就形成了他的一种自我封闭，如果我们不采取一些措施让他能够主动地去和我们的社会接触，特别是跟基层的一些群众接触，那么他对群众的感情是不是会比其他领域的团干部要弱，是不是跟农村企业的团干部来比弱一些。他们的优势条件就是文化素养都比较好，自我要求也比较高，但是也容易脱离群众脱离集体，所以这些年我们在搞这方面工作的时候，也有意识地在加强这方面的工作，当时是机关的党的建设年，我们把三层锻炼作为我们机关党的建设年的一项工作任务，那么这项工作让谁去做？就让我们机关的共青团去做，我们组织部牵头，我们去给你联系，经费我们也可以给你提供，而能够给我们最特别的是和农村的群众同吃同住同劳动。通过这种活动增进了我们团机关干部或者是青年干部和基层群众之间的感情，当然也不是靠这样一件事情就能够比较彻底地去解决这个问题，我觉得这也不是唯一的途径，还需要各个方面的意识能够推动我们机关团的干部，团员青年通过各种各样的途径能够增加之间的交流，这样的话无论是对于怎么样去认识我们这样一个社会，还是怎么去锤炼自己的作风都还是有一个正面的帮助的。"

3. 自我认知能力不足

共青团干部在岗位上存在着自我认知能力不足的问题，重视形式不重视内容，只想往上"爬得快"，不贴近人民群众，容易产生浮躁情绪，并且意识不到共青团的特点和工作重心在于为青年群体和人民群众服务。

"我曾经讲过六个字，第一是做人，第二是做事，第三是做官，做官不是问题，如果做人做好、做事做好的话自然就是一个好官，我首先讲做人，做人至少要有同情心、怜悯心，这是做人最基本的要求。我只是举个例子，为什么讲同情心和怜悯心，去农村贫困户老百姓家一看，家里那么

---

① 转业团干部访谈资料 TJG007

穷，到过年过节，连买肉的钱都没有，那么你作为一个人，你这个人是一个正派的人，这个正派人在领导岗位上来做事应该是怎么做呢，肯定是想办法怎么样帮助老百姓致富，你做人做好的话绝对不会想我怎么样从老百姓头上擦点油下来，我们不要讲廉洁纪律的各项规定，不要讲党的全心全意为人民服务的宗旨，就讲你做一个自然人，一定应该有同情心，你看他们那么穷，你还忍心在老百姓头上谋私利吗？你肯定要想办法为他们谋福利啊，那么你领导干部就是要做事，你践行党的宗旨也好，落实党的方针政策也好，都是通过一件一件事情去落实的，如果事情做得很好的话，那么加上你做人好你肯定就是一个好领导，所以第一步的选择就是做人，如果那个事情你做不了，好事你做不了，至少不能做坏事，这是做人最基本的要求，你手里面有点权力了你就去做事啊，当官就是要为人民群众做事，你做好事也做好人了自然而然就是一个好的领导干部。"①

在认识自我的过程中团干部要丰富自己，提高自己各方面的能力。"你是为了自己的名还是为了权，为了提拔还是为了社会去做贡献，如果他想的是为社会做贡献，为群众做事的话他肯定要想办法学习，如果他想的是名，想的是更高的职位的话，他就必然要搞一些形象工程，他天天琢磨这些问题，怎么搞一些形象工程从而引起上面领导的关注？这是根本的问题。所以我们团干部首要的一点，一定要丰富自己，一定要提高自己，在我讲在这方面动足了脑筋以后你既有成绩，你以后也有地位，你把共青团工作做得非常活跃，为地方的经济社会的发展做出了很显著的贡献，你自己在实践中间也提高了，另外领导也满意了，我给你们讲实在话，你看我是县长，我现在用人是捉襟见肘，很多事情我找不到人干，不放心。很多人不是想扎扎实实的做事情，而是想怎么把领导哄过去，领导满意了就行。这里面就有更深层次的问题，用人的问题，我现在就在观察，我在县里一边工作一边观察，看哪些人是真心实意的为县的稳定发展想点子做贡献，哪些人就想点子怎么样能提拔，我也在观察，我可以讲我相信的我就推荐他干，我可以确保基本上能够想着干事，如果你想当官的，至少我不会去推荐你，如果我们现在的干部都能够用这些想干事情，会干事情，而且能干事情的人，我们现在好多事情就解决了，但是这个事情比较难，怎么看得准呢？"②

---

① 转业团干部访谈资料 TJG007
② 转业团干部访谈资料 TJG007

当团干部意识到自己的特点时，会感受到工作的快乐。"他如果感受到了为人民服务的快乐，他做了一件对社会有益的实事而感到快乐，他的世界观就会有所调整。你想他做再累再苦的事情，只要对社会有益，做完了以后他一下就轻松了，整个人就轻松了，他很快乐，如果他做了一件坏事，比如说他收了一笔钱，一下收几十万，他是收了，但是从他收完的那一天开始他就感到压力很大，很紧张，肯定从那时候开始就不快乐了，但是你做了一件好事，从那件好事做成了以后你就轻松了快乐了，但是你做完一件坏事，做完了以后即使别人没发现，他自己内心肯定是感到很紧张，很压抑，很痛苦，所以要研究这样一种现象。"①

结论：课题组基于团干部的优势与不足提出的建议

1. 团干部应改变和完善世界观

世界观制约着人们的行为和人生的发展，一个人的世界观对其做工作的态度和将来事业的发展都有巨大的影响，所以要充分重视世界观的完善和发展。

对于团干部来说，首先要学会做人，要有同情心；其次要树立为人民服务的世界观，为人民的幸福而快乐；最后，要紧密结合实际情况，做对社会有益的实事。这不仅仅是对待事业的态度和做工作的方式，更是作为一个人的基本良知。

2. 团干部应丰富、提高自己

团干部若想要更好的服务于人民、做好自己的工作，提高自己和丰富自己是十分关键的，如果没有扎实的个人能力和综合素质，就会影响到工作的最终效果。所以，团干部要结合部门自身的职能特点，扎扎实实地使自己和自己所在的团队在能力上有一个提高，并且不断的学习知识，提高知识涵养，同时要把事情落实好，才能在今后更长的时间里面更好地去为青年服务，为人民群众服务。

3. 团干部应采取多种途径改进作风

作风问题是共青团的重大问题之一，作风的好坏直接关系到共青团的现在和未来。

---

① 转业团干部访谈资料 TJG007

团干部应该从事业、组织和自我要求三个方面出发,用高标准去要求自己、锤炼自己,增强自己的责任意识。

4. 团干部应围绕党的中心工作来开展活动

共青团的工作离不开党,这是共青团的政治属性和党团关系决定的,所以团干部要结合自己工作的特点,开拓视野,通过围绕党的中心工作开展我们的活动,以更好的服务青年群体和人民。这不仅关系到人民群众的切身利益,也关系到团干部自身的转岗问题。

5. 团干部应保持对团的激情与热爱

一个人对事业充满激情、热爱自己的工作岗位,那么他从事工作就会事半功倍,无比快乐。团干部要热爱团的工作,把团工作看作事业的起点,不能有浮躁的情绪,要正确看待转岗问题。团干部只有把自己的激情投入到共青团中,共青团的优势和活力才能无限的展现出来。

6. 团干部应加强同社会和人民群众的交流

现在的团干部特别是年轻的团干部存在的一大问题是与社会和基层人民群众的交流不足,这将制约团干部的工作成效,影响其在人民群众和青年心中的形象。所以,共青团干部要深入基层,脚踏实地地了解人民群众的需求,锻炼自己的沟通能力和组织能力,这是十分必要的。

后 记

　　三年的课题研究对我来说既是一件很辛苦的事，也是一件很幸运的事。一直忙忙碌碌地奔波，真的很难有时间静下来去琢磨点事，特别是对某个领域或者某个专题做深入的研究，因为没有机会，也没有这样的平台，当然更重要的是自己没有这方面的天赋和阅历，从来没有想过去做一个"专家"和"研究者"，我有自知之明，觉得自己这辈子很难达到"专"，可能更善于"兼"。当人生中某个阶段就要求你去做一件不很熟悉的事，我的优势就是不做则已，做就一定全身心投入，绝不能将这段光阴荒废。哪怕结果不很成功，但一定要去尽力。

　　进了这个领域，我才发现，专家不是好做的，一句话来形容，真的是十年磨一剑。在这个阵地中，实在有些卑微。怎么办呢，我曾经退缩准备放弃，但痛定思痛，我发现还是可以在茫茫大海中找到一点位置安身立命，只是要比别人更加勤劳更有耐力。

　　我要特别感谢我们这个研究团队，特别是共青团工作理论研究所吴庆所长，在整个过程中，他给予的理论指导和关心帮助最大，让我感动的是，他没有放弃我，而是给予我各种学习研究的机会，千方百计地省出部门经费支持课题研究；我还要感谢各地的共青团组织，特别是原共青团辽宁省委书记曹爱华、共青团江西省委书记王少玄、共青团陕西省委书记卫华、共青团宁夏自治区委书记张慧、共青团浙江省委书记周柳军、共青团西藏自治区委副书记贺军等，他们为课题提供了样本，为课题组实地调研做了精心周密的安排和服务，还有福建省团校、浙江省团校及相关部门领导也给予课题组各方面的支持；我还要感谢参加访谈的78名转业团干部，没有他们的配合和帮助，不可能有今天丰厚的思想成果。我一直为自己不能将这些成果很好地展示给大家，回报大家的厚爱而焦虑自责，也处于既要很好地挖掘素材分享研究成果，又要遵从研究规范和职业道德的矛盾中，最后还是决定将三年的研究成果以研究报告文集的形式奉献给大家，如果书中内容有不妥之处，还请大家多多包涵和谅解，我会积极吸取不足之处，努力改进。

全书分三个部分，总论篇、专题篇、地域篇、层级篇和领域篇。总论篇是从研究阶段性成果考虑，第一阶段研究初步结论报告、共青团岗位岗位特质与团干部核心素质、团干部发展胜任力研究等；专题篇涉及作风建设、群众工作、民族地区团干部队伍建设的思考等；层级篇涉及团中央、团省委、团市委、团县委干部素质储备与培训需求研究；领域篇涉及机关、企业和学校团干部优势与不足研究等部分。特别要感谢的是：课题组成员刘亚琼、吴军明、周伟力、和欢、颜芜、孙铭慧和李文佳等同志"论共青团干部发展性胜任力"一篇是由吴军明和我一起完成的；地域篇之"西藏地区调研报告"则是由刘亚琼和我共同完成的。全体成员都参与的访谈调研和报告的编写和修改工作，为本书的出版付出了艰辛的劳动。

由于时间关系，研究还处于初级阶段，内容还很不完善，比如路径篇没有完成地域篇、性别篇等都还很不完整，只有简单的初步分析。

我不能确定未来工作有什么变化，但有一点是不变的，这就是《转业团干回头看》课题研究，要持续下去，尽管前面的路很艰难，但一想到这是一个伟大神圣的事业，我就觉得活着很有价值和意义，也许不能很有影响力，但只要坚持耕耘，痛并快乐着，能否成为专家已经不重要啦！最大的愿望是：希望我们的青年干部能健康快乐成长，而我的研究对他们的成长会有些许的帮助和益处！

最后，感谢宁波大地铜业有限公司董事长孙利江，他也是一位老团干。感谢他在出版经费上的大力支持。感谢本书编辑邓彤女士，为本书出版所付出的心血和汗水。感谢黄志坚教授八旬高龄亲自为本书作序，对本人和全体课题研究成员是一个莫大的肯定和鼓励。

作者
2011 年 10 月

附录一：
2010年关于青年干部成长研究文献综述

2010年关于青年干部和年轻干部成长方面的论文和文章大致可以分成两类，一是从干部成长的自身体系阐述的论文和文章，约计30篇；二是从成长的外部环境阐述的论文和文章，约5篇（与成长相关）。这里我们主要将青年干部自身成长方面的研究论文和文章中的主要观点做一梳理。

2010年无论是对青年干部还是年轻干部来说，都是心理压力最大与机会挑战最多的一年。9月1日习近平同志在中央党校2010年秋季开学典礼上的发言让年轻干部肩上的担子更加沉重，他指出："现在在职的领导干部特别是年轻干部，大都学历层次较高，专业知识较好，思想活跃，视野开阔，富有开拓精神，给党和人民事业注入新的生机活力……但由于缺乏严格的党内生活锻炼和艰苦复杂环境的考验，一些干部的世界观权力观事业观还存在着这样那样的问题。主要是：政治上理想信念不坚定，是非观念模糊；思想上追求个人利益至上，违背党的宗旨和纪律；组织上拉关系、找靠山、搞小圈子，个人凌驾于组织和群众之上；工作上为了个人所谓政绩做表面文章，搞形式主义，不惜劳民伤财；作风上丢掉了艰苦奋斗的传统，图享受、摆阔气，严重脱离群众；廉洁上对自己要求不严，用人民赋予的权力谋取私利，等等"。

在这一大环境大背景下，如何让青年干部的党性得到增强，如何保持艰苦奋斗的精神，与群众保持最紧密的联系，如何正确对待个人、组织和名利，如何在工作中做出实实在在的业绩等问题都亟待需要理论工作者给予科学的指导和真诚的帮助。

在收集整理的论文中，发现有80%的论文作者是来自不同地区的党政领导干部，他们将自己的实践体会与党建理论很好地加以结合，提出了非常宝贵的真知灼见，看后很受启发，还有部分作者是高校、科研院所、杂志出版方面的理论专家，他们的研究深入并有创意，其学识和智慧都令人尊敬。

在所收集的论文中，不难看出青年干部的成长是有规律可循的。大致可以总结归纳三个方面，即成长根基、成长路径和成长外现，其中包涵五个内容：

一、党性修养、政治理想信念、世界观人生观价值观等是青年干部成长的重要根基

青年干部是党和国家未来的希望，也是稀缺宝贵的人力资源，其能否健康顺利成长事关党和国家的命运。由于"现在在职的领导干部相当一部分人没有直接参与新中国成立以后进行的社会主义革命和上世纪五六十年代的大规模社会主义建设，许多人没有'文化大革命'这样严重挫折的亲身经历，更年轻一些的干部也没有改革开放初期的工作经历"①。因此，学党史、知党情、跟党走、讲党性必然成为青年干部成长中需要补缺的重要内容。讲党性不是笼统抽象的，具体表现在青年干部的党性修养上。

"年轻干部的党性修养重在自觉、贵在坚持，要注重涵养'六气'，保持六心。即积蓄才气，始终保持认真学习的恒心；焕发朝气，始终保持勤奋工作的热心；树立勇气，始终保持战胜困难的信心；汇聚人气，始终保持勤政为民的诚心；弘扬正气，始终保持紧跟党走的忠心；历练静气，始终保持敬业奉献的平心"②。

另外，正确的世界观人生观价值观定位对青年干部的成长很关键。"青年干部要健康成长，准确定位是必要前提，要正确对待自己，同志和名利及时尚；着力提高道德修养是重要保障，注重修炼五颗心，即忠心、诚心、热心、恒心和静心；全面提高执政能力是核心所在，即领导经济发展的能力、构建和谐社会的能力、组织动员的能力、有效执行的能力和拒腐防变的能力"③。"要成为一名组织放心、群众满意的优秀年轻干部，就必须坚持"四靠"立身，一靠人品取得信任，即"忠诚、热诚、真诚，公

---

① 习近平同志在中央党校2010年秋季开学典礼上的讲话　9月1日
② 陈后方，《要加强年轻干部党性修养》，2010年1月，安徽冶金科技职业学院学报
③ 谭晓政，《关于青年干部健康成长的思考》，2010年，学习与思考

正、公道公信，和善、和气、和谐；二靠工作展示能力，即增强善于协调的能力、增强勇于创新的能力，增强文字综合的能力，增强口头表达的能力；三靠成绩赢得尊重，即要敢于把风险较大的事情办好，要善于把竞争性较强的事情办成，要勇于把困难较多的事情办实；四靠素质求得进步，即过硬的素质源自科学学习，过硬的素质源自实践锻炼，过硬的素质源自追求卓越"①。

青年干部要有党性原则，在利益面前坚守道德底线，最基本是要靠好的人品取信立足，除此要有理想信念追求，才能获得持久的意志力。"青年干部成长的五有和两忌，有'咬定青山不放松'的坚强意志；有'权为民所用，情为民所系，利为民所谋'的公仆情结；有'付出社会平均数以上的劳动'勤奋努力；有与时俱进、锐意进取的创新精神；有'治国平天下，修身为本'严于自律。两忌是忌'抓不紧自己'和'瞧不起别人'"②。

二、不断学习，提升理论素养是青年干部成长的重要途径

"学而优则仕"，靠"加油"提高；挑担的比散步的走得快，靠"加压"助推；"逆水行舟，不进则退"，靠"加速"提升；"关系管得了一时，但管不了一世"，靠"加能"立足；"取法乎上，仅得其中，取法乎中，必得其下"，靠标准"凸显"；"金无足赤，人无完人"，靠"补短"提升；假李逵成不了"黑旋风"，靠"本事"吃饭。风正帆满好行船，靠组织"加钙"③。另外还要有不断向群众学习的愿望，从群众来到群众中去，理论与实践才能很好地结合，毛泽东同志是这方面最成功的典范。因此，"年轻干部要育群众感情、要集群众智慧、要解群众诉求、要树牢群众观点"④。要学习学习再学习，"年轻干部成长要坚持学习，不要吃老本；要脚踏实地，不要抖机灵；要敢挑重担，不要绕着走；要注重细节，不要无所谓；要顺其自然，不要想当然"。⑤

另外对女性领导干部也提出了更高的要求。"中青年女领导干部，除

---

① 张红伟，《年轻干部的立身之基》，2010年4月上，领导科学杂志
② 黄志坚，《青年干部成长的"五有"与"两忌"》，2010年第05期，中国青年研究杂志
③ 《年轻干部成长进步靠什么？2010年11月15日，来源：中直党建网
④ 唐直秋，《年轻干部要增强群众观念》，2010年11月党建研究
⑤ 2010、5、7，龚红果，来源：人民网

了要做到不断加强理论学习，努力充实自我，以素质求平等，以作为求地位，以能力求发展外，还必须结合女干部所具备的特质，做到刚柔并举，不断超越自我。一是要自强自信。二是自尊自爱。三是自持自若"。①

"年轻干部可以多看看管理理论，从中汲取营养、悟出道理，看清现实、面对现实、适应现实，调整心态，积极进取、奋发有为。要遵从以下定律，即蘑菇定律——脚踏实地而不急功近利；不值得定律——立足本职而不眼高手低；墨菲定律——大胆尝试而不畏首畏尾；木桶定律——取长补短而不骄傲自满"②。

研究表明：一段时间的学习不能足以反映青年干部的理论水平高低，但坚持长久就一定能区分优秀者与普通者。坚持学习的确是青年干部成长的基本路径，此外好的工作适应能力也非常重要。

三、善于沟通协调，并适应工作环境是青年干部事业成功的关键能力

青年干部在工作中因为资历短，经验少，岗位新，人不熟等各方面的情况，不可避免地带来很多麻烦。"年轻干部成功协调的障碍性因素主要包括以下几点：一是部门职能不清因素；二是历史性因素，即资历；三是经验因素；四是心理性因素，即感情。尽管协调中可能会遇到这些障碍，但是，只要年轻干部高度重视，不打无准备之仗；要气氛和谐，努力缩短心灵距离；要坦然处之，笑看云卷云舒"③ "年轻领导干部履新需要做到"五多五少"，要多闻少言、多看少议、多思少辩、多行少逸、多谏少断"④。

在工作岗位上最多要面对自己的上级领导，怎么与人相处是一门学问。"年轻下级主动适应上级的领导风格，这是客观的需要。第一，从上下级双方的社会定位看，下级应当适应上级的领导风格。第二，从上下级全盘工作的利弊看，年轻下级应当适应上级的领导风格。第三，从上级下级个人的前程利益看，下级应当适应上级的领导风格。"要在工作节奏、

---

① 洪梅，《内强素质，外树形象，是中青年女领导干部成长的关键》，2010 年 03 期，理论导报
② 姜华，《管理定律与基层年轻干部成长》，2010 年 11 月下，领导科学杂志
③ 《年轻干部要善于以协调求和谐》，2010 年 1 月上，领导科学杂志
④ 张利伟，《年轻领导干部履新之要》，2010 年 3 月下，领导科学杂志

思维方式、战略运筹和态度冷热、语言表达、文字风格等方面去适应①。"年轻干部如何适应不同性格特质的领导,第一,在原则性的问题上要"专",而非原则性问题上要"变";第二,在独立思想上要"专",在文字风格上要"变";第三,在执行力上要"专",在具体方式上要"变";第四,在提高工作质量上要"专",在转换工作节奏上要"变";第五,在思想深度上要"专",在文字风格上要"变"②。

四、培养科学思维,开阔思路和胸襟,是青年干部持续健康成长的催化剂

青年干部的成长路径除持之以恒地学习、与良好的工作岗位适应匹配外,保持多视角看问题的习惯也是很关键的,它会让人少走弯路。

运用马克思主义的立场、观点和方法,认真分析和研究有代表性的名言俗语,批判地吸收其中所包含的合理性因素,对于加强干部工作、促进年轻干部健康成长具有重要的借鉴意义。"三岁看大,七岁看老"与"青出于蓝而胜于蓝";"宰相必起于州部,猛将必发于卒伍"与"艰难困苦,玉汝于成";"树挪死,人挪活"与"近岁楼台先得月";"玉不琢不成器,人不学不知义"与"严是爱,宽是害"③。

年轻干部应解好两个不等式,一是"尽力"不等于"尽心";二是"能力"不等于"能耐"。年轻干部要以奉献之心对待利益关系调整,以平常之心对待个人进退去留,以豁达之心对待同事职务升迁,以理解之心对待组织决定,以专注之心对待本职工作。心怀"人家进步我学习,他人失败我警示,别人成功我祝福"④。

目前很多青年干部都面临职务晋升竞争方面的压力和困惑,如何看待这一问题,需要认识清醒,不能走极端钻胡同。"年轻干部在职务发展竞争中应该注意以下几个问题,一是深刻认识党的用人方式的变革趋势,自觉打造职务晋升的核心竞争力,即突出的工作成绩和高度的群众公认成为年轻干部职务发展竞争的先决条件、投机专营行为受到强有力的制度遏制、素质单一的干部将面临职务晋升的竞争力瓶颈、干部的外在形象包括

---

① 李光炎,《年轻下级如何适应上级领导的风格》,2010 年 3 月上,领导科学杂志
② 杨帆,《年轻干部如何适应不同性格特质的领导》,2010 年 11 月上,领导科杂志
③ 崔丽娟,《从名言俗语看年轻干部培养规律》,2009 年 12 月,人才培育
④ 韩申国、朱伟,《年轻干部应解好两个不等式》,2010 年 6 月上,领导科学杂志

风度、仪表、语言表达能力等对干部的职务晋升产生更为显著的影响、学历、资历、经验等因素的附加值贬值加速、媒体和社会舆论对干部职务晋升的影响日趋增强；二是消除认识误区，避免在职务发展竞争中误入歧途，即放弃找靠山的幻想、克服盲目乐观心理、放弃恶性竞争心理、消除无所作为思想、抛弃临时抱佛脚的心理、客服不注意社会观感的行为习惯；三是年轻干部职务发展的竞争策略，即要求合理，让领导和同事愿意帮、展示能够担当重任的素质，让领导想用、树立善于合作共事的良好形象，让所有职位领导班子成员相容、竞争定位准确、避免四面树敌、做人和做事要均衡，让领导和同事愿扶、硬条件要过硬，让领导不忍弃"①。

五、善于创新，丰富生活内容才能使青年干部保持好的精神状态，抵抗来自各方面的压力和挫折

青年干部有了厚实的成长根基和正确的成长路径，还需要旺盛的工作激情，这种激情状态来自创新。"年轻干部常常患有工作'审美疲劳症'，其主要原因有：注重重复，缺少新意；注重统一，缺少个性；注重秩序，缺少活力；注重功利，缺少感恩；注重理性，缺少感性。要解决好这个问题，一要找准工作的兴奋点，重新点燃工作的激情；二是找准事业的着力点，努力实现职业规划；三是找准生活的兴趣点，积极增添人生色彩；四是找准利益的取舍点，正确对待是非成败"②。

另外青年干部正处于人生中最宝贵的青春年华，事业家庭都刚刚起步，不可避免会带来方方面面的压力和挫折。"年轻干部成长中的挫折来自恋爱、婚姻、家庭；经济方面、工作方面、职务升迁名利方面、学习教育方面、身体健康等方面。要提高年轻干部的心理素质，需要他们以清醒之心对顺、以从容之心对逆、以平和之心对名、以知足之心对利、以平静之心对位、以敬畏之心对权"③。

还有部分青年干部内心很纠结，特别在面对很多矛盾时不善于处理，不能及时转化这些矛盾，这会延缓他们的成长速度。"年轻干部挫折感主要产生源有理想张力与现实压力的矛盾；权利欲望与权利资源的矛盾；复

---

① 聂世军，《年轻干部如何在职务发展竞争中脱颖而出》，2010年10月下，领导科学杂志
② 杨帆，《年轻干部如何消除工作"审美疲劳症"》，2010年9月上，领导科学杂志
③ 吴永德，《年轻干部成长中的挫折感与心态调适》，2010年10月上，领导科学杂志

杂关系与简单处事的矛盾、安全需要与竞争威胁的矛盾、生活成本与个人收入的矛盾。转化途径有"加强认知,正确面对挫折;调整定位,完善目标体系;加强学习,更新权力观念;善于沟通,搞好人际关系;调整需求,促进心理平衡"①。

以上是 2010 年关于青年干部成长规律研究文献观点的综述,仅供参考。

---

① 赵泽洪、李传香,《年轻干部的挫折感及转化途径》,2010 年 12 月上,领导科学杂志

附录二：
转业团干语录

（TSW020）：年轻的女同志要有女性的特点，就应该打扮得整齐漂亮，把自己最好的一面展现给别人，留下好印象。

（TSW020）：团干部都是铁打的硬汉，流水的兵，在不同的岗位要保持对共青团的这份热情和热爱去对待每一份工作，对待每一件事情，坦诚做人，踏实做事。

（TQW001）：最重要的是责任心，没有责任心什么事都干不了。

（TQW002）：共青团会给你一种工作的积极性、向上的激情和强烈的事业心、责任感，这些会一直伴随着你。

（TQW002）：共青团在青少年当中是一面旗帜，也应该像个灯塔、标志一样，要起到一个引领的作用，要有声音，要有行动、要有作为。

（TXW003）：第三个是考个人的嘴皮子，我们说的是个人嘴皮子，你磨得好就有经费，磨不好就很难做一件事。

（TXW004）：和群众打交道要把自己压低，高高在上别人不会接纳你。平行交流才会获得更多的尊重和信心。

（TDW021）：共青团干部就像登山的人，半路上会有很多花花草草，很多诱惑，但我们不能迷恋，要经得住诱惑，要明白我们的目标不是在半山腰，而是山顶。

（TQY014）：在共青团岗位上我悟出了四个结合：第一个是关注内部和关注外部相结合，第二个是关注领导和关注青年相结合，第三个是关注实体和关注虚拟相结合,第四个是关注个人与关注事业相结合。

(TJG007):我曾经讲过六个字,第一是做人,第二是做事,第三是做官,这三点的顺序不能变。

(TQY001):共青团的干部是铜头铁嘴,蛤蟆肚子飞毛腿,要像八爪鱼一样,才能开展好工作。

(TSW006):做共青团的工作有助于思维方式和做事方式的改善。好比一个杯子,以前我们就是认为它是用来装水的,但是现在你可能对它的用处的认识会更多。

(TZY002):要提升自己,就要会自我修为,老子有一句话我记得最清楚:"知足不辱,知止不怠。"

(TSW003):燃烧的是激情,不灭的是信念,难得的是利他,收获的是喜悦。

(TSW004):共青团是一所没有围墙的大学。

(TSW005):在共青团,任何一个舞台,任何一个领域,任何一个环境,你都要去适应,要在这个时代的前面,都要成为这个时代的弄潮儿。

(TSW005):共青团既没有田也没有地,但反过来说就是所有的都是我们的田都是我们的地。

(TSW005):共青团无权,无钱,无职,但要做好共青团的工作,共青团干部就要耐得住清贫,耐得住寂寞。

(TJG003):团的组织是一个大的熔炉啊,给了我很多很多的东西,尤其是情商,是非智力的收获。

(TSW015):过去我上大学的时候我一心想的就是"天高任鸟飞",但是等这几年工作了慢慢历练了以后,我就"退一步海阔天空"。就是一定要宽容,给别人充分的余地,就是给自己留余地。

(TSW007):共青团会给你一种力量,,那种场景给你的是一种激情,充满了理想主义的情怀。

(TSW009)：团干部应该珍视青春，热爱生活，大胆探索，大胆创新，敬业奉献，然后实现自己的人生价值。人生如梦，抓住种青春，，是人生最精华的阶段，一定不要错过。把人生最美丽的时间利用到极致，多讲奉献少讲索取。

(TXX006)：我认为做共青团工作是一个最能够体现痛并快乐的过程

(TSW010)：共青团平台太好了，年轻，可塑性最强的时候给了你这么一个纵向到顶，横向到底的平台，各个层面都可以交往的平台，各个领域都可以涉及的平台，这个优势我终身受用。

附录三：岗位特质与共青团干部成长[①]

有热情　勤交流　懂需求
善做青年知心人

李伟　周伟力

团章总则第一句就提到："中国共产主义青年团是中国共产党领导的先进青年的群众组织。"

显然，群众组织是共青团的组织属性之一，这个属性也决定了共青团岗位是个做群众工作的岗位。"把青年群体作为唯一主体工作对象，也只有我们共青团了，我们就是替党做青年群众工作的。"在共青团岗位上干了22年的中国铝业公司党组成员、纪检组组长赵钊旗帜鲜明地表达他对共青团岗位的理解。

赵钊转岗前是中央企业团工委书记，他曾经做过一项调研：中央企业1000万人中35岁以下的青年有600万，青年群体占了60%，所以企业要实现档期生产目标，青年是一支主力军和生力军，"而唯有团组织能全力来做这些青年的工作。"赵钊不仅清楚共青团岗位是做青年群众工作这一特质，也自信团组织具备做好这种工作的能力。

作为先进青年的群众组织，团组织也就理应具备做好青年群众工作的能力，说得更具体一点，是团干部应该具备做好青年群众工作的能力素质。

转岗团干部们又是如何看待做好青年群众工作的能力素质的呢？

现任安徽凤台县委组织部部长的李艳景，转岗前任团淮南市委副书

[①] 2011年3月—9月发表在《中国青年》上的7篇系列文章，也是本课题的成果，故附录于后。——作者注

记，他在团的岗位上奋斗了18年。他认为，要做好青年群众工作团干部应"更积极主动地接近青年"，也就是说，"具备和青年打交道的兴趣与热情"是做好青年群众工作的首要能力素质。

积极主动接近青年是前提，更重要的是团干部要熟悉青年群体新的沟通、交流、联络和聚集方式，以便能跟青年对上话。

"QQ、微博等已成为新时期青年交流的重要载体。"现任安徽凤台县县长的赵春阳，曾是淮南中学团委书记，他说，"我们团干部不能落伍，也必须熟练掌握这些新的交流方式。"赵春阳提出的能力素质其实就是学习新知识与时俱进的能力，这也是共青团作为群众组织对团干部提出的能力素质要求之一。

更多转岗团干部认为，做好青年群众工作，团干部还要把握各类青年群体的兴趣和需求，从而提高跟不同青年群体沟通的技巧和服务青年需求的能力。

赵春阳觉得把握青年的兴趣点、了解青年的需求是共青团工作的关键点："要想不失去青年，就要了解和服务他们。"

共青团岗位虽然给团干部提出了做好青年群众工作的一系列能力要求，同时也给团干部培养、锻炼这些能力提供了平台。

都说青年是一团火，有着无限的激情与热情，现任北京出版集团总编室副主任的高鹿璐当年在团的岗位上却领教了企业大学生"冷漠的眼神"。高鹿璐刚担任北新集团团委书记时，面对那些刚分配来没几年的大学生，压力很大。他说："那些青年的眼神都是冷漠的。"为了唤起大家的信心，他组织大家种下了一片青年林，并借此向企业大学生阐明青年的信心就是企业的动力等道理。之后，高鹿璐和集团团委对企业青年慢慢有了凝聚力和影响力。

尽管青年"冷漠"，但高鹿璐依然保持主动跟青年打交道的兴趣与热情，"只有这样我们团干部才能成长，团的工作才能干好。"

现任浙江工业大学研究院副院长的郑春晔，转岗前是该校的团委书记。在任校团委书记期间郑春晔竟要求团委干部参与到学生社团中去。他说学生喜欢参加社团，喜欢在社团内沟通和交流，于是团委就适应这种形式加强与学生的交流，学生反而觉得团委很亲切。

郑春晔善于用青年喜欢的方式与青年交流，这也是他在团的岗位上锻炼出来的一份能力。

现任山东省农业科学院高新技术研究中心副主任、研究员陈为京，曾是山东省农科院团委副书记，在团的岗位上他很注重对青年兴趣和需求的了解。当时，他积极跟青年交谈，摸清青年的需求，大胆向党委反映青年的要求并提建议，成功地在研究院设立了3大基金：青年基金、博士基金和创业基金，这些基金为支持青年做一些课题研究做出了贡献。陈为京认为，团的岗位锻炼了他了解他人需求的敏锐度。

一批又一批团干部带着在团的岗位上收获的能力离开了共青团，到别的岗位继续发光发热，这份能力和素养是共青团留给他们的光荣印记。

当过团中央农青部副部长的现任国家食品药品监督管理局直属机关党委副书记李海峰，为了加强单位的学习氛围，在网上建立了电子学习卡片，编成电子期刊式样，分为技术知识篇、领导管理篇、文化建设篇和工作勤奋篇等4篇，发到副处以上干部的电子邮箱里。"用新颖点的方式学习，而且低碳环保。"他说这都是以前做青年工作时的方法，青年人喜欢。

原团中央权益部副部长、现任陕西省宝鸡市市委常委、岐山县县委书记的孙毅，也有同感："每每琢磨当前工作时，我总会不自觉地去联想共青团工作的方法、理念和要求，把工作对象还当作是青年呢。"

对青年保有热情和耐心，适应青年的全新交流方式和思维模式，了解青年的兴趣和需求，这是部分转岗团干部们认为做好青年群众工作的必备能力素质，尽管还不够全面，但对于正在共青团岗位上奋斗的团干部们或许还是有所启发的。

回眸共青团岁月——转业后的思考

讲大局　有立场　敏嗅觉
学做青年政治家

李伟　周伟力

《党章》第十章规定了党和团的关系是："中国共产主义青年团是中国共产党领导的先进青年的群众组织，是广大青年在实践中学习共产主义的学校，是党的助手和后备军。"《团章》在总则中也对此做了明确规定。党和团的特殊关系，决定了共青团是一个政治性组织。

团组织的政治属性，也决定了共青团岗位的政治特征。"我们这支队伍是由坚定跟党走、对共产主义信仰始终不移的优秀青年组成。"曾在团福建省委工作、现任福建省教育厅国际合作与交流处处长、港澳台事务办公室主任的吴金兴如此认识团干部，他认为团干部队伍的鲜明政治特征也就是共青团岗位的政治特征。

更多转岗团干部认为共青团岗位的政治特征表现在团组织的职能上。"团干部不仅自己要接受党的领导，还要引导广大青年跟党走中国特色社会主义道路。"现任辽宁本溪市市直机关工委、市委副秘书长、工委副书记李琳转岗前是团本溪市委书记，她说，"引导青年的职能已充分体现了团组织和共青团岗位的政治特征。"

还有转岗团干部认为共青团岗位的政治特征体现在"工作内容要围绕党政大局"。曾任团中央权益部副部长、现陕西省宝鸡市党委常委、岐山县委书记的孙毅在访谈中多次说道："共青团工作要时刻围绕党政中心工作去设计和开展。"他说这听起来像官话套话，但是"必须要这样，我们是党领导的群众组织，要听党的话，只有这样才有成就。"

共青团岗位的政治特征要求这个岗位上的干部具备良好的政治素养，否则，团组织就将无法实现它的政治功能。曾任团中央农青部副部长、现任国家食品药品监督管理局直属机关党委副书记李海峰说："如果团干部政治性不行，政治素养低，工作水平就会很一般。"

而良好的政治素养又是什么呢？53位转岗团干部接受访谈时谈及了他们各自的观点。

"要有大局意识。"原团宝鸡市委书记、现宝鸡市委宣传部部长龚晓燕认为大局意识是团干部必备的政治素养。原辽宁省企业团工委书记、现任辽宁省国资委党建处处长李金秋也认为团干部应必备大局意识，"只有这样才能更好地站在党政大局和全团的高度看待本地区本行业本单位共青团工作的定位，以便更科学设计和开展工作，为党政分忧。"大局意识的培养对团干部提升自我修养也有重要意义，原团浙江省委组织部部长、现浙江省侨办副主任陈重说："心中有大局就容易养成相互协作、相互团结、协调合作的意识。"

有转岗团干部认为坚定而正确的政治立场是良好政治素养的基本内涵之一。陈重说："作为党的青年组织，要做好工作，首当其冲的就是要了解党政的方针政策。"陈重认为团干部要自觉地同党中央和团中央保持高度一致，坚决贯彻执行全团的各项工作部署，虽然团的工作具有弹性，但不意味着可以随性。

"政治立场坚定也意味着严守组织纪律，敢于同错误思想作斗争。"原团咸阳市委书记、现任陕西省咸阳市财政局局长何新来如是说。

良好的政治素养还意味着要有高度的政治敏感度，对上级组织的工作部署要有很强的领悟力，对团员青年的思想动态要有很强的洞察力。原宁夏电力公司团委书记、现宁夏电力办公室副主任张海滨提示团干部说，不要觉得领导在大会上的讲话很随便，是老生常谈，"那都是经过深思熟虑的，领导所谈是需要引起关注的问题。"原团江西省委常委、省团校副教育长，现任南昌市社联党组书记、南昌市委宣传部副部长的李建一则表示当代青年的许多思想新动向就值得我们时刻关注，没有这个敏感度，很难有效引导青年，他举例说："很多青年对入团入党不感兴趣，感觉无所谓，这就是问题。"对转岗团干部的访谈中，绝大多数认为只有具备了很强的领悟力和洞察力，开展团的工作才能做到游刃有余，从容不迫。

各位转岗团干部谈及这些政治素养都不是凭空臆造的，是他们实打实的经验之谈，是来自对曾经的共青团工作经历的提炼。

原团咸阳市委书记何新来，现任陕西省咸阳市财政局局长，这个财政局长是"服从组织安排"的结果。本来她是由团市委书记转为区长，"从我个人来讲想做书记，书记做上以后进步快，但不让我做，让我离开。"组织把她安排为财政局局长，"其他团干部都觉得这安排很好，但市委书记知道我不满意，就找我谈话，说了两句话：组织研究决定让你到财政局做局长，我知道你是不满意了。但你知道，财政局长不是什么人想做就能做的，组织选择了你。"何新来立马表态："组织决定了，我就坚决服从。"据何新来介绍，组织正是看中了她在团的岗位上就讲党性、讲原则、讲纪律，有坚定的政治立场，能严守组织纪律和道德底线。

2005年，很多大学生为了反对日本成为联合国安理会常任理事国，决定举行反日游行，抵制日货。这一动向立即让现任浙江理工大学党委宣传部部长、时任浙江理工大学团委书记的杜兰晓神经绷紧，因为他害怕学生有过激行动，更害怕学生被一些不法分子所蛊惑和利用。但为了使团员青年的爱国之情得到合理抒发，杜兰晓并没制止游行，而是立即召集各院系团干部开会商量对策，并仔细分工，展开宣传，教育团员青年明辨是非，理智游行。游行中，团干部在游行队伍的首尾，严密组织游行，最终做到文明理智游行。"没有政治敏锐感，我们可能就没法正确引导青年。"杜兰晓说。

"这些政治素养并非只在共青团岗位上有用。"孙毅说。其他转岗团干部也都这么说。

孙毅说15年的共青团工作经历给他打下了牢固基础，特别是大局观的培育对后来的工作影响很大，"如今思考工作，总是首先着眼于大局和全局来思考，这总是没错的。"

原团浙江省委书记鲁俊，现在是浙江省嘉兴市委副书记，有了一定权力，"很多人就会拿糖衣炮弹向你进攻，你警惕性就要很高，没有坚定的政治立场和原则，很难挡得住。"她举例说："有人给你送一篮水果你不收，他说你清高，会让你为难。但你收了，如果水果里还有一张贵重卡片，你就完蛋了。"鲁俊特别强调了她在新岗位上的抵制力来自共青团岗位上培育的讲党性、讲原则、讲纪律的政治素养，并表示正确的政治立场会一直这么坚定下去。

类似的例子还有很多，团干部转岗后在不同的岗位工作，但他们都一致表示在共青团岗位上培育的政治素养，对现在的工作有着很大的影响。他们更期待在岗团干部培育更良好的政治素养，担负更大的责任。

存理想 有思想 善学习 显魅力
做青年的领头羊

李伟 周伟力

团组织作为先进青年的组织,是优秀青年的聚集地。团组织为实现引导广大青年的职责,首先要做好包括团员在内的所有优秀青年的引导工作,进而通过优秀青年带动更多普通青年跟党走。

正因为团组织负有引导优秀青年在内的广大青年的任务和职责,所以对奋斗在共青团岗位上的团干部提出了更高的要求——团干部应该是青年的领头羊式人物。

团干部作为一个青年的领头羊,要想引导好青年群众,特别是做好优秀青年的工作,自己就必须更加优秀。"团干部都是青年中的佼佼者,都是从优秀青年选出来的。"原中央企业团工委书记、现任中国铝业公司党组成员、纪检组组长赵钊这样评价团干部队伍。

江西广昌县委书记江晓斌,曾是团江西抚州市委书记,他也赞同赵钊的观点:"团干部都是青年中的精英和优秀分子,大多数在上大学期间就经过很好的锻炼,表达、交际、组织等各方面能力都比较强。"原团江西九江市委书记、现任江西省文物局局长史文斌还拿团干部跟普通青年作对比说:"团干部所想的都是同龄人没想到的事,所干的都是同龄人没有干的事。"

"优秀"不是一个简简单单的词汇,在转岗团干部眼中它至少包含了4个方面的内涵。

"对党、对社会、对人类的热爱,对共同理想的认同,应该是一个先进青年的标志。"原团宝鸡市委宣传部部长、现任宝鸡市委宣传部部长龚晓燕认为,团干部是进步青年,要有远大理想,这样才会有责任意识,才敢于承担重任。史文斌说:"作为一个团干,理想信念是至关重要的,这种信念有远期的、有近期的。"他认为团干部就应该比其他的青年更加严格要求自己,"树立自己远大的理想,这点绝不是说大话空话,如果没有把握好,人就容易松散、失去目标,对自己、对工作都是不利的。"

有了远大的理想就有了目标,对团干来说,要实现远大理想,必须要有先进的思想作指路灯。曾任安徽淮南中学任团委书记、现任安徽省凤台县县长赵春阳认为,没有先进思想武装的青年算不上优秀青年,更谈不上是个合格的团干部了。所以,掌握先进思想是优秀的内涵之一。

俗话说:"活到老,学到老。"团干部要想做好青年的领头羊,更强的学习能力是必不可少的,这即是"优秀"的内涵之一,而这一点也是受访的转岗团干部提及最多的。

原团江西省委经济发展部副部长、现任江西省国有资产监督管理委员会副主任陈德勤说:"青年要想领风气之先就必须学习。"赵春阳也表示:"能否成为学习型青年,是团干部实现超越青年、引导青年的关键。"

另外,很多转岗团干部还认为,在共青团这样"无权无钱"的岗位上,要办成很多事,就得靠团干部的个人魅力。"如果团干部人格有魅力,就能感染青年,吸引青年,团组织才会有凝聚力"。所以,更高的人格魅力便成了团干部理解的"优秀"的内涵之一。"

说出这些"优秀"的内涵,并非转岗团干部们的夸夸其谈,他们曾经就因为素质优秀走向团的岗位,也在团的岗位上培育了更优秀的素质。

赵春阳说他过去在县教育局团委工作时看了很多书,包括《毛泽东文选》和邓小平的著作,"要看各方面的书,特别是对自己改造世界观有正面影响的书。"他认为看这些"高雅"书籍对他帮助很大。

转岗团干部认为,团干部获得先进思想的途径比较广泛,但比较便捷的有两条:一是阅读思想类著作,从书籍中获取精神养分;一是参加团中央培训,学习领导和相关专家的讲话。

现任中航工业基础院人力资源部部长王兴男,曾是中航工业集团企业部专务团委办公室主任,他当年很注重对领导讲话和相关文件的学习,"我把团中央、国资委等的领导讲话稿、文件和材料全都打印出来,装订成一本书,专门研究学习。"这让他更准确地把握了团的工作,也在思想上保持了先进。

不少人对开会很厌烦,但龚晓燕有点"另类",她说:"我开会时都提前几分钟到场,听会注意力很集中,也很愉悦。"她还说尽管自己在团内级别不高,但会很认真阅读各种文件,"我会琢磨文件为什么这样写,琢磨多了思想自然就先进一点点。"

共青团岗位给团干部提供了培育更优秀素质的机会，这给他们转岗后的工作产生了积极的影响。

现任浙江省杭州下沙经济开发区前进工业园区总指挥助理史建峰，曾是团杭州市委的中层干部，他转岗时完全可以留在杭州市局机关，但他放弃了。"之所以转到萧山开发区，就是因为我是萧山人，我要回到这里，参与家乡的开发建设，对我来说这里是一片热土。"史建峰认为团干部应该树立一种忠于自己又对社会有益的理想，他要致力于家乡建设就是在团的岗位上逐渐树立起来的理想。

很多团干转岗后因为工作环境的改变都会感到迷茫，初到宝鸡市委宣传部研究室主任岗位上的龚晓燕同样如此。"但我把这种迷茫看成是压力，要让别人服你，没两把'刷子'是不行的，而这需要继续学习。"早在团的岗位就炼就的学习能力帮了龚晓燕的忙。"我每天晚上都坚持学习，眼睛都看花了，最少的一次只休息了两个小时。"半年的努力就得到了其他人的认可，她说："我不能戴着一个研究室主任的帽子却腹中空空如也。"

李卫宁现在已经是宁夏吴忠市副市长，可她从团宁夏盐池县委书记转为盐池县副县长时受了不少的委屈："我那时下乡调研，老百姓见了我就说：'看，又是个小媳妇，怎么这么大的县政府就闹了这么个人来了？'当时我听了眼泪就在眼圈里打转。"但李卫宁没有任何怨言，仍然饱含激情地工作。后来她又任盐池县长和县委书记，在她主政期间，盐池县获得了几项全国性的荣誉称号，综合考核在宁夏南部山区是第一名，得到了老百姓的认可，"我离开盐池县的时候，县里干部自发在广场上围起来，上千老百姓围起来送我，大家都舍不得。"她特别提到："早在团的岗位上我就学会宽容和理解，这不仅帮助我转岗后依然心态良好，更是增添了些人格魅力。"

做一个合格的、青年信任的领头羊并不是件容易的事情。团干部在背后都付出了不少的努力，也承受了其他青年难于承受的压力，才使得他们成为更优秀的青年。这些对在岗团干部或许有所启示。

回眸共青团岁月——转业后的思考

统筹兼顾　灵活创新　善抓根本
做掌控大局的战略者

李伟　周伟力

对团干部来说，共青团岗位是一个"广阔天地，大有作为"的地方。

共青团岗位具有活动空间广阔性的特征，这种广阔性归纳起来至少包含3个方面。

团的工作对象具有广泛性。工作对象无非是"人"和"事"，"人"的广泛性体现在要打交道的人各色各异。原团浙江省委书记、现任浙江嘉兴市委副书记鲁俊说："对团干来讲，接触的人很广，要和年轻人打交道，也要和老领导打交道；要跟城市青年打交道，也要农村青年打交道；要和精英青年打交道，也要和普通青年打交道。"

而"事"的广泛性即指要涉及的领域很广。"团组织是'万金油'，经济、法律、管理等等，工作涉及领域之丰富是其他战线所不能比拟的。"原团中央权益部副部长、现陕西省宝鸡市副市长孙毅如是说。

共青团工作不仅对象广泛，而且工作内容也广泛。原中央企业团工委书记、现任中国铝业公司党组成员、纪检组组长赵钊就谈到："单从团的四项基本职能就能知晓共青团工作内容之广泛。"很多转岗团干部还表示，在实际工作中，团组织不只是做了青年工作，围绕党政大局，团组织还分担了很多其他工作，"拆迁、招商、维稳等，都参与过。"

共青团岗位的活动空间广阔性更体现在工作载体的丰富性。曾任淮南中学团委书记、现任安徽省凤台县县长赵春阳说："共青团工作对象和工作内容的广泛性，决定了共青团工作不可能只用一种措施、一个平台。多载体推进工作是我们共青团的优势和特色。"

活动空间广阔是好事，团干部置身其中能大显身手，施展才华，不过，耕耘共青团岗位 亦如大海行船，没有过硬的本领，恐怕难以行远。这种本领又是什么呢？转岗团干部认为，是一种驾驭全局的战略思维能力。

有了它，团的工作才会有条不紊地展开，才不会迷失方向和根本。

不少转岗团干部都谈及了自己对这种能力的看法，梳理出来即是这种驾驭全局的战略思维能力具体包括3方面：统筹兼顾的能力、灵活创新的能力和善抓关键与根本的能力。

现任广西蒙山县委副书记的覃杳，在任团广西梧州市委书记时，还兼任着市委招商引资指挥部副总指挥长。她说很多团干部都有她这样的经历，这非常有效地锻炼着团干部统筹兼顾的能力。覃杳为了两块工作均不误，逼着自己想"统筹"的法子，以实现"兼顾"的目的。她利用招商引资过程中接触大量本地和外地企业家的机会，推进了团的工作，比如建立了千余个非公企业团支部，争取了培训资金推动了订单式青年培训等。

原团湖南湘潭委书记、现任湖南湘潭县委副书记的颜上伟，比较得意自己在团的岗位上做出的一项成果，它就是建立了团组织青年满意度测评指标体系。他说他在这项工作中的重要收获就是锻炼了灵活创新的能力。每个区县的实际情况不一，工作重点也不同，若用统一指标去考核各区县团委以及以下团组织的工作，显得"不公平"，评价体系也不服众。于是，颜上伟带领团市委和湘潭大学课题组深入各区县调研，抽取不同青年样本进行分析，建立比较科学的团组织青年满意度测评指标体系，在考核各区县团委中，指标体系会根据各区县团委的实际情况有所侧重，从而使得测评和考核服众，考核工作也得以顺利推进，并取得较好效果。"不根据实际情况灵活创新，工作肯定会遇到阻力。"颜上伟说。

虽然共青团的活动空间广泛，活动形式多样，但不意味着共青团工作是"天女散花"，面面俱到，不分伯仲。"我们不能忘记共青团工作的根本任务是引导青年，众多工作中要善抓根本工作和关键环节。"原团辽宁本溪市委书记、现任本溪妇女联合会主席李琳对此深有感悟。2003年，李琳还在团的岗位上，中央下发了一个关于加强和改进未成年人思想道德建设的若干意见，"我们很重视，立马意识到这是众多工作中最具根本性意义的一项工作。"但怎么落实让李琳有点犯难。经过分析，李琳认为加强阵地建设最为关键，于是李琳想到了少年宫建设。她先去财政厅申请了一个福利彩票的返还基金100万，但100万不够用，李琳又争取了一所弃用的学校，在此基础上进行美化。于是建成了本溪市第二少年宫，一次性培训的学生可多达2000多人。"一方面跟着党的方向走，抓住关键和根本，一方面又为青年做了事实，感觉很开心。"

转岗团干部都感叹着在团的岗位上收获的能力。这些驾驭全局的能力训练让团干部在转岗后尝到了甜头。

鲁俊刚任嘉兴市委副书记的时候，遇上了一件群众事件。当地厂区为了发展，拆迁房屋、污染环境，招致百姓不满，上千百姓围住省道，在路上堆垃圾，讨要说法。情势可谓迫在眉睫，但基层的官员隐瞒实情，上报只有十几人闹事。鲁俊亲自下到事发点摸清情况，了解到情势危急，立马打电话给市领导，说明情况，建议召集各路人马召开紧急会议。鲁俊然后下令转移厂区内所有危险物品，防止爆炸；要求所有信息情报工作落到实处，积极应对网络媒体；要求环保部门必须站出来解释清楚，不得躲闪；调动全市警力，部署到位。在这样一条条命令下，全面推进，成功化解了一场危机。"虽然以前没遇过这样的群众事件，但咱有把握全局、统筹兼顾的能力，所以也不怕。"鲁俊自信地说。

李琳现在做妇联工作，与共青团工作相比，其工作对象发生了改变，但能力要求没变，"妇联也有根本任务和工作方向。"本溪有好几名个孤儿，妇联为了帮助孩子体会到母亲的温暖，发动了"为孤儿找'妈妈'的活动"，妇联向全市发倡议，最后从300多名妇女中精挑细选出八九十名'妈妈'。这些"妈妈"周末把孩子接回家，共度周末，"孩子和'妈妈'都很动情。"这事在本溪市广泛影响，很多妇女包括男同志，都更愿意做公益事业、更关注儿童的成长。这是我们把准工作方向才收获的成绩。"李琳说。

在共青团这样广阔的工作空间里，团干部应抓住这个锻炼好机会，及时提升自己把握全局、驾驭全局的能力。这是众多转岗团干部给在岗团干部们的寄语。

善表达 细洞察 巧协调
学做青年活动家

李伟 周伟力

家有家规，国有国法，小到一个家庭，大到一个国家，它们能有效运行的关键在于有一套成文或不成文的规章制度。共青团作为一个拥有7000多万团员的青年组织，其内部管理的基本依据是《团章》。

但原团西藏自治区委青年统战联络部副部长、现拉萨市妇联副主席向巴彩喜表示，如果单凭《团章》就想组织起几千万的团员，是不太现实的；他同时还说，《团章》对青年基本没约束力，凝聚青年靠的还是团组织本身的影响力。

不仅如此，"政府部门下个文件就代表了政府行为，相关部门都得配合。可团组织呢？人家搭理或不搭理，你都没话说。"原团宁夏自治区区委办公室主任、现宁夏自治区纪委办公厅主任刘文斌又道出了团组织另一个"尴尬"：不仅对团员、对青年不能行使强制性命令，团的规范性文件对其他党和政府部门也不具有约束力。

这些都说明了团组织的行政权力淡化性特征，俗称"团的岗位是个没权的职位"，但这并不意味着共青团工作无法开展。很多转岗团干部认为，没权的团组织恰恰更好地锻炼了团干部的动员和协调能力。"没有很强的动员和协调能力，我们的各项工作将举步维艰，我们在团的岗位上也就会无所作为、尸位素餐。"原团西安市委副书记、现碑林区区委书记史晓红说。

要动员，要协调，一定离不开表达和交流，表达能力的强弱直接关系到团内工作开展的效果，所以表达能力就是动员和协调能力的具体内涵之一。原团陕西商洛市委书记、现商洛市招商局局长王浩说自己在大学时不太爱说话，表达能力不是很强，"后来到了团的岗位，经常要在公众场合讲话，我就必须要锻炼自己的表达能力，不然一件事都讲不清。"转岗团干部都认为，团干部的表达能力突出体现在善于将先进思想表达成青年听得懂、愿意听的话语，这样才能实现对青年的吸引。

要动员团员青年，不是靠嘴皮子就一定奏效的，"更在于准确把握团员青年的利益和兴趣之所在"，所以，较强的洞察和分析能力也就成为团干部动员和协调能力的内涵之一了。就如原中央企业团工委书记、现中国铝业公司党组成员、纪检组组长赵钊所说："共青团是党联系青年的桥梁和纽带，如果连青年的所思所需我们都掌握不了，还谈何桥梁和纽带。"

团组织的规范性文件对其他政府部门和单位不具有约束力和强制力，但共青团工作又需要其他部门和单位的支持与配合，所以为了团的工作和活动顺利开展，团干部就必须有很强的协调能力，使"有权的单位协助和支持没权的团组织"。"这种没权没钱式的协调，也是团干部动员和协调能力的题中之义。"原淮南中学团委书记、现任安徽凤台县县长赵春阳说。

当谈到在团的岗位上如何提高表达能力时，原团拉萨市委书记、现拉萨市商务局局长范红英说自己"从不刻意地追求口才，也不会看《演讲与口才》之类的书。"她认为好口才首先来自对事物有正确和深刻的认识。

现任中航工业基础院人力资源部部长的王兴男，以前是中国航空工业第一集团公司团委书记，那时，他每月都会组织一次青年团聚，且每次都会确定一个主题，解决企业内一些青年的思想困惑。一次团聚上，他发现一名青年频频皱眉，不时传递出不悦的信号，便走近这名青年单独聊了起来，才得知这名青年跟领导关系处得比较僵，以至于得了抑郁症。王兴男此后每次团聚都对这名青年动之以情、晓之以理，使这名青年慢慢走出了抑郁的阴影，后来他把王兴男视为"救命恩人"。"正是因为我们团干部具有对青年所需的敏锐观察力，才能在青年中有号召力。"王兴男说。

说到协调能力，原团浙江省委书记、现嘉兴市委副书记鲁俊告诉记者她在团岗上的一件事。鲁俊任团浙江省委青工部部长期间，筹划了一个表彰大会，计划请省长出席。"我那时怀着孕，挺个大肚子去省政府请领导参加会议，结果却吃了个闭门羹。"一名秘书对鲁俊说共青团是小儿科，建议不用请省长。"我那时年轻气盛，当面就和他'理论'起来了。"回到办公室，鲁俊冥思苦想，心生一计，直接打电话联系省长政府秘书长，"为了避免秘书长挂我的电话，我精心设计了通话稿子：怎么让他不搁电话，怎么让他听完我的话，怎么让他听完能答应我。"后来，成功请来了省长出席会议。"协调不是一件容易的事，是一种艺术。"鲁俊说。

很多转岗团干部说，在无权的共青团岗位上练就的动员和协调能力，让他们在转岗后解决工作中的问题时，显得游刃有余。

郑丹转岗前是团西藏琼结县委书记,现任琼结县环境保护局局长。"刚转到县环保局来的时候,工作很难展开。"他发现琼结县环境问题严重,居民环保意识很低,随手乱扔垃圾,习以为常,对琼结县造成了不良影响。为此,他在全县范围内进行环境综合整治,按县、乡、村一级一级落实。"可是百姓不配合工作,他们觉得这是在为政府工作,政府应该给他们工资。"

环保局干部前后3次下基层做百姓思想工作,都没成效,郑丹就亲自"上门上户"动员百姓参与环境整治工作。"第一步告诉他们乱扔垃圾违反了《环境保护法》,严重的要罚款。接着,我耐心地和百姓讲起道理来,特别把乱扔垃圾跟传染病联系起来,因为百姓对传染病很敏感。"现在琼结县不论乡村还是街道,"都干干净净、整整齐齐,每年有好几批领导前来参观视察。"

陕西省每年的4月6日会举办"东西部合作与投资贸易洽谈会",2011年地市级的承办部门是招商局,原团陕西商洛市委书记、现商洛市招商局局长王浩自然就成了第十五届洽谈会的主要负责人,他介绍:"这几乎是陕西每年最大的经贸活动,涉及所有的县和发改、工业、农业、旅游、文化、宣传等十几个政府部门,会上要搞签约活动,最后要评比考核。"

据介绍,像这样涉及多部门多地区的活动,一般是政府下发一个文件,各部门领取自己的任务,"各自之间没有沟通,如果完不成任务也是你自己的责任。"但是,王浩要求招商局的干部主动与其他政府部门沟通,在沟通中明确了每个部门的任务和具体工作,以及了解了各部门的困难,并协调其他部门协助解决。"庆功会上大家都很愉快,各部门都肯定了我们招商局的协调工作。"王浩表示,这点成绩完全得益于他长期在共青团工作锻炼出来的沟通协调能力。

不少转岗团干部都这样表示,即便转岗后有了"权",在团岗位上锻炼出来的能力依然是无价之宝,能使他们更好地行使手中的权力,更出色地完成工作。

会策划　善交际　有毅力
善做资源整合者

李伟　和欢

团的岗位是一个工作资源相对不足的岗位。

原辽宁省政协机关团委书记、现中石化销售东北辽宁分公司书记孙维跃说："团委在资源的占有上比较有限，但团工作涉及面很广，工作资源与工作面存在着矛盾。"

转岗团干部还认为，青年群体的特性也影响着团干部的工作资源来源。"青年干部很年轻，能够积累和掌控的工作资源较少。"原辽河石油勘探局团委书记、现辽河油田公司工会副主席王迎旭说，"同时我们是为青年服务的，而青年同样存在和团干部一样缺乏资源的问题，所以，团干部也就很难从服务对象那儿整合来资源。"

但大多数转岗团干部也认为，虽然团组织掌握的有形资源有限，但团组织的无形资源并不少。能否盘活组织的有形资源和无形资源，就看团干部有多强的资源整合能力了，正如原中央党校团委书记、现中央党校党委办公室主任沈黎萍所说："正因为共青团没钱没权，所以才需要我们团干部学会微笑着从别人口袋里'掏钱'。"

对于如何有效整合资源，各位转岗团干部各有各的招数。这些整合资源的经验值得我们学习。

有的转岗团干部认为，活动和项目策划能力强是有效整合资源的重要条件，将活动设计与资源提供方的利益和兴趣点结合起来，且不失活动本身对青年的吸引，才能赢得资源。西藏自治区人社厅农保处副处长杨宗彪，在任团那曲地委副书记时，组织策划了一个俊男靓女的选美活动，作为当地传统节日赛马节系列活动中的一项。"我们通过赛马节这个结点，吸引了地委宣传部、工会，还有妇联来配合，他们在资金、人力、物力、宣传和招募工作中给予了很大的支持和帮助。"做到了有效的资源整合。

活动最终全场爆满，取得了很好的效果。

　　团干部的个人魅力和影响力同样在资源整合中发挥着重要的作用。现任辽宁省公安厅离退休干部工作处处长李德鹏，在任辽宁省公安厅团委书记时组织了一次"十佳青年评比"活动。为了得到单位各部门的支持，李德鹏到机关各处"游说"动员，在评比活动揭晓仪式上，李德鹏还做起了主持人。由于李德鹏的组织号召，各处主动配合提供材料、推荐优秀青年、配合宣传工作，有的处室还支持我们人力和物力，最终活动在机关反响很大。"同事都说我能给人一种积极向上的感觉，所以都愿意参与团的活动，各处室也愿意支持团委的工作。"李德鹏说。

　　另外，团干部朋友多，动员朋友一起为共青团事业出力也是一种很好的资源整合途径。现任拉萨市妇联副主席向巴彩喜，在任团西藏区委统战联络部副部长时，与区旅游局一起组织青年徒步旅游活动晚会。"旅游局不想请歌舞团，但又把请文艺人士的任务交给我。"向巴彩喜说，"事实上，我们也请不起歌舞团呀。"最终，向巴彩喜因为文艺界的朋友多才解了这个难题。"我只能把我很多文艺界的朋友叫来助阵。"向巴彩喜说，"活动最终获得了好评，我也获得了领导的表扬。"

　　整合资源过程中，毅力和恒心同样很重要。现任浙江工业职业技术学院党委书记，曾任杭钢集团公司团委书记的何瑶伟，在团的岗位时组织青工技能大赛，当时希望省劳动厅给青工做一个技能鉴定，发技能证书，来支持技能大赛。但最初省劳动厅不愿意配合，"但我没有放弃，为了得到他们的支持，我就不断的去找他们'麻烦'，不断和他们联系协调。"在何瑶伟的不懈努力下，最终得到了省劳动厅的支持。

　　共青团岗位给团干部练就的资源整合能力，对他们转岗后的工作继续产生着积极影响。原任西藏区委组织部主任科员、机关团支部书记，现任辽宁省国资委党建处处长的李金秋，于2007年组织了一个扶持贫困大学生的募捐活动，在他的号召和影响下，最后募捐到不少的一笔资金，资助了50名大学生圆了大学梦。李金秋表示，募捐活动能得到这么多组织和个人的支持，与他从事团工作以来形成的个人魅力关系很大。

　　在团的岗位上形成的与人沟通能力和人脉资源给转岗团干整合资源带来了很大的帮助。原任团西藏区委统战部副部长，现任区就业局副局长的洛桑朗杰认为，共青团培养了他的组织能力和协调能力，以及在团区委积累的人脉资源，对转岗后组织活动、拉赞助帮助很大。在2007年区就业局举办的一个表演活动中，洛桑朗杰动员了一笔不小的经费，还邀请了部分重要嘉宾和优秀演员。洛桑朗杰说,在团岗积累的人脉资源此时帮了他很大的忙,"各大企业、银行、中石油、人民银行等,我经常去拉赞助,这些资源都是在团岗上积累起来的。"洛桑朗杰说。

整合资源中的毅力和恒心,使得很多团干部转岗后依然可以赢得了资源。原团宁夏盐池县委书记、现任吴忠市副市长的李卫宁说:"正因为我们既没钱又没权,搞一次大型活动需要协调各部门来配合,需要协调领导来参加,还需要组织青年按照我们的思路把活动搞下去,这都需要一份坚持。"李卫宁转岗后,主要抓吴忠市的经济工作。在建设经济工业园区的过程中,李卫宁努力招商引资,靠着团岗上延续下来的毅力和恒心,不断地和企业沟通、介绍当地的特色和优势,才获得了企业的青睐。

转岗团干部纷纷表示,虽然共青团自身资源相对匮乏,但是从中锻炼出来的资源整合能力让他们受益无穷,为他们的发展奠定了良好的基础。

有真爱　担责任　喜创造
善做自觉工作者

李伟　吴军明

　　加强团干部的绩效管理是建立选拔、培养或输送优秀团干部有效机制的基础内容。团干部成才，是自我培养和组织培养相结合，此间离不开科学的绩效考核。

　　绩效考核在团内是比较特殊的。原沈阳工业大学团委书记、现沈阳工业大学研究生院党总支书记王哲就表示，谈到绩效考核，就要看到团干绩效考核的特殊性。

　　其他转岗团干对此深有同感。他们认为，有效而合理的绩效评价能激励团干部在工作中不断追求进步，绩效考核在团内的科学性不是体现在其整齐划一的标准方面，恰恰相反，体现在它具有比较强的弹性方面。

　　充分把握团干绩效考核的弹性是破解团干部成长的重要认识起点。在团内，团的意识形态工作没法量化考核指标；团的很多工作具有地方特色，无法统一考核指标；团组织经常致力于党组织临时交办的任务，不便纳入考核体系；基层团干部很多是兼职团干部，各地考核指标的侧重不一。绩效考核的弹性养成了团干部很高的工作自觉性。

　　对团干部的工作自觉性，离不开对团的工作的真正热爱。原团辽宁省本溪市委书记、现任辽宁省本溪市委副秘书长、市委机关工委常务副书记李琳表示，因为正如很多人提到的，团干部没钱、没权，如果再没有对岗位的真正热爱，很难想象团干部在工作中能有良好状态，自觉投入到工作中去。

　　对团的工作的真正热爱只是自觉主动工作的基础，团干部有了自觉性并不必然带来好的工作效果，这就需要团干部在工作中有强烈的责任感。原团无锡市委办公室主任、现任无锡市科技局副局长、知识产权局副局长王浩表示，有人说"不求有功，但求无过"，这是一种消极的工作态度。

要是抱着这种思想做工作，就很难取得成效。我们在工作中不断践行"无功就是过"的工作信条，一个又一个难题因此迎刃而解。没有强烈的责任感是做不到这些的。

工作自觉性不能直接带来成效，还需要团干部的主动创造。原团江西省委学校部长、现南昌市委宣传副部长李建一表示，团的工作更多地要靠动脑子创新、设计，按部就班的项目不是特别多；现在在政府就不行了，每项工作都有经济指标、有具体任务目标，这就得按部就班去做。她说，"共青团没有这些框框，它给团干提供了很大舞台，然后根据青年特点，根据时代需要，自己去创造。"

对团的工作进行创新，这是提高绩效的重要途径。原团宝鸡金台区委书记、现陕西宝鸡金台区组织部长张宇在接受访谈时表示，他在任团委书记的时候是从收团费做起的，在工作中他为方便工作自觉建立了一个团员台账。通过台账，他把基层的情况一下子弄清楚了。他说，"加强团的基层组织建设不是说空话，而是做实事。我通过建立台帐机制健全基层组织。哪些单位没有团的组织，哪些单位有团的组织，台帐一目了然，工作的目标就明确了。到1998年年底，团区委就获得当年全区岗位目标责任考核先进单位。"

团组织对自身绩效的评估也要发挥创造性。原团湖南湘潭委书记、现任湖南湘潭县委副书记的颜上伟，对自己在团的岗位上做出的一项成果珍爱有加，那就是建立了团组织青年满意度测评指标体系。每个区县的实际情况不一，工作重点也不同，若用统一指标去考核各区县团委以及以下团组织的工作，显得"不公平"，评价体系也不服众。于是，颜上伟带领团市委和湘潭大学课题组深入各区县调研，抽取不同青年样本进行分析，建立比较科学的团组织青年满意度测评指标体系，在考核各区县团委中，指标体系会根据各区县团委的实际情况有所侧重，从而使得测评和考核服众，考核工作也得以顺利推进，并取得较好效果。

团干部在做出实质绩效的过程，也是更好地成长为素质全面的后备人才的过程。团干部绩效管理为团干部转业去担负更重要的职责打下了基础。

团岗历练出来的做人作风和工作素质可以随团干部的转岗迁移到其他岗位或领域。在团的岗位上养成的自觉性也是如此。

原西安交通大学团委书记、现任西安交通大学校长助理宫辉体会到，从离开团的工作岗位后，他换了好几个工作单位。但无论哪个单位，大家都评价共青团干部好。他说,"可能是因为团干部在转岗后在工作上比较自觉吧。什么事情都积极主动,日积月累,就在新的工作岗位上获得认同,发挥了作用。"

积极主动是团岗的本质需要,积极和责任感是团干的底色。原团西藏区委统战部副部长、现任西藏区妇联副主席的德吉白珍谈到,团的岗位养成了对工作的积极主动性和责任感。现在自己无论走到哪里去,总是想要把工作做到最好,自觉地去做。她说:"现在回过头来看的话,我工作了20多年,在6个单位工作过。但是团的岗位养成的自觉,始终让我对所有的工作都充满一种激情、充满一种好奇、充满一种热情。"

原团宁夏区委书记、现任宁夏自治区商务厅厅长马夫表示,团干部的特质就是积极主动,其实这种特质越来越适应现在社会的发展,现在社会的发展就是协作。协作的基础就是看个人是否具有积极主动的工作态度,是否在工作上自觉。做到了这一点工作局面就打开了。他表示,在政府部门工作,有个别的工作是没有上级给出目标的,但是对工作的发展有很大的作用,这个时候就要发挥出团的岗位上养成的创造性,带着赶超意识去做工作。

不少团干部表示,在团的工作岗位上养成的自觉主动性,使自己在新的岗位上站住了脚,赢得新同事的认可,对新的工作适应期缩短了,成效也逐渐显现出来。

图书在版编目（CIP）数据

回眸共青团岁月：转业后的思考 / 李 伟编著．
— 北京：中央编译出版社，2011.10
ISBN 978-7-5117-1123-6

Ⅰ．①回…
Ⅱ．①李…
Ⅲ．①中国共产主义青年团 – 共青团干部 – 干部培养
Ⅳ．① D297

中国版本图书馆 CIP 数据核字 (2011) 第 231176 号

回眸共青团岁月：转业后的思考

出 版 人	和 龑
责任编辑	邓 彤
责任印制	尹 珺
出版发行	中央编译出版社
地　　址	北京西城区车公庄大街乙 5 号鸿儒大厦 B 座（100044）
电　　话	（010）52612345（总编室）　（010）52612361（编辑室） （010）66161011（团购部）　（010）52612332（网络销售） （010）66130345（发行部）　（010）66509618（读者服务部）
网　　址	www.cctpbook.com
经　　销	全国新华书店
印　　刷	北京金瀑印刷有限责任公司
开　　本	787 毫米 × 960 毫米　1/16
字　　数	400 千字
印　　张	23.75
版　　次	2011 年 10 月第 1 版第 1 次印刷
定　　价	68.00 元

本社常年法律顾问:北京大成律师事务所首席顾问律师　鲁哈达
凡有印装质量问题,本社负责调换,电话：(010)66509618